饮食民俗

万建中　王素珍　著

中国石化出版社
·北京·

图书在版编目（CIP）数据

饮食民俗 / 白庚胜，刘晔原，万建中主编；万建中，王素珍著. -- 北京：中国石化出版社，2024. 9.

（中华民俗文化新读丛书）. -- ISBN 978-7-5114-7387-5

Ⅰ. K892.25

中国国家版本馆 CIP 数据核字第 20245NR575 号

中国石化出版社出版发行

地址：北京市东城区安定门外大街58号

邮编：100011　电话：(010)57512500

发行部电话：(010)57512575

http://www.sinopec-press.com

E-mail：press@sinopec.com

宝蕾元仁浩（天津）印刷有限公司印刷

全国各地新华书店经销

*

710毫米×1000毫米 16开本 22.5印张 290千字

2024年9月第1版　2024年9月第1次印刷

定价：66.00元

烙烧饼

野外地皮菜

三彩宝相花纹盘（唐）

景泰蓝茶壶（清）

茶叶加工

纳西族乡村宴席

湘妃糕

储酒间

总序

老树新花香犹浓

——“中华民俗文化新读丛书”

白庚胜

由我与刘晔原、万建中两位先生主编的十一卷本“中华民俗文化新读丛书”将于近日正式出版。这得益于各卷作者的长期学术积累、探讨及优秀民俗文化传承贡献，也得益于中国石化出版社及其领导的高瞻远瞩、文化责任、社会担当。

民俗是民众约定俗成的文化惯习，与官俗一道构成一族或一国的文化传统，具有基因性、基本性、基础性、基层性等特点，对继承与坚守民族根脉、唤醒文化自觉与坚定文化自信、增强文化借鉴与消化外来文化能力、建设与创新当代先进文化、强化文化认同与文化自尊自豪、弘扬民族精神，具有极重要的意义。

对于这份丰富的遗产，中华民族素有自觉或不自觉的传承历史……或创造不止，或承继无衰，或享受绵绵，或设官采风问俗，或立府资治润政以知民生、观厚薄、移风易俗，同时遗留下卷帙浩繁的宝典。对于它们，历代文人墨客中，亦多有集腋成裘者，刻意点评者，把玩赏玩者，奉为圭臬者，鄙视轻蔑者，改革移易者，弃如敝屣者，鼓吹踏上千脚者……形成了中国民俗及其认识史的洋洋大观，并影响到周边汉字文化圈内各国各地各民族。

毛泽东同志曾经说过："我们这个民族有数千年的历史，有它的特点，有它的许多珍贵品。"中国民俗文化正是这样的珍贵遗产。它的体量过于庞大，它的结构过于复杂，它的关系过于纷繁，它的功用过于多样，它所历经的时间过于漫长，它所覆盖的空间过于辽阔，它的渗透无所不在。面对它的宏富、博大，我们引以为豪、享受无比，也空前痛感自己的渺小、肤浅，一如汪洋大海里的滴水，泰山脚下的微尘。

作为中国民俗"小学生"的我们，应该采取的态度，当然是怀着谦卑之心识读它、理解它，并将学习的心得与读者共享，以普及民俗知识、引发民俗意识、激发民俗感情、品味民俗精髓、体会民俗经验，感受人民文化的温度与力度，从而知其不可为而为之，挽救泰山于将倾，然后产生保护、传承、转型、利用它的冲动与责任、创意与技术，提炼出认识它的理论与方法，把有关行为上升到静态和动态结合、思想与行动并举的文化自觉。由于中国民俗文化因风吹雨打良久而日渐式微，又由于处在巨大的社会转型时期而面临生死关头，我们唯有从识读迈开文化自识的步履，才能达成文化自救、自存、守正、创新的目的。

这套丛书正是在这一社会文化背景下出于这样的目的启动编纂的。我们知道，在口头与非物质文化遗产保护工作狂飙突进之后，许多新成果、新发现给我们提供了对旧俗作新读的可能；在新时代使优秀传统文化倍受尊崇之后，人们的思想观念需要有新的引领；在旅游加文化之风席卷祖国大地之际，人们需要处理好文化与产业发展的辩证关系；在国家已确立包括民俗学、民间文学、非遗学在内的文化遗产学学科地位的条件下，教育界与学术界都在期盼着分享当代民俗学的最新认识成果；在中国社会进一步扩大改革开放、推进人类命运共同体建设之当下，人们必须更加清醒地认识主体与客体、传统与现代、中国与世界的认知维度。

作为一种开始，我们仅从浩如烟海的中国民俗中找出十一大类作为新读的尝试。主编这套丛书的初衷是：组织京内外高校、研究机构民俗学新生力量，以新的视角、新的思维、新的方法，对古老民俗文化的形态、内涵作审视，并观察其在新时代的适应性、功用性、流变性，深刻解读它们对于重建当代人文精神的价值所在，以及它们在市场经济、高科技环境下追求人与自然和谐、人与人和谐、社会协调、心灵安定与精神家园常青方面所能发生的效力。

从目前的情况看，我们的收获满满。由于所有作者的共同努力，这套丛书充溢新的气象、新的风格、新的文思、新的可能，为我们继续与时俱进地组织推进这一事业增强了信心。当然，由于是“新读”而非“精读”，各卷本质量尚有参差，各位作者的立意与实力不同，丛书整体也不尽完美。可贵的是，我们走出第一步，让人们确信古俗是可以也应该“新读”的。唯新读才得新义，作新解，为新用，是为“古为今用”“推陈出新”，传承我中华文化薪火。

前言

我国台湾地区张起钧教授著有《烹调原理》一书[1]，他在自序中说道："古语说'饮食男女人之大欲存焉'，若以这个标准来论，西方文化（特别是近代美国式的文化）可说是男女文化，而中国则是一种饮食文化。"从宏观而言，这一判断是有道理的。

在饮食方面，西方之所以难以与中国相提并论，主要取决于饮食观念的差异。西方是一种"理性饮食观念"，不论食物的色、香、味、形如何，营养一定要得到保证，讲究一天要摄取多少热量、维生素、蛋白质等。即便口味千篇一律，简单单调味同嚼蜡，但理智上却是：一定要吃下去，因为有营养。中国则是一种"美性饮食观念"，人们在品尝菜肴时，往往会说这道菜"好吃"，那道菜"不好吃"。然而若要进一步问一下什么叫"好吃"、为什么"好吃"、"好吃"在哪里，恐怕就不容易说清楚了。中国人对饮食追求的是一种难以言传的"意境"，即使用人们通常所说的"色、香、味、形、器"来把这种"境界"具体化，仍然很难涵盖得了。中国饮食之所以有其独特的魅力，

1　张起钧：《烹调原理》，中国商业出版社，1985 年，第 5 页。

关键就在于它的味。

饮食观念的不同，使西方饮食倾向于科学、理性，中国饮食倾向于艺术、感性。在饮食不发达的时代，这两种倾向都只有一个目的——活命充饥。待饮食文化充分发展之后，这两种不同的倾向就表现在目的上了：前者发展为出于营养学上的考虑，后者则表现为对味道的讲究。烹调出自饮食，饮食原来是旨在维持生命的营养，因此，西方饮食的着重点仅仅是原始的饮食实用性的延伸。中国饮食对味道的偏重，就把饮食推向艺术的领域。在中国，饮食早已超越了维持生存的作用，它的目的不仅是获得肉体的存在，而且是满足人的精神对于快感的需求。它是人们积极充实人生的表现，和美术、音乐、文学等有着同等的提高人生境界的意义。

中国人过去见面，首先问“你吃了吗”，可见饮食在中国人心目中的位置。在某种程度上，一个民族的命运是看其吃什么和怎么吃。音乐、舞蹈源于得食之乐和果腹之喜；酒类的制造，萌发了古代化学；至于古代医学、哲学、文学、礼仪等，无不伴随人类的饮食活动而产生和发展……可以说，一个民族吃什么、怎么吃，决定了这个民族的文化发展走向。

在所有的物质文化形态中，中国饮食辐射的文化维度是最广阔的。“民以食为天”，饮食应该成为人类生活经验中最主要的部分之一，这种经验同人们的精神和物质生活皆有着密不可分的联系。饮食文化，在实质上也体现着中华民族的思维倾向、基本的社会关系和生活诉求。从饮食文化入手，研究中国哲学、历史、社会、艺术等，不仅是可能的，而且是必要的。

在中国，饮食并不是孤立存在的事物，饮食必然联结着政治、经济、民族、宗教等方方面面的要素。饮食表达出族群、阶层、历史、地理、文化、经济发展水平等社会万象。饮食早已超越了食物和饮食过程本身，延伸至其他领域，付诸社会实践，凝聚为多彩而又深邃的饮食文化内涵。

当然，上面这些饮食视域诉诸饮食哲学、饮食美学、饮食历史、饮食地理、饮食艺术等，可归之为形而上的专题，需要立项研究。本书名为《饮食民俗》，自然需要眼光向下，立足于当下民间和日常生活世界，即聚焦于饮食食品、饮食行为和现象本身。主要包括饮食惯制、饮食观念、日常饮食、节日饮食、节令饮食、人生礼仪饮食、区域饮食、少数民族饮食，以及菜系、小吃、食物礼品交换、祭品、主要食器和饮品等，这些都是理解饮食民俗不可或缺的内容，中国饮食民俗的生存样态、地域风味、生活属性、文化特质、社会功能均涵盖其中。《饮食民俗》的书写属于不可逾越的基本层面，唯其如此，才能触及饮食民俗的精髓和根本，并在此基础上把中国饮食文化研究推向更高层次。

目录

饮食民俗概述

“食者，万物之始，人之所本者也。”[1]“食，殖也，所以自生殖也。”[2]饮食关乎人的生存，和民众的日常生活密不可分。在中国，“饮食从来就不仅仅是营养或美味，而是包含了太多的言外之意、味外之旨——味蕾的感受、知识的积累、历史的氛围以及文人的想象，附着在具体的食物上，大大扩展了饮食的文化内涵”。[3]与饮食相关的习俗与文化更是渊源绵长、博大精深。“夫礼之初，始诸饮食”“食，色，性也”“饮食男女，人之大欲存焉”“民以食为天”，这些都体现了我国古代“以食为重”“以食为天”的饮食思想。

中国人的祖先在饮食生活中倾注了全部的注意力，有着对饮食文化的深刻理解，并创造了辉煌独特的饮食文化。在时间上，饮食文化是在历史的长河中逐渐形成、丰富和完善的，不同历史时期的饮食民俗呈现其时代性，并具有生活饮食的日

---

1 伏胜:《尚书大传・卷二・周书》，中华书局，1985 年，第 60 页。

2 刘熙:《释名・卷四・释饮食》，中华书局，1985 年，第 61 页。

3 陈平原:《长向文人供炒栗——作为文学、文化及政治的“饮食”》，《学术研究》2008 年第 1 期。

常性以及节日仪式饮食的狂欢性与神圣性。在空间上，不同民族、不同地区有其独特的饮食习惯和饮食民俗；饮食具有民族识别和族群认同的功能；十里不同风，百里不同俗，物产的地区差异促成不同地域人们味觉、饮食的多样性：酸甜苦辣咸，北面南米东鱼西肉。饮食文化是流动的，味蕾的包容与移情构成了中国饮食民俗的最大特点。

中国饮食与国泰民安、文学艺术、人生境界、宗教信仰等都有千丝万缕的联系，其魅力不仅在于食物本身，还表现为其具有无穷的文化和精神辐射力。利玛窦在他晚年写的《利玛窦中国札记》一书中感叹道：他们的礼仪那么多，实在浪费了他们的大部分时间。[1] 把吃推及几乎所有的人际关系领域，把饮食民俗的功能发挥到极致，正是一直以来为世人所感叹的中国文化的一大特质。

食物在中国人的生活中扮演如此重要的角色，以至于许多人把中国人视为有着食物中心倾向文化的民族。他们不仅有着广泛的食物选择范围，而且可以在所有的社会层面发现对于美食的关注。“你吃了没有？”在中国，食物不仅是平常的交谈话题，而且经常是支配性话题。[2] 饮食是人们生活的一部分，在某种意义上，甚至可以说，饮食就是人们的生活本身。“中国人尤其专注于饮食，而且饮食也处于许多社会互动的中心，或至少伴随或象征着这些社会互动。中国人在他们的社会互动中认识到了互动各方的相对地位以及与互动的性质相关的一些细微而精确的区分及其微妙差别。相应地，他们必然用食物——其变化无穷无尽，比舌头所能传达的更微妙且更意味深长——来帮助说出那构成每一种社会互动一部分的话语。在中国饮食民俗的每一层面之内，食物又被有区别地用来表现互动中所包含的精微的社会差别。”[3] 饮食不仅具有其外在的可视可感性，包括色彩斑斓、形状各异、琳琅满目的食物；同时也具有其内在的象征比喻性，以饮食为中心，构建了丰富而多元的社会

---

1 [意] 利玛窦:《利玛窦中国札记》，中华书局，1983 年，第 63 页。

2 [美] 弗里德里克·J. 西蒙（Frederick J. Simons）:《中国思想与中国文化中的食物》，郭于华译，[美] 尤金·N. 安德森:《中国食物·附篇二》，马孆、刘东译，刘东审校，江苏人民出版社，2003 年，第 265 页。

3 张光直:《中国文化中的饮食——人类学与历史学的透视》，郭于华译，[美] 尤金·N. 安德森:《中国食物·附篇一》，马孆、刘东译，刘东审校，江苏人民出版社，2003 年，第 258 页。

交流与互动。

吃，已经成为我们“感知世界、把握世界的一种基本方式”[1]。正如安德森所说：“中国人使用食物来判别族群、文化变迁、历法与家庭事务，以及社会交往。没有一样商业交易不在宴会中完成。没有一次家庭拜访不在佳肴中进行。没有一次宗教大事不在合乎礼仪的特定食物供奉中举办。关于何种食物恰好合乎何种境况，或关于人们如何应对经济或文化环境的变化来操办和改变习俗礼节，这些资料几乎无法从中国不同地区一一得到。”[2]

饮食民俗的源流

民以食为天

饮食与穿衣不同，穿衣一开始便是一种文化创造，而饮食首先是出于人类的天然本能。人类的发展，一要生存，即种族的繁衍；二要温饱，即饮食。“人们首先必须吃、喝、住、穿，然后才能从事政治、科学、艺术、宗教等等。”[3] 在人类的衣食住行等社会生活中，饮食是最基本、最重要的，“仓廪实而知礼节，衣食足而知荣辱”。

人类饮食生活的发展过程，大致经历了两个阶段，一是自然饮食阶段，二是调制饮食阶段。

所谓自然饮食阶段，是指早期的人类寻觅野生动植物、谷物或通过采集、捕猎动物、植物等方式获取可食的东西，来满足自己与其他动物相似的饮食需要。我国

1 郭于华：《关于“吃”的文化人类学思考：评尤金·安德森的〈中国食物〉》，《民间文化论坛》2006 年第 5 期。

2 [美] 尤金·N. 安德森：《中国食物》，马孆、刘东译，刘东审校，江苏人民出版社，2003 年，第 194—195 页。

3 [德] 马克思、恩格斯：《马克思恩格斯选集》，人民出版社，1972 年，第 574 页。

图1 灶台

古书记载，人类最原始的生活是“茹毛饮血”“食肉寝皮”，这大概是渔猎时代的状况。这一阶段，人类饮食以生食为主，饮食习俗并没有形成。

只有当人类进入调制饮食阶段时，饮食民俗才产生了，而火的使用是饮食文化起源的关键。所谓调制饮食是指人类开始掌握烹调之法。烹调，烹在先，调在后，烹是烧煮食物，调是调和滋味，它们一直是饮食文化的主体部分。

“烹”即熟食法，起始于火的利用。古代人所住的森林，常常因遭受雷电的袭击而引起火灾。当火熄灭后，人们偶然吃到被火烧烤的野兽，觉得这种烧熟的兽肉，比生的兽肉好吃得多，而且滋味鲜美。人们逐渐懂得食物是可以用火烧熟了吃的，于是便开始保存火种。后来，人们又在劳动实践中，发明了钻木取火和击石取火的方法，由此就正式吃熟食了。

“烹”是饮食文化的真正肇端。最初的烹以烧、烤为代表。在我们祖先最初学会用火熟食的阶段，并没有炊具，也不懂什么叫作熬、炒、熘、扒、炖，只知道把猎取来的兽肉直接放在火上去烧烤。

烧、烤之后出现了煮。煮法有二，一是把烧热的石块放到水里去煮，晚些时候才有第二种，用火烧石器或后来的陶器、铜器煮其中的肉类或粟类。之后，人类创制了饭菜混合食物：把粟类或研碎的粮食粉与肉类、菜类混煮，出现了新的饮食结构。

中国古代出土物提供的资料表明，在殷代已经由“煮”发展到“蒸”了。在殷墟出土的器物中有“鬲”，这是煮具，同时也发现了“甗”，这是下部注水，中间隔开，上部放粮米的蒸具。这些出土物上都有文字标注其用途。在《诗经·生民》中描述了“释之叟叟，烝之浮浮”的蒸饭过程。有了“鬲”“甗”等炊具，才有煮蒸食物的可能。

由“炰生为熟”到能够煮蒸食物，这是人类饮食史上又一划时代的进步。一切烹调技术，也只有在炊具的诞生和使用之后，才能获得发展；各种烧、炒、焖、炸、烩、煎等烹饪方法，才陆续产生，人类饮食状况也因此获得最根本的改变。

图2 火塘烹煮食物

中国自古以来就是一个“烹饪王国”。在古汉语中，“烹”和“饪”很少连用，它们的意思各不相同。烹是煮的意思，而饪指把食物煮得熟透。《说文》：“饪，大熟也。从食，壬声。”《论语·乡党》：“失饪，不食。”[1] 特别是食物作为祭品的时候，其生熟度如果不符合标准，是绝对不能用于祭祀祖先的，否则就是对祖先的不敬。“烹”“饪”二字连用，最早见于《周易》：“鼎，象也，以木巽火，烹饪也。”[2] 这里“烹饪”虽然连用，但还没有形成一个双音词，其中“烹”表示煮的过程，“饪”表示煮的结果。“烹”“饪”连用，构成了食物原料由生到熟的一个完整的加工过程。

“调”起源于盐的利用。远古时代，人们开始吃熟食，只是把食物烧熟而已，还谈不上调味。只烹不调，只能尝到食物的本味，饮食很是单调。后来有些生活在海滨的原始人，偶然把猎来的食物放在海滩上。海滩被海水浸湿，经日光照射蒸发，地面上出现一层白色的晶体，这就是盐。食物放在海滩上，表面沾上了一些盐的晶粒，人们把沾了盐的食物烧熟了吃的时候，发现滋味芳香。于是，人们开始研究盐与食物之关系。经过长期实践，人们又发明了烧煮海水提取食盐的方法。有了盐，才有了调味，而菜肴的基本味是盐，“盐者百味之将”。烹饪加上调味，使人类食物变得多样化。

中国饮食民俗从形式到内容都是多样和丰富的。其成因可以从中国的环境、经济、政治、文化诸多方面进行综合分析。

第一，自然条件。它包括自然气候、地理环境、物产资源、风土人情等，这是造就中国饮食民俗的关键因素。我国现存最早的医学专著《黄帝内经》中云：“故东方之域，天地之所始生也。鱼盐之地，海滨傍水，其民食鱼而嗜咸，皆安其处，美其食……西方者，金玉之域，沙石之处，天地之所收引也。其民陵居而多风，水土刚强，其民不衣而褐荐，其民华食而脂肥，故邪不能伤其形体……北方者，天地所闭藏之域也。其地高陵居，风寒冰冽，其民乐野处而乳食……南方者，天地所长养，阳之所盛处也。其地下，水土弱，雾露之所聚也。其民嗜酸而食胕……中央者，其地平以湿，天地所以生万物也众。其民食杂而不劳……”[3] 五方之民所处地理环境不同，气候不同、物产不同，因此饮食习俗也不同。中国地大物博，气候多样，从热

---

1 汉语大字典编辑委员会编纂：《汉语大字典》（8），四川辞书出版社、崇文书局，2010 年，第 4733 页。

2 于春海译评：《易经》，吉林文史出版社，2006 年，第 169 页。

3 何永、马君、何敬华校注：《黄帝内经·素问》第 2 版，中国中医药出版社，2022 年，第 44—45 页。

带雨林到高山冻土，从内陆到海洋，生长着各种不同生态环境下的动植物。品种之繁多，为制作各种食品提供了丰富多样的原料。生活在天南海北的各民族、各地区的人，根据不同的需要就地取材，形成各具民族风味和地方风味的饮食习俗。

第二，经济条件。一个民族的饮食习俗植根于一定的经济生活，并且受它的制约。中国的饮食习俗是以农业为基础的。中华民族是一个以汉民族为主体的多民族共同体，而作为汉民族主要活动地域的黄河、长江流域，则多为平原地区，有发达的水系，平坦肥沃的耕地以及适宜的气候，是农业兴盛得天独厚的条件。中国先民的主体早在距今约七千年前，逐渐脱离以狩猎和采集为主要生活方式的阶段，进入以种植和养殖为基本方式的农业社会。以谷类食物为主食，不吃乳酪、不喝乳类，以肉为辅，这种传统饮食结构，影响着中国人数千年的饮食生活。谷物种植对我国政治、经济、文化所引起的巨大变化，是其他类别的农业经济无法比拟的。“禹稷躬稼，而有天下”，“以农为本”极大地促进了饮食的发展，中国古代美食种类丰富，烹饪技艺精湛。

我国古代经济繁荣带来了市场贸易、市肆饮食的兴旺，为饮食业提供了物质条件和经营对象，这是中国饮食民俗形成和发展的重要条件。如江苏菜系中的淮扬风味的形成正是如此。秦汉以后的吴越广陵，逐渐成为淮南重镇，经济发展较早；特别是隋炀帝开掘大运河后，沟通了南北水系，扬州成为重要的食盐集散中心和国际贸易城市，富商大贾“腰缠十万贯，骑鹤上扬州”，发达的城市商业经济，极大地刺激了饮食消费，形成了具有代表性、典型性的风味流派。

第三，政治条件。《尚书·洪范》确立“食为政首”的观点，司马迁提出“民以食为天”。汉代以后占主体地位的儒家文化在人类两大本性即食、色之间，选择了食。饮食的地位上升到政治的高度，即所谓“治大国如烹小鲜”焉。

第四，文化条件。在中国传统文化中，“食”占有十分重要的地位。孔子主张“食不厌精，脍不厌细”。老子也说，“为腹不为目”。中国历史上许多文学家文章记珍馐，图画写宴饮，编定饮食典章，创立烹饪理论，为中国饮食民俗的发达做出了贡献。以淮扬菜系为例，扬州是历史文化名城，因其政治、经济和地理上的特殊地位，吸引了历代文人学者名流，如王昌龄、孟浩然、杜甫、岑参、刘禹锡、白居易、杜牧、李商隐、欧阳修、苏东坡、秦少游等，曾写下数百首歌咏扬州的诗词歌赋。唐代徐凝的“天下三分明月夜，二分无赖是扬州”，清代郑板桥的“扬州鲜笋趁鲥鱼，烂煮春风上巳初”的诗句更是脍炙人口。清人袁枚是著名的美食家，他所著的《随园食单》介绍了几十种淮扬菜点。李斗在《扬州画舫录》中记载了50余家扬州餐馆的经营特点和擅长品种，书中对家厨也作了有趣的记录。清乾隆时期，扬州盐商童岳荐所撰《童氏食规》是一部以记录淮扬菜肴为主的专著，被收入《调鼎集》中。

同时，中国传统文化重视秩序、礼仪，“食礼”成为礼仪的重要内容。带有礼仪性的饮食生活，不但丰富多彩，而且被赋予社会意义。民间的礼仪节庆，婚丧嫁娶等习俗，对饮食习俗有很大的影响。正月十五吃元宵、寒食清明的冷饭糕饼、五月端阳的粽子和雄黄酒、八月中秋的月饼、腊八的粥、辞岁的饺子等，都是节日仪式的特定饮食。在饮食形式上，如宴席的座次、上菜的顺序、劝酒敬酒的礼节、行各种酒令的内容和方法等，也都有社会往来习俗中男女、尊卑、长幼关系和祈福避讳上的要求。可见，饮食不仅满足了人们的生理要求，更主要的是反映了礼仪的社会需要。

另外，中国传统文化重历史、重家庭、重技艺（包括特殊的烹调、酿造等方面的技术）。“祖传”的烹饪手艺世代流传，并在实践经验基础上加以补充丰富，精益求精。俗话说，“三辈学穿，五辈学吃。”[1] 中国历史上突出的“累世同居”，烹饪经验、饮食文化在家族中沿袭传承。今存最早的菜谱——虞悰的《食珍录》就是家族秘传的记录。《南齐书·虞悰传》载，武帝尝求诸饮食方，悰秘不出，后来皇帝因醉酒而患病，他才献出“醒酒鲭鲊”。

以上这些自然、经济、政治及文化的条件，是形成中国传统饮食民俗的基本条件，还有其他诸如宗教信仰、地域间及民族间的文化交流等条件，它们共同构筑了中国饮食民俗发生的机制。

---

1 《魏志》：文帝诏曰：“三世长者知被服，五世长者知饮食。”

理解饮食民俗

饮食民俗成为人们生活的基本形式,“吃喝拉撒睡”被用来指代生活的日常,“衣食住行”被用来概括生活的主体内容,谋生叫“糊口”,岗位叫“饭碗”,受雇叫“混饭”,难受叫“煎熬”,努力叫“加油”。可见,在中国,吃什么、怎么吃,绝不只是果腹活命的生理需求,而是渗透到人们的生活经验、文化体验、民俗信仰、历史记忆、社会结构等方方面面。北京的胡同也有以饮食命名的,如干面胡同、细米胡同、烧酒胡同等。在中国人看来,令人陶醉的“美”是“秀色可餐”。用“吃”来表达对世界的认知往往极为微妙而贴切。比如,表示挂心、介意叫“吃心”,而对某事惊骇、惊惶叫“吃惊”,还有忍受苦难称为“吃闷”,对自己所做的事感到后悔叫“吃后悔药”等。寻常百姓也把“吃”运用到日常语言中,很多口头语中都有“吃”字。中国人见面,用“吃了吗?”打招呼,花积蓄叫“吃老本”,被起诉叫“吃官司”,受人欢迎叫“吃香”,受到特殊照顾叫“吃小灶”,不顾他人叫“吃独食”,受人伤害叫“吃亏”,男女嫉妒叫“吃醋”,犹豫不决叫“吃不准”,不能胜任叫“干什么吃的”,负不起责任叫“吃不了兜着走”,办事不力叫“吃干饭”,等等。中国人用下列诸名词来形容自己与各种世事之关系:被人占了便宜叫“吃亏”,自己无可奈何叫“吃瘪”,受苦叫“吃苦”,挨不住叫“吃不消”,挨得住叫“吃得消”,面子大叫“吃得开”,面子不够大叫“吃不开”;中国人的“逆来顺受”,将自己不喜欢之物硬吞下去的现象叫“哑巴吃黄连”。此外,对中国人来说,“自己人”总是“熟”人,而不是“生”人,自己在他们面前往往“吃得开”,并对不可饶恕的叛徒以“吃里爬外”喻之。“吃”的文化符号得到极为广泛运用,成为最为盛行的话语形式。

关于何谓饮食民俗、何谓饮食文化,目前尚无一个明确的定义。任百尊主编的《中国食经》一书,由食史篇、食料篇、食论篇、食养篇、食珍篇、食艺篇、食礼篇、食俗篇、食事篇、食典篇及附录等十几个部分构成,涉及烹饪学和饮食民俗的多个领域。赵荣光认为,“饮食文化是指食物原料开发利用、食品制作和饮食消费过程中的技术、科学、艺术,以及以饮食为基础的习俗、传统、思想和哲学,即由人们食生产和食生活的方式、过程、功能等结构组合而成的全部食事的总和”[1]。

饮食民俗是指人们在选择食物原料，加工、烹饪和食用食物过程中，形成并沿袭的风俗习惯，也称饮食风俗或食俗。饮食民俗是与饮食相关的行为习俗、仪式活动和生活习惯，且为一定区域或民族的人共同遵守的一种饮食方式，具有较强的地域性和民族性。一般包括日常生活饮食民俗、节日庆典饮食民俗、人生仪礼和宗教信仰饮食民俗等。

饮食民俗的特点

传承与创新：中国饮食民俗的时代性

关于中国饮食民俗，学者们一致认为是从使用火时开始的。我国早在“山顶洞人”时期就能够人工取火，并有了人类较早的烹饪工具。我国的饮食民俗发端较早，在时间上，饮食民俗是在历史的长河中逐渐形成、丰富和完善的。

先秦时期，我国的饮食民俗进入真正形成时期。在食物原料、烹调、饮食构成、食具厨具以及烹调理论、饮食礼仪等方面都已经初步奠定了中国饮食民俗的基础。[2]《诗经》《左传》《论语》《国语》《战国策》等先秦文献关于食物及饮食活动的记载是零星、分散的，较集中记述饮食的文献以“三礼”为最，“三礼”对我国的饮食制度和饮食民俗都有着非同寻常的意义。《仪礼》叙述了饮食礼仪，《礼记》对饮食礼义进行了阐述，《周礼》具体详细地记录了我国最早的完备的饮食制度。此外，我国历代通礼研究著作中明确标列有关饮食专题。清代秦蕙田的《五礼通考》、黄以周的《礼书通故》等书，都是在贯通“三礼”基础上，列出有关饮食专题研究部分。像《礼书通故》中列有“肆献祼馈食礼”“时享”“食礼”“燕飨

1　赵荣光:《中国饮食文化史》，上海人民出版社，2014 年，第 2 页。

2　金炳镐:《中国饮食文化的发展和特点》，《黑龙江民族丛刊》1999 年第 3 期。

礼”“饮礼”“器礼”“名物图”等。[1]

秦汉统一，一方面是取得大片的粮食产地，如珠江三角洲等地，粮食产量大幅度提高，畜产品大量增多；另一方面是岭南、西域等地食品大量传入中原，如岭南地区的荔枝、龙眼、香蕉、柑橘、柚子、甘蔗、椰子等，西域的西瓜、葡萄、石榴等。另外，张骞两次通西域，既带回一些新品，如胡荽（芫荽）、苜蓿等，又带回一些良种，如大蒜、蚕豆、核桃、芝麻等。与此同时，民间食品也得到迅速发展，其中最具代表性的是豆腐的问世和糕点的发展。

汉代出现了新能源，出现了铁炊具和改进的炉灶。由于炼铁技术的进步，钢刃菜刀的出现，给屠宰和烹调业的切割提供了新的锋利工具。铁釜和铁镬能耐高温，又给煮炖和爆炒提供了更有利的条件。汉代已出现多眼灶，并且烟囱也拔高了，提高了烟囱拔风旺火的能力，同时也提高了烹调速度和烹调质量，从而使其在烹调技术上又有所提高，出现了“炒菜”的雏形。

汉代的餐具也发生了巨大变化，烹煮器具出现小型化的趋势。青瓷碗盘也逐渐普及，取代了民间的粗陶和竹木餐具。在贵族中大量使用轻巧美观的漆器，主要包括耳杯、盘、壶、盒、盆、碗、勺、筷子和食案等，色彩绚丽，有的还以金、银镶嵌器沿。

汉武帝时，儒家的饮食思想备受推崇。儒家讲究营养，注重卫生，以饮食涵养人性、完善人性等饮食观成为中国饮食民俗的重要组成部分，同时，由于《黄帝内经》等医书的倡导，先秦的“医食同源”理论得到进一步发展和完善。此外，诸如《方言》《蜀都赋》《四民月令》《神农本草经》《山海经》《史记·货殖列传》《史记·食货志》《汉书·地理志》等文献中都对这一时期的饮食生活和饮食民俗进行了记录，“民以食为天”成为饮食民俗的理论核心。

魏晋南北朝时期，由于佛教在全国盛行，寺院伙食向素食转化，最终佛教将素食宗教化、定型化，形成全素斋。佛教倡导素食影响了社会饮食风尚，素菜进入普通生活。这一时期，饮茶习俗开始流行。南北朝时期出现了一批关于饮食的专

1　王雪萍：《〈周礼〉饮食制度研究》，扬州大学博士学位论文，2007 年，第 17 页。

著及相关著述，如《食经》《四时食制》《食珍录》《临海水土异物志》《齐民要术》《荆楚岁时记》《南方草木状》《抱朴子》等。

隋唐时期，由于大运河沟通中国南北方的交通，南北食料贸易规模、数量、品种剧增。同时，中国作为世界文化中心，外国的许多食料也传入中国，如南洋的燕窝、鱼翅，日本的干贝，墨西哥的鲍鱼等。由于中外美食的汇集，唐代菜肴在数量、品种、花色上都有所创新。唐代的宴饮习俗走向奢华，不仅对菜肴的质量、品种的要求越来越高，而且宴饮的名目也越来越多。同时野宴之风也深入民间，春季有仕女们的“探春宴”，也有青年妇女的“裙幄宴”。唐代对中国饮食民俗最大的贡献，就是茶文化正式形成，茶风、茶礼、茶俗已深入人心，并出现有关茶文化的专著，即陆羽的《茶经》。唐中期，又出现浙江、江西、福建、岭南、两湖、苏皖、川滇等茶叶生产中心。唐代中国的茶文化向东又传播到日本、朝鲜。隋唐时期，出现了大量的食单、食谱、食经，如谢讽《食经》《韦巨源食谱》等。食疗、食医思想进一步得到发展，如孙思邈《千金翼方》《备急千金要方》，孟诜《食疗本草》，昝殷《食医心鉴》。饮食交流与活动频繁见诸各种笔记小说中，如段成式《酉阳杂俎》、陶宗仪《说郛》等。

宋代以市井饮食民俗为特色，城市饮食业囊括了各地、各民族饮食民俗的精华。各种饮食民俗在城市互相交流，城市饮食业不断发展。坊、市连成一片，出现通宵的饮食店，市坊沿街的食铺众多，另一些小食摊点和走街串巷的小食担，各种食品应有尽有。一些大饭店的服务机构也完善起来，设有“四司六局”：帐设司（布置饮宴厅堂）、厨司（主管烹调）、茶酒司（专管茶、酒和迎来送往）、台盘司（专管托盘、出食、劝酒、接盏等）；“六局”为果子局、蜜煎局、菜蔬局、油烛局、香药局、排办局等。宋代从南到北盛行饮茶之风，饭店酒肆都备有茶茗，也有专门品茗的茶肆。同时出现菜系的雏形，在汴梁、临安的餐馆中已挂出“胡食”“北食”“南食”“川味”等招牌，以示该店菜味的独特。北宋陶谷《清异录》载，与饮食有关的有“馔羞”“蔬菜”“鱼”“禽名”“兽名”“酒浆”“百果”等，首次出现了豆腐、红曲、绿花包子等食品。除蔡襄的《茶录》、陈直的《养老奉亲书》、沈括的《梦溪笔谈》外，这一时期的文献中保留了大量有关饮食民俗的资料，如《东京梦华录》《都城纪胜》《梦粱录》《武林旧事》《西湖老人繁盛录》《太平广记》《乡饮礼》《乡饮礼图》《食鉴》等。南宋林洪《山家清供》以笔记形式记录了一百余道美食的名称、原料与制作方法，涉及菜、羹、汤、饭、饼、面、粥、糕团、点心等。食材种类丰富，以果蔬为主要原料，讲究食物的本味（原味、真味）。多采用蒸、煎、煮等简单的加工方法，注重饮食的养生。

辽、金、元时期为少数民族入主中原的文化交流时期，也是饮食民俗调整和集大成的时期，辽代西瓜等水果引种技术传入内地，元代蒸馏酒的技术也由西域传入中原，同时少数民族饮食及礼仪也传入内地。如蒙古族的奶制品，蒙古贵族的“质孙宴会”等进入中原，丰富了内地的饮食民俗内涵：一是饮食的品种、名目大量增加。元代贾铭的《饮食须知》中就载有谷类、菜类、果类、味类、鱼类、禽类、兽类等三百多种食物。二是饮食民俗研究有了较大发展，如忽思慧《饮膳正要》、贾铭的《饮食须知》和倪瓒《馔史》等。

明清时期，延续了我国饮食民俗的优良传统，在饮食民俗的内涵和研究上都有很大的发展。清代满族入关后，将其关外的特有饮食、原料带入关内，与内地汉民的传统饮食民俗相融合，丰富了中国饮食民俗的内容，最为突出的是满汉全席的形式。在饮食研究方面，出现了许多集大成的饮食著述，如《食宪鸿秘》（朱彝尊）、《养小录》（顾仲）、《随园食单》（袁枚）、《醒园录》（李化楠）、《燕京岁时记》（富察敦崇）等。

饮食民俗的时代性表现在以下几个方面：首先，不同时代，食材有所继承、补充和完善，逐渐形成相对稳定的饮食结构；烹饪器具、餐具不断改进，饮食民俗呈现不同特点。其次，饮食结构和饮食观念也呈现时代特点。总之，我国饮食民俗是在历史的长河中不断传承与创新的，形成了独具特色的中国饮食民俗。

日常与狂欢：中国饮食民俗的节奏性

中国饮食民俗具有生活饮食的日常性和节日仪式饮食的狂欢性与神圣性。

普通老百姓开门七件事：柴、米、油、盐、酱、醋、茶，都是围绕着饮食展开的。中国饮食民俗最基本的特点就是它的生活性、日常性，五谷杂粮，主副食搭配，一日三餐，平常而有规律。

日常饮食离不开菜。在中国，“菜”为形声字，与植物有关。据西方的植物学者的调查，中国人吃的菜蔬有六百多种，比西方多六倍。实际上，在中国人的菜肴里，素菜是平常食品，荤菜只有在节假日或生活水平较高时，才进入平常的饮食结构，所以自古便有“菜食”之说。《国语·楚语》有云：“庶人食菜，祀以鱼”，是说平民一般以菜食为主，鱼肉只有在祭祀时才能吃到。菜食在平常的饮食结构中占主导地位。

节日是人类社会发展到一定阶段的产物，其产生与天文、历法、数学有密切关系。但节日并非历日，也非节气。历日确定为节日产生提供了必要前提。节日必须有一定的风俗活动。中国人吃的是草，即植物。植物都是有“节”的。节指竹、草、木条干间坚实结节的部分。节是植物躯干最坚硬的部位，劈柴时最难将其劈开。节也是植物的关键部位，节外才会生枝。植物中“节”的这种特征，影响了中国人对时间的认识。古人认为时间也有“节”，是一年四季的关键部分。中国人把时间分成两部分，一部分是平常时间，另一部分是非常时间。非常时间是一年四季中最“坚硬”的时间，即最难通过的时间，也是最容易“出事”的时间。

图3 传统火锅

中国古代大部分节日是单日，尤其是单月单日，如一月一日元旦、三月三日上巳节、五月五日端阳节、七月七日七夕节、九月九日重阳节等。中国人喜欢讲双月双日，成双成对为吉利。这些所谓节日并不像后世演化得那么欢天喜地，称“佳节良辰”，而都被认为是些极不吉利的日子，非“凶”即“恶”，所以叫“过节”。那么如何通过“节”呢？其中一种过法就是把类似煮熟的整鸡、猪头等平时吃不到的荤食，摆上神龛，供奉给祖先“吃”，以此祈求祖灵保佑活着的家人平安度过这段凶恶的时间。如此，节日食俗产生了，并成为节日习俗的一个重要组成部分。

长期以来，人们都把年节饮食与日常饮食区别开来，使年节饮食处于一种特殊的民俗氛围之中。人们在享受美味佳肴的同时，也表达出内心最为美好的祝愿。节日风味饮食还有馄饨、春饼（卷）、粽子、月饼、贺年羹、青团、乌米饭、塌饼等，它们都被赋予特定的民俗内涵。这些吃食虽然现在随时可以食用，但它们主要是供节日时用的。节日饮食具有神圣性与狂欢性。

在中国，吃饭喝酒形式是团团围坐，筵席是民间狂欢形式体系中最重要的内容。筵席也是一种舞台，但并非施展权力的场合。在此种场合，社会的等级、差别、不平等被消解殆尽，社会规范和道德法则变得无足轻重。人们暂时取消了一切等级关系、特权、规范和禁令，完全沉浸在自由的欢乐之中。民众需要这种狂欢，并在狂欢中获得各种满足和精神的愉悦。

地方与区域：中国饮食民俗的地域性与层次性

十里不同风，百里不同俗。物产习俗的差异导致各地人味觉、饮食的多样性：酸甜苦辣咸，北面南米东鱼西肉；在空间上，不同民族、不同地区有其独特的饮食习惯和饮食民俗。

中国地域广大，食物原料分布地域性强，各地发展程度不一，在文化和封闭程度等综合因素的作用下，形成了许多风格不尽相同的饮食民俗区。从宏观上讲有苏、粤、川、鲁四大菜系，而在微观上这些菜系又分出许多子系统。各个子系统之间又相互交融、排斥，形成严格的地方性特点。主要有东北、京津、黄河下游、东南、中北、黄河中游、长江中游、西南、西北、西部高原等十个大区域，以下各省、市、县，甚至乡都有自己的特色。[1]

由于各地自然条件不同，人们对饮食滋味的要求就不一样。古人认为，美味佳肴，“物无定味，适口者珍”。黄河流域的人普遍喜爱腌制食品，口味较重，以齐鲁饮食民俗为代表。古籍中记载齐鲁地区人民的经常性菜肴有：醢、菹、酱等，这些都是用盐腌制的食物。生活在鲁国的孔子，平日饮食是“不得其酱，不食”。而长江流域的人饮食口味就与黄河流域的大相径庭，以荆楚饮食民俗为代表，楚人饮食大体是遵循“大苦咸酸、辛甘行些”来调和五味的。这种不同地区口味的偏差，成为中国饮食格局构建的基础。中国饮食民俗的一大特点，就是在艺术烹调的基点上，根据各地不同的味觉习惯、选料方式、操作方法、色泽搭配，逐渐构成了区域性的食谱程式——菜系，以及由此而衍化的各种风味饮食和食用惯制。

由于地理条件、气候环境和食品种类的不同，各地人们的饮食口味和饮食结构都有明显差异。成书于战国时期的《黄帝内经·素问》指出，五方之民饮食有异，口味不一。

各地饮食的差异乃自然形成，自然环境具有决定性的作用。譬如，傣族地区气候炎热、潮湿，食品容易发酵。发酵食品的一大特色是酸。久而久之，形成了傣族人酸食的饮食个性。而酸味食品恰恰满足了炎热地区人们对口味和健康的需求。

从历史文献的记载来看，中国饮食调制的地方风味差异，其形成的时间可以追溯到先秦时期。夏商周时期，我国南北饮食民俗的区域特征基本形成，饭稻羹鱼和食粟餐肉分别成为南北饮食的文化表征。《礼记·内则》比较详细地介绍了西周时期天子食用八样美味菜肴（号称“八珍”）的烹饪方法，这是目前所能见到的中国北方菜的最早食谱。其用料多为陆产，属黄河流域地方风味；而《吕氏春秋·本味》《楚辞·招魂》所列举的菜肴，其用料多为水产、禽类，属长江流域地方风味。《论语》和《吕氏春秋》中有关烹饪的论述代表了南北方两种饮食取向。孔子把肉切得四方端正才吃，小于拳头的鸡雏不吃，鸭尾巴、鸡肝、雁肾、鹿胃等都不吃，这体

1　金炳镐：《中国饮食文化的发展和特点》，《黑龙江民族丛刊》1999 年第 3 期。

现了孔子在饮食方面对周礼的尊崇；《吕氏春秋》则认为最美味的是猩猩的唇、猪獾爪后跟那块软肉、鸭的尾巴、象的鼻子等。可以说，孔子的饮食爱好代表了黄河中下游一带北方人的口味，而吕不韦则属于南方两广、福建和四川人的口味。

两汉以后，西南部的巴蜀、益州以及东南部的吴越广陵成为天下重镇，经济文化空前繁荣，富饶的物产资源得到更好开发和利用。到唐代，中国饮食调制法的风俗传承在南方形成三大各具特色的区域：西南长江中上游的川味、中南长江中下游的淮扬味以及岭南珠江流域和闽江流域的粤闽味。

到了宋代，“川食”“虏食”“南烹”之名正式见于典籍，川、鲁、苏、粤四大风味菜系实际已基本形成。元、明、清三代，特别是清代，各地方风味有明显发展，在四大菜系的基础上又增加了闽菜、京菜、湘菜、徽菜，成为八大菜系。

古代中国在传统上是宗法制国家，等级森严，不同等级有不同的社会地位和待遇。在具体的饮食活动中，表现为饮食的等级和层级礼制，有“看人下菜碟”的俗语。中国饮食民俗具有鲜明的层次性。这些层面彼此之间在用料、技艺、条件、排场、风格及总的饮食特征方面，存在着明显的差异。

认同与区分：中国饮食民俗的民族性

饮食具有民族识别和族群认同的功能。

我国自古以来就是一个多民族国家。各兄弟民族之间，在政治、经济、文化等各个方面，不断进行交流、互通有无、取长补短，共同创造了包括饮食文明在内的光辉灿烂的中华文化。我国各民族由于所处的社会历史发展阶段不同，居住在不同的地区，饮食习俗大相径庭；即使同一民族，由于分居各地，彼此的饮食习俗差别也是很大的。牧区的藏族主食自然以奶、肉为主，农业区的藏族无疑是以农产品为主。当然我国有些少数民族与汉族杂居，但在一省、一县或一个城市中，大多聚居一隅，因此保留了各自的饮食习俗。

我国各民族各自生活在一定的地域，依赖自然环境与自然资源维持生存、繁衍后代，同时又改造着自然。人们一年辛勤劳动的成果，就是该民族的衣食之源。大致说，居住在草原的蒙古、藏、哈萨克、柯尔克孜、塔吉克、裕固等民族，从事畜牧业生产，食物以肉类、奶制品为主。南方气候温和，土地肥沃，雨量充沛，宜于农耕，居住在那里的壮、苗、布依、白、傣、瑶、黎、哈尼、侗、土家等众多的民族，从事农业生产，食物以粮食为主。高原地区，气候寒冷，无霜期短，适宜种植大麦、青稞、玉米、荞麦、土豆等，居住在那里的藏、彝、撒拉、保安、羌等民族，就以这些杂粮为生。居住在大兴安岭的鄂伦春、鄂温克等民族，从事狩猎，肉类和野味就成了他们的主要食物；20 世纪 50 年代，这两个民族已实现定居，并种植粮食和蔬菜，“以肉为主食”基本上改为“以米为主食”了。松花江下游的赫哲族，过去以渔业为生，食鱼肉、穿鱼皮，衣食来源离不开鱼类，历史上曾有“鱼皮部”之称。尽管现在有的已改食小麦、面粉，但鱼、兽肉在赫哲族生活中仍是主要的食物。

每个民族所生产的食物原料和用以生产这些食品原料的方法，必然与该民族的经济文化类型相一致。

根据各民族的主要粮食作物、辅助粮食作物和果菜、肉类等食品在农业中所占的地位及其在饮食中所占的比重，我们可以把各民族划分为若干经济文化类型。

（1）渔猎经济类型，以野味、鱼类和野生植物为主要食物。属于这一类型的有赫哲、鄂伦春、鄂温克、独龙、基诺等民族。

赫哲族主要生活于黑龙江三江平原一带，是我国北方唯一以打猎为主和使用狗拉雪橇的民族。这里河流交织、森林茂密，加上气候严寒，从而决定了他们的以鱼、兽为主食的生活方式。正是这种特殊的环境和食物来源，形成了他们饮食习俗的独特风格。他们食鱼的方法多种多样，有将鱼去掉内脏，用刀划口，加以食盐，然后用岩火炙烤，熟时抖掉鱼鳞即食；有将鱼肉穿在烤叉上，放在火上熏烤，抹上食盐烤着吃；还有将鱼加工成鱼条子、鱼披子等鱼干储藏，平日食用；还以善做“炒鱼毛”（鱼松）著称。至于兽肉，除烧、烤、煮食外，还加工成肉干，以备食用。在赫哲族人的食俗中，最突出的要数他们的“杀生鱼”了，也就是将生鱼肉拌以作料食用。他们还嗜烟好酒。

长期以来游猎于大小兴安岭的鄂伦春族和鄂温克族，狩猎是他们获取食物的重

图4 赫哲族食用的生鱼片

要方式。鄂伦春族人除以各种兽肉为主食外，飞禽、鱼类也是其饮食的一个组成部分。兽肉之中，尤喜吃生狍肝和半生半熟的肉，或煮食，或烤食，或生食肝、肾。他们认为，食肉带点血筋，那更是鲜嫩可口，且又富有营养价值。不仅如此，猎人还喜欢将煮好的狍子肉及其肝脑，切碎拌和，佐以野猪油和野葱花而食。鄂温克族人的“手扒肉”更是普通的食俗。鹿、犴、狍、黄羊等野味肉食，在两族人民的饮食中普遍而又必备，犴鼻肉、犴胸口肉、肥肠以及狍肝，是猎人的待客上品。夏季是狩猎的旺季，打到野兽后，将肉切成小块煮熟晒干，再用烟熏，以作冬春之备。

（2）畜牧经济类型，以肉、奶类为主食。经营畜牧业生产的有：藏、蒙古、哈萨克、柯尔克孜、塔吉克、裕固等民族。“逐水草而居”是其共同的生活特点。

藏族居住在青藏高原，其所处的高寒地区，江河湖泊交错，草原辽阔，山峦重叠，给他们提供了以畜牧业经济为主的良好条件，且可以兼营农业。这也决定了藏族人民的饮食中肉类和奶类占主要地位，辅之以农产品及蔬菜。养殖的牛、羊、马、骆驼、牦牛提供给他们生活所需的肉和乳。青稞、小麦则成了人们的主食，还有玉米和豌豆。日常主食是糌粑。糌粑系青稞和豆类晒干炒熟磨成细面而成；受高寒气候的影响，青稞、豌豆等只能炒熟加工成成品。但是，吃糌粑必须拌以茶、酥油和奶渣。高原上的人还有一个重要的饮食习惯，那就是人人都爱喝酥油茶。藏族人民将砖茶用水熬成浓汁，再加入酥油及食盐，用力搅拌后倒进锅里加热而做成酥油茶，这是他们每日必饮之饮料，也是招待客人，送亲探友所必不可少的。因此，肉乳类、青稞、小麦、糌粑以及酥油茶，就成了藏族人独具特色的食品。

维吾尔族人饮食很有特色，一种用白面或玉米面在特别大的火坑中烤制而成的，形似面饼的面食被称为“馕”，是维吾尔族家常主食之一。维吾尔族人家家户户都修有馕坑。吃馕是有讲究的，先用手掰开后再食用，不允许拿着整个馕咬食。烤羊肉串、抓饭、拉条子等都是维吾尔族的传统食品。副食品有牛、羊、鸡肉和各种蔬菜。

蒙古族自古以来从事狩猎和畜牧业，辽阔的草原是他们的天然牧场，很早就有“四季出行，惟逐水草，所食惟肉酪”的风尚。饮食方面，具有本民族特点，一日三餐都离不开肉和奶、乳制品。一般以不加盐和其他调味品，用原汁煮熟的“手扒肉”为主食；如果宴请贵宾或喜庆宴会则摆整羊席。在蒙古族人的食俗中，还将奶制食品和肉制食品分别称为白食和红食。牛羊肉和驼肉是红食的主要材料；白食则是奶豆腐、奶皮子、奶油、奶酪等各种乳制品。

（3）农业经济类型，以稻米为主要食物。我国各民族无论生活在沿海，还是生活在内地，从事农业经济的占大多数。他们有居住于南方温湿河谷、丘陵、山地的壮、侗、苗、瑶、土家、白、傣、哈尼、纳西、布依、畲、彝、拉祜、黎、高山等民族，也有北方的朝鲜、回、维吾尔等民族。这些民族有一个共同的特点，那就是经营农业，南方民族则以种植水稻为生，食用大米和大米制品。

侗族人以粮食作物为主食，平坝地区多吃粳米，山地则多吃糯米，“打油茶”不仅是侗族每日必备的饮料，也是亲朋及远方来客的最佳礼节性招待品，用茶叶、米花、酥黄豆或炒花生、猪下水、糯米饭、葱花等原料制作而成。侗族人还用糯米做出许多美味佳肴。用糯米做的“碱水糍粑”和“白糍粑”是侗族节日的美食；用糯米粉、黄豆浆和甜藤水混合制成的“侗果”，是侗族人款待上宾的佳点；用糯米拌猪血，加上调料，灌进猪肠，制成的“狗狼棒”等也是侗族人待客之珍品。“侗不离酸”，喜欢酸食也是侗族人的嗜好。

生活于湘鄂川黔边界的土家族人，大米是他们的主食，一日三餐，餐餐不离糯米，一般是在节日或喜庆日子，制作各式花样的糕点，这与南方的汉族人相同。苗族、土家族、壮族的一部分人同侗族人一样，喜欢喝“打油茶”，其制作方法也相同，均以大米为原料。南方各民族普遍以粳米为食，其中以阿昌族出产的粳米最为优良。他们有一种传统的方便食品叫“干米线”。这种食品鲜美可口，便于携带与储藏，食用方便。但傣、侗、水、仡佬、仫佬、壮等民族喜食糯米。糯米饭是侗族青年男女社交的媒介。每当“坡节”，侗族姑娘拿上香喷喷的糯米饭和腌鱼赠给情郎，因为糯米饭可以捏成团，所以被视为团圆和谐爱情的象征。

黎族人主要居住在海南省，以大米为主食，一日三餐，多食水饭。布依族人主要食大米和玉米，每年旧历年三十晚上或正月初一，都要吃鸡肉稀饭和“血米”，以示不忘祖先，遇有急事要团结齐心。佤族、黎族还喜欢用竹筒做饭，清香爽口。维吾尔族的饭食以帕罗稻米、羊肉、鸡蛋等共炒盛盘为主，手抓食即抓饭，是招待

图5 百花迎春

客人不可缺少的珍贵食品，并在婚丧喜庆、逢年过节时用来招待客人。主要分布于吉林省延边地区的朝鲜族，一般比较喜欢以大米和小麦作为主食，喜欢吃干饭、打糕、冷面。每天三餐，顿顿为大米干饭，每顿饭要有咸菜，在饭前饭后都喜欢喝凉开水。

我国少数民族的饮食民俗，尽管在名菜名点方面不及汉族丰富，但更具古朴的地方色彩，蕴含着很深的美学内容，融会了独特的社会风俗文化，多角度多层次地展现出兄弟民族的聪明智慧。

交流与融合：中国饮食民俗的开放包容性

饮食民俗是流动的，味蕾的包容与移情构成了中国饮食民俗的最大特点。中国饮食民俗是古今的交融与集大成，更是中外各民族交往交流后的选择。

中国饮食民俗之所以丰富多彩、辉煌灿烂，与不断吸收异域饮食民俗成果有关。早期，国外传入中国的水果多来自西亚（如葡萄）、中亚（如苹果）、地中海（如橄榄）、印度（如一些柑橘类）和东南亚（如椰子、香蕉）；现代中国人广泛食用的菠萝、西红柿、草莓、榴梿、葡萄柚等则是由东南亚、美洲或大洋洲传入中国的。中国人吃辣椒的历史不过 300 年左右。史料记载，辣椒在明朝末年由海路从美洲的秘鲁、墨西哥传入中国。糖是调料中最重要的甜味原料，它是在唐太宗时由朝廷派遣使臣到中亚学习熬糖技术后才开始在中国生产的。而被中国人视为名贵食品的鱼翅、燕窝是 14 世纪初由东南亚传入，自清代起成了一种奢侈品。随着现代西方文化的传播，西式饮品如咖啡、汽水、果汁、各种酒，也成为中国人司空见惯的饮品了。在菜肴方面，外来食品最早进入中国食谱是在唐代，随着中西贸易的频繁往来，由阿拉伯人带来的食品派生出来的清真食品，对丰富中国饮食风俗和烹饪技术都做出了不小的贡献。到了近现代，西餐传入中国，不仅通商口岸开有不同风味的西餐厅，而且还形成了一些中西合璧的烹饪技术，这在粤菜中表现得尤为突出。

饮食鲜明的地方性和民族性，是中外各民族间饮食民俗交流融合的客观基础，而民族间饮食民俗的兼收并蓄又是整个民族文化传播的重要内容，也是中华民族的饮食民俗辉煌发达的重要原因。

饮食民俗产生时，中国正处在民族融合和文化交流氛围之中，从三皇五帝一直到清代，都未停止对周边各国和国内民族文化吸纳的活动，当然也存在自身文化的向外传播现象。对待西洋文化也是如此，尽管在一定时期存在着“闭关锁国”的现象，但毕竟是暂时的，即使在这种情况下，民间的饮食民俗还可作为一种“潜流”存在。中国人是很容易吸收和改造外来文化的，如清代的粤菜菜系便是吸收西方饮食民俗而产生的。因此，中国饮食民俗无论在何等险恶的条件下，都会得到不断发展。中国饮食民俗具有很强的融合性、兼容性，开放而包容。

饮食的内在属性

礼始诸饮食：饮食之礼

礼是我国数千年历史的核心，具有我国一切文化现象的特征。礼的中心内容和基本原则，是充分承认存在于社会各个阶层的亲疏、尊卑、长幼分异的合理性，认为这种分异是理想的社会秩序，而为使这种秩序长存，就必须使贵贱、尊卑、长幼各有其特殊的行为规范。每个人都严格地遵循由自己的社会地位决定的规范，就是对现存社会制度最好的维护，这就是“行礼”。

《礼记·礼运》说：“夫礼之初，始诸饮食。”礼乐文化始于食，礼始诸饮食。在中国，至迟在周代，已形成一套相当完善的饮食礼仪制度。饮食是人们一天也离不开的行为，而且有种种规范，中国古代的礼典，如《周礼》《仪礼》《礼记》在饮食方面规定了许多礼仪。

商代和西周时期，国家以天和神为重，“国之大事，在祀与戎”，表现为重神、敬神。而到“三礼”时代，特别是《周礼》时期，这种以天和神为重的状态有所改变，开始有了“以食为重”“以人为重”的思想观念：以人和食为重，重人、重食。

“王者以民为天，而民以食为天”[1]，“人民所重，莫食最急”[2]，桓宽《盐铁论·力耕》载“故衣食者民之本，稼穑者民之务也。”[3]可见，“重食”“重民”已是春秋时期治国的重要思想，是为君之道。这一点也体现在饮食礼仪上，周人对客食之礼、待客之礼、待食之礼、丧食之礼、宴饮之礼、进食之礼，都有具体的规定。

图6 觚 酒器，也作礼器

《周礼》记载了严格的饮食规格、以饮食体现食者身份的饮食等级制度。在宗法制度基础上的封建等级制度，除了体现在权力、宫室、舆服上，还表现在饮食器皿、肴馔的数量及筵席规格上。“奇服文章以等上下而差贵贱，是以高下异，则名号异，则权力异，则事势异……则宫室异，则床席异，则器皿异，则食饮异。”[4]这种以食者身份和爵秩确定饮食规模、饮食礼仪、饮食器具等级的饮食活动，是一种

1 班固：《汉书》，中华书局，1962年，第2108页。
2 王充：《论衡》，中华书局，1954年，第242页。
3 陈志坚主编：《诸子集成》（5），北京燕山出版社，2008年，第368页。
4 贾谊：《新书》，中华书局，1985年，第13页。

程式化、礼仪化、制度化的饮食方式，是中国古代社会所特有的一种饮食礼制。这种食政相融、食以体政的程式化、礼仪化和制度化的饮食方式一直影响到近现代的饮食活动，对中国饮食民俗的发展产生了影响。

图7 八仙桌

饮食礼制主要是指饮食活动中成文的礼数、礼仪等制度。在文明肇始的阶段，饮食几乎成了礼制的主要物质形式。荀子说："礼者，养也。刍豢稻粱，五味调香，所以养口也；椒兰芬苾，所以养鼻也。"[1] 饮食礼制在饮食活动中通过礼仪、礼器、食物等来表达礼义，区别君臣贵贱、长幼尊卑，使社会不同阶层的人都遵照礼的规定有秩序地从事饮食活动，从而保证上下有礼，维护"贵贱不相逾"的等级制度。

《周礼》中饮食礼制主要是对上层贵族在庄严场合进行饮食活动的程序、礼数、礼器、食物的规定。国家层面上，宾客飨宴、君臣宴饮、宗族燕食以及王室饮食都是在礼仪制度严格规范下的饮食活动。

1　王先谦:《荀子集解》，中华书局，1988年，第346页。

礼仪的产生是以一定的物质条件为基础的。《管子》中有“仓廪实而知礼节，衣食足而知荣辱”。可见知礼节或礼节较多的民族，都是饮食民俗较为发达的民族。中国饮食民俗著称于世，中国自古就是礼仪之邦。

饮食之礼在人们的日常生活中同样重要。食物的流动意味着人情的流动；祭祀神灵、祖先，待客接物处事都离不开饮食民俗，饮食礼物的流动遵循“老礼”。礼物的馈赠是人类诸种互惠行为中最为普遍的一种，迄今为止，几乎所有的文化都存在礼物馈赠的行为。作为一种社会现象，人们的馈赠行为包含了至少两个面向的内涵：一是礼物的馈赠行为并非单方面的，它以回报作为交换目的，换言之，礼物的馈赠方期待的是“礼尚往来”；二是礼物的馈赠发生在有联系的人与人，或者是相互信任的朋友，或者是冷眼相对的对手之间，这里的礼物的馈赠不仅仅表现在好的东西上，而主要是看该“礼物”是否得当。

好吃：中国饮食观

中国饮食观最朴素的表达就是：好吃。“口味是不用争辩的。”对某种食物的“好吃”的观念和认识，除了基于人们长期的物质经验积累和总结之外，更主要的是这些食物的食用和馈赠被赋予了许多特殊的意义。普遍的意义体现为，在待客的时候只有最尊贵的客人才能享用最好的部位或部分。[1]

美之原始概念就是嘉味。《吕氏春秋·本味》提及的美的事物，都是指优质食物，可见美的本义，是指饮食中的色味鲜美。羊之大者肥美，是我们祖先选择食物原料经验的一个结晶。不久，“美”字便从表达肥羊肉“甘”这种本来的、特殊的意义中解放出来，而用于更普遍更广泛的范围。只要某种饮食的味“甘”，不问这种饮食的种类、性质如何，它的“甘”味都可以用“美”字表达。如所谓饮食的“甘”“美”，是指食物含在口中，引起口舌的快感，从而给心以喜悦、快乐的感受。美感肇始于味觉。味觉是一种复合感觉，它不仅包括酸、咸、甜、苦四种感觉，而

1　李炳泽：《多味的餐桌：中国少数民族饮食文化》，北京出版社，2000 年，第 61 页。

且联系嗅觉和对于食物质地、温度的触觉。古代烹饪大师伊尹论烹饪时说："鼎中之变，精妙微纤，口弗能言，志不能喻。"[1]这里，饮食中的味就作为通感而成为审美过程中"实不可言"的微妙快感。

味不同于饱，所谓"味"，是中国饮食民俗的一个独特概念。烹调意在饮食，但饮食原意只是摄取维持生命的营养。"味"的突出，使饮食的意义发生了本质上的变化，具有了超出功利欲望的满足以及非理性思考的特征，从而深刻地从饮食走向艺术，从维持生命走向审美观照。

在中国，老子首先把饮食民俗中的"味"推广、深化。"道之出口，淡乎其无味，视之不足见，听之不足闻，用之不足既"[2]，"为无为，事无事，味无味"[3]。在这里，"味"已经不是饮食的"五味"之味，味觉美感之味，而是一种纯粹的审美享受。

中国饮食素来反对厚味，主张淡味。老子把这条饮食真味标准挪用于审美标准。"淡乎其无味"，并不是否定一切美感，而只是提倡一种特殊的美感，一种平淡的趣味。"为无为，事无事，味无味"，正如"无为"是一种"为"，"无味"也是一种"味"，而且是最佳的味道。老子认为"以恬淡为味"，所谓"恬淡为上，胜而不美"[4]。在老子看来，"道"是一种"无味"之味，而"无味"之"味"却是一种至味，"恬淡"是"道"的本质特征。

饮食贵嘉味，而嘉味的获得在于"和"。在中国古代的烹饪中，处处都在讲究谐调以达到"和"的境界。各种美味的诞生正在于这颇具艺术意味的谐调。"和"是在多样和差异中，经过谐调以达到适中和平衡，而不是单调的千篇一律。

中国饮食倡导人与自然的和谐相处，具有浓厚的情趣与人情味。中国饮食以"原味""本味"为贵。《周礼》通过设官分职，制定了合理开发和利用食物资源、保护生态环境的相关制度。《禹贡》《黄帝内经·素问》《礼记》《管子》《荀子》《逸

---

1 许维遹撰：《吕氏春秋集释·卷十四·本味》，中华书局，2009年，第314页。

2 王弼注，楼宇烈校释：《老子道德经校释·第三十五章》，中华书局，2008年，第87页。

3 王弼注，楼宇烈校释：《老子道德经校释·第六十三章》，中华书局，2008年，第164页。

4 王弼注，楼宇烈校释：《老子道德经校释·第三十一章》，中华书局，2008年，第80页。

周书》《论语》《孟子》等典籍中，均有关于合理开发和利用动植物资源、保护生态资源的记载。《周礼》不仅制定法律条文，还通过设官分职，将保护生态资源的实践落实为相关职官的职责，实现合理开发和利用动植物资源。它设大司徒、职方氏等职官辨别动植物的生长环境及地域分布；设牛人、囿人、场人、鸡人、羊人等职官掌管养殖动物；设兽人、渔人、鳖人、川衡、泽虞等职官分别掌管有关田猎、渔业、蔬菜瓜果种植业的相关政令，禁止不以时取用或滥用动植物资源。这些做法不仅着眼于保护人类的食物资源，而且也保护了自然界的生态资源，在一定程度上反映了当时人们对于人与自然的和谐相处有了朦胧的思考。

吃出来的民族品格

凡饮食都离不开菜。中国人的以植物为主菜，与佛教徒的鼓吹有着千丝万缕的联系。东汉初年佛教传入我国，到南北朝时，佛教在我国的发展达到高峰。当时，南北各地，广修佛寺，佛教信徒人数大增，“南朝四百八十寺，多少楼台烟雨中”，正是对这一史实的写照。脱俗为僧，入寺吃斋，他们视动物为“生灵”，而植物则“无灵”，所以，他们提倡素食。

饮食是一个民族最基本的民俗文化行为，会对一个民族的性格产生很深刻的影响。有学者根据中西饮食结构的明显差异特点，把中国人称为植物性格，西方人称为动物性格。中国人“根”情结的深重，反映在对古代文明的传承方面，中华民族象征之一的长城，是用来防守的而不是用来进攻的，一定程度体现了中国作为吃草民族的友善性格。

饮食可以反映性格、感情，如四川人喜辣，则四川姑娘性格刚烈。口味的偏好可以看出个人的性格，而性格又影响到情感的表达。食物最能忠实反映一个人的性格。饮食爱好是骗不了人的，不像人们在腋下夹一本书就可以装风雅。

自古以来，中国社会从总体上来说能够长治久安，人与人、家庭与家庭之间能够和睦相处，这与我国的饮食和餐桌文化是分不开的。在餐桌上，大家互相谦让，相互敬酒，相互劝菜，人与人之间的关系越来越融洽，即便有矛盾，也在酒菜中化解了。用餐的圆桌格局，大家团团围住，共享一席，客观上造成聊欢共享的气氛，人和人之间的距离就越来越近了。

此外，特定时间里的饮食活动使我们的生活变得更有意义和安全。譬如，现代生活水平提高了，食品工业很发达，月饼随时可做、可售、可吃。但是，平时人们很少吃月饼，不到农历八月市场上很难见到月饼，即使有，也鲜有人问津。时临八月中秋，人们便蜂拥至商店，争购月饼。只有在中秋的月色下，人们才能充分享受到月饼的美味和过节的乐趣。中秋一过，月饼柜台又冷冷清清，大批月饼不得不以“过时商品”降价处理。这种情况在全国，几乎年年如此。在民俗的维度之中，人们的生活在不断重复，延续成模式化的生活，人们对未来的日子有了预见和期待，生活变得更有规律和意义，社会趋于安定祥和。

饮食民俗的日常安排

饮食惯制

饮食惯制是饮食民俗的重要组成部分，中国传统餐饮惯制包括餐食制、聚食制两种。

餐食制：一日三餐

餐食制是一个民族为维持生存和发展需要而自然形成的每日饮食次数和饮食时间习惯，是饮食制度的重要组成部分。餐食制是从生理需要出发，为了恢复体力而形成的饮食习惯，在我国，餐食制的出现是进入农耕社会以后的事。在上古时期，人们就已经有了正常的饮食制度，当时采用的是两餐制。殷代甲骨文中有“大食”“小食”之称，它们在卜辞中的具体意思分别是指一天中的朝、夕两餐的时刻，相当于现在所说的早饭和晚饭时间。董作宾的《殷历谱》认为，商代的纪时法中称上午九时、十时为“大食”，下午四时、五时为“小食”。[1]

卜辞所记录的内容大都与王室贵族有关，贵族一日两餐，平民自然不可能有更“奢侈”的三餐制。早餐后人们出发生产，女采集，男狩猎，晚归后用晚餐，是与“日出而作，日落而息”的生产作息制度相一致的食制。早饭又叫饔。古人把太阳行至东南方的时间称为隅中，朝食在隅中之前（上午九点左右）。晚饭叫铺食，或叫飧。一般是在申时（下午四时左右）吃。古人的晚餐通常只是把朝食吃剩下的东西热一热吃掉。《孟子》有云：“贤者与民并耕而食，饔飧而治。”[2]

至于两餐制何时转变为三餐制，即今日人们日常生活中通行的一日三餐制是何时确立的，众说纷纭。有学者认为，一日三餐制在先秦时已经形成，汉唐时期，是中国三餐制习俗确立与巩固时期。《中国饮食史》和《中国春秋战国习俗史》都认为，“大概在战国末年，一日三餐制已得到社会的广泛认可而得以推广开来”。[3]一些文化史、古文献学、民俗学等方面的专著如陈直《汉书新证》、韩养民《秦汉文化史》、乌丙安《中国民俗史》等普遍认为：我国三餐制较早，古称“三食”，和今日相同，分早、午、晚三顿。胡新生在《谈古代日常生活中的“三食”习惯》中指出：一日三餐制“至少在两千年以前的春秋战国时代即已形成”[4]。饮食学界的向春阶认为：“到汉代以后，三餐制才比较普遍起来。”[5]姚伟钧在《中国传统饮食礼俗研究》中指出：“汉唐时期，是中国三餐制习俗确立与巩固时期。”[6]而黄金贵则根据其餐食词研究认为：“‘一日三餐制’的观念与词语的出现，无疑是一日三餐制成为定制的标志，故可以断言：从元代起，三餐制正式形成。”[7]

关于人吃三顿饭的来历，在重庆巴县一带，民间流传有传说。

1 董作宾：《殷历谱·卷一》，中央研究院历史语言研究所，1992 年，第 6 页。
2 阮元校刻：《十三经注疏》，中华书局，1980 年，第 2705 页。
3 徐海荣：《中国饮食史·卷二》，华夏出版社，1999 年，第 322 页；宋镇豪：《中国春秋战国习俗史》，人民出版社，1994 年，第 117 页。
4 胡新生：《谈古代日常生活中的“三食”习惯》，《文史知识》1990 年第 10 期，第 53 页。
5 向春阶：《食文化》，中国经济出版社，1995 年，第 54 页。
6 姚伟钧：《中国传统饮食礼俗研究》，华中师范大学出版社，1999 年，第 97 页。
7 黄金贵：《古代文化词语考论》，浙江大学出版社，2001 年，第 148 页。

传说，盘古开天辟地后，世上的人都是靠吃野东西为生，打到了野物就大家分起吃，打不到野物呢，就上山讨野果子，下河摸鱼，弄到啥子吃啥子。后来人们学会了种庄稼，但收的粮食都交玉皇大帝。那时种庄稼没得牛，犁田用人拉，挖土用人刨。人又要做庄稼，又要找吃的，按了这头，按不了那头，吃饭就有一顿无一顿的。没得好久，人们都整得要死不活的了。玉皇大帝一看，人们给他送的供品一天比一天少，他就发了善心。喊天上的牛神到凡间传他的圣旨："从今以后，人可以三天吃一顿饭。"

这牛神是个糍粑心，它来到凡间，一看呀，人个个都是黄皮寡瘦的，肚囊皮饿得来巴到了背脊骨，干的活路还重，哪个遭得住嘛。牛神想，人三天吃一顿饭，肯定还是活不下去，就对人们说：

"玉皇大帝有旨，从今天起，你们每天可以吃三顿饭。"说完，它就回天上去了。

从这天开始，人才一天吃三顿饭。哪晓得这事被玉皇大帝晓得了，就把牛神打下凡尘，让他戴上枷担拉犁头种庄稼，永远不准它再回天上去。玉皇又怕它乱跑乱说，揭他在天上吃喝玩乐的底子，就在它喉咙管儿上头钉了颗钉子，让它说不出话；鼻子上打个洞洞穿根索索套起，让它乱跑不掉，才放了心。[1]

三餐制在先秦社会较普遍，也并不意味着社会上就不存在两餐制。事实上由于古代社会贫富悬殊，尊卑贵贱有别，处于社会下层的大多数平民、贫民等仍然采用两餐制。

当然，有些地方出于季节不同和生产需要，采用两餐制；现在晋、冀、豫几省山区还保留着一日两餐，晚餐吃剩饭而不另做的习惯。另外，南方的一些少数民族中至今实行的一茶两餐制，实际上也是这种古俗的遗留。有些穷苦人家，也常年采用两餐制。而古代帝王的饮食一般都在四餐以上，除此之外，还不时吃上一些点

1　雪犁主编：《中华民俗源流集成·饮食卷》，甘肃人民出版社，1994 年，第 29—30 页。

心。可见，饮食餐数的施行情况还因食者身份地位的不同而异。我国北部居民一向遵循“夏秋日食三餐，冬春日食两餐”的传统习惯。山西“天镇诸地，冬春坐食，一日两餐”。夏秋两季，忙于农事，才改为三餐。农忙季节，农村都习惯往地头送饭，或带干粮在地头休息时进食。一些农村在夏秋暖和时节，有站街吃饭的习惯。人们盛一大碗饭走出院门，或站蹲门口，或到街中碾盘上、大树下，聊天吃饭两不误。天寒季节，农家老小盘腿上炕就餐，长辈居中央，子女坐两旁，媳妇边上坐，方便盛饭、添菜。

现代社会中的一日三餐，在俗谚中有所反映：早晨好，上午饱，下午少。以山东天蒙为例，这里通行一日三餐，俗话“一天三顿饭”。三餐各有名，各地称呼不同。早餐，又称早饭、早起饭、朝饭、头晌饭；午餐，又称午饭、晌午饭、晌饭、喝晌等；晚餐，又称晚饭、夜饭、黑夜饭、下黑饭、后晌饭、喝汤等。农村不少地方，在秋收秋种之后到来年春耕前，多为一日两餐，俗称“两顿饭”。农忙时节，许多村民习惯在地头直接吃饭，俗称“垫引垫引”。三餐的内容差别不大，一般都有稀饭、干粮和下饭菜。

在河南平顶山一些乡村，晚饭比较简单，多是喝煮过食物的汤或粥，吃晚饭也叫“喝汤”。关于吃饭为何叫“喝汤”，还有一个传说。

在元朝统一中国之后，忽必烈的叔叔受封于南阳，称南阳王。他为了搜刮更多粮食，下令他属下的所有老百姓改每日三餐为两餐，晚上不准吃饭，有违反者杀头。为了严格执行，每十五户划为一“甲”，派一名蒙古兵监督，为了防百姓造反，规定一甲人共使一把菜刀。

百姓们历来用惯了三顿饭，再加上劳动繁重，到了晚间，实在饥饿难忍，只好在夜幕降临之后，背着蒙古兵，悄悄做点儿吃的。有一次，一个叫杜二山的百姓，正在烧火做饭，锅里水还没有烧滚，就被蒙古兵发现了，立刻把他带去见南阳王。那南阳王一见，不由分说，右手一摆，叫推出去斩首。杜二山大声嚷叫：“冤枉啊！冤枉！”南阳王叫暂且留下，问杜二山冤枉什么。杜二山说：“小民实在不敢冒犯王威，万万没有偷吃晚饭之意，只因干渴难忍，烧一碗汤喝！”“汤？什么叫汤？”南阳王问。杜二山说：“汤者，沸水也。大王旨在省粮，小民以汤代粮食之，难道不是更遵守你的命令吗！”南阳王笑了，叫道：“妙哉！天下水取不尽矣！”于是叫左右当场把杜二山解缚释放。自此以后，各家各户在每天晚上便可以堂而皇之地做点汤喝，并且，看准时机，变汤为饭，吃下肚去，监视的蒙古兵除非亲自在场，很难发现。久而久之，蒙古兵松懈了，人们明汤暗饭，不言而喻。在公众场合，交谈之时，便问：“喝汤没有？”[1]以掩他人耳目。

甘肃文县人普遍的饮食习惯是一天吃三顿饭，多数人家早晨吃玉米面拌面饭，出坡劳动带馍当午饭，晚上吃米饭、面条或者其他主食。河谷地带缺粮时，有的地方吃两顿饭，清早起床后出坡劳动，太阳晒正后回家做饭吃，饭后休息一会儿下地，太阳落山时回家做晚饭吃。

在陕西韩城，人们一般一日四餐。早晨起床后即下地，干上一个钟头左右的活儿稍事休息，吃点馍，算是早餐，在家者亦然，叫“吃半晌子”。上午九点多，即回家吃饭，叫吃“饭时饭”（即上午饭），一般为米汤、馍，菜多为盐腌素菜。中午一点多，吃“晌午饭”，相当于午饭。“晌午饭”是一天的主饭，以“黏面”（不带汤的干面条）为主，但也同样做些其他面制品。傍晚时吃晚饭，仍是以汤和馍为主。汤，春秋冬以小米汤为主，夏季以“麦子汤”为主，韩城人把玉米泡湿，脱皮、碾碎而成的称“麦子”。在韩城农村，吃晚饭不叫吃饭，而叫“喝饭”。傍晚时分，村人或在巷道相遇，或到谁家串门，都会先不约而同地问一声“喝了没有？”儿童在巷道玩耍，大人找见后会说：“赶紧回去，把饭喝了再逛。”[2]

江南稻作地区一般是一日三餐，特别是城市，早上以米烧粥为主，夏天常以饭泡粥当早餐，也有以糕团等米制品和面条、大饼、油条等面食当早餐的。在湖北武汉等地，街市居民早餐一般不在家做，而是进餐馆，俗称“过早”。中餐是正餐，菜

1 雪犁主编：《中华民俗源流集成·饮食卷》，甘肃人民出版社，1994年，第56—57页。
2 郭德源编著：《韩城民俗》，内部资料，第28—29页。

比较丰盛。晚餐多吃粥，也有做干饭的。近年来，随着朝九晚五的工作时间及孩子上学时间的规范，中午多在单位或学校用餐，晚上才是一家人围桌共进晚餐，晚餐渐有成为正餐的趋势。农村地区餐食制，除农忙季节外，平日以一日三餐为主。农民生活比较节俭，“一干二稀”为常，早晚喝粥，中午吃饭。只有农忙时，才能改粥为饭，有时还会增加餐数，一日四餐或一日五餐。苏州郊县农村，农时一般一日四顿，插秧季节要吃到五顿。一般早上三四点起床，六点多早饭由家人送到田头，一般吃面衣、粥，加咸菜、酱瓜、鸡蛋等佐餐。上午十点左右回家吃中饭，下午两点多吃点心，有预先带到田头，也有由家人送至。傍晚六点多吃晚饭。最后一顿在晚上十点多收工后再吃。上午十点多的一顿是主食，食品一般是饭菜或粽子等。[1]

在云南洱海一带，白族人习惯一日早、晚两顿。早饭通常在上午的十点到十二点，晚饭在下午六点左右。早饭之前若有进食，称为“早点”，这是从汉语中来的词汇，也是跟汉族交往后外来的习惯。早、晚饭之间偶尔有少量非正式的进餐，即“中午饭”，往往是粑粑、饵块等便于携带的干粮（配一杯浓茶），作为农忙时节人们在劳动间隙的能量补充。在云南西北香格里拉一带的藏族村落有一日四餐的习俗，依次为早饭、中饭、下午茶和晚饭，这与当地属高原地区，白昼时间长，劳作繁重以及喜饮酥油茶等有关。

聚食制

聚食，与分食相对而言，也称合食。聚食制起源很早，从许多地下文化遗存的发掘可见，古代炊间和聚食地方是统一的。炊间在住宅的中央，上有天窗出烟，下有篝火或火塘，在火上做炊，就食者围火聚食。殷周时代，已是席上跪坐用餐了。如当时就食称“饗”，在甲骨文中，正是跪坐在席上用餐的形象表示。“筵席”一词也是在席上用餐的意思。

1 姜彬主编：《稻作文化与江南民俗》，上海文艺出版社，1996 年，第 157—158 页。

图1 家常宴席

分食制同样是我国古代很重要的食俗之一，宋代以前，多以食案当食盘，分案分食或同案分食。这种食俗在汉代壁画、画像石、画像砖上多有所见，这种分食制与古代等级森严的宗法社会制度是一致的，不同等级的人在食料、食器方面有严格的等级之别。

“团坐合食”习俗始于魏晋南北朝时期，这一时期重氏族、讲门第，社会动荡、兵荒马乱，人们普遍重视家族的和睦与团结，家族至亲“团坐合食”成为维系亲族和睦、稳定家族团结的最好形式。隋唐时期，分食习俗因坐具、饮食器具在民间社会的发展而渐次得到改变。宋代，“团坐合食”习俗形成，食者围坐一起，同吃一桌菜。中国传统的宴席方式是共享一席的合食制。遇有喜庆，无不是以大宴宾朋来表示，其特征可用“食前方丈”来概括。[1]

聚食习俗，一直传至后世，这在今天西南少数民族中还有遗留，如贵州乡间的吃火锅，就是一例。今天中国城市居民的就食，实质上也是聚食制的演变，与西方社会的分食制不同。聚食制的长期流传，与我国原始社会解体后村社共同体的长期延续有关，是重视血缘亲族关系和家族、家庭观念在饮食方式上的反映。从聚食制中又演化出筵宴，筵宴文化融合了许多“礼”的内容。中国人重人情，好礼行。筵

1 姚伟钧:《汉唐饮食制度考论》,《中国文化研究》1999 年第 1 期。

席宴会是中国人传统的社交方式，上至国家大典、外事活动，下至婚丧嫁娶、亲朋交往，都少不了举办各种筵席宴会，交流感情。“是喜都有宴，凡事都能宴”，有婚宴、寿宴、升学宴、乔迁宴、答谢宴、接待宴等。

民间筵宴，多是喜宴从丰、丧宴从简。不同筵席上菜的数量与规格也有不同，有8碗、9碗、10碗、12道、20道、24道或36道不等。从上菜顺序和原则来看，一般先是凉菜，然后是热菜，再就是汤菜，最后是甜汤，但丧宴有所例外。陕西汉中地区，正菜开始前，要先上四盘干果、一盘瓜子，寓意四时春色和瓜果丰登。正席第一道菜，多上“红肉”，所谓红肉，即无论是什么肉，是什么菜，只要是红色即可，寓意鸿宴满堂。第二道菜，要上全家福，寓意阖家团聚、幸福同享。第三道菜，要上八宝饭或八宝羹，原料为糯米、百合、百果、红枣、莲子、水晶等。第三道菜之后，可随便上菜，最后一道菜多为鱼，寓意“年年有余”。

主副食搭配

我国传统饮食以粮为主，主副食搭配的饮食结构是在实践中逐渐探索形成的。我国新石器时期就形成的以黍、稷、稻等谷物为主食，以水陆动植物为辅食的饮食结构，在夏、商、周时期逐渐得到了巩固，并随着烹饪技术的提高，这种食物结构更趋完备，在饮食中呈现的形式更加多样化。主食通常有黍、稷、稻、粱等六谷蒸煮成的米饭或稀饭，而辅食是由水陆动植物烹调加工成的膳、羞、羹、酱等多类菜肴。

《周礼·天官·膳夫》：“膳夫掌王之食饮膳羞，以养王及后、世子。凡王之馈，食用六谷，膳用六牲，饮用六清，羞用百有二十品，珍用八物，酱用百有二十瓮。”[1]食、饮、菜肴（即膳、羞、珍、酱），是《周礼》记载的王室饮食结构。普通老百姓的基本饮食结构是饭、菜和点心。

1 阮元校刻：《十三经注疏》，中华书局，1980年，第659页。

我国汉民族的传统饮食，从结构内容上说，是以植物性食料为主。主食是五谷，辅食是蔬菜，外加少量的肉食。对于以畜牧业为主的民族来说，则是以肉食为主食。这形成了两种传统饮食的巨大差异。

以素食为主，以肉食为辅。早在《黄帝内经·素问》中，就指出了古代汉族的饮食结构是“五谷为养，五果为助，五畜为益，五菜为充”。谷、果、菜均为植物性食物，民间有“瓜菜半年粮”“饭少加碗菜”之说。汉民族饮食以植物性食物为主，动物性食物为辅，很少喝乳品，自成一类饮食习俗，和西北畜牧民族以肉食及乳酪为主的饮食习俗截然不同。

以热食、熟食为主，以冷食、生食为辅，也是我国饮食结构的一大特征。《礼记·王制》云：“中国戎夷，五方之民，皆有性也，不可推移。东方曰夷，被发文身，有不火食者矣。南方曰蛮，雕题交趾，有不火食者矣。西方曰戎，被发衣皮，有不粒食者矣。北方曰狄，衣羽毛穴居，有不粒食者矣。”[1]所谓生食，即指无论是植物之果，还是兽肉鲜鱼等，均不用火烤，稍加处理，直接食用。生食，不仅在少数民族中至今保留，有些地方汉民族也同样生食，如“生鱼片”或“鱼生”。清代《广东新语》有“粤俗嗜鱼生”。在广东顺德，“吊水鱼”脂肪低、蛋白高、干净卫生，拿来做鱼生再适合不过。做鱼生，要先“鱼尾一刀”放血，让腥味随着血液一同排出鱼的体外。再把鱼身两侧的肉分解下来，再片成薄片儿，这讲究“薄则鱼骨隐，厚则鱼骨现”。血水已放干净，鱼生看起来像蝉翼一样轻薄透光。简单拌上油和盐就能吃了。也可以加酱油、洋葱、姜丝、蒜片、榨菜、芝麻和花生油等，与柠檬草、泡椒、炸芋丝和陈皮一起吃。潮汕人爱吃生腌，腌虾蛄、虾生、咸蟹膏和腌生蚝等“生货”。在广西，横县就等于鱼生，鱼生就等于横县。鱼要选郁江捕获的乌鳢、竹青鱼、桂花鱼或者草鱼，厨师也要选本地的厨师，才熟稔“飞刀生花”的分割技艺。粗料有酸姜、炸花生米、小米辣和木瓜丁，青料有切成细丝的鱼腥草、腌柠檬、酸藠头等。

---

1 阮元校刻:《十三经注疏》，中华书局，1980 年，第 1338 页。

主食

在我国的饮食结构中，主食主要有两大类：米饭和面食。这种饮食习俗的形成主要是由地域和气候环境决定的。我国南方民族主要农作物是稻米，多以米饭作为主食。米饭的原料又有大米和糯米，做法有多种，而且还可以将大米和糯米做成糕饼、汤圆、米粉、糍粑等。在食用大米的地区，有许多与米有关的习俗，在南方汉民族地区，节庆时日的“敬谷神”、孩子出生时的“送米礼”、婚礼中的“坐轿米”、人去世时的“含饭”等。北方种植小麦地区的人则是以面食为主食的。人们喜欢将麦子磨成的面粉做成馒头、面条、烙饼、饺子等具有特色的食物。我国面条的做法多种多样，比如有挂面、切面；牛肉面、鸡丝面、三鲜面；还有北京的炸酱面、山西的刀削面、兰州的拉面、河南的烩面、四川的担担面等。另外，在我国有小部分种植玉米、青稞、高粱、土豆、红薯等杂粮的地区，人们主要是以这些杂粮为主食的，像西藏藏族的糌粑、新疆维吾尔族的馕等。

六谷米面

先秦时期的“食”是专指主食，像今天的大米、面食等主食。“食”本义是馨香的米做成的主食。《说文·食部》：“饭，食也。”食也指主食中的米饭。《周礼》中就是以“食”表示主食——米饭。《周礼·天官·膳夫》：“膳夫掌王之食饮膳羞，以养王及后世子。”食、饮、膳、羞并提，是将主食与饮料、菜肴区别而言的，且食是指米饭。

《周礼·天官·食医》“掌和王之六食”,《周礼·地官·饎人》“共王及后之六食”中的“食”都是指米饭。《周礼》“膳夫”中记载的“凡王之馈，食用六谷”，明确了王室的主食原料是“六谷”。但“膳夫”之中对“六谷”为何物未作明确的阐述。《周礼》“食医”职曰：“食医掌和王之六食、六饮、六膳、百羞、百酱、八珍之齐。”又曰：“凡会膳食之宜，牛宜稌，羊宜黍，豕宜稷，犬宜粱，雁宜麦，鱼宜苽。”很明显，牛、羊、豕、犬、雁、鱼六牲是膳的原料，稌、黍、稷、粱、麦、苽六谷是食的原料，“六食”当是指稌、黍、稷、粱、麦、苽六谷做成的米饭。汉代经学大师郑司农（郑众）、郑玄认为《周礼》“膳夫”职中的“六谷”是稌、黍、稷、粱、麦、苽。

除六谷之说外，还有“五谷”之说。五谷，古代有多种不同说法，汉代之前认为是稻、黍、稷、麦、菽（豆），汉代之后认为是麻、黍、稷、麦、菽。随着社会经济和农业生产的发展，“五谷”的概念在不断演变，现在所谓“五谷”，实际是粮食作物的总称，或者泛指粮食作物了。

对食物原料，特别是对主食的辨析、考证，历来受到关注。除了六谷、五谷之说，还有“九谷”。郑司农谓黍、稷、秫、稻、麻、大小豆、大小麦；郑玄“九谷”无秫、大麦，而有粱、苽。《礼记·月令》中有黍、稷、麻、豆、麦，《诗经·大雅·生民》有戎菽（大豆）。无论是五谷还是六谷、九谷，都是对粮食作物的概称，这也成为后世饮食结构中主食的核心构成部分。北方以小麦面食为主食，南方以稻米为主食。在普通老百姓的日常生活中，主食多以米面为主，但可以有多种做法。

如甘肃的文县，主要有白米、黄米、粟米三种米饭，捞米饭时将淘干净的米下到锅中，煮沸至米心将开，用勺舀出，倒进竹筲箕滤下汤，然后将滤干的米倒进蒸笼，锅中加入淹住锅底的水，用筷子在米上扎眼，文火蒸至米饭上冒气，锅底水干，即可吃米饭、喝米汤。如举行大型宴会就用大锅煮，捞进木甑桶或大锅搭箅子、蒸笼蒸上汽。把米放进锅加适量水，用文火将米心煮开，再把水蒸干，叫锅塌子米饭。

将白米与黄米或者黄玉米和在一起，捞的米饭叫金裹银，将白米与巴山豆或小豆和在一起，叫豆豆米饭。在米下面加炒过的洋芋，蒸的米饭叫洋芋米饭。在米下面加红薯，蒸的米饭叫红薯米饭。在米下面加炒过的北瓜，蒸的米饭叫北瓜米饭。在米下面加炒过的豆角，蒸的米饭叫豆角米饭。

用面做的馍，也丰富多样，有白面馍，也有玉米馍、米面馍、荞麦面馍。白面馍，文县蒸馍用酵子，方法是把上次蒸馍时留下的一块发面用水化开，加白面和水揉成面团，放盆内用布盖住，冬天放暖和处，至面团胀起来，有淡淡酸甜味，即可揉成圆形或长方形，放在上汽的蒸笼中蒸。若酸味浓就放点碱或加面，否则蒸出来的馍是酸的。有些人家为了美观，在馍上点红色。若要蒸成开花的，则要面稍干并适当多发一阵。蒸馍以东峪口的最好，味香甜，酥软可口。也有的人家将发面揉成圆形，贴在沸水锅周边，蒸炕成底有锅巴的，或把发面揉成圆柱形盘贴在沸水锅边，蒸炕熟再切段的，叫锅塌子馍。有的备花椒、盐与切碎的核桃仁，或与捣碎的芝麻，或与熟油一起抹在擀开的面团上，然后卷成柱状切段蒸成花卷馍。有些人家将白玉米面与白面和在一起蒸馍，别有风味。

将玉米面与酵子搅在一起，面发起来有甜味时，把发面挖在手心，两手左右倒揉成圆形，贴在沸水锅周边流成椭圆形的，炕熟铲下来叫锅塌子；若将发面倒在笼中蒸成发糕，再切成块，叫玉米面花花子。将白米、糯米、黄米或小米磨面，加水与酵子搅匀，面发起来有甜味时倒在蒸笼中蒸成发糕，再切成块，叫米面馍。将荞麦面或苦荞面，加酵子发至有甜味时，倒在蒸笼中蒸成发糕，再切成块，叫荞麦面馍或苦荞面馍。

除了米、馍，还有饼、面等主食。用发好的面揉成圆形，放在热锅中，用签子在上面扎满小眼，来回翻炕，炕至皮黄内熟，小的叫饼子，大如锅盖的叫锅盔。有些将面捏成饼后放在铁锨上炕，称为火锨馍。将玉米面或荞麦面加水揉成团，有的

图2 烙烧饼

还加核桃仁、芝麻、香墩、花椒面、盐，然后压成圆形或椭圆形，放灶膛或火笼边烤硬，埋热灰中烧熟，叫烧玉米面馍或荞麦面馍。将白面用滚开水烫后揉成团，揪一块擀开，撒花椒面、盐，或加香墩、核桃仁，然后卷住拧几圈，压成圆薄片，放在烧热并能没过饼的油锅中，待表皮发黄时翻面炕，熟后铲出置盘中，既起层又极香。

用白面做的面条叫白面条，做法有多种，其中，以手擀面最普遍，这是过去考查一个主妇“茶饭”的关键。将白面加适量水揉搓，面要揉筋道，用擀面杖擀开，擀出的面要薄而匀，切要细如丝，下到锅里煮要不浑汤，捞到碗里要排列整齐，吃到口里要滑而有嚼头。此外，有扯面、揪面片。佐菜调制则有酸菜面、臊子面、菜拌面、炒面、凉面、连锅面、杂和面、鸡丝面等。

在陕西北部及中部地区，人们以小麦面食为主。把面发酵，可蒸出形状各异的馒头，俗称“蒸馍”；可以烙制，称“烙馍”，可以在石子上烤，称“烤馍”。小麦面还可以擀出薄厚、宽窄、长短不一的面条，如“踅面”“韭叶面”“齐花面”，还可以拉扯面条，扁者叫“扯面”，细圆的叫“拉面”或“一窝丝”。用面片包馅称“扁食”“饺子”“煮角子”“卷子”等。把面和成糊状摊在专门的容器中蒸熟称“凉皮”，摊在鏊子上烙熟称“煎饼”“烙饼”。把面加水搅拌，倒入开水中煮，称“拌筋”，也可以做成“面疙瘩”“疙瘩汤”等。面还可以油炸，制成“油层烙馍”“油糕”“酿面”“油饼”等。

在湖北，人们以苞谷和薯类等粗粮为主食。苞谷做法也有多种，可以直接煮食，也可烤嫩苞谷或苞谷糁，还可以将苞谷籽磨成浆，掺瓜菜煮熟，或者做成“浆巴馍”，或者做成精致的“金银包”。薯类有马铃薯、红薯等。马铃薯俗称土豆、洋芋。湖北各地盛产土豆，于是土豆就成了当地的主粮，当地流传的民谚有“烧的火疙瘩，吃的洋芋果”“吃的荒年果（洋芋），向的茅草火”“人吃洋芋狗吃皮，都说洋芋蛮好的”。洋芋可以煮着吃，可以烧菜，也可以做洋芋饭、懒豆腐洋芋、洋芋粑粑。红薯，俗称苕，有红心、白心、黄心三种，俗语有云：“早上梆梆梆，晌午靠山庄，晚上挨个炖，还是红薯汤。”红薯可以直接煮着吃，也可以做红薯饭，烤红薯的味道非常特别，营养也非常丰富。此外，红薯可以直接切片、切丝晒成红薯干，也可以先煮熟，再切片晒干，做成各种风味小吃。

辅助食物——糗饵、粉糍、糁食、酏食

《周礼》中记载的主食除六谷米饭外，还有辅助食物糗饵、粉糍、糁食、酏食。糗饵、粉糍是用稻米粉、黍米粉制成的糕和饼。根据《周礼》"笾人"职记载，糗饵、粉糍这两种点心装在笾中，是"笾人"为王及王后、世子等王室人员提供的羞笾之实，也是用作祭祀、招待宾客的食品。

糁食是以细切牛、羊、豕之肉和稻米粉煎成的饵。《周礼·天官·醢人》："羞豆之实，酏食糁食。"[1]这糁食同于《礼记》记载的"八珍"中的糁。《礼记·内则》记载了糁的具体制作方法，"糁取牛、羊、豕之肉，三如一，小切之，与稻米，稻米二肉一，合以为饵煎之"[2]。即取细切的牛、羊、豕肉末儿为一份，稻米二份，合而煎之为糁食。

图3 饵块

1 阮元校刻:《十三经注疏》，中华书局，1980年，第675页。
2 阮元校刻:《十三经注疏》，中华书局，1980年，第1468页。

酏食是以稻米和牛、羊、豕膏熬成的厚粥。《周礼》载，“酏食”是以水浸稻米，和以牛、羊、豕膏而熬成的厚粥。酏食、糁食为濡物，所以盛于豆中，由掌“四豆之实”的职官“醢人”掌管。根据《周礼》“醢人”职记载，酏食、糁食是“醢人”为王及王后、世子等王室人员提供的羞豆之实，也是用作祭祀、招待宾客的食品。

无论是糕饼还是各式粥，在后世都成为主食之外的重要辅食，我国各地的特色糕点以及小吃都是在此基础上不断改良发展而来的。在我国南北各地，均有许多地方特色的糖果和糕点。南方比较常见的糕点有喜饼、月饼、麻花、奶糕、鸡蛋糕、绿豆糕、米糕、雪枣、云片糕等，北方较常见的有枣糕、豌豆糕、绿豆糕、驴打滚、馓子、米糕等。

在甘肃文县，人们过去把稀饭叫米开水，稠的粥叫米汤，把煮粥叫熬米汤，是单独当饭吃的。粥有多样，有白米米汤、黄米米汤、粟米米汤；有加油盐的，也有不加油盐的；有调入酸菜的叫酸菜米汤，有下洋芋的叫洋芋米汤，有下红苕的叫红苕米汤，有炒了菜的叫菜米汤，还有加了胡萝卜、水萝卜、北瓜、小豆、圆根等的米汤。

菜肴

膳、羞、羹

古代文献中“羞”常与“膳”连用，后世往往用“膳羞”泛指菜肴。在先秦时期，膳是主要菜肴。《周礼》“膳夫”职云：“王之食饮膳羞。”膳，牲肉也。羞，有滋味者。”《周礼》“膳夫”职中，膳与羞对举，羞是备滋味的。《周礼》中的羞包括庶羞、内羞、好羞，羞的原料除了“牲及禽兽”外，还包括虫、鱼、瓜、果、蔬菜、谷物。庶，众多也，庶羞应为众多备有滋味的肴馔，庶羞主要盛于豆。内羞为房中之食，它不仅指羞笾之实，而且包括羞豆之实，因此内羞食品为糗饵、粉糍、酏食、糁食。好羞相对于常用食品庶羞而言，是随季节而进献的四时新物，是非常之物，如名贵的鱼、蟹等。膳应该是不调味的牲肉。古代在行祭礼、饮食礼时尚质朴，不调味，所用玄酒是水。所以“膳”也是不调味的牲肉，多用于祭祀及王举、国家设宴招待宾客的饮食礼中。

谈到先秦菜肴，人们通常只指膳与羞，并不包括羹，有的著作把羹归入饮料类[1]。羹在先秦饮食生活中具有十分重要的地位。《礼记・内则》曰："羹食，自诸侯以下至于庶人，无等。"郑玄注："羹食，食之主也。"羹与主食一样是膳食之主。羹是古代祭祀及宴宾大典时的重要食品，是王室、贵族飨食的必备食物。《周礼・天官・亨人》曰："祭祀，共大羹，铏羹。宾客亦如之。"古代祭祀有大羹、铏羹，并且祭祀的仪式以羹熟为开始，称作"羹定"。羹熟之时，主人召宾客入，仪式即开始，例如《仪礼・乡饮酒礼》："羹定，主人速宾。"百姓人家日常佐餐下饭也都以羹为主，羹是大众化的菜肴。《论语・乡党》记孔子之行时："虽蔬食菜羹瓜，祭，必齐如也。"《孟子・告子上》也说："一箪食，一豆羹，得之则生，弗得则死。"古人言食，无不以羹、食并举，羹在饮食中地位近同于食。在餐桌上，羹与食也是并设的。《礼记・曲礼上》："凡进食之礼，左殽右胾。食居人之左，羹居人之右。"《管子・弟子职》："凡置彼食，鸟兽鱼鳖，必先菜羹。"烹制羹，即"和羹"，被看作五味调和的代表。

古代羹是有肉块又有一定量汁的食物，不同于今日呈糊状的羹。羹的种类繁多，有肉类羹，肉羹中主料除牛、羊、豕三牲外，还有犬、鸡、豺、熊、蛙、鼋、鹑、蟹、鱼等。不同羹还以其原料性味配不同主食和膳、羞。先秦时期膳、羞、羹的主料是六牲肉及禽、兽、虫、鱼、蔬菜、瓜、果等众物。[2]现代菜肴中以羹为名者，大多是用生粉等勾芡的、比汤略浓稠的呈糊状的食物。

荤素有别

菜肴有荤素之别，且地区差异较大。北方的菜肴肉类以牛羊猪肉为主，也包括鸡鸭鹅等家禽，鱼虾类等。蔬菜包括种植蔬菜及野菜。

在甘肃，人们过去主要吃猪肉和猎获的野味，间或吃鸡、鸭、鱼肉，祭祀场合

1 徐海荣：《中国饮食史・卷二》，华夏出版社，1999年，第61页。

2 王雪萍：《〈周礼〉饮食制度研究》，扬州大学博士学位论文，2007年，第62—71页。

吃羊肉，一般不吃牛、马、驴、骡肉。过年杀猪或打到野兽时吃鲜肉，此后便做成腊肉。传统肉菜有炖肉、回锅肉、过江肉、扣肉、粉蒸肉等。蔬菜有两大类，一大类是各种新鲜蔬菜和野菜；另一大类是各种蔬菜和野菜晒的干菜。传统做法有下饭菜、烩菜、凉菜、炒菜等。甘肃下饭菜最普遍的是红油辣子，又叫油泼辣子。其次是蒜辣子，将蒜捣碎置碗中，放红辣椒面，把烧沸稍凉一下的植物油倒入烫透，再加入花椒面和盐，搅拌均匀，吃无油盐酸菜饭时用。烩菜，将新鲜的或晒干的蔬菜或野菜，先焯后放入肉汤，煮入味后吃。凉菜，将蔬菜或野菜焯熟，捞出凉凉，拌入调料食用。炒菜，多用来做蔬菜或肉食。

南方肉食菜肴包括家禽、家畜、鱼类等。家畜类主要有猪、牛、羊、兔等，以猪肉为主，牛肉有黄牛肉、水牛肉之分，羊多为山羊。家禽类以鸡为主，另有鸭、鹅和少量鹌鹑、鸽子等。鱼类养殖以鲢鱼、草鱼、鲤鱼为主，另有小鱼、泥鳅、黄鳝以及田螺、蚌壳、螃蟹等。

南方蔬菜种类较多，在湘中地区，主要的蔬菜可以分为叶菜类，如白菜、包菜、青菜、黄芽白、冬苋菜、红菜薹、芹菜、菠菜、排菜、莴苣、芥菜、茼蒿、韭菜等；瓜果类，如黄瓜、南瓜、冬瓜、葫芦瓜、苦瓜、丝瓜、菜瓜、辣椒、茄子、西红柿、四月豆、豆角、扁豆、黄花、刀豆等；块茎、块根类，如马铃薯、茭白、

图4 炒蕨根菜

百合、莲藕、洋葱、藠头、芥蓝头、萝卜、凉薯、白薯、芋头、胡萝卜、生姜、魔芋等；食用菌，有蘑菇、平菇、草菇等。

野菜因季节的变化种类亦有不同。开春的野菜有野韭菜、蕨菜（蕨根苗）、薇菜（老虎蔓）、竹笋、灰苋菜、鱼腥草、荠菜（也叫地菜、地米菜）、野芹菜、水菠菜、茴香、槐花、蒲公英等。夏季可采集的野菜有马齿苋、地皮菜（地茧皮）、野生菌等。秋季有松茸、百合、韭母子、芋头等。冬季有藕、黄姜、岩萝卜等。

南方开春，最喜人的是雨后春笋，笋的种类很多，大笋可以长成参天竹子，做家具、日常用具，是农家人的宝；小笋虽细，采来炒菜，竟比大笋的味道更美。笋，皮多肉少，最为鲜美，可以炒肉、炒鸡蛋。雨后春笋生长速度特别快，一天不扯，第二天就长成竹子了。所以，人们会在这段时间集中采挖，将笋加工成各种方便储存的美味。可以将竹笋剥皮焯水，晒成干笋，食用时再用开水泡发。也有的腌制、熏制，做成各种风味的烟笋、腌笋、酸笋，收藏到坛子里储存，食用时直接取出来。烟熏笋是江西一带的特产，如有名的井冈山一绝“烟熏笋”。在很早以前井冈山人就发明了用湿湿的柴火来熏烤竹笋制成烟笋，这种烟笋口感好，有一种特殊的香味儿，不仅方便保存，还可以去掉竹笋里面的青涩味道。烟笋炒腊肉是一道美味的家常菜。

图5 江南春笋

香椿是南北方人都爱吃的野菜。香椿树，也叫“春天树”。香椿，是香椿树的嫩芽，被称为“树上蔬菜”，又名香椿芽、香桩头、大红椿树、椿天等。早春三月，谷雨前后，正是吃香椿的时节，俗话说：“三月八，吃椿芽。”香椿散发出一种奇特而浓郁的异香，有些人避之不及，但在爱它的人看来，这就是春天应有的味道。中国是世界上唯一将香椿嫩芽当作美食的国家。裹上鸡蛋面粉糊，油炸，叫香椿鱼；也可以切碎，摊鸡蛋，或与豆腐凉拌，都是独特的春季美食。

香椿芽长成只需要两三天，多一天便老，食用新鲜的香椿感觉就像是和时间比赛。可以采摘香椿的时节，也不能顿顿吃香椿，于是有人想到了腌制香椿头的办法，一年四季都可以吃到香椿。新鲜的香椿头，先清洗干净，然后放入清水中浸泡约一刻钟，再将香椿头捞起来，并将水分甩干，铺开平放晾干。将香椿头一层一层放入玻璃或陶瓷坛里，铺一层香椿上面撒一层盐，最上面的一层继续撒上盐，盖好密封，半个月左右，香椿头就腌好了，随时可以取出食用。

地茧皮，也叫地皮菜、地木耳、葛仙米。捡拾地茧皮多是夏日雨后，地茧皮成片生长，远远就可以看到。地茧皮常长在杂草中或泥土上，捡回来的地茧皮，清洗起来比较费劲，需多次清洗才能去除杂物和泥土。地茧皮可以凉拌，也可以炒菜、煮汤、蒸煮等，地茧皮炒鸡蛋，地茧皮煮肉汤，都是乡间人家最常做的美味。

图6 野外地皮菜

主副食的差异性

先秦的饮食结构根据社会的不同阶层分为三种不同的形式。

一是基本型，是满足果腹生存基本需求的饮食，即食（粥或饭）配饮（水）。食和水都是人们果腹充饥维持生理机能的最基本的必需品，两者是相辅相成缺一不可的食物统一体，先秦文献中常以食与饮相举表示简单的生活方式。《论语·雍也》中孔子赞颜回道："贤哉，回也！一箪食，一瓢饮，在陋巷，人不堪其忧，回也不改其乐。"[1]《论语·述而》："饭疏食饮水，曲肱而枕之，乐亦在其中矣。"[2]这种形式是处于社会底层的贫民、饥民的饮食结构方式。

二是普通型，即食配菜肴。古代的菜肴是指动植物原料制成的膳、羞、羹，膳与羞大多以动物肉制成，而羹有肉羹、菜肉羹、菜羹，且是有汁的菜肴，是佐餐下饭的最适宜的食物。因此对于先秦社会大多数的平民来说，食配菜肴，普遍的就是食与羹的结合。先秦文献中常以食与羹表示当时社会普遍的饮食结构方式。《礼记·内则》："羹食，自诸侯以下至于庶人，无等。"[3]《论语·乡党》："虽蔬食菜羹瓜，祭，必齐如也。"[4]《孟子·告子上》："一箪食，一豆羹，得之则生，弗得则死。"[5]《孟子·尽心下》："箪食豆羹见于色。"[6]从这些文献记载中可以看出，食与羹是社会上大多数平民的普通的饮食结构。基本型与普通型的饮食结构方式都突出了食的主要地位，食较菜重要，是当时人们强体果腹的必需食品，而菜肴是次要的，而且是以素食为主，肉类菜肴在庶人、贫民最低生活需求中更为次要。在湖北一些地方，有俗话称，"苞谷面饭烂豆腐，小孩子吃了胖嘟嘟"。

三是高级型，即食与饮和菜肴相配。就结构而论，由食、饮、菜肴组成的饮食结构较基本型、普通型更为完备。食、饮、菜肴异常丰富，都是由各种原料制成的

1 阮元校刻:《十三经注疏》，中华书局，1980 年，第 2478 页。
2 阮元校刻:《十三经注疏》，中华书局，1980 年，第 2482 页。
3 阮元校刻:《十三经注疏》，中华书局，1980 年，第 1467 页。
4 阮元校刻:《十三经注疏》，中华书局，1980 年，第 2495 页。
5 阮元校刻:《十三经注疏》，中华书局，1980 年，第 2752 页。
6 阮元校刻:《十三经注疏》，中华书局，1980 年，第 2774 页。

风味各异的食物。

先秦时期，主食有阶层之别，王室、贵族与普通百姓的主食有着较大差别。作为最高统治者的周天子，其饮食种类当然是最丰富的。《周礼·天官·膳夫》云："凡王之馈，食用六谷，膳用六牲，饮用六清，羞用百二十品，珍用八物，酱用百有二十瓮。王日一举，鼎十有二，物皆有俎。"[1]

诸侯一级的饮食，《礼记·玉藻》载："又朝服以食，特牲三俎，祭肺。夕深衣，祭牢肉。朔月少牢，五俎四簋。子卯，稷食菜羹。夫人与君同庖。"[2]诸侯的饮食，平常之日为特牲（一牛）、三俎（豕、鱼、腊）、二簋（黍、稷），并祭以肺。朔月则为少牢（羊、豕）、五俎（豕、鱼、腊，加羊与其肠胃）、四簋（黍、稷、稻、粱）。忌日则稷食菜羹，不食肉食。

大夫一级的饮食，如《礼记·内则》所载，大夫之礼庶羞二十豆："膳，膷，臐，膮，醢，牛炙，醢，牛胾，醢，牛脍，羊炙，羊胾，醢，豕炙，醢，豕胾，芥酱，鱼脍，雉兔，鹑鷃。"[3]

《礼记·王制》也载："诸侯无故不杀牛，大夫无故不杀羊，士无故不杀犬豕，庶人无故不食珍。"[4]

士阶层的饮食标准，在贵族阶层应是最低的，按《国语》《礼记》所载，要低于大夫阶层，平常食物为鱼，祭祀时才可用特牲豕，故为"无故不杀犬豕"。

庶人的饮食种类以饱腹为主，正所谓"庶人无故不食珍""庶人食菜，祀以鱼"。在先秦时期，庶人的饮食限定在"食菜"的标准，只有祭祀时才能用鱼。另《诗经·豳风·七月》载："六月食郁及薁，七月亨葵及菽，八月剥枣，十月获稻。为此春酒，以介眉寿。七月食瓜，八月断壶，九月叔苴。"[5]

传统饮食不仅有层级性，同时具有地域差异性和时代性。历史上，山东省莘县

1 阮元校刻：《十三经注疏》，中华书局，1980 年，第 659—660 页。
2 阮元校刻：《十三经注疏》，中华书局，1980 年，第 1474 页。
3 阮元校刻：《十三经注疏》，中华书局，1980 年，第 1463 页。
4 阮元校刻：《十三经注疏》，中华书局，1980 年，第 1337 页。
5 阮元校刻：《十三经注疏》，中华书局，1980 年，第 391 页。

张寨镇主簿营村村民就以种菜、经商等为自己的主要生计，周边百姓形象地将该村称为“菜窝子”。村民们在自己有限的土地上精耕细作，种植蔬菜向外贩卖。村民们用一首顺口溜形象地描述当时百姓的日常饮食生活：“早晨酸糊粥，中午渣窝窝。要个烟吸，给个绿豆叶搓搓。要个火儿也没有，给你个圪垯拨拨。”[1]

现代社会的日常饮食丰富多样，呈现地区差异性。山东地区人们的日常饮食多以本地产粮食、果蔬、肉类等为原料，稍做加工。过去生活相对困难，主食基本以地瓜干为主，兼食窝窝头，少数富裕人家粗细兼食。直到现在，许多山里的老人都记得以前吃过“地瓜干子饭”“薯秧子豆沫”“薯秧子汤”“糠菜”等。俗语云：“家有瓜干心不慌。”地瓜是很多人家的主食，能吃饱不饿肚子，就是不错的人家了。20世纪70年代以后，人们的日常饮食就相对好多了，主食有煎饼、馒头、水饺、面条、锅饼、油饼、窝窝头、花卷等。

山东地区日常饮食结构相对稳定，饮食种类也较少。最常见的主食是煎饼、馒头、水饺和粥；佐菜有豆角、白菜、萝卜等各类蔬菜及鸡鸭鱼肉等。煎饼是山东地区民间传统家常主食。按使用的原料可分为麦子煎饼、玉米煎饼、小米煎饼、高粱煎饼、地瓜煎饼等。不同的烙制工具，不同的原料，烙成煎饼的味道也各不相同。烙好的煎饼薄如纸，折叠成卷，即可食用。煎饼方便存放，不容易变质，出门携带也很方便，人称“干粮”。

制作煎饼，人称“摊煎饼”。摊煎饼是一门技艺，有刮、摊、滚、擀等多种方法。清代蒲松龄在其《煎饼赋》提出，“煎头则合米豆为之，齐人以代面食”，并对煎饼的制作有所描述。

煎饼之制，何代斯兴？溲含米豆，磨如胶饧。扒须两歧之势，鏊为鼎足之形，掬瓦盆之一勺。经火烙而滂溯，乃随手而左旋，如磨上之蚁行。黄白忽变，斯须而成。“卒律葛答”，乘此热铛，一翻手而覆手，作十百于俄顷，

1 张成福：《毁灭、重建与扩建——主簿营村关帝庙历史的田野考察报告》，《民间文化论坛》2019年第1期。

圆如望月，大如铜钲，薄似剡溪之纸，色似黄鹤之翎，此煎饼之定制也[1]。

加工煎饼首先要制糊。摊烙煎饼的原料是面糊，通常为麦子、高粱、玉米、谷子、地瓜干等经淘洗、浸泡，然后用石磨磨成的糊状物，俗称“煎饼糊子”。有些地方在磨糊子前，会放入少量熟料，称之为“对半子”。这样磨出来的糊子便于摊烙，烙出来的煎饼也柔软好吃。有些地区在做糊子时通常混合加入两种或多种粮食，其俗名有“三碰头”“四碰头”等之说。制糊很关键，也讲究经验技术。糊子稠了，勺子舀起来不能顺畅地倒在鏊子上；稀了，容易在鏊子上四散流淌。稀稠适当才能摊出好的煎饼。糊子做好后应马上烙煎饼，这样烙出来的煎饼甜，如果等糊子发酵稍微有点酸味时再烙，就成酸煎饼了。

摊煎饼不是每天都做，一般摊一次就可以吃很久。集中摊煎饼的时间是过年和农忙之前，过年前，各家各户都会烙好几摞煎饼，留着过年时候吃。农忙之前，特别是秋忙前，各家各户都要花一两天的时间专门烙煎饼。烙煎饼一般都是家里女儿的事，也有小朋友帮忙的。平日里，不少人家也存放有煎饼。

稀饭是山东地区比较常见的饮食，与干饭相对，稀饭就是“稀的”，平常人家几乎顿顿都有稀的。稀饭也称“粥”“糊涂”“糊涂汤”等。糊涂汤以糊豆汤、地瓜菜汤、南瓜汤为主，后来也有小米、大米、杂粮稀饭、糊豆粥、菜汤等。民间流传，乾隆下江南路过山东费县方城镇糊涂岭，在此地喝绿豆玉米糁子粥。也有地方把喝稀饭叫喝糊涂，人们祖祖辈辈都喝糊涂，有人戏称“喝糊涂越喝越糊涂”。

山东人喜欢的稀饭还有菜汤、面疙瘩汤等。“菜汤”是一种以菜蔬为主，以花生面、大豆面为辅料做成的稀饭，可以当饭，也可以当下饭菜。菜汤种类较多，常见的有胡萝卜汤、白菜汤、地瓜秧汤、南瓜汤等。胡萝卜汤，就是把黄豆研成面，和胡萝卜放在一起烧，再放上些黄地瓜，汤是甜的，很好喝。南瓜汤，小米或大米和南瓜一起煮，加点地瓜和绿豆，可以去火。绿豆面片汤，就是把绿豆先烧熟，再放进擀好的面片，开锅即可，再放点盐，又顶汤又顶饭，还可以解暑。

1　马积高主编：《历代辞赋总汇 · 清代卷 · 第 10 册》，湖南文艺出版社，2014 年，第 8882—8883 页。

除了主食，山东地区家常下饭菜比较简单，以青菜为主。较常见的是青菜豆沫，俗称“渣豆腐”，也叫“小豆腐”。当地流传有民谣，“渣豆腐香，渣豆腐甜，扒上一顿管半天……”“渣豆腐”按其制作原料的不同，可以分为两种，一是用豆腐渣制作的，二是用豆面制作的。

另外，山东地区野菜丰富，如苦菜、婆婆丁、戚戚芽、灰灰菜、荠菜、银子菜等，人们用它们来做渣豆腐，既好吃又营养，也有将野菜和地瓜干面一起烧着喝。山东地区以高粱、谷子、地瓜、䅟子为主粮，杂以糠菜。食物以煎饼为主，多吃酸煎饼（发酵过的），也有吃窝头的习惯，常吃小豆沫，以自家腌制的生、熟咸菜和辣椒佐餐。口味偏咸、辣，有“要拉馋，豆腐、椒子、芝麻盐”之谚语。居民习惯于春日腌蒜薹、香椿芽，夏季晒酱和咸豆子，秋天腌辣疙瘩、萝卜，冬天捂臭豆子、焖菜。白面、玉米已成为农民的主要食粮。[1]

食器的演进

《周礼》中的饮食器具按材质而论，有青铜、陶、瓷、木、竹等制作的饮食器具；按其用途，可分为炊食器和饮器两大类。炊食器又分为炊器、盛食器、贮食器等；饮器有温酒器、饮酒器、盛酒器、挹酒器等。《周礼》记载的是王室、贵族等上层社会的饮食活动，其饮食器具除了具有器具自身的功能外，还具有明显序尊卑、别贵贱的功能，成为体现食者政治地位和等级身份的名物礼器，所谓“信以守器，器以藏礼”“名位不同，礼亦异数”。

以鼎为核心的炊食器

炊食器是相对饮器而言的，是指用于烹煮主食和菜肴的炊器、盛放膳食的盛食

1 临沂市地方史志办公室编:《蒙山志》，齐鲁书社，1999 年，第 272 页。

器、贮藏饭菜的贮藏器、助食饭菜的进食器等。《周礼》中的炊食器，主要是镬、爨、鬲、甗、甑炊器，鼎、俎、笾、豆、簠、簋盛食器，鉴、凌阴贮藏器等。随着商代以来饮食器具的不断等级化，在西周等级森严的礼乐制度下，炊食器具礼器化更为严重，从墓葬出土的成批青铜礼器来看，“西周早期以后，礼器中食器的比重逐渐加大；相对的，酒器则比例变少”。[1] 墓葬中食器比重的增加，是西周重食风气在礼仪制度上的反映，器用制度从“重酒”转为“重食”，在炊食器中形成了以鼎为核心的多种炊食器使用制度，主要是用鼎制度、鼎俎的形制、鼎与簋、鼎与爨镬等组配制度及笾豆使用制度。

图7 战国时期的陶鼎

俎，古代祭祀或宴飨时陈置牲体的食具。“俎”之形制及结构，古代文献多有描述。《诗经·鲁颂·閟宫》：“毛炰胾羹，笾豆大房。”毛传：“大房，半体之俎也。”郑玄笺：“大房，玉饰俎也。其制足间有横，下有柎，似乎堂后有房然。”《说文·且

1 许倬云:《西周史》，三联书店，1994 年，第 248 页。

图8 青铜鼎

部》："俎，礼俎也。从半肉在且上。"又"且，荐也。从几，足有二横，一其下地也。古文以为且，又以为几字"。《一切经音义》引《字书》说："俎，肉几也。"俎中有木横隔，如左右房。出土和传世的青铜俎甚少，或当时所用的俎多为木制，朽蚀不易保存。俎的形状为长方形案面，中部微凹，案下两端有壁形足，如商晚期器；或为四只足，西周早期器；也有案下附铃的，西周早期器，如辽宁花儿楼出土的双铃俎。《周礼》记载的俎都是与鼎连言的，是用来载牢鼎之实的。俎数同正鼎数，为奇数，俎实同正鼎之实，为牲体、鱼、腊等。

豆，是古代盛食器。《周礼·冬官考工记·瓬人》："豆实三而成觳，崇尺。"豆的容量四升，高一尺，直径一尺。豆之中部曰校，其底部曰镫。豆以木为之，刻镂而髹之以漆，贵重者或饰以玉。考古发掘有青铜豆，则豆又以青铜制之。另外，用陶、竹等制作形状大小如豆的登、笾也可称为豆。《尔雅·释器》曰："木豆谓之豆。竹豆谓之笾。瓦豆谓之登。"邢昺疏："对文则木曰豆、瓦曰登，散则皆名豆。"故豆又是豆、笾、登的通名。在《周礼》饮食制度中，豆为礼器，用以盛齑、菹、醢、羞等濡物。笾、豆是礼器，凡飨食宴饮或祭祀所用笾、豆都为偶数。《礼记·郊特牲》："鼎俎奇而笾豆偶。"

图9 用于盛食的青铜簋

簠、簋是盛黍、稷、稻、粱等主食的器具。《周礼·地官·舍人》:“凡祭祀，共簠簋。实之，陈之。”

《礼记·乐记》:“簠簋俎豆，制度文章，礼之器也。”所谓制度是指器皿的大小规格；文章，指器物的装饰。簠簋俎豆的多少、大小规格与摆放位置都有礼法规定。这是礼器的使用制度。商周时期，簠、簋是重要的礼器。特别是在“重食”的西周中期以后，簠簋是以鼎为核心的饮食器具使用制度中与鼎组配的最重要礼器。在祭祀和宴飨活动中，簠簋以偶数组合与以奇数组合的列鼎配合使用。

镬是专门用于烹煮的炊具。《周礼》中有“亨人”掌管用镬烹煮食物。爨即灶，从考古发掘看，先秦时期的灶都为陶灶。“炊具：鼎、鬲、甗、甑、釜、镬、灶。这几种炊具都有青铜的与陶土的两种，唯灶只有陶制的。”

鬲是煮食器，新石器时代普遍使用陶鬲。甑是蒸饭的用具，类似今天的笼屉，直口，或口边向外翻卷，立耳，平底，底部有孔以通气，类似现在的箅子。米放在甑中，甑放在鬲上，鬲中放水。甑和鬲上下两器合成一套就叫甗。也有把上下做成一个整体的，也叫甗。《周礼·冬官考工记·陶人》:“甑，实二鬴，厚半寸，唇寸，七穿。”鬴的容量是六斗四升，一甑实二鬴，即为一百二十八升，也为十二斗八升。

《仪礼·少牢馈食礼》："廪人摡甑甗匕与敦于廪爨。"廪爨是炊米饭之灶，甑放在灶上蒸米饭。这说明甑除放于鬲上蒸饭也可放在灶上蒸饭，与今天笼屉的使用方法相似。陶甑早在新石器时期就发明使用，先秦时期有陶、青铜两种材质的甑。

图10 周代陶鬲

炊食器中以鼎为核心的鼎与俎的组配、鼎与簋的组配、鼎与镬等炊器的组配制度，及鼎俎奇、笾豆偶的炊食器使用制度，是建立在井田制基础上的西周宗法等级制度的产物，是一种规范化、制度化的组合，它是体现食者政治地位和等级身份的礼器制度。

酒器是随着酒的发明而产生的。在酒器出现之前的远古，"污尊抔饮"，凿地为尊，这是陶质酒尊产生的雏形。自"仪狄作酒"以来，历经夏、商、周三代，先秦酒器的品类剧增，功用各异，材质也多种多样。特别是在商周礼仪制度下，酒器成为贵族社会"明贵贱，辨等列"的礼器。墓葬出土的酒器组合表明，早在商代已形成了以爵、觯等酒器组合的列器制度，周代承继商代，虽然从西周后期开始，列器制度由"重酒"转变为"重食"，但酒器使用制度仍是西周后期乃至春秋战国时期礼器制度的重要内容。《周礼》文献记载了在祭祀、飨食宴饮活动中，不同材质、不同形制酒器的使用制度。《周礼》中的酒器使用制度主要体现在以爵为重心的饮酒器、尊彝盛酒器、圭瓒挹酒器上。饮酒器爵、觚、觯、角、散、觥，其形状花纹不同，容量大小不一，这些酒器在礼器制度下被赋予了神圣的色彩，成为尊卑有异、等差有别的礼器。《周礼》中的盛酒器有“六尊（献尊、象尊、壶尊、著尊、大尊、山尊）、“六彝”（鸡彝、鸟彝、斝彝、黄彝、虎彝、蜼彝）、罍、瓢赍、脩、匼、概、散等。

图11 青铜爵

现代社会，饮食器包括餐具与炊具，且各地有各地的风格。在湖南、湖北等地乡村还保留有传统的炊具和饮食用具。[1]瓮坛，在烧柴火和煤炭的年代，几乎家家都有。瓮坛，是烧水、保温、储热水用的。做瓮坛的材料是生铁，无足、无耳，有盖、尖底。砌灶时，把它放在炉膛边，使其部分坛壁直接与火接触；如果是两眼灶，就将它放在两眼灶的中间，两边靠火。只要生火，里面必有热水或开水；就

1 《中国民俗志·湖北宜昌市卷》编纂委员会、《中国民俗志·湖北伍家岗卷》编纂委员会:《中国民俗志·湖北宜昌市卷·伍家岗卷》，中国文联出版社，2014年，第271—272页。

是火熄了，余热也能使水保温很长时间，特别是冬天用热水很方便。餐馆里也用瓮坛，但比家用的大得多，最大的可以装满满一担水。但餐馆多是用来熬骨头汤或豆芽汤，以及煮面时做汤料的。烧开水的器具较为常见的是炊壶，俗称“炊壶子”，几乎家家都要备一两个。烧水泡茶是人们的日常生活，也是待客的礼节。用炊壶子烧好的开水可以灌入热水瓶，客人来了，随时可以泡茶待客。炊壶子有大有小，遇有红白喜事，做酒开席时，炊壶子是必备的炊具。茶水房里，大大小小的炊壶子轮番上火烧开水。

鼎锅，生铁铸成。上部呈圆柱形，下部为锥体。有双耳提环、盖，无足。鼎锅主要用于煮饭、熬汤。

甑子，多为木质，由数块瓦状小板构成。外围用铁丝或篾条将其箍拢。上面有盖，内有木隔或篾隔，外表用桐油油亮。甑子是用来蒸饭或蒸菜的，甑子有大有小。小甑子多为家用，仅蒸斤把米；大甑子多用于宴席，可以蒸上百斤米。有的甑子有好几层。

泡菜坛子，多为陶瓷坛子，坛肚子上边是沿，可装水。坛子使用时上沿口不能缺水，如此才能起到密封作用。用时，坛子内壁必须洗干净，然后把生水擦干，或干脆用开水烫一下也行。

饭盆子，多为木质，家里洗碗时用的器具。在塑料盆、不锈钢盆出现前，家庭用的饭盆子是多功能的，最常见的是盛放吃过饭的碗，是清洗碗的器皿。因为是木质的，新做好的饭盆子需要涂上桐油，在水里浸泡，保证不漏水。做饭时会把淘米水倒进饭盆子里，等吃完饭后，可以用淘米水洗碗。洗碗收拾后，再把饭盆子倒扣在橱柜台上。如果家里有喜事宰猪，饭盆子则可用来接猪血，接完加入盐和水，将装有猪血的饭盆子端到祖先桌上，敬供神灵。

茶盘，多为木质，有大有小，家用的比较小，常与碗柜配套。也有专门的长条大茶盘，为酒席宴会专用。茶盘是家里承载礼数最多的餐饮用具，一般有客来，主人会敬烟倒茶，遇有贵客或客人较多时，茶水是需要用茶盘端出来的。各种仪式场合，都可以看到茶盘的影子，比如请师傅进门，打发师傅的“礼物”不会直接给师傅，而是放在茶盘里。家里办喜事宴席时，会成立专门的茶房，负责接客泡茶，茶杯不是直接给客人，而是用茶盘托出来。酒席上菜，出菜的师傅用的是长条大茶盘，一次托多碗，每桌一碗。家里敬神供祖先，饭菜与茶酒也是用茶盘装运。小小的茶盘，装载的是传统的老礼。

图12 茶盘

美器盛美食

食具和炊具虽然可以用各种质料制作，但在中国如今广泛使用的是瓷器及铁器。从秦朝到西汉时期，铁釜、铁刀等炊具已普遍使用。有了铁锅，高温快热的爆、炒之法应运而生。铁的炊具不但导热性能适中，用起来不烫手，造价低廉，而且铁是人体必不可少的元素，用铁具烹调，有益无害，这就是铁具仍占统治地位的重要原因。瓷器是我国的伟大发明，它是由陶器发展而来的。

食具也随着时代的变迁、人们生活习俗的改变和文明程度的不同而发展和演进。如在桌椅板凳问世之前，人们生活习惯是席地而坐，食具也都放在地上使用；适应跪坐习俗的需要，食具的底足一般均较高，如盛放食物的豆，即带有一个细长的高足，使上面的圆盘位置增高，便于食用其上的食物。至战国时期，开始出现了可起桌子作用的食案，案是从商周时期的俎演变而来，体形较矮，轻便易于搬动，有方、圆两种样式，可置于席上使用，各种食具均陈放于案上，这样不仅比食具置于地上要卫生，而且位置也增高了，从而使食具的造型发生新的变化。如原来无盖的豆变为有盖，足底由高变矮，以后演变成平底的盒，连名称也改变了。此外，也有些器物如“盘”，虽然自商周时期即有，但在当时盘却是洗手的工具，《礼记·内则》记载：“进盥，少者奉盘，长者奉水，请沃盥，盥卒，授巾。”但是在《左传》里却有“乃馈盘飧”的记载，并在著名的马王堆汉墓中出土的竹简上也有“髹画食般（即盘）经一尺二寸，廿枚”的记述与墓中发现的漆盘相符，盘中还盛有牛排、鸡、鱼等食品，这说明大概从战国时起，盘已作为食具使用了。

到唐代，又从案发展到桌子，普遍流行使用桌子就餐，出现了高足长桌、长凳等家具，食具的造型便向平稳发展。因此，过去所使用的食具有些被淘汰了，但是盘却一直流传下来，至今仍然是我们主要食具之一。从敦煌 473 窟唐代壁画中，我们可以看到，在帷幄中置一张长桌，桌子的四边铺着桌帷，上面摆放着勺、筷、杯、盘等餐具、食器。桌子的两边各列一条长凳，男女数人分坐两边。自此，高桌大椅的就餐方式取代了席地而坐的就餐方式。在圆凳或者高椅上垂足而坐，围坐桌旁共餐，这种饮食方式相沿成习，直到今天都是中国人最具代表性的饮食形式。

图13 唐代三彩宝相花纹盘

清代诗人袁枚在《随园食单·器具须知》中说："美食不如美器。"在某种意义上，美器比美食更引人注意。这正说明我国历来对饮食器具的重视。饮食器具的发展，也从一个侧面反映了我国人民伟大的创造力。

作为中国青铜时代象征的"彝器"，主要是饮食器。夏代尧时，还是"饭于土簋，饮于土铏"。食器的制作仍停留在陶土质的阶段。到了商代，便一跃进入辉煌灿烂的青铜时代了。鼎（相当于现在的大锅）、簋（相当于现在的大碗）、盨、簠和豆等都是当时流行的炊器和食器。

图14 用于饮食的青铜簋

至西周，一些用于祭祀和宴饮的青铜器还被统治者赋予特殊的意义，具有象征奴隶主统治权威、区别尊卑贵贱的功能，所谓"藏礼于器"也。周代以用鼎制度体现从天子到士的四等爵位。在统治阶级内部，由于阶层、身份的不同，筵席间设鼎的数量及里面盛放的食品都有严格的区别，违反规定即视为越礼。"礼不下庶人"，因而百姓只能望"鼎"兴叹。因而古人常以"钟鸣鼎食"来形容贵族阶级的饮食盛况，以"箪食瓢饮"来形容下层人民简陋生活的情形。除数量外，统治阶级内部还往往以同一器具的"质量"差异来作为区分上下等级的标志。

图15 扁足鼎

普通人家的餐具相对简单，多用粗瓷碗，根据功用的不同，可以简单细分为茶碗、饭碗、菜碗。茶碗专用来泡茶，相对小巧，容量也小；饭碗是装饭、吃饭用的，容量中等；菜碗是盛菜用的，又可以分大小，根据需要选用大菜碗或小菜碗。以往农村办酒席，如果规模较小，基本是用自家的碗，或者会去亲朋好友家借。新买的碗，需要养护，如用淘米水煮一煮。为便于识别区分，每家的碗底都会刻字。通常刻一个字，即男主人名字中最能识别的那个字。办酒席前借来的碗，酒席后得还回去，根据碗底的刻字，主人都会毫厘不差地做出区分。如果酒席中有损坏，主家也会买新碗，或者用家里没刻字的碗赔偿。随着时代的发展，如今乡村办宴席，已经不需要借碗，而是直接租赁碗筷，也有专门的酒席公司提供相应的服务。普通人家的餐具也日渐丰富，开始成套购买各种瓷碗、瓷盘、瓷碟等餐具。炊具也与时俱进，电饭煲、电磁炉以及各种新潮方便的厨具都很普及，城乡差异、地区差异也在不断缩小。

图16 清代冰梅大盘

图17 唐山陶瓷

以筷进食

在食具方面，我国饮食民俗的一大特色是使用筷子。原始人在进食时，最初只用手抓、撕。以后逐渐发展到用筷、刀、叉、匙。先秦文献中曾称筷为“箸”或“梜”。目前所知最早的箸出土于殷墟，而箸见之于文献最早为《韩非子·喻老》：“昔者纣为象箸而箕子怖，以为象箸必不加于土铏，必将犀玉之杯。象箸玉杯，必不羹菽藿，必旄象豹胎。”即至少在商代晚期已有了箸。但最初的箸，并不用于吃饭。《礼记·曲礼上》：“羹之有菜者用梜，其无菜者不用梜。”“饭黍毋以箸。”即箸是用来吃羹中之菜的。当时其他食具，诸如匕、鼎、俎、刀等，皆为食肉的工具，不用来进食主食。从战国晚期始，箸被当作吃饭的工具。

有关箸的实物也在近年来的考古工作中被陆续发现，在 1999 年出版的《龙虬庄：江淮东部新石器时代遗址发掘报告》中，我们可以看到，在龙虬庄遗址中出土的 491 件骨角器中，就包括 42 件骨箸。[1] 在浙江余姚河姆渡遗址、陕西西安临潼姜寨遗址等也都相继出土了箸。这进一步印证了“箸”这一进食器具很早就已经为我国先祖日常所使用。

隋唐时期又称“箸”为“筯”。后来人们厌恶“箸”“筯”皆含停滞之意，遂反其意改称“快”；宋以后又在“快”字上加“竹”字头写作“筷”。筷子一般以竹制成，一双在手，运用自如，既简单经济，又很方便。许多欧美人士看到东方人使用筷子，叹为观止，赞为一种艺术的创造。实际上，东方各国使用筷子多源自中国。我国祖先发明筷子，确实是对人类文明的一大贡献。

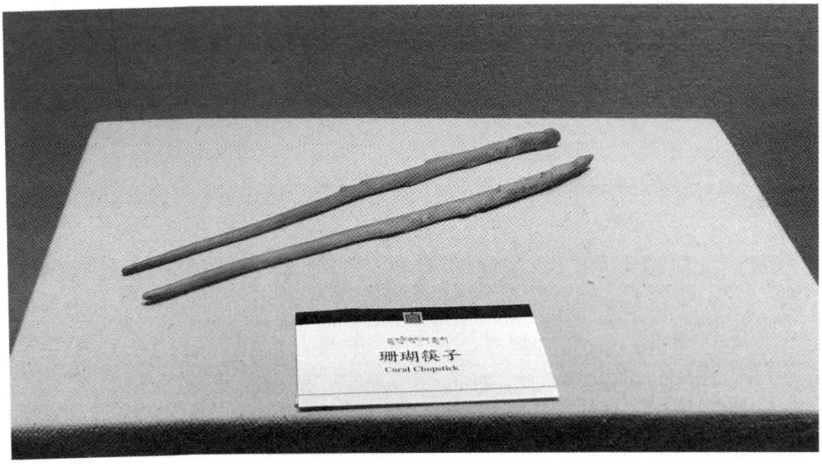

图 18 珊瑚筷子

1 龙虬庄遗址考古队编著：《龙虬庄：江淮东部新石器时代遗址发掘报告》，科学出版社，1999 年，第 327—347 页。

一般老百姓多使用木筷、竹筷和漆筷，南方竹筷较多。规格较高的，也有象牙筷、银筷、不锈钢筷。筷子最为日常，吃饭、夹菜、捞面条等基本都是使用筷子。家里的筷子专门有“筷笼”盛装。筷子由于谐音“快子”，在中国有“快生贵子”之意，在一些仪式场合也会用到筷子。

饮品：酒与茶

《周礼》饮食结构中，“食饮膳羞”的“饮”，即指饮料，它包括了酒及浆饮。具体而言，饮品有五齐、三酒、六饮等。饮料的起源十分古远，“水”是最早、最普遍、最廉价、最简便的饮料。从最初的饮料“水”到后来出现的奶制饮料，如马奶、牛奶及由此加工而成的酸奶、鲜奶等，构成了我国丰富的饮品种类，其中，最常见也最重要的是酒和茶。酒与茶等饮品与我们的生活密切相关，农事节令、红白喜事、访友聚会，喝茶饮酒甚为普遍，茶与酒已成为人们日常生活中最常用的饮品。

饮品：酒

《周礼·天官·酒正》：“辨五齐之名，一曰泛齐，二曰醴齐，三曰盎齐，四曰缇齐，五曰沈齐。”[1] 五齐是未滤之酒，五齐皆酒之浊者。五齐是为祭祀所用而制作的味薄、未经过滤的酒，按其清浊分为五等：泛齐、醴齐、盎齐、缇齐、沈齐。

《周礼·天官·酒正》：“辨三酒之物，一曰事酒，二曰昔酒，三曰清酒。”[2] 三酒是以酿造时间长短为别而命名。事酒为临事而酿，酿造时间短，其味较五齐浓而色清，但较昔酒味淡而色浊；昔酒是久酿乃熟，故名昔酒，是冬酿春熟的酒，其味较

1 阮元校刻：《十三经注疏》，中华书局，1980 年，第 668 页。

2 阮元校刻：《十三经注疏》，中华书局，1980 年，第 669 页。

事酒厚，色亦较清；清酒酿造时间更久于昔酒，冬酿夏熟，较昔酒味更浓，色更清。三酒是经过滤之酒，除了祭祀、饮食之礼所用外，还供宴饮。三酒还用于飨食燕饮，作为礼酒和宴饮酒。

除了五齐、三酒外，还有郁鬯与秬鬯。郁鬯和秬鬯在先秦是用于祭祀或飨宾客的礼酒。郁鬯与秬鬯两者之间有严格的区别，郁鬯实于上尊——彝，用于有裸事的宗庙祭祀和飨宾客；秬鬯实于尊，用于山川、四方、社稷等外祭祀和天子对大臣的赏赐。

古代酒还按其色的清、浊分为清酒与浊酒。酒酿成时，汁与渣混在一起，呈混浊状，故为浊酒，此时酒的颜色泛白，又称白酒，不同于当今的白酒。若经过滤，则为清酒。

古代酿酒使用的原料是米与曲糵，酿酒的米不只是秫、稻，还有其他谷物，如黍、粱等。曲是制酒的酒母。先秦时期的酒一般都是在黍、秫、稻等米煮熟后加上酒母酿成的，酿酒的程序较简单，而且没有经过蒸馏，其所含酒精量远不能与现代的蒸馏酒相比。古代的酒按酿造时间的长短、酿制的次数来区别酒味浓淡。酿造时间短的有一宿即成的酒称作醴，其味甜，与现在的糯米甜酒、醪糟相似。酿造时间长的酒有冬酿春成的酒，更有冬酿夏成的酒，如酎酒就是历时较长，以多次酿制加工成的酒。

作酒讲究方法，不同的酒作酒的方法有差异。古有“作酒既有米曲之数，又有功沽之巧”之说，民间亦有“蒸酒作酒，莫称里手”的说法。制酒必须使酿酒的原料秫、稻等齐熟，曲糵等酒母用得适时，渍米炊酿时食品、器具等洁净，渍曲、渍米之水香美，所盛陶器良善，炊米时用火得中。如此，酿制的酒才会醇厚飘香。

酿酒时间一般在每年收获谷物后的冬天。我国各地酿酒多讲究时节，且与重大的节日活动相关联，比如说过年，会在过腊月冬日制作“过年酒”。

酒，在湘中地区是必备的重要饮品，“无酒不成席”。宴请客人叫“做酒”“办酒席”，参加宴请叫“吃酒”“吃酒席”。宴请事由不一，名称也有别，生日有“三周酒”“十岁酒”“六十酒”；结婚有“定亲酒”“结婚酒”“回门酒”；去世时有“上山酒”。“无酒不成礼”，酒和茶一样，同样是待客敬神的“礼物”。

图19 酒窖

春节前，准确而言，进入腊月，各家各户都会蒸过年酒。“过年酒”至关重要，制作过程非常烦琐，过年酒的好坏不仅关乎一年的财气与福运，更重要的是，酒是过年待客敬神的必需品，是一家一户的“面子”。米酒用自家种植的稻米做成，水稻是湘中地区主要种植作物。湘中地区多为丘陵地貌，有水田（包括沼泽型水稻土、渗育型水稻土）、旱地。水田主要种植水稻，冬季也种油菜籽；旱地，俗称“菜园子”，种植各种蔬菜，也有部分种植大豆、花生、茶叶等作物。人们以种田为主，稻谷是主要的种植作物。这里的水稻多为一年两季，俗称“双季稻”，也种过“三季稻”，如今所种植的为数不多的水稻多为“一季稻”。水稻种植作为这一地方的传统劳作方式，对当地人的生活影响深远，人们日常生活中关于水稻的知识与习俗非常之多。水稻全身都是宝，除了人们收获的金灿灿的稻谷，水稻的茎秆在人们生活中都得到了充分的利用。从最初用稻秆直接盖茅草房，到将稻秆截断混合泥土做成“土砖”砌房子，再到人们日常生活中，利用稻秆铺床垫猪栏，焚烧稻秆熏鸡杀鸭，乃至人去世后，坟堆上放置的用稻秆编织的代表子孙繁衍的“烟巴公”，水稻已经深深融入这一方人的生命与生活之中。米除了日常做米饭食用，最重要的是用来“蒸酒”。

米酒有两种，一种是甜酒，另一种是米酒。甜酒也叫糯米酒，是一种过年时酿制的甜品和饮品。湘中地区的糯米种植也很普遍，一年的节庆中，端午和新年都会用到糯米。端午要包粽子，新年要做糯米酒。糯米酒制作相对简单。糯米酒是新年时节老少咸宜的甜品和饮品，此酒只做待客之佳品，不能做敬神祀祖的祭品。

米酒的用途最广，"敬酒""做酒""吃酒""喜酒"，酒渗透到人们生活的方方面面。蒸酒是技术活儿，同时还受其他因素限制，即使多年蒸酒的行家，也不敢保证每一次蒸酒都能成功。所以，当地有句俗话：蒸酒做豆腐，莫称里手。

一般的米酒用自家种植的稻米去壳，在大锅里煮熟，做好的米团再倒出来，用手拨散开来，再和上专门的"饼子"（制酒用的发酵物），装进酒坛里发酵。春节前一般比较寒冷，酒坛外多裹上厚厚的棉被，保暖促进米团发酵。半个月左右，充分发酵后的米团即"酒坯"就可以拿出来上酒甑子上蒸酒了。蒸酒时要用文火，添多少柴、如何控制火候，都很有讲究。蒸酒的过程，顶锅里的冷却水要更换四五次。每次冷却水变热了，就要舀出来，换上干净的凉水。热水可以用来洗澡、洗衣服，因此，以往每次谁家蒸酒了，全家都会在那天洗澡、洗被子，因为那天的热水供应最充足。经过四五个小时的蒸煮，一坛香醇的米酒就制成了。一般是一斤米可以蒸出一斤酒。酒的量与其醇度成反比。

图20 蒸酒

新春时节，各家各户都要给拜年的客人“挂红”，最重要的一道仪式就是，要请客人品尝自家酿制的米酒。米酒一般度数不是特别高，除了幼儿，男女老少或多或少皆可饮用。“酒到心意到”，即使有时候拜年的客人只是象征性地走动，并不会停留太久，也有可能不会饮用，主人却早已将米酒准备在酒杯里了。不仅要“挂红”，同时热情的主人会要求客人“加升”，即杯里的酒还没喝完，主人已经再次倒酒，一直保持杯中酒是满的。

春节期间，祭祀用酒，多为三杯，可以和茶一起斟倒，也可以先敬酒后敬茶。敬供后的茶可以分享给家人，敬供后的酒则多被洒在神龛前、墓地里或土地庙前。

湖北天河流域主要酿制三种类型的酒：白酒、麸子酒和黄酒。白酒主要用来待客和交易。其原料主要是苞谷和柿子、拐枣子、甜秸秆，以苞谷为主。麸子酒主要是坐月子的人（产妇）饮食，用来养血补气，恢复体能，主要原料为小麦、糯米和稻米。黄酒主要用糯米酿制，相当于农家饮料，酒精度很低，一般在15度左右，主要是主人家自饮，用于消渴解乏，快速充饥。麸子酒和黄酒在酿造方式上基本没什么讲究。麸子酒使用小曲酿制，酿制麸子酒的时间一般在妇女生产期前两个月。黄酒则是大曲酿制，冬季不做黄酒。白酒的酿制方法与其他地方基本相同，主要是大曲发酵和蒸馏取酒。在郧西主要使用的酿酒法是土法烤酒，用火加热以蒸发其水分，即将酒料（粮果）发酵后蒸馏为烤酒。烤酒器具有大、小铁锅各一口，一作底锅，一作天锅；木制酒甑一只；酒漏一个；引酒管一根；贮酒器若干。各项准备工作完成后，加火把底锅中的水煮沸，使强烈的蒸汽上升，通过酒甑内酒糟而形成酒汽上升到大锅底部，大锅水经常换，以便让酒汽在大锅底部快速冷却凝聚为酒液，滴落在酒漏斗里，再顺着引酒竹管流到贮酒器内。蒸的过程中，一是注意火要均匀，不要用武火，也不能是文火。二是注意常换甑上铁锅中的冷却水，保持锅中水的温度在24℃左右。烤酒（也称为吊酒）时不允许两类人到场，以防踩酒（不出酒）。一是没有剃胎毛或胎毛没有剃干净的人，二是没出满月的产妇或来月经的女人。若有人不慎误入，吊酒的人发现后，会赶紧在酒甑上放把刀子，迅速舀出天锅的水，以避邪气。当然，吊酒时也欢迎来客，只要见到过往的行人，就会邀请来品尝两盅，认为这样出酒会更旺。如果过路者不肯品尝，主人家会很不高兴。第一甑酒出酒时，要接上三杯酒敬奉。第一杯敬天，竭力向天上洒酒，洒得越高越好；第二杯敬地，缓缓淋洒在地上；第三杯敬火神，猛地泼洒在灶中。接酒时分段接取，每甑的头三斤为酒头，度数较高，一般在60度以上，单独埋入地窖，长期保存。中间接取八斤左右，为正常饮品。最后两斤左右为酒尾，下次酿酒时兑入酒料当中，以促发酵。在郧西人家做客时，主人若是从地窖中取出酒来，名曰“封缸酒”，客人一定要量力而行，因为那便是度数极高的酒头，又名“见风倒”，其虽绵软可口，但酒性浓烈，威力巨大，稍饮即醉。人们大都是用五谷杂配发酵而成的正宗大曲，再拌上玉米、小麦、果品等酿造制酒。比较有名的有三官、六斗的苞谷酒，景阳、关防的甘蔗酒，店子、湖北口的拐枣酒，涧池、羊尾的柿子酒，河夹黑山的杜仲酒，还有郧西特产的野葡萄酒。[1]

图21 储酒间

1 参见天河七夕文化研究会编：《天河民俗》，崇文书局，2010年，第123—125页。

黄酒是中国特产，也称为米酒，属于酿造酒，是世界上最古老的酒类之一，与啤酒、葡萄酒并称世界三大古酒。黄酒是我国最古老的酒种，是酒中之祖，酒中之王。福建屏南是红籼黄酒文化之乡，其制造红籼的主要原料有：籼种、籼醋、晚米，其最独特的是酒的味道。红籼黄酒有六味，即甜味、酸味、苦涩、辛辣、鲜味、药味，此六味互相制约，互相影响，和谐地融为一体就形成了红籼黄酒不同寻常的色、香、味。福建屏南酿造红籼黄酒一般选择在冬至节气，因此，冬至又被称为酿酒节、开酿节。

喝酒在中国是有很多讲究的，有传统的“酒礼”，在民间，喝酒也指参加酒宴。中国人一年中的几个重大节日，人们生活中的人生仪礼、生日喜庆及劳动生产中，都有相应的饮酒习俗，如春节饮“迎神酒”“祭祀酒”“团圆酒”，端午节饮“雄黄酒”，重阳节饮“菊花酒”，除夕夜饮“守岁酒”，七夕有“乞巧酒”，中秋节有“拜月宴”要喝“赏月酒”；迎客要喝“迎客酒”，妇女分娩要喝“月子酒”，孩子出生要做“满月酒”，结婚有“结婚酒”“回门酒”，老人寿诞要喝“长寿酒”，亲人亡故要喝“祭酒”，建房迁居要喝“上梁酒”“乔迁酒”。在福建屏南，芒种时节插完秧苗后，要饮“洗栳酒”；秋时收割第一埕新谷要饮“尝新酒”；收割完毕更需痛饮“收埕完冬酒”。在湖北郧西，在劳动过程中要喝“开秧酒”“庆丰酒”等。

饮品

饮品在我国古代主要指浆饮。古代的浆饮是指酒以外的其他饮料。在《周礼》中有“浆人”职中的“六饮”，“膳夫”职中王饮用的“六清”，“酒正”职中的“四饮”[1]。另外，在《礼记·玉藻》中有“五饮”[2]。《周礼·天官·浆人》：“掌共王之六饮，水、浆、醴、凉、医、酏，入于酒府。共宾客之稍礼。共夫人致饮于宾客之

1 《周礼·天官·酒正》：“辨四饮之物，一曰清，二曰医，三曰浆，四曰酏。”阮元校刻：《十三经注疏》，中华书局，1980年，第669页。

2 《礼记·玉藻》：“五饮：上水、浆、酒、醴、酏。”

礼，清醴医酏糟，而奉之。”[1]浆是一种微酸的饮料。北魏贾思勰的《齐民要术》有“作寒食浆法”[2]。浆为饮料，在《周礼》中被列为“六饮”，或“六清”“四饮”之一。

图22 茶具

浆饮在现代社会仍有存留，米汤，又叫米油或粥油，是大米或小米加清水长时间熬煮后，在米上面浮着的一层细腻、黏稠、膏状的液体。一般而言，米汤是直接扔掉或喂猪用，只有穷人家才会吃。但在普通百姓家里，做饭时的米汤也是可以当饮品的。在贵州绥阳地区，家家户户做米饭时要将米汤保留，当作解渴的饮料，特别是夏天，米汤用专门的盆或锅盛放，人渴了，直接舀一碗喝。米汤既可以单独当作饮料，也可以制成其他饮品，如米汤鸡蛋。将鸡蛋打开搅匀，用做饭时倒出来的热米汤冲泡，可直接饮用，也可以加入白糖或蜂蜜饮用，既营养又解渴。未加糖或蜂蜜的米汤，也有香甜味，故民间将其比喻为“甜言蜜语”。因此将甜言蜜语讨好奉承别人称为“灌米汤”。

1 阮元校刻：《十三经注疏》，中华书局，1980 年，第 670 页。
2 缪启愉、缪桂龙：《齐民要术译注 · 卷九 · 作寒食浆法》，上海古籍出版社，2006 年，第 655 页。

其他如酸梅汤、奶茶等都是人们喜爱的饮料。饮料常作为饮食结构的补充，有一部分是由瓜果蔬菜制成的。如瓜果既可以作为饮料的原料，本身也可以作为饮食中的食品，南方饮料多取材于香蕉、西瓜、菠萝、荔枝、枇杷、槟榔、椰子等水果；北方人们喜爱的饮料，多是用葡萄、石榴、柿子、李子、杏子等水果榨成的果汁。另外有些蔬菜如黄瓜、西红柿等也可以榨汁做成饮品。

有的饮品，并无茶叶加入，仍以茶命名。比如糖豆茶，这是湖南侗族过年招待客人的一种茶。其制法简单，把黄豆或饭豆或绿豆煮熟，然后舀一勺放进碗里，冲开水，放上糖即成。在三月三、六月六、七月七、八月半、九月九等节日，侗族青年男女在鼓楼聚会时，姑娘用此茶招待后生。再如甜蛋茶，湖南岳阳汨罗民间待客习俗。当地用开水冲泡调开的鸡蛋，加上白糖，称"甜蛋茶"，用来招待客人；春节期间则更为讲究，还要加上红枣、柿饼、蜜橘丝，象征红火甜蜜，祝愿吉祥如意。

蜂蜜兑水，也是传统的饮料。不少农家屋檐下放置蜂箱，养蜂酿蜜，不同花季酿的蜜味道不同，可以兑水饮用，也可以兑苞谷酒饮用。

豆汁儿是老北京的传统小吃，也是老百姓最喜欢的饮品之一。豆汁儿是以绿豆为原料，将淀粉滤出制作粉条等食品后的残渣发酵制成的，是做绿豆粉丝的下脚料，很便宜，却具有养胃、解毒、清火的功效。过去卖生豆汁儿的，用小车推一个有盖的木桶，走街串巷；卖熟豆汁儿的，在路边支一小摊儿，一口铜锅，锅里用小火熬着豆汁儿，豆汁儿摊备有咸菜丝、烧饼、焦圈等。"北京豆汁儿，旗人的命根儿"，豆汁儿风味独特，有保健的功效。夏天可消渴解暑，冬季能清热温阳，四季喝它，益于开胃健脾、去毒除燥。不仅旗人爱喝，一般老百姓也爱喝。俗话说，北京人是北京三嘴："豆汁儿嘴""老米嘴""卤虾嘴"。

在湖北，豆浆也叫懒豆腐，是一种常见的饮料。制作方法比较简单，黄豆用水泡胀后，磨成浆，滤去豆渣，将汁烧开，放糖、蜂蜜或盐，即成豆浆。若不滤豆渣，烧开后放入菜叶、南瓜叶等，即成懒豆腐（合渣汤）。夏天喝了解渴防中暑。

米酒，俗称甜酒、醪糟、糯米酒，是我国常见的传统地方风味饮品。制作原料是糯米，将糯米浸泡几小时，洗净蒸熟，摊开凉凉，加入酒曲，加凉开水后装入陶瓷罐内密封发酵。甜酒发酵时间不能太长，稍微有点酒味就可以饮用了。可以直接饮用，也可以加热饮用，还可以用甜酒制成风味饮品，如醪糟（米酒）鸡蛋、醪糟汤圆、米酒银耳、桂花米酒等。米酒酿制的时间多是腊月，正月过年期间，走亲戚拜年时，都可以尝到各家的糯米酒。糯米酒可浓可淡，有的人家糯米酒做得浓，可以多次加开水煮沸，倒汤饮用。在湖南湘潭等地，人们普遍在重阳节蒸米酒，有“重阳蒸酒经得喝”的说法。[1]

凉茶也是一种传统饮料，多采用植物的花泡水，如野菊花、茉莉花、金银花、桂花等。尽管这些饮料并没有加入茶叶，人们仍习惯地称之为茶，有“凉茶”“菊花茶”“茉莉花茶”“金银花茶”“桂花茶”等。

野菊花，俗称苦菊、臭蒿、野黄菊，秋天在山坡草地、灌木丛、路边野地盛开。采摘时多选晴天，露水晒干后，菊花比较小，容易散碎，采回后要把散花瓣、菊叶及花梗挑出，将菊花放蒸笼先急火后慢火蒸一刻钟左右，再将菊花晾晒干。蒸制后的菊花，颜色、形状都固定，不易变色，不掉花瓣。野菊花以色黄、无梗、完整、气香、花未全开为佳品。饮用时，取少量，用开水冲泡即可，菊花茶有散风清热、清肝明目和解毒消炎等功效。菊花茶可以单独饮用，也可以加冰糖或其他，如山楂菊花茶、八宝菊花茶等。

金银花泡的水，也有的地方叫“金银花茶”，是民间夏日常喝的饮品。金银花，开花期一般在每年的3—5月，初开为白色，后转为黄色，因此得名金银花。金银花作茶饮用约源自清代，“江南地方，以此代茶”。乡间野生金银花较常见，人们在其开花时，采摘收藏，可以泡水喝，也可以加鱼腥草等煮制凉茶。金银花水有清热解毒、通经活络、护肤美容的功效，是夏日清凉解渴的饮品。

鱼腥草，又叫折耳根，因其有浓浓的鱼腥味而得名。鱼腥草的茎叶和根部均可入药，具有镇咳利咽、清热解毒的功效，民间常采新鲜全株带根部煎水饮用。将鱼腥草全株晒干，可以储存备用。鱼腥草的根部可以做凉菜，干的鱼腥草可以与金银花等搭配制作凉茶，于夏天饮用。

1 湘潭县地方志编纂委员会：《湘潭县志》，湖南出版社，1995年，第801页。

茶文化

自然界的茶被当作饮料，据说早在远古社会就已经开始。饮茶习俗早在战国末年至西汉初年就由巴蜀地区传至黄河流域，当然这时茶是作为食物出现的；到了秦汉之际，随着食源的扩大，茶叶的药用价值已经逐渐超过食用价值；到了魏晋南北朝时期，饮茶习俗风行于世；唐朝的时候，饮茶得以普及，文人学士提倡饮茶，纷纷以茶为题吟诗作赋，陆羽著有《茶经》；到了宋代，宋徽宗赵佶著《大观茶论》，自上而下进一步推动了饮茶风尚的盛行；明清时期饮茶已经成为上至达官贵人下至普通百姓的日常饮料了。

陆羽《茶经》里记载“茶之为饮，发乎神农氏，闻于鲁周公”。至少在先秦时期，巴蜀地区就已有饮茶习俗。秦汉之际，饮茶习俗开始沿着长江外传，到两汉时期茶已经传至长江中下游地区。真正意义上的茶文化是到了魏晋南北朝时期才初具形态。魏晋时期有识之士提出“以茶养廉”。魏晋时期，社会风气以斗富为美，奢靡之风日盛，一些有识之士崇尚朴素之风，提出了“以茶养廉”的做法。同时，两晋南北朝时期的清谈与玄学之风推动了饮茶风尚盛行。陆羽《茶经》援引《世说新语》记载：

> 任瞻字育长，少时有令名，自过江失志，既下饮，问人云：此为茶为茗？觉人有怪色，乃自分明云：向问饮为热为冷？[1]

魏晋的文人雅士已经发展了茶文化，开始在“饮茶”中区分“冷茶”与“热茶”并冠以不同称呼。后来，随着玄学的兴起，加上佛、道等宗教与儒家思想的融合，更多的神仙家、玄学家和文人雅士加入饮茶的队伍中来。

唐代，“茶文化”得以形成并发展。也是在这时，茶的生产与贸易才开始大规模地向北传播，饮茶风尚也扩大到江北地区，同时进一步传播到边疆各地区。唐中

1　郑柔敏:《陆羽茶经 · 七之事》，辽宁科学技术出版社，2019 年，第 166 页。

期陆羽著《茶经》，是茶文化史上一个划时代的标志，《茶经》问世，使得“世人益知茶”。唐末刘贞亮著有《茶十德》，较为全面地概括了茶文化的精神内涵。

以茶散郁气；以茶驱睡气；以茶养生气；以茶除病气；以茶利礼仁；以茶表敬意；以茶尝滋味；以茶养身体；以茶可行道；以茶可雅志。[1]

唐朝以后，茶文化进一步发展，日臻成熟，到了宋代的时候达到了顶峰。可以说茶文化在宋朝发展到了极致。在北宋以前，五代时期著名茶人和凝曾大力推广茶文化和饮茶风尚，他亲自组织“汤社”，这种会社组织开了宋代“斗茶”之先河。宋代的饮茶文化上至帝王下至百姓，无不推崇备至，同时制茶技术也更为精湛。宋徽宗赵佶曾著《大观茶论》，民间盛行的是“斗茶”，尔后这种娱乐形式被上层人士所采用。其中诗人范仲淹有斗茶歌这样描述：

年年春自东南来，建溪先暖冰微开。
溪边奇茗冠天下，武夷仙人从古栽。
新雷昨夜发何处？家家嬉笑穿云去。
露芽错落一番荣，缀玉含珠散嘉树。
终朝采掇未盈襜，唯求精粹不敢贪。
研膏焙乳有雅制，方中圭兮圆中蟾。
北苑将期献天子，林下雄豪先斗美。
鼎磨云外首山铜，瓶携江上中泠水。
黄金碾畔绿尘飞，紫玉瓯心雪涛起。
斗馀味兮轻醍醐，斗馀香兮薄兰芷。
其间品第胡能欺，十目视而十手指。

1 王雅军编：《象征语应用辞典》，上海辞书出版社，2015 年，第 35 页。

胜若登仙不可攀，输同降将无穷耻。
于嗟天产石上英，论功不愧阶前蓂。
众人之浊我可清，千日之醉我可醒。
屈原试与招魂魄，刘伶却得闻雷霆。
卢仝敢不歌，陆羽须作经。
森然万象中，焉知无茶星。
商山丈人休茹芝，首阳先生休采薇。
长安酒价减千万，成都药市无光辉。
不如仙山一啜好，泠然便欲乘风飞。
君莫羡花间女郎只斗草，赢得珠玑满斗归。[1]

图23 景泰蓝茶壶

此外，宋代涌现的市民茶文化主要将饮茶视作增进友谊、促进交流的手段，它的兴起使茶文化从文化人士和上层社会推广至民间，成为茶风俗的重要组成部分。巴蜀也是茶文化的发源地之一，蜀地盛产好茶，《东斋记事》：

1　建德市茶文化研究会编：《严州茶诗选》，中国书籍出版社，2019 年，第 48—49 页。

蜀之产茶凡八处，雅州之蒙顶、蜀州之味江、邛州之火井、嘉州之中峰、彭州之堋口、汉州之杨村、绵州之兽目、利州之罗村。然蒙顶为最佳也。其生最晚，常在春夏之交。其芽长二寸许，其色白，味甘美，而其性温暖，非他茶之比。蒙顶者，书所谓“蔡、蒙旅平”者也。李景初与予书言：“方茶之生，云雾覆其上，若有神物护持之。”其次罗村，茶色绿，而味亦甘美。[1]

宋代以后，历经元、明、清三代，虽各朝皆具特色，但总而言之，茶文化的发展势头呈减弱之态，茶艺也由繁趋简。明代摒弃团茶的生产，致使散茶大兴于世。直至今日，除了普洱等黑茶，市面所见大抵皆为散茶。清末民初，茶文化步入普通民众的日常生活之中，老舍先生的名著《茶馆》就是反映清末民初于茶馆中的种种日常生活情形，茶馆已经成为一个各种思想交汇的场所。历经近两千年的发展，茶不仅成为人们敬天祭祖的必备之物，也成为人们馈赠亲友的佳品，更成为日常生活中必不可少的饮品。

老百姓喝茶，大体不外乎两种形式，一是以解渴为目的，只是把茶当作一种饮料，往往不注重茶的品类，也不讲究茶叶冲泡的过程，有些人自谑为“牛饮”；二是品茗之人，他们把喝茶看作一种艺术，不仅注重茶叶的种类、品相，甚至形成对某种茶的偏爱，而且还重视泡茶的器具和仪式性过程，甚至在喝茶时有固定的做法，如喝茶时须三口饮尽，美其名曰“三口谓之一个品字”。[2]

在我国湖南省的许多地区，寻常百姓家中，常以老粗茶泡制一大壶或一大缸，口渴时随手从茶壶或茶缸中倒出饮用。于他们而言，老粗茶主要是为了解渴，自然乐于采用“牛饮”的方式。当有客人到访，则会专门选用上等的细茶为客人冲泡，这是待客之礼。待客泡茶时，水不宜过满，以七分满为敬。客人饮茶，须慢慢品尝，谓之“品茶”。如果请客人喝酒，则应斟满，以表尊重，故称斟酒为“满上”“满杯”，故俗语云“茶歉酒满”。

---

1 张鸣等主编：《中国稗官秘史》(2)，北京燕山出版社，1998 年，第 779 页。

2 林明珠：《茶文化与新加坡华人的日常生活》，北京师范大学博士论文，2012 年，第 55 页。

图24 西塘茶馆

随着茶类的不断增加，品茶方法日臻完善而讲究。茶具以紫砂为上乘，不同茶类的品饮方式也不同。两广地区偏好红茶，福建多饮乌龙，江浙一带喜好绿茶，北方人喜花茶或绿茶，少数民族多饮黑茶、砖茶。

“无酒不成席，无烟没话题”，烟酒已然成为宴席的必备品。“茶水越泡越浓，人情越交越厚”，茶在中国历经时间的沉淀，已经成为不同阶层人士必备的饮品，更重要的是，以茶为中心，形成了一整套“礼”。以茶为礼、行茶礼，茶叶作为流动的礼物，维系的是人情和关系。茶不仅出现在岁时节日里，同时也是各种人生礼仪中必不可少的。茶不仅在人与人之间有着礼尚往来的作用，同样也适用于人与神、人与祖先之间的关系，即奠茶、敬茶。

以茶待客。中国最常见的茶礼：常以茶为礼品在家人亲戚间赠送。“天下茶人是一家”“请喝一杯茶”，既是日常生活中的待客之道，也是人与人关系的维系方式，一起喝茶，访亲会友带盒茶、送盒茶。

茶是湘中地区普通人家待客的必备品。无论逢年过节还是平日，走到任何一户人家，主人都会用茶、酒、烟（烟和酒一般招待男性客人）来招待。茶叶的制作是每家主妇都非常用心的事，茶叶不仅自家喝，最重要的是要用来待客。客人会根据茶的味道和色泽来评判，谁家主妇能干，采制的茶叶又细又香。

湖湘人地种茶的历史悠久，古有“茶祖在湖南，茶源始于湘”之说。采茶、制茶是金蚌地区传统的劳作营生方式。清代以来，茶农沿用炒青杀青、手揉脚踩、炭火烘干的方法制作青茶。[1]1958 年 2 月，双峰县茶场建立。1964 年 2 月，建成附属精致红碎茶厂。[2] 金蚌也开办林场，种植茶叶，山上都开辟成茶园。茶场最初是集体的，后来承包给私人，茶叶由最初的统购统销到后来的由大茶场统一收购小茶场的茶叶。一般的人家都是替茶场采茶，每年清明前后，女人和小孩们都背着茶篓上茶场采茶。采茶不需要太多技术，五六岁的小孩也可以帮忙采摘。采好的茶送到林场，承包的人负责过秤，按斤论价，从几分钱到几毛钱价格不等。采茶成了不少家庭重要的补贴家用的经济来源，孩子们的书费学费、田地里需要的肥料种子钱等都等着采茶挣钱。当然除了采茶卖茶，也会自制茶。除了茶场的公共茶树，各家都会在自家旱地里栽种茶树，采制自家用的茶叶。茶叶的制作方法还是传统的炒青杀青、手揉细，炭火烘干或者晒干。每年清明前后制好的茶，可供自家一年之用。

春节期间，去人家里拜年，首先迎接你的肯定是香气扑鼻、沁人心脾、热腾腾的一杯茶。客来敬茶、“请喝一碗茶”，是宴客之作，待客之道，更是敬客之礼。乡间普通人家，都备有专门待客敬茶用的茶碗，茶多是自家采制，泡茶用的水则是远近闻名的山泉水。茶是普通人家的饮品，也是人情往来的重要礼品。除了客人来了敬茶，逢年过节，给长者、贵客最常见最有分量的也是“茶”礼。

以茶为祭。在古代，茶不仅是待客的必备品，同时是敬祀祖先神灵的重要供品，民间称“供茶”或“香茶”。茶成了人情往来的重要礼品，这一点，在敬祖祀神上同样得到体现。春节期间重要的仪式场合，都不能缺少“茶”。大年三十团年饭前，要敬祖宗及家神，供品可以简单也可以丰盛，但茶是必备的。三杯清茶敬奉

1 湘乡县（原湘乡包括今湘乡市、双峰县等地）盛产红茶。1916 年以前，红茶商人无不获利。极盛时，双峰境内已有茶园 27000 亩，产茶 785 吨，其中外销的红茶 433.5 吨。咸丰以后，海禁大开，中西互市，红茶内销和外销市场巨大，一个以茶为业的商人群体应运而生。（谭日峰：《湘乡史地常识》，湘乡县教育会，1935 年。）

2 湖南省双峰县志编纂委员会编：《双峰县志》，中国文史出版社，1993 年，第 25 页。

自家祖先及家里诸神。有的人家，在吃团年饭之前要去自家土地庙前“装香”“供茶”“供饭”。仪式简单的，可以只去庙前焚点三根线香，求土地爷保佑全家平安；稍微讲究些的，则会准备三杯香茶、三根线香。焚香插在土地庙前，三杯茶于庙前静置一会儿，请土地爷品尝，随后即可撤茶回家。敬过神的茶，具有特殊的灵性、神性，当家人一般都会将这样的“香茶”分给家人饮用。一般而言，小孩是不允许喝茶的，但敬神后的“香茶”，大人们总是自己忘记“戒律”，主动让孩子们来尝茶分福。

茶可祭天、地、神、佛，也可以祭鬼魂。用茶作祭，一般有三种方式：以茶水为祭，放干茶为祭，只将茶壶、茶盅象征茶叶为祭。民间流传着“三茶六酒”（三杯茶、六杯酒）和“清茶四果”作为丧葬中祭品的习俗。在我国广东、江西一带，清明祭祖扫墓时，就会将一包茶叶和其他祭品摆放在墓地坟前，或在坟前斟三杯茶水、祭祀先人。在湖南一些地方，土葬时，死者的枕头要用茶叶作为填充物，称为“茶叶枕”。福建福安地区，要悬挂“龙籽袋”，棺木入墓穴前，有专人将一把把茶叶、豆子、谷子、芝麻及钱币等撒在穴中的地毯上，家属将这些东西收集起来，用布袋装好、封好口，悬挂在家中楼梁式木仓内长久保存。布袋象征死者留给家属的“财富”，茶叶是吉祥之物，保佑子孙人丁兴旺；豆和谷子象征“五谷丰登”“六畜

图25 待客之茶

兴旺”；钱币则表示“财源旺盛”“吃穿不愁”。

茶在婚礼中非常重要，很多地方结婚聘礼也叫“茶礼”，茶礼成为男女之间确立婚姻关系的重要形式。男子向女子求婚的聘礼，称为“下茶”“定茶”；女方接受茶礼，则称“受茶”“吃茶”。如果女子已受茶，再接受其他人聘礼，就被斥为“吃两家茶”，为世俗所不齿，民间有俗语，“好女不吃两家茶”。江浙一带，以前将婚姻礼仪总括为“三茶六礼”，三茶指的是订婚时“下茶”，结婚时“定茶”，同房时“合茶”。举行婚礼时，会有“三道茶”仪式，第一道是“百果”，第二道为“莲子或枣子”，第三道才是“茶叶”。

以茶待客、以茶会友，我国有着“茶话会”的古老传统。古代有茶宴、茶会、茶楼，随着时代的发展，费时忘业、花费高昂的茶宴和茶会成为历史，但集聚品茶，畅谈友情，各抒己见的茶话会形式得以保留。传统的“茶馆”以丰富多样的形式得以发展，如“茶馆”“茶庄”“茶楼”“茶吧”，茶话会既可以在固定的场所如茶馆、茶楼、茶吧举行，也可以灵活在办公场所、私人住所进行。其规模和形式也是灵活多变的，可以是三五好友小聚，可以是几十上百人的聚会。茶话会中，茶水是必备之物，此外还可以添加糕点、糖果等，可以有背景音乐，也可以有歌舞、游戏助兴。

图26 茶叶加工

中国名茶品种多样，传统名茶有西湖龙井、庐山云雾、洞庭碧螺春、黄山毛峰、恩施玉露、信阳毛尖、六安瓜片、云南普洱、苍梧六堡茶、安溪铁观音、武夷岩茶、祁门红茶等。在一些地方和一些少数民族地区，有当地或本民族独具特色的茶，其制作和饮用方法也与一般茶不同。

藏族烹煮酥油茶，先将砖茶切开捣碎，加水烹煮，然后过滤茶汁，倒入预先放有酥油和食盐的搅拌器中，不停搅拌，使茶汁与酥油充分混合，成为乳白色的汁液。再倒入茶壶，以供食用。藏族人多用早茶，在茶中加入黑麦粉，调成粉糊，俗称糌粑。午饭时喝茶，多加麦面、奶油及糖饮用。

蒙古族饮茶，多喝奶茶。将砖茶切开捣碎，加水煮沸，除去茶渣，放入大锅，加入牛奶，加水煮沸，再倒进铜壶，加适量的盐，咸甜可口的奶茶就制成了。

苗族和侗族在喜庆节日或贵客来临时，常用打法讲究、作料精选的油茶来招待客人。油茶所用之茶通常有两种，一是专门烘炒的末茶，二是选自茶树上的幼嫩芽叶，在火塘支架或火铺炕上发酵晒干而成。其他原料还有油炒阴米、米花、花生、黄豆粑粑子。制作茶时，先生火，待锅底烧热，放油入锅。待油面冒烟，立即向锅内倒入茶叶，并用锅铲不断翻炒。当茶叶散发清香时，再添加芝麻、花生米、生姜之类。少顷，放水加盖，煮沸3—5分钟，待茶汤即将起锅，撒上一把葱姜。然后分别放入各种菜肴或食品。加入的调料有鱼子、糯米、米花、艾叶粑等。油茶一般吃四碗，象征四季平安，四时如意。俗谚云："一碗强盗二碗贼，三碗四碗方为客。"若吃罢四碗，要将碗叠起，表示领情道谢。不然，主人会认为你未饱足，就继续泡茶。客人若一次无法吃完四碗，要向主人说明，以免失礼。苗族、侗族同胞的午餐常以油茶代之。有些地方早、中、晚餐先吃油茶，后吃饭。油茶咸苦辛甘香五味俱全，饭前饮用能解渴充饥，热天可消暑解热，冬天能祛湿祛寒，是当地民众待客佳品。

安化黑茶，又称边茶，因产自中国湖南省益阳市安化县而得名。安化黑茶包括由安化境内山区大叶群体品种茶叶，经过杀青、揉捻、渥堆、烘焙干燥等独特工艺加工制成的黑毛茶和以其为原料精制（包括人工后发酵和自然陈化）而形成的具有独特风味的黑茶系列产品。安化黑茶颇受藏族等少数民族喜爱，明代西藏喇嘛朝贡回藏时，绕道湖广收购黑私茶，后万历皇帝颁布《黑茶章程》，安化黑茶正式列为销往西北的官茶。安化黑茶的采摘主要讲究两点，一是新鲜，二是具有一定的成熟度。具体的采摘标准如下：一级茶叶以一芽二三叶为主，二级茶叶以一芽四五叶为主，三级茶叶以一芽五六叶为主。此外，安化黑茶还有“三尖四砖”之说，“三尖”又称湘尖，包括天尖、贡尖、生尖，为安化黑茶的上品；“四砖”则是指花砖、黑砖、茯砖、青砖，其中历史悠久的千两茶是安化黑茶中绝无仅有的花卷茶，经选茶准、烘茶干、装茶满、踩茶紧等多道工序制成。干茶色泽乌黑油润；汤色橙黄，香气醇正，略带独特的松烟香；滋味醇和或微涩；耐冲泡。当地爱用黑茶待客，有“不求大碗吃肉，唯求小碗喝茶”的俗语流传。[1]

鸡蛋米花茶是湖南祁东待客食俗。每逢喜庆佳节，有亲朋好友来访，祁东人常以鸡蛋米花茶招待。用滚开的红茶水，冲泡晒干爆炒的糯米花，加上白糖和煮熟剥壳的鸡蛋。红茶水寓意“鸿运永发”。饮用时，先用调羹将鸡蛋铲开，把蛋黄捣碎和水搅和，使红茶水化作蛋黄水，饮用起来，喷香可口，清凉甜润，并且还有生津解渴之效。根据节日大小和来客情况的不同，招待规模也有所不同，主要区别在鸡蛋的数量上：远客或过路客人，碗里通常放一个鸡蛋，象征“一帆风顺”“一路平安”；男女青年上门订婚或相亲，碗里必放两个鸡蛋，寓意着“成双结对，白头偕老”；如果是逢年过节，碗里会放四个鸡蛋，代表“四季发财”“四时安康”的美好祝愿。

1 湖南省文化厅编:《湖南省非物质文化遗产名录》，湖南人民出版社，2009 年，第 1192—1202 页。

节日庆典饮食民俗

在饮食民俗中，节日庆典的食俗最丰富，也最具有中华民族特色。中国古代从岁首到岁末，几乎每月都有节日，并有相对应的饮食习俗。如宋代张鉴《赏心乐事》[1]载：

> 正月，岁节家宴，立春日，迎春春盘，人日，煎饼会；
>
> 二月，社日，社饭；
>
> 三月，生朝家宴，曲水流觞……寒食，祭先扫松……花院尝煮酒；
>
> 四月，初八日，亦庵早斋，随诣南湖放生，食糕糜；
>
> 五月，听莺亭摘瓜，安闲堂解粽，……夏至日鹅脔；
>
> 六月，约斋赏夏菊，霞川食桃，清夏堂赏新荔枝；
>
> 七月，乞巧家宴，……赏葡萄……珍林剥枣；

1　吴自牧撰：《梦粱录・外四种》，黑龙江人民出版社，2003 年，第 404—406 页。

八月，社日，糕会；

九月，珍林尝时果，杏花庄筝新酒；

十月，满霜亭赏蜜橘；

十一月，冬至节家宴……绘幅楼食馄饨；

十二月，南湖赏雪，……除夜，守岁家宴。

古老节日的来源，多与人们的原始信仰有关，而与饮食关联性不大。但是所有的节日一经流传成俗，却均与各节日特设的饮食品种和饮食方式相结合。随着节日的临近，生活的常态被打破了，最为突出和引人注目的是服饰和饮食习俗的变化。为求温饱而实行的常服和日常饮食惯制，被引向另外一个世界，如对神的崇信和对祖先的怀念、祭祀等。这不仅引发饮食结构的改变，而且历经传承，形成了节日食俗的独特风味。

有趣的是，祭祀用的供品人们也可以食用，特别是剩余部分，是供人享用的。滇西北兰坪一带的白族支系那马人，信奉“天鬼”，用来祭天的“天牛”必须是黑花、白花或纯黄的雄健公牛，由专人放牧。至祭天时，村里老人敲锣打鼓，吹着唢呐跟随巫师（朵兮薄）将牛从牛圈迎至祭天台。宰杀后，经巫师祈祷、念咒，再将牛肉剥皮分给各家各户享用。牛是用来祭天的，享受这种牺牲的却是凡人，这种习俗在各民族中普遍盛行。神灵、祖先和凡人共同分享快乐，娱神和悦人合而为一。自中国年节文化的开端，年节饮食就具备此双重功能。这就是中国年节食俗得以发展的主要原因。年节期间的一切食品都是人们嗜食的。试想，如果将供奉神灵后的食品一概抛弃，就会大挫人们追求节日美食的积极性，节日饮食便会萎缩，乃至绝迹。若此，节日文化也将不复存在，因为在我们这个极重乐生和养生的国度里，不能让人们尽情吃喝玩乐的节日是不可能长久的。如果说祈福禳灾是年节食俗的肇端，那么，把节日作为农闲纵情享受口福的时机，则是推动节日庆典食俗不断延展的内在动力。

随着社会的不断进步，生产力的发展与人类文明程度的不断提高，人们已不再视单月单日为恶月凶日，但祈愿祝福作为节日期间特有的心理定式，一直沉积下来，成为年节食俗的深层意蕴。因此，长期以来，人们都把年节饮食与日常饮食区别开来，使年节饮食处于特殊的民俗氛围之中，人们在享受美味佳肴的同时，也抒发着内心最为美好的祝愿。

节日庆典饮食在岁时节令民俗文化词语方面有所体现，长江流域岁时节令民俗文化词语中以“糕”“饼”“饭”“茶”“粥”等语素为基础构造的词语特别多，例如，糕：发糕、巧糕、弟腰糕、眼亮糕、如意糕、乌米糕、神仙糕、重阳糕、年糕、方头糕、条头糕、条半糕、栗糕、糖糕、元宝糕、夏糕、绿豆糕等。饼：春饼、月饼、煎饼、南瓜饼、蒲丝饼、饭盏饼、柿饼、菜饼、小烧饼。饭：灶饭、糍粑饭、野火米饭、猫狗饭、阿弥饭、年夜饭、年饭、豆腐饭、烧羹饭。菜：十香菜、五毒菜、如意菜、谢灶素菜、盐菜、藏菜、腌菜、水菜、安乐菜、烧菜、八宝菜、芥辣菜。粥：腊八粥、佛粥、七宝粥、口数粥、赤豆粥。酒：卯时酒、了秧酒、菊花酒、年节酒、节酒、雄黄酒、蒲黄酒、冬酿酒、生白酒、分冬酒、蒲酒、新年酒、吃春酒等。糖：玫瑰花糖、灶糖、饧糖、葱管糖、廿四糖、炭茅糖、洋糖。盘：冬至盘、五辛盘、送年盘、压岁盘、春盘等。盆：盂兰盆、处暑十八盆、烧松盆、聚宝盆、造盂兰盆。茶：走家茶、果子茶、点茶、年茶等。

图1 月饼

中国的节日庆典大多有特定的节日食品：正月初一的饺子，正月十五的元宵，二月二的龙鳞饼，三月三的荠菜煮鸡蛋，四月清明节的清明团子，四月浴佛节的缘豆，五月端午节的粽子，七月七夕节的巧果，八月中秋节的月饼，九月重阳节的重阳糕，腊月初八的腊八粥，年三十的团年饭，我们的节日是一路吃过来的。岁时节令食俗往往与特定的民俗活动相联系。节日里，人们常用一种或数种饮食来庆祝或纪念，从而形成极具特色的岁时节令食俗。如浙江各地都有一些独具地域特色的岁时节令食俗，这在当地一些风俗歌、节令民谣中多有体现[1]：

三月三，荠菜花儿上灶山；四月四，买条鲥鱼敬灶司；五月五，包好粽子过端午……九月九，买包老菱过老酒。（杭州，《杭州风俗歌》）

五月端午包粽子……八月月饼嵌馅子，九月重阳吃栗子，十月金橘夹橘子……十二月过年杀年猪。（杭州，《节令民谣》）

正月糕，正月团，十四夜吃汤圆。清明吃艾草，四月八日吃柴脑，端午笋壳包。六月六尝新吃麦糕，八月十六蒸洋糕，九月重阳麻糍糕。冬至汤圆，年夜饭大团圆。（宁波，《节俗谣》）

正月桂圆荔枝包，二月冻肉钵头连底撬，三月上坟吃青饺，四月种田麦馃糖霜包，五月黄鱼两头翘，六月蜜甜水蜜桃，七月西瓜味道好，八月家家月饼当眼痨，九月初九重阳糕，十月青菜萝卜食讨饶，十一月户户做年糕，十二月打冻裹粽新年到。（绍兴，《十二月吃食风情谣》）

流传于宁波宁海地区的吃食风俗谣：宁海风俗，正月吃糕，清明节捣菁麻糍，四月八日捣乌饭麻糍，九月九日捣糯米麻糍，五月端午吃粽子，六月六吃麦糕，八月十六吃蒸洋糕，冬至吃汤圆等。

图2 七彩汤圆

1 刘旭青：《从特产、食俗歌看浙江饮食文化》，浙江工商大学学报，2009 年第 2 期。

人们在节日中注重饮食生活，这不仅是物资匮乏时代人们对物质生活周期性的满足与享受，也是中国人处理天人关系与社会关系的特殊表达方式。节日庆典饮食在传统社会中，首先是给神灵（包括祖先）的祭品，其次才是家庭的共享。以饮食亲宗族、睦兄弟是自古以来的礼仪。节日庆典食品承载着深厚的民俗情感，节日食品的献祭、馈送与集体分享，注重家庭成员及邻里家族间的团聚与交流，构成了中国节日物质生活的重要传统。

人生礼仪与饮食

几乎在所有的民间礼仪场合都少不了饮食，饮食是礼仪中的主要活动内容。个人在人生社会中所经历的仪礼习俗，简称个人生活仪礼民俗或人生仪礼民俗。人生仪礼民俗，是我们先人在千万年的生养实践中摸索出来的，按生命节律构建的仪礼程式，主要体现在生命的关节点，如生、婚、寿诞、丧等时点。在中国，诞生礼、婚礼、做寿礼以及葬礼等，都以饮食为中心。

诞生礼饮食

赠送各类食品是母亲为临产女儿催生的最常用办法。这些食物的品种、数量、制成方式，在不同地方都有约定俗成的规定和特有的含义。产妇的母亲通过这种形式，寄托娘家众人对产妇顺利分娩的祝愿，希望产妇吃下这些食物后，能够补充体力，并获得某种精神力量。

蛋是母亲送给临产女儿最常见的礼品，它在全国流行（有的地方不送鸭蛋，人们受中医观点影响，认为鸭蛋性凉，不利于产妇）。且赠送的蛋必须是生的，人们借用蛋的“生熟”之生与产妇“生产”之生同字谐音的特点，祝福产妇顺生。在江苏一带，催生蛋由产妇母亲送到婿家，要煮熟剥皮后藏在热气腾腾的面条中给女儿吃，据说产妇吃后便可顺生。同时女婿也沾光，岳母做好的面点他可以吃上一碗，只不过他碗中蛋的数量有所不同。碗中有三个蛋，则预兆其妻将生女儿；若有两个蛋，则暗示他将得到儿子。在山东省胶东半岛，当产妇预产期已到，孩子仍未降生，这时产妇的母亲会十分焦急，她要送去十二个染得鲜红的熟鸡蛋给女儿，产妇则须坐在产妇家的门槛上，一口气将所有的鸡蛋吃光，当地人认为这样能起到催促胎儿出世的作用。在浙江绍兴地区，则时兴用红绸布包裹若干红鸡蛋送至女儿产床上进行催产。这种催生礼仪伴随一定程式，当娘家人（一般为产妇的母亲）到婿家时，先把内有鸡蛋的包袱放在产床上，待全家人围拢后，便解开绸布包袱，让里面的鸡蛋滚满整个产床，以此预祝产妇分娩顺遂快捷。

在催生食品中，送些利于孕妇滋补的高蛋白肉食及一些富含矿物质和微量元素的果品也非常普遍。《金陵琐志·炳烛里谈》载："妇人将产子，母家必备小儿服饰及鸡肉面馓相馈，谓之催生。送礼后逾月犹不生，则遣女仆备热面数碗送往女家，置诸地，急趋而出。女家人取食之，谓之过街面。是亦催生之余波也。"[1] 如今，江苏民间仍有催生一俗，礼品除小儿衣衫外，多为营养滋补品。江苏高邮是著名的麻鸭之乡，不少礼俗都离不开一个"鸭"字。当地送催生礼多送开裆鸭。女儿出嫁，十月怀胎。女儿怀孕时，娘家常送些生果子，一是女儿想吃酸的，二是让女儿时刻记住一个"生"。催生礼送上膘肥不生蛋的佯生鸭，寓意女儿生养顺利，别有一番风味。

浙江南部地区，孕妇临产前，旧时产妇的母亲要送"快便肉"为产妇催生。这种肉食，一般由剁成一寸见方的肉块组成，而且这些肉块必须切得端正，毫无偏斜。烧熟焖烂后，由母亲亲自端给产妇吃。当地风俗认为，临产的女子吃了这种端正的快便肉后，就能如其般不偏不斜、顺顺当当地生下小宝宝，而不会难产。苏州一带，则是在产妇预产前几天，娘家会派人送去益母虫草（当地人叫苦草）、人参桂圆汤、干菜、红糖，同时还有肉丸、线粉、盐水虾等为产妇催生，并且虾子的脚要保留完整，不得剪去，据说如此行事，生下的儿女手脚活络、早爬早走。而在湖北一些地方，则流行送猪肚、猪肘、鲫鱼、荔枝、益母虫草等食物催生，产妇的母

1　陈作霖、陈诒绂撰:《金陵琐志九种》(下)，南京出版社，2008 年，第 305 页。

亲还必须送上一只完整的猪肚给女儿清炖吃，而且越大越好。百姓认为吃猪肚可补人肚，产妇借此便能产生一种神奇的力量，顺利地分娩出婴儿。

清末民初时，杭州地区的孕妇产期将至，娘家要送催生礼。送的有喜蛋、桂圆及襁褓。有趣的是，预产期将到的那个月初一，派人将各种物品送往男家时，要携带去一具笙，吹着进门，以"笙"谐"生"，以"吹笙"表示催生之意。也有同时用红漆筷子十双，或用竹筷以洋红染之，一并送往，取快生快养之意。在侗族，如果孕妇临近分娩，母亲为防止女儿在临盆时发生意外，一般会在临产前二十一天左右，煮好大米饭盛在碗里，包上炒肉和煎蛋，端端正正放进细竹篮里，然后盖上洁净的绣花帕子，左脚先出门，匆匆提往女儿婆家送给女儿吃。若一次无效，则接着送，有连送七次催生饭的情况，均七天一次。

在一些贫困地区，娘家若送不起贵重的食物，便常用主食精制，作为给女儿催生的礼品。如送催生面条，这在全国广为流行。北方地区以小麦为主要粮食作物，故穷乡僻壤，往往把新收的麦子加工成食品进行催生。陕西地区孕妇临产，母亲会带两个大饼，一个红裹肚，直奔婆家灶房，把饼扣在锅盖上，一拳打破，并从窗口把裹肚丢入女儿房中，进屋后把裹肚压在席上，认为这样女儿可以顺产。在陕北关中一带，当女儿临盆时，母亲便要蒸一笼包子前往探视，女儿挺着大肚子，倒坐在门槛上，在母亲关怀的目光俯视下，尽量多吃些送来的包子，据说这种包子可以避免产妇逆生、横生、侧生等难产情况发生。在陕西韩城等地，民间还有送"角子""枣疙瘩"催产的做法。"角子"是当地农村对包有馅的馍的土称。在女儿临产前半个月，母亲便要送四十至六十个精心制作的"角子"给女儿吃。"角子"谐音"脚止"，意为母亲告诫女儿，从现在起不要再四处走动，更不可抬脚出门，以免惊动胎气，造成来日分娩困难。有时女儿可能将怀孕时间算错，母亲的"角子"已送多日，而女儿仍未生产。此时，产妇母亲往往焦急，便又送"枣疙瘩"去催生。"枣疙塔"由枣与面糊混合，经油炸而成。"枣"谐音"早"，此礼物意取催女儿早生顺生。而在南方，以大米为主食，人们经常以大米为原料，加工成各类精巧的食物去产妇家催生。在杭州地区，妇女临产前，恰逢端午节时，娘家应送去一担催生粽子给女婿家；嘉兴乡间也有此俗，有临产女儿的乡民常用糯米制成状元糕，并附上三十一只粽子给亲家，好为女儿催生。在湖北各地，产妇生下孩子后，待接生婆把孩子擦净包好后，要给产妇煮一大碗荷包蛋，放上红糖、猪油，这叫吃“定心蛋”。

报喜要准备四色礼（肉一刀、鱼两条、粉皮二斤、鸡两只）。报喜时带 6 ~ 12 个染了红皮的煮鸡蛋。山东地区，婴儿出生三天，会遣家中晚辈男孩，去娘家报喜。报喜时，如果是男孩，篼子里一般会放笔和本、红鸡蛋；如果是女孩，则放一朵花、红鸡蛋，上面盖红布。姥姥家回礼时，一般是鸡蛋、红糖。

送粥米，俗称“送米糖”“送祝米”。送祝米时，娘家讲究送挑子，挑子越多越有面子。娘家人会把亲戚集合到一起，挑着担子，装着米、面、鸡蛋、红糖、粉条、衣服、玩具等礼物，前往新生儿家祝贺。随着时代的变化，也有不送米、面、鸡蛋、红糖等的，而是给小孩带来被子、床、小车、衣服等物品。

吃喜面。婴儿出生后，姥姥家来送粥米，家里会办酒席招待，并邀请附近亲友来聚席，俗称“吃喜面”。吃喜面的时间有差别，小女孩一般是出生后第 9 天，小男孩一般是第 12 天。吃喜面时，奶奶家要准备煮熟的红鸡蛋（染红色或贴红纸）、饼（发面饼）、糖块（一般会买几百斤），客人来了，每人分发一份。同时，村里左邻右舍，都得送红鸡蛋。鸡蛋在染色上也有男女之别，如果生的是女孩，鸡蛋染大红色，如果生的是男孩，染玫红色。

诞生礼是人生的第一个重大礼仪，是以婴儿的少数亲族为中心的礼仪活动。在中国古代，一般把诞生仪式定于婴儿诞生后的第三天举行，俗称“三朝”，要举行“三朝酒”之仪式。在少数民族中，有不少地区仍沿袭此俗。如布依族妇女头胎产后第三天，女家的母亲、姑嫂、亲友会送来婴儿衣帽等用品及甜酒、米、面、鸡蛋等营养品。侗族新生儿诞生后，头件要事便是向婴儿的外婆报喜，婴儿的外婆或舅妈、姨妈就会带上甜酒、鲜蛋等礼品即刻前往新生儿家中道喜，并与其他至亲共赴鸡肉宴，商量操办“三朝酒”相关事宜。“三朝酒”在七天内举行，以女方亲戚为主宾，由姨妈给婴儿取乳名，再由外婆向众人宣布。凡是赶上“三朝酒”仪礼者，都可以入席宴饮。

鄂西土家族妇女生下头胎后，男家便派人（一般是女婿）携酒和鸡到娘家报喜。土家族也有“踩生礼”。婴儿出生后，第一个到婴儿家的人即是“踩生人”。

“踩生人”人品相貌俱佳者最好，因为民间相信，可由“踩生人”预见婴儿的未来。各民族的“踩生”讲究各异，有的是男踩男、女踩女，有的则相反。部分民族家中有坐月子的产妇时，谢绝生人上门。土家族则是在“踩生人”跨进家门后，主人立即敬烟倒茶，煮甜酒鸡蛋予以款待，并另择吉日，专摆酒宴致谢。

山西晋南人讲究在产后三日，由婆家特意做“展腰面”供产妇及亲友食用，意为产妇可以伸腰坐起来了。这种面只加了鸡蛋、葱花、香油，以避免油盐荤腥。新生婴儿在七天、满月、周岁时，都会收到姥姥蒸制的“龙生虎养雕打伞”花糕。

婚礼饮食的隐喻

过去，纳西族摩梭人的婚礼上就有类似“合卺”的仪式。新婚前夕，人们会端出一个公羊睾丸和一杯酒，请新郎新娘共同饮食。另外，在新中国成立前湖南宁乡地区的婚礼中，也有类似的仪式。当揭去盖头后，新娘便褪去青衣青裤与青裙，换上花红衣裳。然后，由两名妇女各捧两杯装有数颗枣的茶，交给新郎新娘饮用。饮时不得独自饮完，须留下一半相互混合再饮，此俗称为“合面茶”。婚礼上，新婚夫妇共食公羊睾丸以及枣子（早子）的行为，显然表达了对生育的信仰。

在古代，结婚的主要目的是生育，而在生育信仰的场合，往往伴有饮食活动。借由新婚夫妇共饮共食的方式，以及食物自身的隐喻功能，达到抒发生殖欲望的目的。因此，“合卺”的象征寓意是多层次的。但这些寓意又相互关联，简单来说，就是新郎新娘合二为一、结为一体，以求孕育新的生命。

在食色文化长期发展过程中，饮食逐渐代表了性，饮食行为常常作为关于“性”的表述而成为富有象征意义的符号。这类符号往往与某一信仰相互关联。新婚时，新郎和新娘喝交杯酒就是一个最为典型的事例。所用之“卺”俗称苦葫芦。葫芦形圆且多籽，类似于十月怀胎的孕妇。在上古神话中，人类被洪水淹没，只有一对兄妹因躲进葫芦中才得以死里逃生。后来兄妹结为夫妻，再造人类，成为人类始祖。葫芦与人类生殖密切相关，而“交杯酒”显然是建立在葫芦信仰之上的。

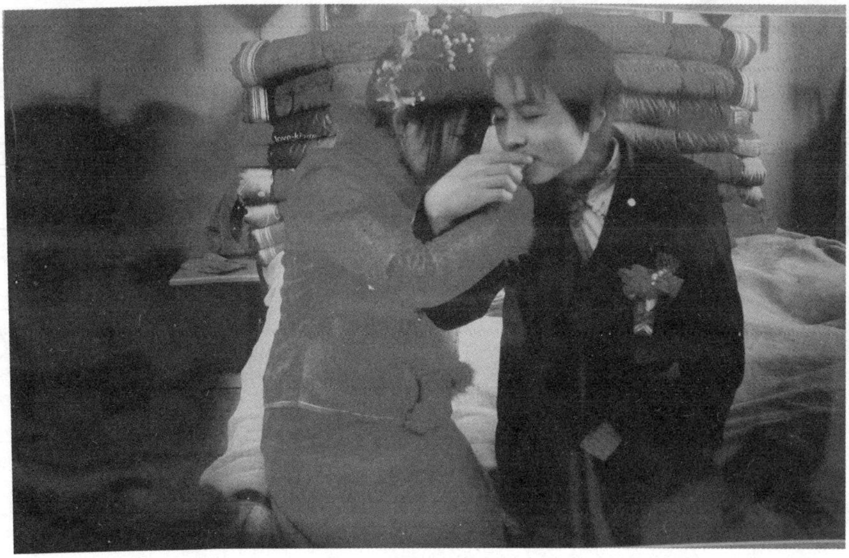

图3 新娘新郎喝交杯酒 采自鹤壁民俗摄影

男女话语之所以可以转化为饮食话语，主要在于饮食能够使人产生“性”的联想。与饮食最相关的两个空间，一个是煮食的厨房，一个是吃食的餐厅。厨房常常出现在饮食文本中，是女性的专属空间，其烹煮出的食物，能带给人身心的满足。餐厅则是共食时的人际互动空间，透过用餐时唇齿的活动（吃与说）和用餐的行为，可以观察到在双方行止中透露的情色。火虽然不是食材，但它参与烹煮的过程，使食物产生质变。在男女之间，我们也常会用“火”来比拟情感，如形容情感的浓烈，我们会说“热情如火”；形容男女两造激情的触动，我们会说“天雷勾动地火”；形容男女两人交往的热络，我们会说“打得火热”。可见“火”这种物象对食物及情感所产生的微妙影响，令人玩味。

饮食与其他物质生活形态存在鲜明差异，有人在上海穿着傣族服饰，人们会觉得很奇怪。而在上海开设一个具有民族特色的饮食店，人人都可以前往品尝。饮食与服饰、居住环境不同，饮食不容易发生冲突。饮食具有很强的融合性和兼容性，可以排除对抗，趋于适应和迎合。因此，将婚礼的基本活动定位于饮食，更能表现婚礼的合欢性质。

婚宴程序

婚宴，不仅仅是一顿丰盛的聚餐，其中有很多不可省略的讲究。在很多地方习俗中，一般是十二道大菜与八个小菜。十二道大菜依序而上，山东费县白石屋村的规矩是，第一道大菜是鸡，第二道大菜是鱼，第三道大菜是肉块，第四道大菜是丸子，第五道大菜是棒骨，第六道大菜是卷煎，第七道大菜是排骨，第八道大菜是猪肉冻，第九道大菜是猪皮蒙子肉，第十道大菜是大肉，第十一道大菜是青菜炒肉，第十二道大菜是黄瓜拌猪耳朵。八个小菜是四荤四素，四个果碟，四个荤碟，肉碟都是猪下货。这是戚兴富家的订婚宴菜单，周围十里八乡也基本延续着这些讲究。并且对于丸子这道菜有特殊要求，上席后不能立马动筷子，须待主人敬完酒后才可食用，其在农村语境中的寓意是团团圆圆、和和睦睦。在上菜方面，也是有讲究的，需要每次上两个菜，菜数目以双数为主，如十二大菜、八个小菜、四荤四素等，寓意好事成双。

在订婚宴中还有另一种体现农村人智慧的婚宴形式，根据宴请等级标准分为参头席、黑头席、粉头席。参头席的首道菜是海参，代表宴席隆重且象征着婚宴主人的家境富裕；黑头席的首道菜是木耳，代表家庭状况一般；粉头席的首道菜是粉皮，喻示着宴请主人财力单薄。从第一道菜就很容易判断出宴请人的家庭生活状况和所宴请人的地位。无论哪种席，只有一道菜不同，其他的菜基本延续订婚宴的十二大菜模式。

山东地区婚宴风俗各地不同，最具代表性的是费县东部的二台席和费县中西部的十大碗。[1]

二台席包括前台席和后台席。费县东部新桥、汪沟、方城等乡镇，不论家庭穷富，迎娶新娘这天都会用“二台席”招待客人。最先上来的是四小碟点心，如各色饼干、羊角蜜、口酥等。接着是四盘冷菜，如猪舌头、猪心、猪耳朵、猪肚等。之后是四个热碟，如香菜炒鸡杂、姜丝炒精肉、精肉炒金针菇、蒜薹炒肉。接着就是

1　陈海玲主编：《费县民俗》，天津教育出版社，2011 年，第 47—54 页。

图4 乡村婚宴

重要的四大件，如竹笋炒肉、辣子鸡、清炖鲤鱼、肘子肉。四大件全部上桌后，接着端上桌来的是中饭。中饭的制作也颇有讲究。将手擀面煮熟，捞出，放入冷水中浸泡一小会儿，盛入小碗中，再浇入用鸡蛋、肉丝、姜末、胡椒粉烧制的卤子，每人一碗。至此，前台席便结束了。此时，客人离座，小憩。

紧接着，后台席又要开始了。最先上的是八个小碟，前四个小碟是果碟：葡萄干、蜜枣、姜糖片、小蜜橘，都是开胃的；接着是四个菜碟：精肉、猪肚、香肠、肥肠。接着六个中盘端上桌来：第一个中盘是金银荟萃；第二个中盘是清炖丸子，这道菜上来后，客人不能先吃，等新人来敬过酒后，方可动筷；第三个中盘是卷煎；第四个中盘是蒜黄炒肉；第五个中盘是红烧肉；第六个中盘是三鲜荟萃。六个中盘上毕，由新郎的父亲敬酒；敬酒毕，上饭，饭为点着红点的大馒头。客人饭毕，二台席结束。

在费县西部和南部的大多数乡镇，婚宴都是十个菜或八个菜，俗称“婚宴八大碗”或“婚宴十大碗”。婚宴开始时，先上四个小菜碟：两荤两素。荤碟是猪心、猪肝、猪嘴、猪耳等，煮熟后每样切少许组成两个荤碟。首席的客人在吃前要先取一块扔在地上，敬天帝神，感谢天帝神给配的美满婚姻。素菜为藕和豆腐皮，将藕切成丝，豆腐皮也切成细长条，寓意四季长发财。

第一道菜通常是炖粉条，第二道菜是鸡，第三道菜是鱼，第四道菜是汤，第五道菜是丸子。五道菜过后上中饭，即四小碟点心。第六道菜是炸山药，第七道菜是全猪肉。第七道菜上来后，坐上席的大客先祭奠一下，敬月老赐姻缘。第八道菜是炸藕盒，第九道菜是卷煎，第十道菜是大肉。十道菜上齐，新郎的父母会来敬酒，表达敬意和谢意。敬酒毕，上饭。饭毕，婚宴结束。

山西很多地方在嫁女当天，女儿出门之前一定要吃一碗母亲亲手做的面，这碗面的原料由新郎在结婚前一天送来。因为这是做姑娘的女儿在娘家所吃的最后一碗面，吃了这碗面，就要离开娘，成为别人家的媳妇了，所以这面被称为“离娘面”。“离娘面”也称“四味面”，所谓四味就是酸、甜、苦、辣。母亲在做面时，要在面中做出四种味道，将酸甜苦辣各种作料层层铺开，暗喻庄户人家过日子可能会尝尽酸甜苦辣，以此告诫女儿要有思想准备。时至今日，“离娘面”虽然不再讲究酸甜苦辣四味俱全，但依然要遵循风俗吃一碗“离娘面”。

在山西娄烦地区，婚礼前一天，有一独特的风俗叫作“吃子孙莜面”，男方要请娘舅、外甥及亲朋吃莜面栲栳栳。同时，女方家在婚前请儿女父母都有的所谓“十全人”做一种莜面包成的饺子，即“莜面角角”。“十全人”要做好两个大莜面角角，一个里面包四个小角角，另一个里面包莜面鱼鱼，待新郎新娘回门时吃，此谓“谢婚”，其意为祝二人和和美美、早生贵子。

山西闻喜，定亲之日，男方要备两个食盒，一盒装着送予女方家的礼物，如彩礼衣物、点心肉吊等，另一盒装一对龙凤花馍，取意“阴阳结合、龙凤相配、天赐良缘”。男方家为定亲所准备的龙凤花馍造型各异，形态生动，色彩绚丽。龙凤造型高约 20 厘米，体长约 30 厘米，质量可达 1 千克。另外还需备有“对对”花馍，通常是六对，也有十二对、十六对、二十四对等。女方家回礼时，除了服饰物品，需另外准备六个花馍和一个大烧馍。大烧馍直径约 50 厘米，其上塑有九凤朝阳、四龙八凤、狮子滚绣球等吉祥动物或天仙配、牛郎织女等神话传说中的人物造型，并且在大烧馍周围塑满了各种动植物图案，色彩鲜艳、体态小巧且逼真。大烧馍抬回男方家后，有“同喜”的风俗，即将大烧馍切下一块留根，表示自家孩子就要扎根成家了，其余部分要分送给亲朋好友及左邻右舍。

男方去女方家迎亲，要备迎亲食箩和“上头糕”。迎亲出发前，由主婚人带领全家将食箩和上头糕放在天地喜神供桌前祭献。到女家后，将食箩和上头糕摆在女家祖宗神龛前，上头糕祭祖后要放在新娘面前，新娘要双手交叉同时拔下上头糕上成双成对的吉祥物，并将吉祥物从头上扔到后面，寓意从头开始，万事如意。等到迎亲队伍要离开时，新娘的母亲会从上头糕的根部截下一段让新娘带走，寓意女儿要离开娘家，从此在婆家扎根，而娘家的根也永不会忘。上头糕的其余部分要切片送给街坊邻居，俗称“散喜”。成亲前，新娘家要蒸制洞房的“莲花馄饨”花馍。

寿礼：寓意长寿的食品

寿礼是人生过渡阶段的重要礼仪，它仅次于诞生礼、成年礼、婚礼和丧葬礼。隋唐以前，北方中原地区鲜有庆贺生日的活动。初唐时，民间庆贺生日已经比较普遍。南朝时期，江南民间已有庆贺生日的风俗，颜之推《颜氏家训》卷上《风操篇六》记载：“江南风俗，儿生一期，为制新衣。……亲表聚集致谦享。自兹以后，二亲若在，每至此日，尝有酒食之事耳。……虽已孤露，其日皆为供顿，酣畅声乐。”[1]

唐宋时期形成了专门的庆寿食品。“唐人生日多具汤饼。梦得《送张盥》云：‘尔生始悬弧，我作座上宾。引箸举汤饼，祝词天麒麟。’”[2]《新唐书·王皇后传》载：“后以爱弛不自安。承间泣曰：‘陛下独不念阿忠脱紫半臂易斗面为生日汤饼耶。’帝悯然动容。”[3]邱庞同认为：“‘汤饼’在唐代仍泛指一切汤煮面食，但‘生日汤饼’应为细而长的面条，寓意长寿。”[4]后人把这种又细又长的生日面条称为“长寿面”。唐代以后，生日吃长寿面开始成为传统，这一习俗至今在我国许多地区仍非常流行。

宋代出现了两种新的庆寿食品，一是面桃，二是面龟。面桃有两种，仙桃及子母仙桃。选用仙桃作为庆寿食品，缘自传说天宫中的西王母种有仙桃，三千年一

1 邓之诚：《中华二千年史·卷2·两晋及南北朝》，东方出版社，2013年，第319—320页。

2 程毅中主编：《宋人诗话外编》，国际文化出版公司，1996年，第405页。

3 刘培主编，韩晖著：《中国辞赋编年史·隋唐五代卷》（上），山东大学出版社，2009年，第217页。

4 邱庞同：《中国面点史》，青岛出版社，1995年，第46页。

熟，人食后能长生不老。面龟也有两种，寿带龟及子母龟。中古以前，龟的名声尚佳，有“灵龟”“神龟”之称，由于龟的寿命很长，所以龟也是长寿的象征。因此，宋人选用面桃、面龟作为庆寿食品。邱庞同先生认为：“子母仙桃、子母龟则可能是给女性长者祝寿用的。子母仙桃、子母龟的制法宋代无记载，可能是一只大仙桃带几只小仙桃，也可能是大仙桃中包裹几只小仙桃，子母龟的情况同此。这两种生日祝寿面点，构思均很巧妙，具有一定的艺术性。”

面龟直到元代还是“寿筵”食品，但到了明代以后，由于民间出现了用乌龟来比喻戴绿帽子的男人，龟的“名声”渐渐不佳，作为庆寿食品的面龟遂消失了，而仙桃则一直流传下来。

在中国各民族中，一般寿礼只为六十岁以上的老年人举行，且多为逢五逢十的年龄诞辰时。寿礼的目的是祝贺已得的高寿和祈祝未来的永年。中国各民族都有敬老的传统，但并非所有的民族都有祝寿的习俗。敬老主要表现在日常生活礼仪中。在山西，过生日有吃长寿面、吃油糕的习俗，长面暗含长寿的意思；油糕的“糕”谐音“高”。吃这两种食物有“长寿登高”之意。“早面午席”是村落传统的做寿请客习俗。在寿宴上，吃面之前，每位客人从自己碗里挑出一根最长的面条放入寿星的碗里，这一根最长的面代表客人对寿星长命百岁的祝福，寿星吃下这碗汇聚所有人祝福的面，寿宴才真正圆满。在长者的寿诞之日，还会有晚辈送上形似桃子的面塑，称之为“面桃”。其中“桃”谐音“逃”，意思是长寿逃灾。面食的种类因人的年龄而异，以晋南人最常用的面食为例，三十岁生日吃石榴馍，以求多子多福；四十岁吃寿桃馍，五十岁则吃长寿面。小辈需叩拜并敬给老人个头硕大的寿桃、寿糕，以示万寿无疆。在面糕上要塑“五福捧寿”“五女拜寿”“八仙庆寿”“松鹤延年”等具有拜寿意义的造型。

朝鲜族在家中老人六十寿辰时，要举办“花甲宴”，亦称“回甲节”，乡邻好友都前来恭贺。此项活动受到政府的提倡与鼓励，为此延边朝鲜族自治州专门设有老人节。广西壮族于每年农历九月九日为家中六十岁的老人办“祝寿节”。设置“寿米缸”，寿米缸中的好米总是不断，表示岁寿延续。云南新平县的哈尼族于每年农历十一月十五日举行老人节，以村寨为单位聚会庆祝。

在福建仙游，正月初三是祝寿日。仙游人惯于五十岁开始便在正月初三举行寿庆仪式，俗称“做寿”。此后，每隔十年，都会庆祝一次。相传，这一寿庆习俗由九鲤湖开始。据说，在宋代，有位孝子因母亲眼睛失明，遂放弃进京赴考，到处寻医问药。一年，临近过年时，他听说九鲤湖的仙水可以治疗眼疾，便抱着试试看的态度，取来水给母亲洗眼，居然洗而复明。于是，亲朋好友无不登门道贺，共同庆祝。因为这天正值正月初三，而这件事实为喜事、孝顺事，因此，村民便将这一日定为敬老日，后衍为祝寿日，成为风尚。

祝寿时，礼品一般有线面、鸡蛋（用红纸封腰或套个红袋子）、鞭炮、红烛、柑橘等，有的另加衣服、毛毯、中堂（书画）等。若是女性做寿，则要添些花粉或化妆品之类。对此，多以柑橘、红团、年糕等作为回礼。其中，女婿为岳父、岳母祝寿，外甥为舅舅祝寿，习惯用“挑盘子”。盘子通常是四个，内装线面、寿龟或寿桃、猪脚、红团等。这种祝寿方式比较隆重，因此主人家一般会设酒席答谢，其丰简程度依各家经济情况而定。

另外，仙游的一些地方还有做“假十”的习惯，即到了49岁，就可以向对方祝寿，仅限于至亲之间，一般不办“盘”。由于不办“盘”，做寿人自然也就不用设酒席答谢了。同时，仙游还有初五做大岁的习俗。相传，明嘉靖四十二年（1563）底，倭寇围困仙游50余天，后于是年农历十二月二十六日被戚继光剿平。因此，仙游人纷纷回家整理家园，准备迎新年。然而，有人因战乱而亲人离世，遂有正月初二悼亡之俗；有人则因躲避战乱离家远，在除夕之日未能回家团聚，故人们在忙完初三祝寿之后，在初五日又重做大岁了。[1]

山东地方风俗，家人诞日皆有庆贺活动。小孩的诞日叫“过生日”或戏称“扎尾巴根”，生日这天要吃“长寿面”。老人做寿十分隆重，给老人举办隆重的寿宴多选择“六十六”“八十”“九十”大寿，俗谚道：“六十六，割刀肉；七十七，杀只鸡。”儿女要在父母六十六或七十七岁时送肉、送鸡。主家招待客人一般是“早面晚宴”：“早面”一般是家人团聚吃一顿面条，叫“长寿面”；“晚宴”则要正式准

1 连铁杞主编：《中国梦文化之乡——福建仙游九鲤湖》，中国文联出版社，2020年，第54—55页。

备，邀请早上来祝寿的至亲好友赴席，叫“喝长寿酒”。不少地方过生日，在早上必吃两个煮鸡蛋，民间俗传“生日吃个鸡蛋，管着一年舒坦”。

在湖南，“小孩生日一个蛋，大人生日一碗饭”“细伢子生日煎只蛋，大人生日吃餐饭”。大人生日，一般是杀只鸡、做顿好吃的。也有逢旬做寿的，始于50岁的整十岁生日，若父母健在，虽整生不办寿酒。做寿习惯为“男逢女满”“男进女满”，即男做虚岁，女做实岁，也有女做虚岁的。60岁才称寿，可以正式做寿酒，此后再加一岁叫“添寿”，寿庆一般是早餐吃面条，取“长命”之意。中午吃酒席，有的夜晚还请戏班或放电影。“生日无请”，吃寿酒要自己登门。[1]

丧礼：白喜事

丧葬仪式是一种特殊的民俗，丧葬仪式中的各种食物扮演着独特的、不可替代的角色，具有丰富的民俗内涵，是丧葬仪式的有机组成部分。

村里有人离世，本家都会去喝“豆腐汤”。在山东张山湾村调查时，刚好有位张姓老人去世，村里不少人都去帮忙，张家本家人都去喝豆腐汤。在邢山顶村，村民告诉我们，村里白喜事一般需随礼。

在山东梁山有流水席，也叫“漂汤菜”，是梁山一带办理丧事所特有的民间菜肴。流水席一般以萝卜、白菜、粉条、丸子为主材，用大锅煮，以汤碗盛放，汤多菜少，味道也不大讲究，故得名“水席”。无论村里谁家办丧事，乡亲近邻都会来帮忙，有“一家发丧，全村盖锅”之说。流水席的上菜次序与众不同，菜也没有定数，并不是一次或几次上齐，而是逐个上菜，边吃边上，经常出现靠门口的桌上菜多，里边的桌上菜少的现象。最后一道菜是漂汤丸子，此菜一上，宴席菜肴就已上完，随后众人散席。

山西一些地方遇有丧事，主家会用“问助馍”来款待来宾，这种馍由邻里赠送，作为丧期酒席之用，意为在邻里遇到伤心事时予以帮助，日后遇他人有丧事，

1 湘潭县地方志编纂委员会:《湘潭县志》，湖南出版社，1995年，第800页。

仍照数归还，这叫“还助礼”，意为感谢别人当初的帮助。

晋南的每一种丧祭仪式都离不开用馍馍作祭品，当地人称之为“献食”（包括“大献食”和“小献食”）。祭奠时用大献食“枣山”，因其谐音“早生”，寄寓了生者对死者早日转生的期盼。亲友们送的奠仪也是馍类，如夏县在葬礼日亲朋要送两盘“奠馍”；平陆等地死者的外甥女婿要送“猪首馍”。葬礼过后的“烧七”“烧百日”“烧周年”，各地也均用“枣山”等献食去祭拜亡灵。

湘中地区，丧葬宴席非常重要，不仅自家的人要来丧家吃饭，而且在出丧前一天晚上会举办隆重的吊丧宴，接待前来吊丧的亲友。不同的亲友座席均有特别的讲究，主持丧礼的“账房”会提前跟主家确认亲友的远近亲疏，安排专人接待，包括吊丧宴。第二天的上山宴更为隆重，不仅留在主家过夜的远亲，而且村子里几乎所有人都要来吃“上山饭”，来的人越多越好，一般来吃“上山饭”的人，都会送死者上山。无论是吊丧宴还是上山饭，都是流水席，到了饭点，喇叭里会不断提醒亲朋好友前来吃饭，只要桌子坐满，厨房就会出菜。一般帮忙的人或者村子里的近邻都会主动找位子坐，即使是对紧要的客人招待不周，在吊丧宴和上山饭上也不会过于计较。以前的白喜事酒席相对简单，多以豆腐为主要原料，水豆腐加油盐辣椒入水即可出锅，是办丧事时最常见的一道菜。饭管饱，酒席之前会有瓜子和茶招待，俗称“茶果”；菜品则随时代变迁，有多种变化，如六大碗、八大碗、十大碗等，基本菜品为鸡鱼肉加豆腐。

饮食纳入时间体系

历法与节令

历法是用于推算年、月、日的时间长度及其关系，并制定时间序列的法则。各国历法注重点不同，大体可分为三类：阳历（年的日数平均等于回归年，月的日数和年的月数则人为规定，如公历、儒略历等）、阴历（月的日数平均等于朔望月，年的月数则人为规定，如伊斯兰教历、希腊历等）、阴阳历（月的日数平均约等于朔望月，年的月数平均约等于回归年）。中国古代历法多为阴阳历，即农历，也叫夏历。还有些历法比较原始，以自然界现象（草木枯荣、花开花落、游牧狩猎规律等）为历算依据，被称为自然历法。如布朗族、傈僳族的物候历，蒙古族的草木纪年，以及汉族的七十二候历算。鄂伦春族将四季分别称为鹿胎期、鹿茸期、交尾期、打细毛期。傈僳族一年共有十个月，为：花开月（三月）、鸟叫月（四月）、烧山月（五月）、饥饿月（六月）、采集月（七、八月）、收获月（九、十月）、酒醉月（十一月）、狩猎月（十二月）、过年月（一月）、盖房月（二月）。蒙古族以草的青葱和枯萎为计算历法依据，李心传在《建炎以来朝野杂记》中记载："蒙兀……不知岁月，以草青一度为一岁。"[1] 洪钧《元史译文证补》有云："又蒙古以青草纪岁，不云几岁而云几草。"[2] 汉族的七十二候历算，东风解冻，蛰虫始振，鱼陟负冰……每三候为一节气。

我国在夏商时期就已经对气候的变化和日照影长等有所观察。到了西周时期，人们已经对春分、夏至、秋分、冬至进行了划定。到了春秋末期，立春、立夏、立秋、立冬也已经确立。至西汉时，二十四节气已经完全确立。中国很早就形成了"四时七十二候"学说,《事物纪原》中即记录了时节始置。

> 伏羲初置元日，神农初置腊节，轩辕初置二社，巫咸始置除夕节，周公始置上巳，秦德公初置伏日，晋平公始置中秋，齐景公始置重阳、端午，楚怀王初置七夕，秦始皇初置寒食，汉武帝始置三元，东方朔初置人日。[3]

二十四节气中最早出现的是春分、夏至、秋分、冬至。四千多年前，我国东夷族劳动人民已经初步掌握了季节概念。至迟春秋末年，人们已经初步掌握了农业与历法节气的关系。农历二十四节气中的"八节"已经确立，四时八节、二十四节气

1 唐凌编著:《历史年代学》，广西师范大学出版社，1992 年，第 65 页。
2 田虎:《元史译文证补校注》，河北人民出版社，1990 年，第 109 页。
3 《四库提要著录丛书》编纂委员会编:《四库提要著录丛书・子部・199》，北京出版社，2010 年，第 68 页。

的雏形已大致具备。

与现代二十四节气名称完全一致的内容出现在西汉的《淮南子·天文训》中，冬至、小寒、大寒、立春、雨水、惊蛰、春分、清明、谷雨、立夏、小满、芒种、夏至、小暑、大暑、立秋、处暑、白露、秋分、寒露、霜降、立冬、小雪、大雪已经和现在完全一致。四时八节最初是对季节、节气的描述，后来加入了人文色彩，成为人们对岁时节日的称谓。四时八节不仅关联着相关的民俗活动，更与人们的饮食民俗息息相关。四时八节中，人们的往来，很多是依靠食物等礼品的流动来实现和维系的。

古代计时工具众多，如根据日影移换规律制作的日晷、水运浑天仪、沙漏、更漏、定时蜡等。“条风开献节，灰律动初阳。”“律回岁晚冰霜少，春到人间草木知。”于唐宋诗词中，人们便把十二律和十二月联系起来。

月令自《礼记》起便流传于世，“孟春之月，日在营室，昏参中，旦尾中，其日甲乙，其帝大皞，其神句芒，其虫鳞，其音角，律中大蔟，其数八，其味酸，其臭膻，其祀户，祭先脾”。[1]

花月令，是根据十二月份主要花卉生长情况撰写而成的诗体，颇具风情。民间流传着月令歌。如河北地区：正月正，闹花灯。二月二，推闲食。三月三，王母娘娘过圣诞。四月四，簪槐芽。五月五，食角黍。六月六，见谷秀。七月七，牛郎会织女。八月八，手抱夹。九月九，财神往家走。十月一，上坟去烧纸。腊七腊八，洗碗冻煞。与之对应的，是文人写的月令诗，如清人李廷扬的《岭南月令诗》、洪亮吉的《十二月词》。此外还有专门的月令书籍，如《月令演》《月令粹编》《月令采奇》等。岁时节令中折射出人们饮食生活的方方面面。

中国自古便讲究按节令行事，特别是在饮食民俗方面。春天百花开，民间有酿桃花醋的风俗。各地有“饯春”习俗，如煮荼蘼粥、饮荼蘼酒。[2]盛夏食饮，最喜

1 阮元校刻：《十三经注疏》，中华书局，1980年，第1352—1354页。

2 《齐民要术》载，蜀人做酴酒法：“十二月朝，取流水五斗，渍小麦曲二斤，密泥封，至正月、二月冻释，发，漉去滓，但取汁三斗，杀米三斗。炊做饭，调强软。合和，复密封。数十日便熟。合滓餐之，甘、辛、滑，如甜酒味，不能醉人。多啖，温温小暖而面热也。”贾思勰：《齐民要术译注》，上海古籍出版社，2009年，第442页。

清凉，食樱桃煎、雪霞羹、槐叶冷淘和酸梅汤等。秋日，食鳜鱼，饮菊花酒，思莼鲈，剖金橙，煮新栗，造蟹酿橙，食广寒糕。冬日煮建茗，饮沆瀣浆，造暗香汤，以待岁除。

一些学者从不同角度探讨节气与我们日常生活世界的关系，关系密切者莫过于饮食。譬如立春的饮食叫“咬春”和“尝春”。立春时节，人们为了迎春应节，常食用春天新生菜蔬，如生菜、萝卜，以及包裹这些生鲜菜肴的春饼、春卷等。人们常将这些菜肴置于盘中供人享用，名为“春盘”。民间将享用春盘的过程，称为“咬春”或“尝春”。在山东邹县，立春戴彩燕，食萝卜，谓之“咬春”。春是“咬”和“尝”出来的，从根本上说，所有的节气都是吃出来的。孔子曾言“不时不食”，这里的“时”指的就是节气，意为要在合适的时令食用合适的食物。

饮食有节、有时

在衣食住行等基本物质生活中，唯有饮食属于节气时令，节气也是饮食文化的重要表征。节气中的饮食才是富有中国特色的饮食文化传统。2020 年 10 月 29 日，首届中华节气菜大会在四川省资阳市开幕，大会提出的“中华节气菜”概念，倡导菜的节气属性，意义深远。在菜棚乱了季节、反季菜盛行的今天，全面还原和回归传统的节气菜，有计划地发掘、继承和开发当季菜，已刻不容缓，势在必行。

传统的二十四节气是以黄河中下游为基点形成的，“冬至饺子，夏至面”“小雪腌菜，大雪腌肉”，皆适合北方。我国南方的饮食同样与二十四节气相辅相成。节令饮食应时而做，立春的春卷、清明的青团、立夏的摊粞、伏日的羊肉、重阳的蒸糕、冬至的汤圆，都是南方许多地区一年中重要的节令食品。长江中下游广大区域的夏天，气温高、湿度大，体感闷热。在这种气候条件下，形成了三伏天吃羊肉喝烧酒的习俗。依照中医的观点，春夏养阳，冬病夏治，三伏天是养生进补的重要时机。在上海奉贤就有伏天吃羊肉的习俗，伏天吃羊肉以热制热，可以排汗排毒，祛除湿气和冬春之毒，是以食为疗的典型案例。所以民间就有“伏羊一碗汤，不用神医开药方”的说法。徐州一带民间也流传“彭城伏羊一碗汤，不用神医开药方”“六月六接姑娘，新麦饼羊肉汤”。

围绕二十四个节气，人们在特定的时间节点上选择不同的生产内容与生活方式，形成了许多富有特色的风俗习惯。其中，饮食可以说是最重要也最引人关注的领域。正所谓“食哉惟时”，古人很早就注意到了饮食与时间节律的关系，懂得在不同的节气制作、食用不同的食物。节气与饮食的直接关系涉及怎么吃和吃什么两方面。

“怎么吃”主要指食品的制作。“小雪腌菜，大雪腌肉”这句谚语，告诉人们根据节气制作不同的食品，小雪时节是蔬菜收获的季节，此时气温降低，已无蚊虫困扰，虽冷未寒，腌菜不会因温度过高而腐烂变质，所以特别适宜腌制冬菜。大雪时节，天气寒冷，气候干燥，此时的温度、湿度正适合制作腌肉。小菜为素，大菜为荤。饮食的“大小”与节气“雪”的“大小”同样相生相宜。

谚语云：“小暑大暑，上蒸下煮。”以“烹饪”方式比喻节气“热”的程度，更是体现了节气与食品制作方式有着内在的联系。小暑节气，意味着“蒸炊”时节的到来，人们如同被扣在暖气团的大笼屉中。其实不仅是蒸煮，还有烧、烤、煎、熬等，这两个节气给予了我们各种方式的“烹饪”。北方的热大多是干热，南方的热大多是湿热，对应一种是烤，一种是蒸，两种不同的“烹饪”方式。一个很有趣的现象是，天气烤人的地方，人似乎也喜欢烤食物；天气蒸人的地方，人似乎也喜欢蒸食物。

节气对吃什么的规范性更强，大多是出于养生保健的考虑。“小暑黄鳝赛人参”，到了小暑节气，很多家庭都会以黄鳝入菜。小暑时，食用具有温补作用的黄鳝，可调节脏腑，冬季便能最大限度地减少一些疾病的发作。“大暑吃羊肉，处暑吃西瓜，小寒吃糯米……”在各种节气之际食用特定食品，以达到滋身养心的目的。

在我国二十四节气成功申报为联合国教科文组织非遗代表作之后，一些商家纷纷开发二十四节气食品，“中华节气菜”迅速风靡开来。北京稻香村打造出兼具中国食俗传统和现代养生观念的节气食品链条。“敢为天下鲜”的常州菜，“鲜”味之首便是——时令之鲜。在常州的带领示范下，各地节气菜一定能够体系化地呈现出来，构建起全面完整的节气菜分布和经营图式，再现季节菜的传统辉煌，以真正的“中华”气派展示在世人面前。

“中华节气菜”体系的建构和绘制“中华季节菜”区域图谱，成为继承和发展优秀饮食文化传统的重大课题。我国早已从农业大国脱身，迈入新时代，指导农耕生产的节气逐渐从人们的视线中淡出，为避免二十四节气文化传统被淹没遗失在历史的长河中，将二十四节气和日常饮食生活结合在一起是行之有效的保护和传承的途径，一方面有助于给饮食文化注入天人合一的历史文化内涵，另一方面使二十四节气的时间制度融入日常饮食生活，焕发新时代的活力。

节令饮食：迎春

立春食春盘

“立春日，四时之始也。”[1] 立春为二十四节气之首，唐代中期以后，立春日食“春盘”的习俗逐渐盛行开来。杜甫《立春》诗云：“春日春盘细生菜，忽忆两京梅发时。”唐朝有：“立春日春饼生菜，号春盘。”宋代沿袭了食春盘这一习俗。苏东坡有诗言：“渐觉东风料峭寒，青蒿黄韭试春盘。”[2] 春盘也兴在立春前一日享用。

唐代还出现了比春盘更为精细的春饼，《关中记》云：“唐人于立春日作春饼，以春蒿、黄韭、蓼芽包之。”[3] 申时行《立春日赐百官春饼》诗云：“紫宸朝罢听传餐，玉饵琼肴出大官，斋日未成三爵礼，早春先试五辛盘。”[4] 立春筵宴也在前一日举行，称为“迎春宴”。

一些学者认为：“随着时间的推移，春盘、春饼、春卷的名称相继更新，其制作也越来越精美了。”[5] 宋代，立春日食春盘的风俗并无过多改变，民间以春盘互相赠送，以加深亲情友谊。《皇朝岁时杂记》载：“立春前一日，大内出春盘并酒，以

---

1 司马迁：《史记·天官书》，中华书局，1959 年，第 1340 页。

2 简涛：《立春风俗考》，上海文艺出版社，1998 年，第 168、170 页。

3 陈元龙编：《格致镜原·卷二十五·饮食五》，《四库全书》第 1031 册，上海古籍出版社，1992 年，第 347 页。

4 五辛指的是五种生菜，也可以是七种，多为芹、韭、萝卜等，也有粉皮等。“缕切粉皮，杂以七种生菜，供奉筵间。”（《熙朝乐事》）。

5 姚伟钧：《中国传统饮食礼俗研究》，华中师范大学出版社，1999 年，第 119 页；徐海荣主编：《中国饮食史·卷三》，华夏出版社，1999 年，第 452 页。赵文润亦认为“春天食‘春卷’，即由此春盘而来”。赵文润：《隋唐文化史》，陕西师范大学出版社，1992 年，第 124 页。

赐近臣。盘中生菜染萝卜为之装饰，置奁中。烹豚、白熟饼、大环饼，比人家馓子其大十倍。民间亦以春盘相馈。”[1] 宋代宫廷的荠菜迎春饼：“翠缕红丝、金鸡玉燕、备极精巧，每盘值万钱。”[2] 清代，春前一月，市面上就有插标“应时春饼”的供卖春饼。吃春饼也叫“咬春”,“立春日啖春饼，谓之咬春，立春后出游，谓之讨春”。[3] 咬即是尝，“咬春”也可以称作“尝春”。后来的春饼是一种用白面烙成的双层荷叶形状的饼，食用时将其揭开，在内面涂上酱料，再放进熟肉丝和绿豆芽等春令鲜菜，然后卷成筒状。全家人围坐在一起边吃边聊，更显得其乐融融。春饼是一种大众食品，只是在食用时卷入的菜有档次高低之分。

吃萝卜又称“咬春”，北方人冬春喜食一种翠皮紫心萝卜，俗称“心里美”。这种紫红萝卜是古代人的心爱之物，立春日将其作为美食，也是早先春盘的内容之一。

图5 春卷

清代南方的立春节饮食特色为“煨春”，主要在温州等地区流行。所谓“煨春”，就是烧食春茶。起初，人们是将朱栾切碎，掺上白豆或黑豆，同茶一起加水

1 晁补之：《晁补之词编年笺注》，瞧力校注，齐鲁书店，1992 年，第 218—219 页。

2 万建中：《中国民俗简明读本》，新华出版社，2013 年，第 108 页。

3 顾禄：《清嘉录》，江苏凤凰文艺出版社，2019 年，第 44—45 页；李金龙主编：《北京民俗文化考》（上），北京邮电大学出版社，2017 年，第 142—143 页。

煮食。如《煨春茶》中有“煨春煨得眼睛光，煨却目瞠老鼠娘。煨得猫儿强似虎，看他鼠辈敢跳梁”。后来，改用红豆、红枣、柑橘、桂花、红糖与茶一同入水煮。这种春茶专供立春节食用，当地人称之为“煨春”。煨春时，还要同时吃一些茶点。一般先敬家中六神祖先，再由全家人一同分享。

二月二，吃春饼

传说，农历二月初二为龙抬头的日子。二月春回大地，正是农事伊始之时，人们祈望龙能镇住百虫，以使农业获得丰收。这一天也是接出嫁的女儿回娘家的日子。女儿被接回娘家后，一般以“春饼”进行款待。（北京某一村落）他们有一个习俗就是吃春饼，名曰“揭龙鳞”。春饼俗称薄饼，是一种用白面烙成的双层荷叶饼，可以揭开，涂上甜面酱，卷上盒子菜，如木须肉、豆芽拌粉丝、土豆丝、酱肘子等。更有一样是每家都得准备的，就是豆芽。豆芽俗称“活菜”，按照当地的老风俗，在二月二这天就应该食用“活菜”。于是，豆芽和春饼在二月二这天会出现在河套沟多数家庭的饭桌上。此外，这天什么不能吃也是有讲究的，如“二月二吃烙饼，地就硬；喝粥，要大水冲房；吃白饭，蚊子咬脑袋；吃面条，遭长虫；吃饺子，遇见蛤蟆”。[1]

山西晋中等地在农历二月初二食用面食。春饼是双层的，烧好后往开一扒，称“扒龙皮”，意为唤醒沉睡中的龙。大同一些地区在二月二这天的午间食用面条、粉条，名为“挑龙尾”，也吃麻花、馓子、油炸糕，意为“咬龙骨”，希望神龙能够给当地带来充足的雨水。

在福建仙游地区，二月二被当地人称为“头福”。旧时，乡村举行祀神祭典，祈求全年家庭平安、五谷丰登。在这一天，家家户户都要煮菜米粥，相传是日食此菜粥可洁身健肤、免生疥疮。该菜粥的制作方法极为简单，即用大米、芥菜（主要菜品）、肉丝、海蛎、炸豆腐、芹菜（或葱花）等为原料，煮成咸稀饭。

1 访谈时间：2008 年 3 月 9 日；访谈地点：北京佛子庄乡政府；被访谈人：刘师傅；访谈人：徐天基、罗丹。

在江南地区，二月二有吃撑腰糕的食俗。这一天人们要用油煎了隔年年糕食用，叫“撑腰糕”，吃了可以腰腿轻健，筋骨强壮，种田时不腰疼。

春社饮食

“社”是土地之神。《左传·昭公二十九年》曰：“共工氏有子曰句龙，为后土……后土为社。”在原始社会的农耕时代，人们对土地十分崇拜，每年都会举行祭祀土地之神的活动。祭祀社神的日子叫“社日”，一年两次。春天举行时叫“春社”，秋天举行时叫“秋社”。春社祈谷，祈求社神赐福、五谷丰登。秋社报神，在丰收之后，向社神报告丰收喜讯并答谢社神。春社多在春分后的戊日进行。春社这一天，人们聚集在社庙，摆出丰富的食品供奉社神，有社酒、社肉、社饭、社面、社糕、社粥等，在祭祀完毕后，把食物分享给大家。社酒是社祭用的酒，相传饮社酒可以治疗耳聋，所以大家都不醉不归。社肉是社祭时用的肉，也称为“福肉”。祭神完毕后，分割给参加社祭的每一户人家。陆游《社肉》一诗有云：“醉归怀余肉，沾遗遍诸孙。”社饭是祭祀社神所用之饭。先做好米饭，再把猪肉、羊肉、腰子、肺、肚、鸭饼、瓜、姜等切成薄片、调和五味，铺在米饭之上。用葫芦盛好，相互赠送。在山西阳曲一带，春社这天吃面条，称为社面；而在山西潞安一带，则吃米面糕，称为社糕；福建建阳在春社早上，乡里会煮粥分发给家家户户，谓之社粥。人们在享受丰盛美味的食物时，时刻铭记土地之神的恩德。在广西融水，家家“做庙”，杀鸡宰鸭，款待亲朋好友，外嫁姑娘归家，都在这天回家“吃庙”，赶庙会。

春分吃春菜

春菜是一种野苋菜，乡人称之为春碧蒿。每逢春分那天，全村人都会去采摘春菜。在田野中搜寻时，多见的春菜是嫩绿的、细细棵，约有巴掌那样长短。采回的春菜一般与鱼片滚汤，名曰春汤。有顺口溜道：“春汤灌脏，洗涤肝肠。阖家老少，平安健康。”在南方一些地方，春分节食河豚，民间有俗语“拼死吃河豚”。河豚的内脏、血极毒，但河豚肉之鲜美尽人皆知，尽管有毒，仍有不少人拼死食之。

春分宜吃春芽食物。春芽食物包括香椿芽、春韭、柳芽、野苋菜、鲜荠菜……这些都是只有在春天才能享用的美好食物，非常珍贵。而且，这类食物恰好符合人体在此季对营养的特殊需要，可弥补春季饮食中诸多的缺损和不足。最早返青的报春菜——荠菜，鲜嫩味美、营养丰富，其维生素、钙、磷、铁的含量都很高，还含有大量的叶绿素和膳食纤维。荠菜不仅是营养丰富的美味食品，还能治疗多种疾病，民间不仅有“阳春三月三，荠菜当灵丹”“三月三，地菜当灵丹”的谚语，还流传着“春食荠菜赛仙丹”的说法。在中药里，它被誉为“菜中甘草”。常吃荠菜，对防治软骨病、麻疹、皮肤角化、呼吸系统感染、前列腺炎、泌尿系感染等均有较好的效果。荠菜食用方法很多，可拌、可炒、可烩，还可用来做馅或做汤，均色泽诱人、味道鲜美，不愧是一味药食同源的美味佳蔬。香椿芽，不仅质地脆嫩、食后无渣，令人唇齿留香、四季常思，更为春季所独有。香椿芽中含有非常丰富的维生素 C。香椿的吃法很多，最常见的有香椿煎鸡蛋、香椿炒肉片、香椿拌豆腐等。香椿芽以谷雨前食用为佳，应吃早、吃鲜、吃嫩。被誉为“素食第一品”的春笋，自古以来备受人们喜爱，有“尝鲜无不道春笋”之说。春笋为竹之幼苗，竹子节节上长，所以，有吃春笋长运势的寓意。春分吃春笋，有助于自己感情、婚姻、财运、事业、学业、健康等各方面运势的增长。

图 6 野苋菜

广东樟木头客家人春分有好“艾”习俗。祖祖辈辈流传着艾草是“辟邪”“百毒不侵”的宝贝的说法，吃着艾草做的艾粄，熏着艾草做的艾条，是樟木头客家人春分时节的养生之道。艾粄一般分咸香和清甜两种。做艾粄先要将采摘回来的鲜嫩艾草洗净，放在锅里加水烧沸，捞出去剁碎，与糯米粉混合压成一块块薄皮，再加馅捏成一个个绿绿的小粑粑，蒸熟后就成了有名的客家美食——艾粄，也叫艾糍。[1]

清明寒食吃冷食

唐代寒食禁火习俗盛行，人们只吃冷食，主要的节日食品有寒具、粥、子推蒸饼和“镂鸡子”。寒具即今天的馓子，是富贵之家所备的寒食节日食品。粥是寒食的传统节食，唐代的寒食粥有杨花粥、饧粥等花色品种。冯贽《云仙杂记》卷一记载，“洛阳人家，寒食煮杨花粥”。子推蒸饼即汉代的枣糕，在山西清明节要做子推饼、子推燕。子推饼是蒸食的面饼。清明燕是山西人清明必做的面塑之一。用面粉捏成燕子的形状，用杨柳条串联起来，挂在门楣上，借“燕”音近“念”来表达对先贤的“怀念”。“清明燕”与“子推饼”是为纪念春秋时期辅佐晋文公的介子推，故“清明燕”又称“子推燕”。

“镂鸡子”又名“画卵”，是一种精心雕镂的彩蛋。“镂鸡子”虽在魏晋时就已经出现，但它的普及却是在唐代。骆宾王《镂鸡子》一诗有云：“幸遇清明节，欣逢旧练人。刻花争脸态，写月竞眉新。晕罢空余月，诗成并道春。谁知怀玉者，含响未吟晨！”唐代元稹《寒食夜》也有“红染桃花雪压梨，玲珑鸡子斗赢时”。从这些诗中我们得知，当时人们把鸡蛋雕成人脸形状，并在腮上染上红晕，光彩照人。人们还要把镂刻成形的鸡蛋拿出来相互比试争巧斗艺，这种习俗当时被称为“斗鸡子”。[2]

在浙江温州有食清明饼的习俗。清明饼，又称“清明果”“绵菜饼”，温州山区有一种野菜名为“绵菜”，学名“鼠曲草”。每年清明时节，这种草长得最茂盛，叶

1 赖业伟主编：《中国民间文艺麒麟之乡——广东樟木头》，中国文联出版社，2015 年，第 34—35 页。
2 刘朴兵：《唐宋饮食文化比较研究》，华中师范大学博士学位论文，2007 年，第 188—189 页。

子上还会长出白色的细毛。人们采摘这种野菜，将其洗净捣烂后与水和进糯米粉中，捏成面团，放入蒸笼蒸熟，也有将蔬菜、豆腐干、鲜笋、肉丁包入面团之中作馅的。

清明前一天是寒食节，这日不能生火，需以寒食果腹。人们会在前一日做好清明饼，或者是用绵菜等野菜加面粉制成蒿饼。母亲会将“清明饼”赠送给已出嫁的女儿，以示“报平安”，温州平阳一带称之为“送清”。在山西临县，清明有捏燕燕、吃蛇蛇、摊糊煎、生黑豆芽的饮食习俗。当地流传着民谣：“先吃挠（头），活得牢，先吃腿，活得歪，先吃胳膊，活得个搓，先吃仄背，活得不赖。”这首民谣所反映的，正是当地清明吃燕燕的习俗。燕燕分为老燕、小燕、晒脊背燕三种。

清明节时，福建仙游最有特色的是祭祀供品——“清明龟”。“清明龟”是由鼠曲草（清明菜）晒干后磨成粉，和糯米、白糖、花生等制作并印成的一只只状如乌龟的粿品，其色黑、质韧、味香，可口健胃，止咳化痰。祭祀时，同其他祭品一道，供于墓台。[1]

在湘中地区，清明节要“吃青”。吃青是吃用蒿子草、夏枯草、车前草、鼠曲草和米粉做成的粑粑。有谚语云：“清明吃了青，走路一身轻。”[2]

在湖北一些地方，特别是城区，清明节流传着一种极富地方色彩的“赶堆子”习俗，即赶堆子上野坟。城区人上坟，既要备足祭祀用品，又要备足野餐食品以及当“餐桌”用的大纸垫或大布垫。上坟的亲朋好友，也往往会带来祭品或食品。祭品、食品多为卤类、油炸类、凉拌菜等。如酒水、麻辣整鸡、卤猪肉、卤牛肉、熏蒸鱼、卤鸡蛋、卤干子、炸春卷、炸藕片、炸圆子、凉拌粉丝、凉拌芹菜等；主食则以烧饼、凉面、麻花等为主。抵达墓地后，先将墓地清理干净，然后在墓前摆好祭品，焚香、点烛、烧纸、插青、放鞭炮、拜祭。清明上坟那一天，往往有好些未被邀请、主人认识或不认识的人，包括乞丐，闻讯加入主人家的上坟队伍，一起上坟，并受到主人的欢迎。在墓地，他们被邀入席同餐共饮。当地称此为“赶堆子”。

---

1 连铁杞主编：《中国梦文化之乡——福建仙游九鲤湖》，中国文联出版社，2020 年，第 56 页。

2 湘潭县地方志编纂委员会：《湘潭县志》，湖南出版社，1995 年，第 802 页。

叫花子是最热衷赶堆子的，因为在这一天，他们可以饱餐一顿、享尽口福，一般前来赶堆子的人，都会点一炷香，在坟前拜上几拜。[1]

谷雨与“鲅鱼礼”

每年谷雨前后，鲅鱼会洄游到青岛附近的黄海，此时的鲅鱼大小正合适、肉质最鲜美。青岛各大鱼市就摆满了新鲜鲅鱼，叫“当流鲅鱼”，如“红烧当流鲅鱼”“鲅鱼饺子”都是时鲜的美食。女婿们会赶忙购买最新鲜的鲅鱼孝敬老丈人，民间将此称为“鲅鱼礼”。因此，在当地流传着许多俗语，如“谷雨到，鲅鱼跳，丈人笑”“没长丈人脸，吃不到地道的大鲅鱼”。鲅鱼礼是青岛独特的渔家礼俗，有着一百多年的历史。关于它，还有一个传说。

> 很久以前，崂山的沙子口有一个孤儿叫小伍，被一位老人收养，长大后，老人见小伍忠厚笃实，就将女儿许配给了小伍。一年春天，老人病重，垂危之时想吃鲜鱼，孝顺的小伍冒着大风大浪出海捕鱼。老人在弥留之际，对守在床前的女儿说：“难为小伍了，罢了，罢了……”说完就咽了气。小伍捕回一条大鱼，但老人已经去世，夫妻俩悲痛之余，将鱼供在老人的灵前，并按老人念叨的“罢了，罢了”给这种鱼起名为“罢鱼”。自那以后，小伍每年都要在老人的坟前供上这种鱼，慢慢地，“罢鱼”也写成了“鲅鱼”。渔民们被小伍的孝顺所感动，都把每年春天谷雨前后捕到的鲅鱼中最好的那条孝敬给老丈人，日久成俗。

在青岛，无论老少，只要谁家生了女孩，大家都会对孩子父亲说：“一看就是个丈人脸，赶紧回家垒鲅鱼池子去。”言外之意，有了鲅鱼池子，将来女婿送鲅鱼来就可以养在里面了。有的鲅鱼店直接拉起横幅“老丈人牌大鲅鱼”。谁家女婿送

---

1 《中国民俗志·湖北宜昌市卷》编纂委员会，《中国民俗志·湖北五峰卷》编纂委员会：《中国民俗志·湖北宜昌市卷·五峰卷》，中国文联出版社，2014 年，第 337—338 页。

的鲅鱼又大又鲜，都会很自豪地向街坊邻居夸："看俺女婿多孝顺！"

青岛有句俗语，"加吉头，鲅鱼尾"。讲的是加吉鱼的头部最好吃，其肉质鲜香且带有胶质，营养丰富。而鲅鱼尾原意并不是指鲅鱼的尾巴，而是指鱼尾尖上的一条胶质黑线，因为这条黑线富含胶原蛋白又较为脆弱，在捕捞时容易碰断，所以非常珍贵，是待客的上选之品。民间认为，鲅鱼尾是整条鱼活动幅度最大、活动频率最高的部分，其肉质相对其他部位要筋道，所以最为美味。

如今，鲅鱼不仅作为礼物在民间流转，而且被列入《中国物种红色名录》。崂山鲅鱼礼俗已经成为青岛市非物质文化遗产，沙子口街道每年谷雨时节举办"鲅鱼节"，主题为"品鲅鱼，传孝道"。

节令饮食：消夏

立夏三新：防疰夏

夏令食物种类丰富，且大都与传统节日联系。《礼记·月令》载有迎夏之礼：立夏之日，天子亲率三公、九卿、大夫以迎夏于南郊。立夏是我国二十四节气之一，与农时密切相关。立夏节，上至皇室，下至庶民村舍，家家设家宴，尝四月时鲜，称为"饯春筵"或"送春会"。"江南忆，最忆饯春筵。""海蛳入馔数青钱，家家欢颂饯春筵。"[1]

立夏是一个重要的节候，节令食物也非常丰富。立夏食李，《玄池说林》中记载："立夏日，俗尚啖李。时人语曰：'立夏得食李，能令颜色美。'故是日妇女作李会，取李汁和酒饮之，谓之驻色酒。一曰：是日啖李，令不疰夏。"[2]为防疰夏，古有饮七家茶、吃七家饭、做醉夏饼、煮麦豆羹等习俗。

入夏喝新茶的习俗古已有之。《杭州府志》记载："立夏有新茶、新笋、朱樱、青梅等物，杂以枝圆枣核诸果，镂刻花草人物，极其工巧，各家传送，谓之'立夏

1　翁洋洋：《中国传统节日食品》，中国轻工业出版社，1994 年，第 60 页。

2　杜文澜辑，吴顺东等点校：《古谣谚》，岳麓书社，1992 年，第 604 页。古人以入夏眠食不服为"疰夏"，又写作"蛀夏"。

茶’。”[1]立夏日以饮七家茶的方式防疰夏，如《熙朝乐事》中说：“立夏之日，人家各烹新茶，配以诸果，馈送亲戚比邻，谓之七家茶。”《清嘉录》：“凡以魇疰夏之疾者，则于立夏日，取隔岁撑门炭，烹茶以饮，茶叶则索诸左右邻舍，谓之七家茶。”钱思元的《吴门补乘》中也说：“立夏饮七家茶。免疰夏。”为了平安度过炎夏，向邻里多家索取茶叶，其用意与百家饭并无区别，都是为了密切邻里关系。

“七家饭”，也有“百家饭”之说。江苏无锡人于立夏日合七家米为饭，认为这样能防暑热伤身。嘉定人亦是乞邻家麦为饭，用以解疰夏之疾。清代浙江宁波地区，立夏日炊五色米为“立夏饭”，是用五色米，而不是将饭染为五色。醉夏饼，清代浙江台州地区，立夏日家家户户磨面做薄饼，裹肉菹而食，谓之“醉夏”。桐乡地区立夏日吃粉饼，以为食后夏天无病。杭州人立夏食腊肉、海蛳，饮火酒，也有烧饼之类的食物。百草饼，清代浙江嘉兴地区，立夏以百草芽揉粉为饼，邻里互相馈送。麦豆羹，清代浙江太湖地区，立夏煮麦豆和糖而食，亦谓之“不疰夏”。

立夏“三新”。《清嘉录》云：“立夏日，家设樱桃、香梅、(䆉)麦，供神享先，名曰‘立夏见三新’。宴饮则有烧酒、酒酿，海蛳、馒头、面筋、芥菜、白笋、咸鸭蛋等品为佐。蚕豆亦于是日尝新。酒肆馈遗于主顾，以酒酿、烧酒，谓之馈节。”[2]

江南地区有立夏尝“三新”的俗谚。传统的“三新”即：樱桃、青梅、鲥鱼。“三新”也指“竹笋、樱桃、梅子”“樱桃、青梅、麦仁”“竹笋、樱桃、蚕豆”等。苏州地方有“立夏见三新”之说，“三新”指新熟的樱桃、青梅和麦子。人们先以这“三新”祭祖，然后尝食。老南京立夏要尝“三新”，即玄武湖的樱桃、高淳的青梅以及镇江产的鲥鱼。无锡民间历来有“立夏尝三鲜”的习俗。三鲜分地三鲜、树三鲜、水三鲜。地三鲜即蚕豆、苋菜、黄瓜（或有元麦、蒜苗为其一）；树三鲜即樱桃、枇杷、杏子（或有梅子、香椿芽为其一）；水三鲜即海蛳、河豚、鲥鱼（或有鲳鱼、黄鱼、银鱼、子鲚鱼为其一）。

南方部分地区，立夏日吃米坨子。“立夏吃坨子，力大不腰疼。”“吃了立夏坨，

1　王国平主编：《西湖文献集成第 1 册》，杭州出版社，2004 年，第 533 页。

2　顾禄：《清嘉录》，江苏凤凰文艺出版社，2019 年，第 124 页。

‘礶古’（石头）都踩破。”“立夏日吃坨，跳过一条河。”立夏吃立夏坨子，在湘中双峰地区是代代相传的习俗。制作立夏坨子简单而讲究：将糯米和米磨成粉，加水揉成胶糊状，再从大块的米粉胶糊中捏出一部分揉成坨。坨子里会塞上炒香了的花生和芝麻，也会放一些白糖，讲究的人家可能会依据自己的口味添入更多的不同的馅料。坨子可以水煮，也可以蒸。在湘潭地区，立夏，人们要吃“立夏团”或“立夏粥”，可以强身。立夏团用米粉做成圆子，立夏粥以米团子和小笋、豆腐、雪豆煮成。

榆钱饼，为北方立夏日的小吃。四月初摘榆钱洗净蒸熟，和以面粉，用红糖作馅，也有不用馅直接以糖和面粉，制成扁圆形饼状，蒸而食之，称榆钱饼。如用四月玫瑰花制饼则称为“玫瑰饼”，若以藤萝花制饼，又称为“藤萝饼”。上海嘉定、青浦一带人家，于立夏日用枣肉为馅做煎饼，俗称“立夏饼”。

在浙江绍兴一些地方，立夏日有吃笋的习俗。立夏时笋是时鲜菜，煮熟后加酱油、麻油，味道鲜美，民间认为，立夏吃笋可以“健脚”，所以也称“健脚笋”。绍兴新昌有立夏吃囫囵蛋、咸鸭蛋和食花饭之俗。“花饭”由糯、粳、籼三种米或糯米、乌豆煮成，因为米多花色和黑白相间，所以叫“花饭”。

在福建，立夏节民俗形态多样。福州流行煮鼎边糊（锅边糊）“做夏”。鼎边糊是用米浆涮锅边烧煮而成，配以虾米、虾油、葱菜、金针菇、黑木耳、蚬子，或少量香菇、蛏干等海鲜清汤，其味极为鲜美可口。而闽东各地也略有区别，福鼎立夏要用夏枯草煎汤，当作茶水来喝，据说这样夏天就不会中暑了；柘荣立夏当天要“补夏”，即“吃补”，吃猪脚、鸡、鸭等肉食；而屏南、古田两地，立夏要吃用红色鲜酒糟煮的各色菜肴，如红糟肉、红糟田螺、红糟笋、红糟蕨菜、红糟泥鳅汤、红糟兔、红糟姜等。各村要求不同，红糟菜要单数，三、五、七、九碗均可。

夏至面、百家饭

夏至这天的饮食也有特别处。民间有“夏至食李，饷馄饨天中”之说，据说吃李子可以医治食噎，或者随身带李核也可达此目的。宋范成大《夏至二首》其一写道：“李核垂腰祝饐，粽丝系臂扶羸。节物竞随乡俗，老翁闲伴儿嬉。”《吴郡志》

云："夏至复作角黍以祭，以束粽之草系手足而祝之，名健粽，云令人健壮。"[1] 夏至这一天，湖南人要吃粽子，而江苏人吃豌豆糕，北方人则多数吃面。清《帝京岁时记胜》云："京师于是日家家俱食冷淘面，即俗说过水面是也。乃都门之美品。……谚云：'冬至馄饨夏至面。'"[2] 清人周宝善有一首小诗，写的便是这一风俗："时逢令节馔求精，为奈先人表至诚。冬至馄饨夏至面，岁除扁食待三更。"诗中特别写到节令日饮食，吃前要先敬先人。

夏至时天气炎热，人们出汗多、消耗大、湿气重，这一时节小麦收获，正适宜做面，热汤面可以发汗排湿，凉面可以降火开胃，都是民间调养身体的重要节令食物。"吃过夏至面，一天短一线"。夏至是北半球一年中白昼最长的一天，南方各地从日出到日落大多为十四小时左右。而面也是面食当中最长的。到冬至时，白天时间已是最短，于是改吃"最短"的饺子或馄饨。夏至和冬至，白天时间的长度与食品的长度达到一致，这是饮食顺应天时的刻意安排。吃面条实际是祝福人们顺利度过漫长夏日，尤其是三伏天。故而民间有"夏至多吃面，出门防雷电"的说法。

另外，夏至还有吃"鹅脔"的风俗。在民间，人们为预防蚊咬而得疟疾，还有夏至吃狗肉的习俗。俗话说"夏至狗，没处走""吃了夏至狗，西风绕道走"。有人认为，夏至日吃狗肉，能驱邪补身，抵御瘟疫风寒。炎夏里，人们最喜欢的饮料是酸梅汤。清人子鸿有诗："鹂鸣原是近端阳，又见梅汤处处忙。冰糖煮沸调木樨，炎伏解渴亦清凉。"卖此汤时，要加冰镇着，卖汤者打着小铜盏，声音悦耳，称作"打花点儿"。明清时期，"立夏日，启冰赐文武大臣，编氓得买卖者，手二铜盏叠之，其声磕磕，曰冰盏"。[3]

古时有"百家饭"的风俗，这是夏至日的一种非常特别的食俗。《岁时杂记》记述了京师开封一带，夏至日有吃百家饭的风俗："京辅旧俗，皆谓夏至日食百家饭则耐夏。然百家饭难集，相传于姓柏人家求饭以当之。有医工柏仲宣太保，每岁夏至

---

1 王文宝、江小蕙编：《江绍原民俗学论集》，上海文艺出版社，1998 年，第 223—224 页。范成大撰，吴企明校笺：《范成大集校笺》(3)，上海古籍出版社，2022 年，第 1221 页。

2 赵珩：《老饕续笔》（增订本），生活 · 读书 · 新知三联书店，2021 年，第 71 页。

3 周家楣、缪荃孙编纂，左笑鸿点校：《光绪顺天府志》(2)，北京出版社，2018 年，第 587 页。

日，炊饭馈送知识家。又云，求三家饭以供晨餐。皆不知其所自来。”[1] 古人认为食百家饭能耐受炎热，当然“百家”只是一个概数，实为多家，也许是越多越佳。

六月六，半年节

六月六，要过半年节，蒸馒头敬老天。六月六是山东临沂山村百姓敬山神的日子。敬山神的仪式颇为隆重，在六月六之前，村里放羊的农户就会提前准备好敬山神所用的干鲜水果和各色供品等。到了六月六当天，兴隆庄的村民会在村西的麦场地安置供桌，摆上供品之后，敬香磕头，祈求山神保佑牛羊的安全。六月六当天，村民的家里还会蒸馍馍食用，富庶的人家会在此日蒸包子。敬山神仪式在山村民众，尤其是饲养牛羊的农户心中尤为重视。

山东有六月六蒸馒头走闺女的习俗，老百姓叫“搬筦子头”。就是把蒸好的馒头放在筦子里，蒙上红布，送到闺女家。闺女的婆家把收到的馒头再添上几个自家的馒头，送到他们的女儿家中。如此不断传递，也许有人会重新收到自己家做的馒头。这时，放在最底层的馒头可能已经发霉，但是亲戚间的关系却因这馒头的流动而愈加紧密。

费县有些地方有六月六大热天里吃伏羊的习俗，主要吃放养的黑山羊。按理说羊肉性热，应该是冬天吃的，但是费县人有自己的解释：一来春天和腊月里的羊太瘦了只有皮，没什么滋味，过了六月六，入伏以后羊肥了肉才好吃。二来在羊肉汤里加上葱、姜、蒜、花椒等作料，人吃了后发热，出汗能排出体内毒素，据当地人说有“以毒攻毒”的功效。

节令饮食：爽秋

贴秋膘

民间有句俗语：“立秋到，贴秋膘，冬去春来身体好。”立秋日有“抢秋膘”“贴

1　赵杏根：《中华节日风俗全书》，黄山书社，1996 年，第 181 页。

秋膘”“抓秋膘”“补秋膘”的食俗。每逢立秋，人们便在自家摆上一桌以肉为主的丰盛筵席，如红焖肉、白切肉、大肉丸子、肉馅饺子等。立秋日的肉食，大都以羊肉为主。羊肉常见的吃法有红萝卜炖羊肉、羊肉丸子、羊肉嫩西葫芦馅饺子（包子）等。讲究的吃法也不少，最常见的是蒸羊汤。蒸羊汤是将羊肉加各种作料后，放在特制容器内上锅蒸，羊肉经蒸后发出的热气，通过容器盖上的孔进入另一容器内，聚为羊汤。东北的一些地方，还流行立秋日吃饼、饺等面食的习俗。吃的时候，一定要吃饱吃足，人称“吃秋饱”。

南方地区的立秋日吃瓜之俗颇具特色，如苏州等地。一般在立秋前一个月，西瓜就已经开始上市。到立秋之时，正是西瓜的鼎盛时期。秋日食瓜之俗，源于先秦。《诗经》中就有“七月食瓜”。据说在河北、天津一带，立秋这天，家家户户事先都买好西瓜，晚饭后全家围坐一起吃西瓜，称为“咬秋”。清张焘《津门杂记·岁时风俗》：“立秋之时食瓜，曰咬秋，可免腹泻。”[1]

杭州一带还流行食秋桃的习俗，即立秋日，大人小孩都要吃秋桃，每人一个，吃完把桃核留起来，等到除夕这天，把桃核丢进火炉中烧成灰烬，认为这样就可以免除一年的瘟疫。

从唐末时起，还有立秋日用秋水服食赤小豆的风俗。取用 7 粒赤小豆，以井水吞服，服时要面朝西，据说这样可以一秋防痢疾。在四川东、西部有流行喝“立秋水”的习俗，即在立秋正刻，全家老小各饮一杯晒后的秋水，据说可消除积暑，秋来不闹肚子。山东莱西地区流行立秋吃“渣”，一种用豆末和青菜做成的小豆腐，并有“吃了立秋的渣，大人孩子不呕也不拉”的俗语。秋天是胃肠道疾病的高发期，很多地区的民俗带有治病和祈求一年健康的寓意。

秋社饮食

社日以祭祀社神土地神为中心。汉代以前，只有春社。汉代以后，又有秋社。春社在每年立春后的第五个戊日，时间约在二月中旬。秋社在每年立秋后的第五

1 李金龙主编：《北京民俗文化考》（上），北京邮电大学出版社，2017 年，第 477 页。

个戊日，时间约在新谷登场的八月。除社酒、社肉之外，在唐代，社日尚无特殊的节日食品。五代时期，“辣鸡脔”成为社日的节日食物。宋代时，除传统的社日节食外，社饭、社糕、婆饼等开始成为新的节日食品，孟元老《东京梦华录·秋社》云：“八月秋社，各以社糕、社酒相赍送。贵戚、宫院以猪羊肉、腰子、妳房、肚肺、鸭饼、瓜姜之属，切作棊子片样，滋味调和，铺于饭上，谓之‘社饭’，请客供养。”[1]宋代社日的节食具有了更深的民俗内涵，如人们开始相信社酒治聋、社饭宜子等。宋代社日还形成了妇女回娘家的习俗，这一习俗也与祈子有关。《东京梦华录·秋社》云：“人家妇女皆归外家，晚归，即外公姨舅皆以新葫芦儿、枣儿为遗。俗云‘宜良外甥’。”[2]很明显，妇女们带回家的新葫芦儿、枣儿含有祈子生儿之意。

节令饮食：暖冬

冬至大如年

“冬至大如年”。作为二十四节气之一的冬至，在古代有“亚岁”之称，在中国节日体系中的地位非常高。以冬至为节，历史悠远，汉代《四民月令》有载，“冬至之日，荐黍、糕，先荐玄冥以及祖祢”，唐代冬至与年节、寒食并称为三大节。唐人又把冬至称为“小岁”或“亚岁”。每逢冬至，朝廷各部门都要放假，为欢度此节唐人往往要举行酒宴。如白居易《小岁日对酒吟钱湖州所寄诗》云：“一杯新岁酒，两句故人诗。”皎然《冬至日陪裴端公使君清水堂集》云：“亚岁崇佳宴，华轩照渌波。”

五代时期，冬至有一种称为“宜盘”的节日食品。宋人最为重视冬至，冬至在民间生活中的地位甚至超过了年节，民间有“肥冬瘦年”之谚。孟元老曾言：“十一月冬至。京师最重此节，虽至贫者，一年之间，积累假借，至此日更易新衣，备办饮食，享祀先祖。官放关扑，庆贺往来，一如年节。”[3]在农村，“穷乡荒野，下

1　迟双明：《东京梦华录全鉴》，中国纺织出版社，2020 年，第 242 页。
2　迟双明：《东京梦华录全鉴》，中国纺织出版社，2020 年，第 242 页。
3　迟双明：《东京梦华录全鉴》，中国纺织出版社，2020 年，第 272 页。

户细民，冬至节腊，荷薪刍、入城市，往来数十里，得五七十钱，买葱茹盐醯，老稚以为甘美”。[1]南宋时期，冬至节的地位有增无减，《梦粱录》载：“最是冬至岁节，士庶所重，如馈送节仪，及举杯相庆，祭享宗禋，加于常节。”[2]“朝廷大朝会庆贺排当，并如元正仪，而都人最重一阳贺冬……三日之内，店肆皆罢市，垂帘饮博，谓之‘做节’。”[3]宋人甚至把冬至前一夜称为“冬除”，“冬至既号亚岁，俗人遂以冬至前之夜为冬除，大率多仿岁除故事而差略焉”。[4]与除夕守岁相似，宋人在“冬除”时也要“守冬”，民间流传有俗语，“守冬爷长命，守岁娘长命”。冬至前一天称为“冬除夕”，有的地方冬至会举行大规模的祭祖活动，全家族有吃冬至饭的习俗。有的地方此日相互走访祝贺，称为“拜冬”，相互赠送“冬至盘”。

冬至的节日食品为馄饨，《岁时杂记》云，“京师人家，冬至多食馄饨，故有‘冬馄饨，年馎饦’之说。又云‘新节已故，皮鞋底破，大捏馄饨，一口一个’。”[5]冬至时，宋人“享先则以馄饨”“贵家求奇，一器凡十余色，谓之百味馄饨”。[6]“冬至饺子夏至面”，冬至吃饺子在北方民间比较普遍。传说，有一年冬天，张仲景游医到了一个村子，发现很多村民的耳朵都冻伤了，便将采摘好的草药，用面片包食药渣。此方有奇效，很多人冻伤的耳朵被医好了，自此以后，人们为了感谢和纪念张仲景，到了冬至，就用面粉捏成耳朵形状的食物吃，取名“饺子”。冬至吃饺子，不会冻掉耳朵，“吃了饺子汤，胜似开药方”。

在寒冷的冬至吃饺子驱寒暖胃逐渐成为这一节气的重要食俗，民间流传有“冬至不端饺子碗，冻掉耳朵没人管”等谚语。二十四节气的形成与阴阳五行观念有关。古人认为冬至是阴阳二气变化的关键期，阴气处于最高点，但阳气开始生发，即所谓的“冬至一阳生”之说。冬至是阴阳交替的时间节点，饺子与交子谐音，在古代，“交子”则是阴阳交替之意。

---

1 任继愈主编，吕祖谦编：《中华传世文选·宋文鉴》（上），吉林人民出版社，1998 年，第 462 页。
2 吴自牧：《梦粱录》，浙江人民出版社，1980 年，第 49 页。
3 周密撰，朱廷焕增补，周膺、吴晶点校：《增补武林旧事》，当代中国出版社，2014 年，第 78 页。
4 王安石撰，李之亮笺注：《王荆公文集笺注》（上），巴蜀书社，2005 年，第 243 页。
5 佟辉：《节令智道》，中国社会出版社，2012 年，第 158 页。
6 刘朴兵：《唐宋饮食文化比较研究》，华中师范大学博士学位论文，2007 年，第 199 页。

在温州，冬至有吃汤圆的习俗，温州民间有“吃了汤圆长一岁”的说法。从这一天开始夜晚变短了，白天变长了，天气也渐渐寒冷，家家户户开始晒酱油肉、白鲞、鳗鲞等。酱油肉做法很简单，把五花肉放入酱油中浸泡几分钟，取出挂在屋檐下晒干，待要吃时取出蒸熟切片。还有酱油鸡、酱油鸭，制作方法大同小异。白鲞的做法也是利用风干技术，一般选用子梅鱼或者小黄鱼先用食盐腌制后风干。从冬至这一天开始到农历年底几乎每家的屋檐下或是阳台上都挂满了鸡鸭鱼肉。

在苏州，冬至之时，亲朋之间，相互馈赠，提筐担盒，犹如过年送盘，叫“冬至盘”。冬至前一天晚上，也即“冬至夜”，要阖家团聚吃冬至夜饭，或称之为“节酒”。富贵人家全鸡全鸭，冷盘热炒，贫苦人家也要尽已之力，团圆聚餐。

在福建屏南，冬至又被称为酿酒节、开酿节。千百年来，这里家家酿酒，户户有酒窖。冬令时节，村落中飘着糯香、酒香。在福建仙游，向来有“冬至大如年”的说法，多数在外的仙游人都会返乡祭拜祖先，一家人热热闹闹地吃顿团圆饭。仙游的冬至一般分为冬至早和冬至暝。冬至暝是冬至前夜，当天下午家家户户要做好祭品，搓好“粿子”（用糯米粉制作），以备明日之需，俗称“做祭暝”。由于“冬至暝”夜最长，小孩子又爱吃“粿子”，遂有“爱吃一碗丸仔，盼啊天不汤光”的说法。到了冬至正日，又叫“冬至早”。每家每户的当家女人会起早给全家人煮前夜做好的“粿子”。当家女人煮好“粿子”后，不能立即食用，而要先挑几颗去贴门窗，表示全家团圆之意。这些仪式完成后，这才能吃“粿子”。由此，又衍生出“吃过圆子增一岁”的俗话。[1]

过了腊八就是年

腊八节，农历十二月初八，是为腊日，俗称“腊八”。古人有祭祀祖先和神灵、祈求丰收吉祥的传统，一些地区有喝腊八粥的习俗。

腊日历史悠久，源于上古的岁终大祭，是一个祭祀之节。“腊八”原本并非腊月初八之意，而是“腊祭八神”之意。

1　连铁杞主编：《中国梦文化之乡——福建仙游九鲤湖》，中国文联出版社，2020年，第58页。

魏晋以前，腊日并不一定在十二月八日，“约在冬至后第三十七天，在大寒与立春两个节气之间。”[1]《说文解字》载：“腊，冬至后三戌，腊祭百神。”其时间大致在农历的十二月十七日。魏晋以丑日为腊，腊日的时间在农历的十二月二十日。南北朝时，腊日才定在农历十二月八日。《荆楚岁时记》云：“十二月八日为腊日。”

唐宋时期，腊日风俗有了较大变化。唐代的腊日仍为十二月八日，习俗大体沿袭前代，以祭祀为主。宋代腊日仍是重要节日，在民间“冬至节腊”常常并称。萱草面开始成为新腊日的节食，这种食物在《清异录》和《膳夫录》中都有记载。

从五代时起，农历十二月八日正式更名为“腊八”，腊八节成为一个僧俗共享的节日，人们对传统腊祭的热情已经被新兴的礼佛施粥所取代。可能从五代起，腊八粥就开始成为腊八节的节食了。腊八粥的流传与佛教有关，“腊八粥最初是佛教的一种宗教节日食品，尔后便逐渐发展为僧俗共享的中国传统节日粥品了”。[2]

北宋时期，腊八煮食腊八粥的习俗非常流行，寺院熬制的腊八粥，有相当一部分用于馈赠施主香客，以感谢他们一年来对寺院的施舍。陆游《十二月八日步至西村》一诗云：“今朝佛粥更相馈，更觉江村节物新。”腊八这一天，不论是朝廷、官府、寺院，还是黎民百姓家，都要做腊八粥。在宫廷，皇帝、皇后、皇子等都要向文武大臣、侍从宫女赐腊八粥，并向各个寺院发放米、果等供僧侣食用。在民间，家家户户也要做腊八粥，祭祀祖先；同时，阖家团聚在一起食用，并馈赠亲朋好友。

如今，每逢腊月初八，民间仍有吃腊八粥的习俗。这一天的凌晨，家家户户都开始熬腊八粥。腊八粥的主要原料有：芸豆、豌豆、小豆、绿豆、大米、小米、玉米糙、高粱米及小枣、花生米、栗子等。家庭贫富不一，使用的原料也多寡不等。贫困家庭可少放几样，富裕家庭可多放几样，然后加适量水放火锅内，燃火长时间熬煮成粥。在山东临沂地区，腊八粥的熬制比较有特色。腊八粥由五谷杂粮组成，包括玉米、花生、大米、小米、高粱等，由小孩子端着锅和食材前往河边，以河水熬制，当地称之为“吃河饭”。

---

1 萧放：《春节》，生活·读书·新知三联书店，2009 年，第 51 页。

2 王仁兴：《中国年节食俗》，北京旅游出版社，1987 年，第 104 页。

除了熬腊八粥，民间还有泡“腊八蒜”的风俗习惯，泡好的腊八蒜呈碧绿色，就像翡翠一样，再配上醋的颜色，可谓色味俱佳，在家宴上食用也能增添欢乐气氛。腊八蒜就是在阴历腊月初八这天来泡制蒜，将蒜瓣去掉老皮，浸入米醋中，装入小坛封严，至除夕启封，蒜瓣湛青翠绿，蒜辣醋香融在一起，扑鼻而来，是吃饺子的最佳作料，也可以用来拌凉菜，味道独特。

图7 腊八蒜、腊八粥

湖南各地均有腊八喝腊八粥的习俗。湖南各地做腊八粥的原料，除了枣、栗，还有莲子、杏仁、松仁、桂圆、榛子、葡萄、白果、菱角、红豆、花生等。怀化沅陵、溆浦、新晃等地还有做腊八酒的习俗，民众认为这天酿的酒也有特殊功效。辰溪地区则有做腊八水的习俗，“汲泉水以缸贮土中，曰‘腊八水’，次年暑月饮之，可以疗病”。湖南很多地区从这天开始熏腊肉，准备年节食品。腊八豆是汉族的传统年节食品，流行于长沙等地。在农历腊八节这天，当地家家户户将黄豆煮烂，经晾干发霉，然后加盐和辣子等作料，放入坛中密封，待后续陆续取食。

进入腊月，年味就越来越浓了。俗话说：小孩小孩你别馋，过了腊八就是年。

节庆的饮食表达

节日是人们狂欢庆贺的日子，人们在祀神、祈祷、欢歌燕舞时最重要的还有享受美食。每个传统的节日都有应节食品，这些食品凝聚了我们祖先伟大的创造力，也是中华饮食民俗的集中显现。一些节日中的相关民俗活动已经逐渐远离了我们的生活，但制作或购买以及食用应节食品的民俗活动经久不衰，应节食品甚至成为相关节日的代名词。诸如除夕、春节、元宵的“团圆”饭，端午节的粽子、中秋节的月饼、冬节的汤圆等，已演化为中华民族节日文化的精髓所在，被赋予了更加丰富的内涵。节日风味饮食还有馄饨、春饼（卷）、贺年羹、青团、乌米饭等，它们都被赋予了特定的民俗内涵。这些吃食虽然现在随时可以食用，但它们主要的意义还是节日的民俗内涵。

在湘西，对很多人而言，节日就是“吃场合”。“吃场合”是湘西方言的一个特有词汇，即大办宴席。“场合”一词较多出现在红白喜事中，比如参加某人的婚宴通常说成“去某人家吃场合”。对当地人而言，“过节”与“非节”的区别就在于“办场合”，节日的最大特征也在于“办场合”。“过节就是办场合”道出了普通民众对于节日的最大感受。对于普通民众来说，节日的实际意义集中于饮食表达，主要是对平日生活的一种膳食改善。

春节食俗

“百节年为首”，春节作为我国最早祭祀自然万物、祈求丰收的节日，更是一家团聚的日子，春节饮食展示了我国饮食的特色、荟萃了我国饮食的精华。春节食品种类繁多，饺子、馄饨、花糕、枣卷、酥卷、汤圆、年糕等应有尽有。

图8 酥卷

元日：屠苏酒和年糕

我国古代以元日作为新年的第一天。元日有饮屠苏酒、食五辛盘、咬牙饧等食俗。

元日饮屠苏酒是南朝旧俗，“屠苏酒”是一种药酒。这一风俗直到宋代依然盛行，宋人王安石《元日》中云：“爆竹声中一岁除，春风送暖入屠苏。”苏轼也作诗：“但把穷愁博长健，不辞最后饮屠苏。”唐宋时期的人们在元日，除屠苏酒外，还饮用椒柏酒。“椒柏酒”即椒酒与柏酒。椒酒是用花椒浸制的酒，柏酒是用柏叶浸制的酒。如陆游《丙寅元日》诗称：“家家椒酒欢声里，户户桃符霁色中。”彭汝砺《元日》诗云：“柏酒人怀远，饧盘客荐新。”在中国古代饮食民俗中，柏与椒被认为是有助于解除百疾、延年益寿的佳品。元日饮椒柏酒的传统，有祝寿拜贺之意。元日饮椒柏酒的方式和屠苏酒一样，是自幼及长，人们把这种饮酒方式称为“蓝尾酒”。

元宝糕、糕元宝。元宝糕也即糕元宝。在温州，过年时要捣糖糕。糖糕是用米粉加红糖或砂糖捣制而成的。为了祈祝新年，人们经常做一些寓意“五子登科”“鲤鱼跳龙门”的糖糕。另外，还有很多人把糖糕做成元宝状，供奉在家里灶台上或藏在米缸里，以寄托新年里发财、丰足、“年年高”的心愿。温州民间有说法，“赚来一年过个春”，过年是件很神圣的事，过年必备的糖糕更是条件再窘迫的家庭，也要挤出些糯米去做的。[1]在江苏，年前要杀年猪、做年糕。有的村寨杀年猪时，会请亲朋好友来吃年猪宴。年糕，也叫铜锣糕，是家家户户过年必须做的，年糕在过年祭祀时需要用到，也是接待客人的点心，更是馈赠亲友的礼品。一个大圆年糕当地话叫“一扇”，普通人家过年要做五六扇。

在山东高密，腊月二十三辞灶前后，家家户户开始忙着做花饽饽、蒸年糕（年糕寓意日子过得年年高），这些活儿由女人们操持，有的孩子放了年假，也会跟着大人们揉面、磕花。这些花饽饽除了祭祖用，更多的是过年期间待客和自家食用。以前没有冰箱，人们做的这些面食多储存在米缸、面罐里，有的人家直到二月二才吃完。饽饽花磕子多为当地艺人用梨木、棠梨木刻成，图案繁多，通常用的花磕子有元宝、鱼、桃、莲蓬等形状。在高密民间，龙的近亲——蛇，是灵异的护家神物，人们亲切地称之为“小龙”，隐现着当地人对中华民族龙图腾崇拜的远古情结。面做的“小龙”叫神虫。这是一种特殊的面花，做成蛇形盘起来，口衔硬币或枣片，眼睛是两颗红豇豆，手艺精湛的女人还会用剪刀给神虫剪出漂亮的翅毛刺。神虫蒸好后，就存放在粮食囤或者面罐里。

面制的花刺猬，则是过年期间供在窗台上的神物。高密乡间民居以前多是草坯房，墙体厚实，窗台也宽，面刺猬就供养在窗台角落。范家庄高金明大爷的老伴胡宝翠，早年画过家堂，花刺猬做得很精巧，她说供养面刺猬时心里要默念一套呱儿（高密方言，呱即话的意思）：小刺猬，上窗台，不用挣，自己来。[2]

春节饮食：七沫八福九鲤鱼[3]

春节是一个盛大的节日，中国人讲究年年有余，进入腊月，各家各户就开始准

1 王一龙：《温州饮食文化研究》，浙江海洋学院硕士论文，2014 年，第 10 页。
2 徐明主编：《中国扑灰文化之乡——山东高密》，中国文联出版社，2015 年，第 242—244 页。
3 张兴宇：《枣庄市山亭区兴隆庄及周边村落岁时节日调查报告》，《百脉泉》第 14 期。

备年货，过年的饮食也有时间讲究，民间有很多关于新年的顺口溜。

老婆老婆你别馋，

过了腊八就是年。

腊八粥，喝几天，

哩哩啦啦二十三，

二十三，糖瓜粘，

二十四，扫房子，

二十五，炸豆腐，

二十六，炖羊肉，

二十七，杀公鸡，

二十八，把面发，

二十九，蒸馒头，

三十晚上熬一宿，

大年初一扭一扭，

……

民间有俗语，“喝了腊八粥，就把年来数”。到了腊月初八，家家户户开始准备年货，就已经有了年味。“初七初八泡豆芽，二十七八锅里炸”。

在山东高密，人们从腊月初八起便开始忙年，灶码、糖瓜、点心、果品、猪头、公鸡、鲤鱼、香烛、烧纸，鞭炮、春联、门笺、财神、家堂、桃枝、蔬菜等是家家必备的年货，无论是集市购买、家庭自制，还是亲朋馈赠，都寓意着吉祥祈福。置办的年货中还要按照双数添买些新碗筷，寓意来年家里会增添人口，绵绵瓜瓞，人丁兴旺。购买豆腐、青菜，则取意“都福”“生财”，祈求全家幸福、生活富足。

农历十二月二十三、二十四，南北方开始“过小年”，有“辞灶”、食灶糖习俗，“二十三，糖瓜粘”。二十三指农历十二月二十三日，这一天也叫“小年”。灶糖是一种麦芽糖，黏性很大，抽为长条形的糖棍称为“关东糖”，拉制成扁圆形就叫“糖瓜”。冬天把它放在屋外，因为天气严寒，糖瓜凝固得坚实而里边又有些微小的气泡，吃起来脆甜香酥，别有风味。

腊月二十六，山东临沂兴隆庄的村民便开始准备年节所用的酥菜。鲁南山区百姓所炸的酥菜与山东其他乡村并无太大差异，但较为明显的特征是在酥菜的选材上更加灵活多样，所炸酥菜使用的原料既可以是土豆、山药、花生米等当地常见的食材，富裕的人家还会把赶年集时购买的鱼、肉等食品炸制成酥鱼、酥肉。在兴隆庄，炸酥菜的工作多由家中妇女完成，从给土豆、山药削皮，到焯水、加面粉调制，再到生火入锅用豆油炸酥，通常需要花费一上午的时间，最后炸出的酥菜往往会是满满一盆。村民炸制的酥菜除了在春节期间祭祀神灵供其享用，也会被自家食用，因为春节期间天气寒冷，用豆油或花生油炸制出的酥菜可以存放半月之久。此外，炸制酥菜期间当地还有相关禁忌，如在家中炸酥菜时小孩子不准说或者询问“炸煳了”之类的话语，否则乡民认为有不吉利之嫌。家中的父母长辈亦会善意地呵斥：“不要乱说，说了缝嘴。”[1]

二十七八的时候就要开始走亲戚了，走亲戚时要带礼品，礼品必须用双数。二十八九的时候不用出门，等着过年。年三十的年夜饭要吃十个菜，寓意“十全十美”。年五更要吃饺子——没外人儿。[2]

大年三十团年饭后，很多地方的春节饮食习俗有其独特的时序特征，在不同的日子安排不同的吃食，在山东临沂地区兴隆庄村民中广为认可的“七沫八福九鲤鱼”[3]之说即为典型例证。“七沫”，即指在大年初七的时候家里要用菠菜菜叶或绿豆芽等配以初六压好的糊涂面烧咸糊涂喝；“八福”，指初八那天要吃豆腐，寓意吃豆腐有福气；“九鲤鱼”则是代指初九那天要吃鱼，统称为“七沫八福九鲤鱼”。此外，大年初一是吃素馅水饺，初二可以吃肉馅水饺，初三还是吃水饺，按照以前的说法，初三吃饺子，地里可以多收粮食。初四家里吃馒头，初五的时候同样是吃水

1　张兴宇：《兴隆庄及其周边村落岁时节日调查报告》，《百脉泉》第 14 期。
2　李向振、刘若轩、俞理婷：《费县薛庄镇谭家庄村村落调查报告》，《百脉泉》第 13 期。
3　兴隆庄周边村落还有“五捏嘴，六挑旗，七沫八福九鲤鱼”之说。

饺，但初五所吃的水饺意味着“捏嘴”，防止一年之中人们随便骂人。和初五一样，初十也会吃饺子，十五吃元宵，十六吃面条。

团年饭

团年饭，又称年夜饭、团圆饭等，特指年尾除夕时一家人团圆聚餐。年夜饭源于古代的年终祭祀仪式，拜祭神灵与祖先后团圆聚餐。团年饭是年前的重头戏，不但丰富多彩，而且很讲究意头。吃团年饭前先拜神祭祖，待拜祭仪式完毕后方才开饭。中国人的年夜饭是家人的团圆聚餐，这顿是年尾最丰盛、最重要的一顿晚餐。

俗话说得好，“打一千，骂一万，三十晚上吃顿饭”。按照中国民间的传统习惯，年夜饭的吃食很有讲究，通常有馄饨、饺子、长面、元宵等。中国南方地区的年夜饭有两样菜必不可少，一是有条头尾完整的鱼，象征年年有余；二是丸子，南方俗称“圆子”，象征团团圆圆。

团年饭可以在大年三十这一天的早、中、晚三餐中随意选。有的人家老人孩子多，且亲戚间都住得比较近，就会和自家兄弟亲戚协商，将团年饭错开来。如此，老人可以在几个儿子家都吃上团年饭。在湘中地区，人们吃团年饭，讲究的是团团圆圆。小时候，家里奶奶、外公都还在，我们一家吃团年饭时，就会和叔叔、舅舅家事先协商，尽量让奶奶、外公能来我家吃团年饭。吃团年饭时，要敞开大门，来参加的人越多越好。如果此时有人来家，主家会盛情邀请其入席：“来得好，现碗现筷，今年大发。”来者也领会主家之意，说句“过热闹年”的客套话后，不再推辞入座。即使来人刚吃过饭，也要象征性地吃一点。所以，团年饭桌上通常要多摆一两副碗筷。

在温州，民众一般将年夜饭称为“分岁酒”。传统的分岁酒有十道冷盘和十道热菜，盘点可以按时令调整，但所摆盘数必须达到十，寓意十全十美。十个冷盘一般有酱油肉、白鸡、鸭舌、猪肝、牛肉、鳗鲞、鱼饼、血蛤、海蜇皮、虾干、胶冻、牡蛎、清蒸江蟹或江蟹生、柑橘、桂圆、草莓、红枣等，民众根据条件自行调整。这些冷盘其实都有一定的寓意，给年味增添了无限喜庆。传统的十大热菜菜品与上菜顺序为：“年年升高”——炒水晶糕；“开门红吉”——笋干扣肉；“前程锦

图9 团年饭

绣”——金针全鸡；“年年有余”——清蒸全鱼；“盘盘有财”——盘菜猪蹄；“一炮打红”——红烧泡胶；“长寿万代”——粉丝明脯；“全家团聚”——什锦三鲜；“大年丰收”——三丝敲鱼；“新年红早”——红枣八宝饭或红枣桂圆汤之类的甜品。[1]

无鹅不像年。广东樟木头镇的客家人最讲究过年吃鹅。过年可以不杀猪、不杀鸡，但一定得有鹅，有“无鹅不像年”之说。这大概跟从前客家人颠沛流离，生活较贫困有关。鹅个头大，长得快，耐饥少病，没有饲料时还可用青草喂养，非常适合客家人迁徙时携带。肉多，可以“大碗喝酒，大块吃肉”，体现客家人豪爽的性格。村里家家户户都养鹅，少的几只，多的十几只，一到春节，鹅的叫声此起彼伏，未见人影，先听鹅声，饶有情趣。在年饭餐桌上，如何进食也有一番讲究。鹅头由长者吃，翅膀给出门的男人吃，读书的孩子吃鹅臂（腿）。酒洒倒在桌上视为

1 徐小娟:《温州海产食俗研究》，温州大学硕士学位论文，2016 年，第 53 页。

发财，碗被摔碎看作会添丁，掉落了筷子当作有食缘……[1]

馄饨和饺子

可以说，春节食俗中最普遍最重要的食品莫过于饺子。北方过年，晚上吃饺子，初一早晨吃饺子，破五（初五）还吃饺子。饺子不仅是人们喜爱吃的食物，而且是具有仪式意义的节日食品。关于春节吃饺子有不同的说法，有的地方称之为“隔年饺子”，认为“饺子”是“交子”的谐音，取交半夜子时吃之意，在北方地区确有子时吃饺子的习俗。还有观点认为，古代除夕零点，称“子时”，人们要吃在除夕包的饺子，取其“更岁交子”（新旧年交替自子时起）之意。也有人认为，饺子和馄饨代表宇宙形成之前的“混沌”，人们在春节吃饺子，是在重演人类大地和宇宙从无到有的演化。

图10 饺子

1 赖业伟主编：《中国民间文艺麒麟之乡——广东樟木头》，中国文联出版社，2015年，第45页。

农历腊月三十日（小月为二十九日）为除夕，俗称大年三十儿。三十夜里，子孙们给祖宗和长辈拜过年后，全家聚在一起吃“接神饺子”。有的人家在众多的饺子中只包入一枚硬币，谓吃到硬币者吉祥好运。食饺子已有两千多年历史，西汉时期，盛行食饺子，不过那时的饺子俗称“角子”。到了唐代，饺子更为流行，其样貌已与现在的饺子毫无二致，且是捞出来放在盘子里单独吃。我国考古工作者在新疆吐鲁番的唐代墓葬中，发现盛在碗里的饺子，和现在的饺子一样。宋代时，饺子称“角角”“角儿”，是后世“饺子”一词的词源。元朝称饺子为“扁食”。清朝时，出现了诸如“饺儿”“水点心”“煮饽饽”等有关饺子的新称谓。饺子名称的增多，说明其流传的地域在不断扩大。民间春节吃饺子的习俗在明清时已相当盛行。饺子一般要在年三十晚上12点之前包好，待到半夜子时吃，这时正是农历正月初一的伊始，吃饺子取“更岁交子”之意，“子”为“子时”，交与“饺”谐音，有“喜庆团圆”和“吉祥如意”之意。

在民间，各地均有结婚时吃饺子的习俗，其寓意很明确，祈求妇女生育、子孙繁衍。“饺”就是“交”，饺子就是有两角的馄饨，象征男女相交、阴阳相合得子。大年初一早晨吃饺子，寓意春之将至。

如今，为了讨吉利，有人会在饺子中放些糖，意味着来年生活更甜美；有人放些长生果（即花生），意味着健康长寿；有人在个别饺子里包一枚“制钱”，谁吃出钱来，谁就会财运亨通。正月初一拂晓，新年活动进入高潮。元日早晨，多数人家也会吃饺子，认为饺子形似元宝，象征着“招财进宝”。

也有吃“臊子面”的，面条要求长而不断，象征长寿，又称“长寿面”。有的地区会将饺子与面条同煮而食，称作“银线吊葫芦”或“金丝穿元宝”。在山西吕梁等地，每年除夕时，会用豆面制作面条，比平时宽且薄，初一早餐时食用，取“一年到头心宽可心意”的意思，所以称之为“宽心面”。

元宵

上元为正月十五，又称元夕、元夜、灯夕、灯宵、灯节、灯市，今称元宵节。元宵节各处都有吃元宵、汤圆，喝元宵酒，办元宵宴等饮食习俗。过了元宵节，年节也就基本结束，人们要开始准备新一年的耕耘，俗语云：“喝了元宵酒，犁耙握在手。”

唐代上元节大多数地方的食俗是食焦馇。焦馇又称油馇，它是一种油炸的带馅圆面点。陶谷《清异录·馔羞门》中记载，食肆“张手美家”，上元节专卖一种称为“油画明珠”的上元油饭，有学者认为，这种油画明珠即油馇。宋代时，焦馇仍然是上元节最重要的节食。《岁时杂记》记载：“京师上元节食焦馇，最盛且久。又大者，名柏头焦馇。凡卖馇必鸣鼓，谓之‘馇鼓’。每以竹架子出青伞，缀装梅红缕金小灯球儿。竹架前后，亦设灯笼，敲鼓应拍，团团转走，谓之打旋罗。罗列街巷，处处有之。”[1]

元宵最初起源于宋朝，那时民间开始流行一种元宵节吃的新奇食品，即用各种果饵做馅，外面用糯米粉搓成球，煮熟后吃起来香甜可口。因为这种糯米球煮在锅里又浮又沉，所以最早叫“浮元子”，后来有的地区把浮元子改称元宵。《岁时广记》中称它为“元子”，元子或圆子，即后世的元宵。元宵是从焦馇演变而来的，焦馇不经油炸，而经水煮，即为元宵。上元元宵有家人团圆之意，因而南宋《元宵煮浮圆子，前辈似未尝赋此，坐间成四韵》诗云，“今夕知何夕，团圆事事同。”

《乾淳岁时记》称它为“乳糖元子”；《大明一统赋》称它为“糖元”；《武林旧事》称它为“团子”。说起汤圆，近代史上还有一个掌故。传说袁世凯称帝遭举国反对，其手下逢迎者说“元宵”谐音“袁消”，有诅咒之意。1913 年元宵节前，袁世凯下令“元宵”一律改叫“汤圆”。袁世凯垮台后，大部分地区又恢复了“元宵”的名称。元宵在浙江绍兴叫“团子”，在南京叫“汤团”，在苏州叫“元宵”。

在温州泰顺，有一项独特又古老的闹元宵习俗——百家宴，源起于宋代，流行于明清，延续至今已有八百余年历史，已被列入省非物质文化遗产。泰顺百家宴最初由“祠堂酒”“祭春福”演变而来，是一种在族人内部举行的闹元宵祈祷仪式，其目的是“聚宗亲、商族事、祈丰收、保平安”。如今泰顺百家宴已经演变成一场元宵大聚餐，来自各地的民众都可参与此宴。泰顺每个举办百家宴的镇都有一位福

1　孙鸣晨编：《寻味历史 食在宋朝》，万卷出版公司，2021 年，第 186 页。

首，负责准备百家宴菜品、酒水等。[1]

“偷”菜闹元宵。正月十五“偷青”的习俗在广东樟木头镇自古就有。元宵节当天下午，一般由“公尝”（通常以前在客家地区的城镇乡村各地都有该姓氏族或祖宗上代留下的或众人捐集的公共财产，俗称“公尝”。大体有两类：一类是祖传“公尝”，即该姓氏族或本房上代祖宗给后代分财产时，留下一部分作为公尝财或公尝田；另一类是捐捡“公尝”，即由该宗族房姓各户捐集的财产）和生男孩的家长出钱设宴做“饮灯酒”“结灯”。“偷青”则是在元宵节前一晚10点以后，村中青年男女到本村或邻村人家的菜地里“偷青”，摘取一些蔬菜、葱、蒜以作夜宵，而菜地主人在元宵当日就大声咒骂，骂得越凶越好，表示可去除“衰东西”，一年行好运。“偷青”在樟木头盛行于20世纪五六十年代之前，但凡遇到“偷青”的，即便菜地主人高兴，也要骂，要狠狠地骂，越骂大家都越好，所“偷”的青葱、青蒜和生菜，有聪明、会算、生财等吉祥之意。[2]

在湖北秭归一带，元宵有“摸青”习俗。[3]摸青，是民间预卜一年生产生活吉凶的习俗。正月十五深夜，悄悄潜入他人菜园，偷一两棵青菜回来。洗净切碎，伴着当天的剩饭、剩菜一同煮成稀饭，擂成饭浆，并拌进果子、馓子、米花等油炸松脆的小吃，每人喝一大碗，俗称“填（甜）浆饭”“暮（没）糊粥”。第二天一早，开门听到人家骂娘。骂得越恶毒越好，骂得越凶越好，正所谓“黄狗儿咒青天，越咒越新鲜”。摸青不打灯，必须摸到青菜，取一年生产生活有甜浆没糊粥、四时进财之意。如果摸的是白菜，则有“白忙财喜”之意；摸了菠菜，则会一年“波波折折”；摸了大蒜更坏，“蒜苗”谐音“算了”。

在湖北当阳，汤圆又叫糍浆馃子。将糯米浸泡一周，磨成浆，用布袋装上，将水滤出。食用时可以搓成圆子，也可以包甜馅，可炸、可煮、可炒。农历正月十五元宵节，在湖北伍家岗被称为过“把把年”，主要吃汤圆和毛裹团子。汤圆的主料

1　徐小娟：《温州海产食俗研究》，温州大学硕士学位论文，2016年，第53—54页。

2　赖业伟主编：《中国麒麟文化之乡——广东樟木头》，中国文联出版社，2015年，第47—48页。

3　《中国民俗志·湖北秭归卷》编纂委员会：《中国民俗志·湖北宜昌市卷·秭归卷》，中国文联出版社，2014年，第278页。

是桂花芯和糯米粉，每年八九月份，桂花飘香时，将桂花花瓣收集起来，用白糖或蜂蜜拌匀密封在容器里，经过几个月的秘制，汤圆的芯子就做成了。在一些乡村，一般做的是油炸汤圆。将糍浆（米推成浆然后吊干叫糍浆）搓成圆团放入锅中炸，炸好后裹上白糖。也可以做成炒汤圆，锅中放油少许，汤圆下锅，不停翻炒，快熟透时，加白糖水，煮开收汁。还有一种叫醪糟汤圆，小汤圆加醪糟熬制而成。毛果团子又叫糍浆粑粑，用糍浆包上芯子，芯子用肉、豆腐干、胡萝卜或者盐菜等剁碎，再加调料制成。蒸熟后可直接食用，也可以作为礼物赠予亲友。[1]

端午节

端午节的别称是所有节日中最多的："端五节""重五节""五月节""午日节""重午节""天中节""夏节""端阳节""菖节""蒲节""艾节""龙舟节""浴兰节""粽子节""白赏节"等。"端"犹首也，有"初始"的含义，因此"初五"就是"端五"。而夏历寅月为正月，称五月为午月，"端五"渐渐演变成了"端午"。端午节的饮食各处不一，江苏一带，"端午时节碌忙人，剥粽蘸糖当早茶。苋菜落油和片粉，面筋捣蒜拌黄瓜。一方白肉连皮啖，两尾黄鱼带鳔叉。烧酒醉来无物解，平桥脚下买枇杷"。端午节的饮食不只是粽子，还要饮雄黄酒，吃五毒饼、咸蛋和时令鲜果等，如民谣所唱："端午吃个杏，到老不害病；端午吃个桃，到老乐逍遥。"福建仙游人称端午节为"五日节"，活动时间从五月初一至初五日，俗称，"初一糕，初二粽，初三螺，初四艾，初五扒龙船"。

端午粽子

农历五月初五日是端午节，俗称"五月节"，民间有包粽子、吃粽子的饮食习俗。粽子，古称角黍。早在公元2世纪时便流行这种食品了。最早是用新竹筒盛米

1 《中国民俗志·湖北宜昌市卷》编纂委员会、《中国民俗志·湖北五峰卷》编纂委员会：《中国民俗志·湖北宜昌市卷·五峰卷》，中国文联出版社，2014年，第261页。

煮成筒粽，后来才改用楝叶、菰芦叶、竹叶、苇叶裹黍米成尖角心形，煮熟后食用。据传最早流行于长江、汉水流域，与端午节投粽入江中祭屈原或饲蛟龙的习俗相合，流传为节日食品。

粽子是用黍米做的，黍米煮熟置凉水中浸泡，炎热天吃后具有止渴、清热功效，且包裹的菰芦叶、灰汁同样有清凉、败火的药用，所以粽子是古人在夏季防暑祛病实践中创造出来的一种应时食品。民间流传，食粽子是纪念楚大夫屈原。屈原投江后，楚人便以竹筒盛米投入江中祭奠屈原。这一天，家家户户都食用粽子。晋代，粽子被正式定为端午节庆食品。南北朝时期，出现杂粽。米中掺杂肉、板栗、红枣、赤豆等，品种增多。粽子还用作交往的礼品。

唐宋时期端午的重要节食是百索粽子。“百索”即五色彩丝，它又名朱索、长命缕、续命缕、辟兵缕等，端午节有将五色彩丝系在臂上，或悬在门上，以辟兵止恶的习俗。除传统的“百索粽子”外，唐代端午节还出现了不少新品种的粽子，最著名的是九子粽，因其用彩线将九个粽子扎在一起而得名。唐代不少诗人歌咏过九子粽，如“四时花竞巧，九子粽争新”“盘斗九子粽，瓯擎五云浆”。宋代，端午粽子种类更多，临安还出现了“巧粽”。

图11 粽子

山东地区，吃了端午粽，才把棉袄送。农历五月初五为端午节，又称端阳节。居民食粽子。[1] 在广东樟木头镇，过端午节，吃粽子是少不了的。粽子分为咸粽、枧水粽（甜粽）、檬粽等，粽子包好煮熟后，在亲戚间互相赠送。客家人把端午节叫作“端阳节”“五月节”，家家户户裹粽子，加菜过节。

在湖北很多地方，端午节时家家户户都要包粽子、煮盐鸭蛋、蒸肉包子、喝雄黄酒、煮大蒜吃。粽子有咸味和甜味两种，通常是糯米包枣或白粽子。盐鸭蛋色泽清亮，吃了清火又管饱，民间有“粽子盐鸭蛋，吃了不吃饭”的说法。也有部分地区，除了盐鸭蛋，也做盐鸡蛋，俗称“咸鸭蛋”“咸鸡蛋”“盐蛋”“咸蛋”。端午节是五毒最盛的一天，吃蒸包子、喝雄黄酒、煮大蒜吃，可以一年不长脓包、疖子，免受皮肉之苦。

五毒饼、雄黄酒、凉药茶

古人早已认定五月是阴气始盛的恶月，五月五日更是恶月恶日，其饮食习俗也与驱邪避毒有关。江浙一带有端午节吃“五黄”的习俗。五黄，是指黄鱼、黄瓜、黄鳝、鸭蛋黄、雄黄酒（雄黄酒有毒性，一般以普通黄酒替代）。咸鸭蛋可以用黄豆替代。农历五月，江南人称其为五黄月。

五毒饼是用面粉制作的一种饼，以面粉为皮面，内包糖馅，在饼面的酥皮上，用木模印刻蛇、蝎、壁虎、蜈蚣、蟾蜍五种动物（这五种动物便是五毒的具体象征物），称为“五毒饼”。在端午节这天，无论大人还是小孩，都必须吃五毒饼。其寓意为：将五毒吃下肚，以毒攻毒，百病全无。

菖蒲酒和雄黄酒是端午节专门供人们饮用的酒类。人们在端午节这天都会饮菖蒲酒或雄黄酒以辟邪除疫。民间有说法：喝了雄黄酒，百病远远丢。

雄黄酒制作简便，在端午节前去药铺购买雄黄、朱砂，再用蒲根切成细丝，放到太阳下暴晒，然后浸入酒中，等到端午节拿出来饮用。这天，不论大人、小孩都要喝，剩下的酒，要涂抹在孩子的额头、两颊、耳鼻，并挥洒于床帐间、屋子四周和四角。

1　临沂市地方史志办公室编：《蒙山志》，齐鲁书社，1999 年，第 277 页。

饮用蒲酒、雄黄酒、朱砂酒，并以酒洒喷。《荆楚岁时记》中记载："以菖蒲或镂或屑，以冷酒。"蒲酒味芳香，有爽口之感，后来又在酒中加入雄黄、朱砂等。明代冯应京的《月令广义》中道："五日用朱砂酒，辟邪解毒，用酒染额胸手足心，无虺蛇之患。又以洒墙壁门窗，以避毒虫。"[1]

用夏枯草、菖蒲、淡竹叶、薄荷等凉性解热药草熬水当作茶喝，叫"凉药茶"，也在端午节这天饮用，不仅家人自熬自饮，还互赠亲朋近邻饮用。有些地方慈善团体还会从端午这一天开始发放藿香丸、青黛散、六一散、济众水、凉药茶等防治暑期疾病的药物。

五代时期，"如意圆"开始成为开封端午的节食。宋代，团类食品更加丰富，制作也更加精巧，《岁时杂记》云："端午作水团，又名白团。或杂五色人兽花果之状。最精者名滴粉团，或加麝香。又有干团不入水者。"[2]宋代还出现了"果子"这一新的端午节食，端午节"果子"的种类甚多，《岁时杂记》云："都人以菖蒲、生姜、杏、梅、李、紫苏，皆切如丝，入盐曝干，谓之百草头，或以糖、蜜渍之，纳梅皮中，以为酿梅。皆端午果子也。"[3]

送端午和大端午

农历五月初五端午节，在湖北、湖南一些地方，近亲和好朋友会在这一天"拜端午"。"拜端午"又称"送端午""追节"。已定亲的男青年要到未婚妻家中给准岳父岳母及其他长辈拜节，送节礼包括送肉、鸡蛋、咸鸭蛋、粽子、酒、绿豆糕、炸油糕和衣料等物，送给未婚妻衣服、头花、花线等。女婿们也要给岳父岳母拜端午，常常是挑箩担拜节，送的礼物多是吃的，大块的肉、大包的粽子、咸鸭蛋等。旧时，各行各业都有收徒带徒的习俗，端午节这一天，徒弟们都要挑箩担去师父家"拜端午"，箩担里最重要的拜节礼物是酒、肉、粽子、咸鸭蛋、皮蛋等。家里如果有要拜端午的，需提前请人帮忙包粽子、做咸鸭蛋；如果有人来家拜端午，也

---

1 杨荫深编著:《岁时令节》，上海辞书出版社，2014 年，第 79 页。

2 孙民:《中华节令风俗文化·夏》，沈阳出版社，2013 年，第 126 页。

3 徐吉军等:《中国风俗通史·宋代卷》，上海文艺出版社，2001 年，第 641 页。

得提前做好准备，办端午午宴，如果徒弟多或准亲家多，还需要请厨师和邻里帮忙办宴席。亲家和徒弟们送来的粽子要用箩担挑，这些食物会留一部分在箩担内作为回礼，一部分在端午午宴上大家分食，剩下的大部分会分送给亲朋好友。拜端午是大事，如果端午节这一天有事不能去，也可以往后推移时间，大端午、末端午都可以，甚至整个六月直到九月重阳，当地流传着俗语，如“有心拜端午，六月不为迟”“有心拜端午，八月十五也不迟”“重阳拜端午，有礼不在迟”。

明清时期，除了过传统的端午节，在长江上游的四川、长江中游的湖北和湖南等地区，一年会过两到三个端午节。除五月初五的端午（小端午）外，还有“大端午”和“末端午”。《岁时纪时辞典》中提到：“湖南等地称农历五月五日为‘小端午’，五月十五日为‘大端午’。龙舟竞渡即在‘大端午’前后，五月十四日至十六日举行。湖南土家族亦有大、小端午之称。”[1]《中华全国风俗志·湖北》记载：五月“五日竞渡，楚俗所同。至十五日，名曰大端阳，食角黍、饮蒲酒如前。十三、十四、十五三日，龙舟尤胜，与他郡异”。[2]

五月十五日为大端午，“角黍”“蒲酒”是必不可少的节日饮食。清同治五年（1866）的《长阳县志》中记载：“乡间十五日为‘大端午’，二十五日为‘末端午’。”如今，虽然大端午、末端午基本不过了，但在湖南、湖北一些地方，仍保留了大端午、末端午的名称，年岁大一点的人，也有过这些节日的。大端午和末端午虽然没有端午节那么隆重，但亲戚间该有的走动还是会有。一般人家也都会买肉打酒来过节。

中秋团圆饼

八月十五吃月饼

食月饼。农历八月十五日中秋节，又称团圆节，俗称“八月节”。这一天人们

1 周一平、沈茶英编著：《岁时纪时辞典》，湖南出版社，1991年，第46页。

2 胡朴安编著：《中华全国风俗志》，河北人民出版社，1986年，第166页。

不但食用月饼，夜里还要进行祭月、拜月、赏月等活动。月饼在我国有着悠久的历史。据史料记载，早在殷、周时期，江、浙一带就有一种纪念太师闻仲的边薄心厚的“太师饼”，此乃我国月饼的“始祖”。汉代张骞出使西域时，引进芝麻、胡桃，为月饼的制作增添了辅料，这时便出现了以胡桃仁为馅的圆形饼，名曰“胡饼”。唐代，民间已有从事生产的饼师，京城长安也开始出现糕饼铺。据说，有一年中秋之夜，唐玄宗和杨贵妃赏月吃胡饼时，唐玄宗觉得“胡饼”名字不好听，杨贵妃仰望皎洁的明月，心潮澎湃，随口而出“月饼”，从此“月饼”的名称便在民间逐渐流传开来。此说尽管有些附会，但吃月饼的确与拜月、祭月有关。宋代的文学家周密，在记叙南宋都城临安见闻的《武林旧事》中首次提到“月饼”之名称。对中秋赏月、吃月饼的描述，是在明代的《西湖游览志余》中才有记载：“八月十五日谓之中秋，民间以月饼相遗，取团圆之义。”[1] 到了清代，关于月饼的记载就多起来了。

图12 河南浚县打月饼

1 覃仕勇：《熬通宵也要读完的大元史》，台海出版社，2020 年，第 168 页。

月饼也叫团圆饼。月饼是中秋节全国通用的食品，月饼与十五月夜祭月节物同名，中秋是团圆的时节，月圆饼也圆，又是阖家分吃，象征着团圆和睦，团圆饼则强调团圆的寓意。《清嘉录》中记载："人家馈贻月饼，为中秋节物。十五夜，则偕瓜果，以供祭月筵前。"[1]《江乡节物诗》中云："中秋食月饼，夜则设以祭月，亦取人月双圆之意耳。"[2]《扬州西山小志》记载："土俗酬神，以面制饼，名团圆饼。中秋节家家制饼，荤素大小咸备，名子孙饼。"[3]

送节

在山东一些地方，八月十五在人们的观念里是仅次于春节的隆重节日。到了八月十五，年轻人开始走舅家、走姥娘家。女儿提前几天送节礼回娘家，礼物有月饼、酒、肉，条件好的还送鸡鸭，数量都要成双。如果岳父不在了，女婿还要给丈人哥（大舅哥）送。八月十五需全家团聚，一般有条件的都要回家过中秋节。女儿八月十五当天不可回娘家。中秋节在当地被称为"圆月"[4]。八月十五之前，亲戚之间还要准备礼品互相串亲戚，一般是进入八月之后就开始准备走亲，家中的小辈带上酒、牛奶、鸡、鱼、月饼及各色点心去姑、舅、姨家走亲戚。特别是刚结婚的新亲，新女婿格外注重中秋节送礼的档次和质量。农历八月中旬，山村地里的农活也已完成大半，恰逢中秋佳节，山村的各家各户会在庭院之内摆上酒菜和水果、月饼等，全家老少在中秋之夜聚集在一起，举杯畅饮，观赏圆月，共享天伦之乐。家中的老人还有在此日烧香拜月的习俗，当地人称为"敬月姥娘"。

在浙江温州地区，有中秋"送节"习俗：女婿给丈人送鸭、肉、豆糕等，丈人以"三锦"、粉干、梨等做回礼。而作为重头戏的是吃团圆酒，全家人不管分开多远都会在中秋那天赶回来团聚，先吃饭，再围坐在院子里边赏月边谈天。大人会给

1　沈书枝：《八九十枝花》，北京十月文艺出版社，2019 年，第 120 页。

2　陆鉴三选注：《西湖笔丛》，浙江文艺出版社，1985 年，第 272 页

3　潘超、丘良任、孙忠铨等编：《中华竹枝词全编》（3），北京出版社，2007 年，第 141 页。

4　被访谈人：张立功，男，64 岁，张山湾人；访谈人：张兴宇，访谈时间：2012 年 12 月 7 日上午；访谈地点：张锦湖故居。

孩子们讲“嫦娥奔月”等故事，最后切开“大月”分食。

在温州，中秋节期间亲友间会互送月饼。月饼呈圆形，古人取其团圆之意，温州月饼除苏式、广式外，尚有空心月饼与直径逾尺的大月饼。是日，在外地的亲人尽可能回家，团聚欢宴。宴席上常有芋艿、粉干、蝤蛑、新鸭等菜。夜晚，各家备月饼瓜果，在中庭赏月至深夜。现在，由于工作忙碌等各种原因，温州人过中秋节也简化了很多，大部分人会陪家人吃个团圆饭、赏月、吃月饼。月饼象征团圆，当今月饼的价值越来越趋向于赠礼。

做秋、摸秋

中秋也叫“做秋”“栽秋”或“知秋”。在福建仙游，中秋节这天，不仅要吃月饼、赏月，还有“栽秋”，又叫“送秋”的习俗。所谓“栽秋”，是已出嫁的女儿每年中秋节前送礼物给娘家父母。“送秋”的礼物，一般有月饼、猪蹄、花生油、米粉等，还有给父母的衣服、鞋子、袜子、围巾等过冬用的衣物。当地有俗语，“七月半，空中走满人；八月半，地上忙走人”。

“做秋”，就是在女儿们送秋这天，娘家人用她们送秋的礼物做一桌“团圆饭”。女儿送秋，娘家做秋。收了女儿的礼物后，娘家人要回盘。除了用蓼花和麻筒压盘，娘家人一般还要制作印糕。[1]

到中秋，赛摸秋。中秋夜，民间流传“摸瓜”“送瓜”之俗，“八月十五摸秋不为偷”。个人或几人相约去“偷”摘瓜果，被偷人家不会声张，“摸秋，摸秋，越摸越有，越摸越发”。也有的地方被偷的人要“骂娘”。湖北宜昌，“中秋节，家家吃月饼、瓜果，晚上赏月，实庆秋收。祈生儿子人家，深夜可到别人田里摘瓜求子，谓之‘摸秋’。并有亲友给求子人家送瓜祝其得子的习俗。”[2]

在湖北秭归一带，八月十五有摸秋的习俗，想试年成的，要在别人家堂屋后正对着供香火家神的地方，摸 3 个苞谷，要摸 12 户、36 个苞谷，存放到农历正月

---

1 连铁杞主编:《中国梦文化之乡——福建仙游九鲤湖》，中国文联出版社，2020 年，第 58 页。

2 《中国民俗志·湖北宜昌市卷》编纂委员会、《中国民俗志·湖北五峰卷》编纂委员会:《中国民俗志·湖北宜昌市卷·五峰卷》，中国文联出版社，2014 年，第 273 页。

十五以测试年成。据说，这样摸秋得来的苞谷试年成才灵验。摸秋时，主要摸蔬菜，南瓜、冬瓜、辣椒、包菜等。摸秋是要偷偷进行的，被摸的人家如果看到别人在自家田里摸秋，不得作声，任其摸走。因为越是骂，摸秋的人越是发[1]。

在湘中的新化，中秋有“摸秋”的习俗。宅旁柚子飘香，院内山枣透红，路过顺手或特意爬墙摘几个尝鲜，只算是一件逗趣取乐之事，不算“偷”。更有爱开玩笑者，摘来一个冬瓜，给其戴帽穿衣，放爆竹，送至尚无子嗣的育龄夫妇人家，主家须出迎招待，以谢祝愿[2]。中秋是瓜果蔬菜收获的季节，湘中一些地方，中秋夜有“摸秋”偷芋头的习俗，偷来的芋头，大家一起炖着吃。

重阳糕、菊花酒

重阳节日食品为各种糕。“糕”之名源于六朝之末。唐代以前，人们多把糕称为“饵”，重阳糕的种类很少，多是加了蓬草的“蓬饵”。到了唐代，重阳糕的名目就多了起来，据《大唐六典》和唐《食谱》等书记载，重阳节有麻葛糕、米锦糕以及菊花糕。到了宋代，重阳糕的种类和名目更多。与唐代相比，宋代的重阳糕在两个方面获得了重大发展。

图13 糯米藕

1 《中国民俗志·湖北宜昌市卷》编纂委员会、《中国民俗志·湖北秭归卷》编纂委员会：《中国民俗志·湖北宜昌市卷·秭归卷》，中国文联出版社，2014年，第280页。

2 新化县志编纂委员会编：《新化县志》，湖南出版社，1996年，第998页。

一是糕面开始有了多种装饰。据《皇朝岁时杂记》记载，国家大礼时宗祀明堂的万象糕，“多以小泥象糁列糕上”，民间的食禄糕，“每糕上置小鹿子数枚”。

临安的居民在制作重阳糕时，沿袭了这一习俗，《梦粱录》记载：“兼之此日都人店肆，以糖面蒸糕，上以猪羊肉、鸭子为丝簇饤，插小彩旗，名曰‘重阳糕’。”[1]而周密《武林旧事》所记的菊糕，“都人是月饮新酒、泛萸、簪菊，且各以菊糕为馈：以糖、肉、秫面杂糅为之；上缕肉丝鸭饼，缀以榴颗，标以彩旗；又作蛮王狮子于上，又糜栗为屑，合以蜂蜜，印花脱饼，以为果饵”。[2]由于糕面上有多种装饰，所以重阳糕在宋代以后又称为“花糕”。

二是制糕原料多样化。宋代以前，制作重阳糕的原料局限于米、面、糖、蜜和各种花草香料。宋代时，各种坚果、肉类开始成为重阳糕的重要原料。

与唐代相比，宋代重阳糕的内涵更为丰富，食糕食俗更加多姿多彩。据《岁时杂记》载：“重九日天欲明时，以片糕搭小儿头上，乳保祝祷云，百事皆高。”[3]宋人借助糕的谐音祝福子女事事高升。宋代重阳节还有接出嫁的女儿回家吃糕的习俗。在江南一些地方，九月九日天明时，父母将云片糕搭在儿女的额头上，并祝祷“百事俱高”。

重阳食栗糕、栗粽花糕。栗糕是将栗子煮得极烂，以纯糯米粉加糖制成糕，是重阳必食之物。栗糕也称栗粽花糕。《江乡节物诗》云：“岁时纪：二社重阳，皆尚食糕，而重阳为甚。”[4]

饮菊花酒是重阳节的另一项传统食俗，这项习俗形成的时间很早，据刘歆的《西京杂记》记载，西汉初年每逢九月九日宫廷都要饮菊花酒，当时酿造菊花酒的程序是“菊花舒时，并采茎叶，杂黍米酿之，至来年九月九日始熟，就饮焉，故谓之菊花酒”。唐人过重阳节时，除饮菊花酒外，还要饮茱萸酒。庞元英《文昌杂录》所记唐代岁时节物，称“九月九日则有茱萸、菊花酒”。

---

1 吴自牧撰，傅林祥注：《梦粱录》，山东友谊出版社，2001 年，第 48 页。

2 周密：《武林旧事》，光明日报出版社，2016 年，第 67 页。

3 田东江：《当时只道是寻常 传统中的文化特质》，广州中山大学出版社，2021 年，第 118 页。

4 王国平主编：《西湖文献集成》（19），杭州出版社，2004 年，第 168 页。

在浙江绍兴新昌等地，重阳节被称为“农民节”。这一天，农家多买肉杀鸡，一家人团聚犒劳，民间有“重阳不吃饱，亏煞种田佬”的说法。重阳节制糕、吃糕寓意“步步登高”“高高兴兴”。常熟白茆山歌有：“九月九，九粒糯米做瓮酒，十个大姐来吃酒，你拍手来我拍手，这样的日子哪里有。”

在山西闻喜地区，重阳节前后，出嫁女儿要回娘家探亲，并准备好回娘家要带的节节糕、寿糕、菊花馍等，也可以回娘家后给父母蒸做，其意是祝福老人们健康长寿。等女儿返家时，娘家则要回送“五谷丰登节节糕（高）”，祝福女儿生活富裕、幸福美满。

祭和食的双重功能

食祭与祭礼

“国之大事在祀与戎”，周人向来重视祭祀，对天神、地祇的祭祀之礼即为吉礼。我国古人对祭祀的重视很大程度上是通过祭祀中的各种饮食活动和规则得以体现的。

饮食与祭祀相结合，食官兼有祭祀职能。饮食用于祀天地、祭宗庙，且多遵循食前必祭，祭后必食的原则。

《周礼》食官制度中的职官，除了负责提供满足王室宫廷贵族等统治者口腹之欲的食品，还各按专业特长，为祭祀供应各种祭品。这在后世也成为惯例。从秦代开始设置的太官令，主御膳食，同时掌供祭食。“太官令掌膳羞割烹之事。凡供进膳羞，则辨其名物，而视食之宜，谨其水火之灾。祭祀共明水、明火，割牲取毛血牲体，以为鼎俎之实。朝会宴享，则供其酒膳。”[1] 自南朝梁开始设置的光禄寺（曾改为司宰寺、司膳寺）掌朝会、祭享等典仪中的膳馐供应，具体事务由其所统的太

1 脱脱：《宋史·卷一百六十四·职官志》，中华书局，1977 年，第 3891 页。

官、珍馐、良酝、掌醢四署办理。在隋代以后的史书职官志中，明确记载了这四署之令、承供应食品和祭品的双重职责。

在民间，同样存在食祭和祭礼。祭祀有原则，先祭后飨方可，先飨而后祭则不可。家族或乡里由族长或德高望重、懂祭礼的专门人员主持，一家一户的则多由一家之长主持祭祀。献祭的祭品也有规定，普通的有牛、羊、猪三牲祭礼，也有鸡、鱼、肉三牲献祭之说，在游牧民族中，也有用马、牛、羊等来祭祀的。

在游牧民族中，羊是祭天祭祖的主要食物。羊作为祭品被杀死，供献于神灵祖先，羊肉则作为食物被食用。

牛作为祭品，在不同地区，所用的品种是不一样的。奶牛较少用于祭祀，黄牛和水牛则主要用于祭祀祖先和山川神灵。中国苗族宰杀水牛祭祀祖先，仡佬族祭祀山川神灵宰杀的主要是黄牛。

马在游牧人的文化中很少被用来祭祀，也很少成为食品。在贵州麻山地区的苗族人有一个特定的砍马仪式，使用的祭祀品是马，贵州仡佬族也有祭祀仪式是杀马，且一定要白马，宰杀的马肉供人们分食。

不少地方都有“杀猪祭祖”的传统，祭祀的猪，通常取猪头、猪尾、猪蹄或猪五花，代表整头猪献祭神明。在一般村落社会的集体祭祀中，多会使用猪作为祭品，祭祀山神、土地，猪被视为农耕社会重要的祭祀用牲。在湘中地区，有在厅屋杀猪生祭的习俗，猪血用盆接好后，直接放于厅屋里的供桌上供奉祖先神灵。猪肉祭祀时，不用生的，可以是半生或熟的。

用三牲鲜血生祭祖先神灵的习俗，在很多地方都有。湘中地区，除了杀猪将猪血直接置于供桌上献祭，宰杀鸡时，同样会把鸡血直接供奉在厅屋的供桌上，有时家长还会念祭词，请祖先神灵饮血。祭祀用的鸡（鸡肉），多为公鸡，特别是重大仪式场合，特别强调必须是公鸡。

在湘中地区祭祀用的鱼也是有讲究的，多用鲢鱼，鲢鱼是专门敬神用的鱼，平时家里吃的更多是草鱼或其他鱼。一些特殊的人，如怀孕、生孩子或生病的人，通常都不能吃鲢鱼。三牲祭礼可以是生祭，也可以是熟祭。

粮食类祭品仅次于肉类，不同地区祭祀用的粮食类祭品不一。在南方，多为米饭、粑粑。仡佬族祭祀仪式中用九个米饭团，苗族、侗族用五色糯米饭。在汉族祭祀祖先时，将装有米饭的碗放置在神龛中间，一般民间傩坛、道坛都会有米升、米斗，里面就是粮食。在彝族祖灵筒的制作中，会放入羊毛、草节、米、盐、茶等。在北方，最常见的祭祀面制品是“花馍”。在陕西韩城，祭祀蒸食是乡民过年过节、生子、盖房用来祭神的祭品，主要品种有“枣祃瑚”“子推”“财神馍”“房王馍”“枣山”“北斗馍”等。祭祀蒸食一般个头大，一个用水面一斤半，而且，不管哪种馍，中心都要包有红枣，以示有心。

图14 供奉妈祖

祭天敬祖

祭祀之道，自生民以来则有之矣。《后汉书》以五谷牺牲等祭品祭祀祖先神灵，祭品作为献给神灵的礼物，有着特殊的意义。

周人的祭品主要为牺牲和粢盛。神灵的食谱结构中，人的食物结构中作为副食的肉食品变成了神的主食，而人的主食粮食变成了神的副食，形成了以肉食为主，粮食、蔬菜、果品和饮料为辅的神灵饮食体系。祭品有品种、大小、质量等规范。祭祀种类不同，所用牺牲的标准也不同：牺牲不一定要大，孕牲不能用来祭祀，贵天产、崇自然。祭礼越重，祭品越轻，祭祀天地的祭礼最重，但祭品最轻。饮食也要有所变化，即变食。

祭天

祭天在祭祀中有着特殊意义。我国各地多有用于祭天的祭品，肉食主要有牛羊猪三牲以及马犬鸡等，且不同时期、不同民族对牺牲的颜色要求不同。《辽史》记载，"以青牛白马祭天地"[1]，女真"刑白马祭天""刑白马""斩白马"。白马、白犬、白鸡，多用于祭祀。狗在先秦时期多用作乡饮酒礼、乡射礼及燕礼中的祭牲，用狗作祭牲来祭门，"磔狗邑四门，以御蛊灾"[2]。东汉时"今人杀白犬以血题门户，正月白犬血辟除不祥，取法于此也"[3]。鸡成了最重要的祭品之一，"其神祠礼，皆用一白鸡祈""鸡者，东方之牲也，岁终更始，辨秩东作，万物触户而出，故以鸡祀祭也"[4]。祭牲的毛色黑白赤成为夏商周三代的明显特征。

粮食瓜果蔬菜：黍、稷、稻、粱、麦、菰六谷，以黍、稷用于祭祀最多，"与其黍稷，以享以祀""祭荐黍稷肺""食先黍稷而饭稻粱"，稻米祭山神，麦在祭祖仪式中用，"逢鬼节则祭用麦面"[5]。用于献祭的蔬菜有：韭菜、莼菜、芹菜、苦菜、薇菜、葵菜、萱菜、笋、瓜等，"若舅姑既没，则妇入三月，乃奠菜"[6]。果品有枣、栗、桃、梅、榛等。饮料以酒、奶、茶为主，也有用清水的。

---

1 脱脱撰，李锡厚译：《白话精华二十四史·辽史》，现代教育出版社，2011 年，第 62 页。

2 司马迁：《史记·封禅书》，中华书局，1959 年，第 1360 页。

3 应劭撰，王利器校注：《风俗通义校注》，中华书局，1981 年，第 378 页。

4 应劭撰，王利器校注：《风俗通义校注》，中华书局，1981 年，第 374 页。

5 "人无贫富，皆祭其先，俗呼'过节'。凡节皆然。盖士俗家祭，以清明、七月半、十月朝为鬼节，端午、冬至、年夜为人节。逢鬼节则祭用麦面。烧纸、焚锭，亦鬼节为盛。"顾禄作，王密林、韩育生译，王弘力绘画：《清嘉录》，江苏凤凰文艺出版社，2019 年，第 89 页。

6 彭林注译：《仪礼》，岳麓书社，2001 年，第 34 页。

山东费县，最高的神是玉皇大帝，他主宰着天地间的一切，是所有神灵的上司，俗称“老天爷”。敬天的习俗在当地非常普遍。春节、六月六、八月十五等节日都要敬天。敬天时，人们在院子里设天地桌。依据不同的节日，摆不同的供品。大年三十敬天时用白菜粉皮、豆腐粉皮馅的素水饺，一般供上三满碗。每年大年三十晚饭后，村民们就开始包敬天的饺子。包得很少，个头也不大。馅料有红糖、豆腐、菠菜、韭菜等，都是素的，当地人相信神灵是不吃荤的。晚上十二点钟，各家的天井中都安放好桌子，上面摆上十个盘或五个盘的供品。全家人面朝北烧香、烧纸、磕头。

图15 纳西族祭天

每年的六月六、八月十五都有敬老天爷的仪式。六月六蒸馒头敬天，六月六一大早，村民就纷纷在自己院子里摆上供品“敬老天爷”——小桌子摆在院子中间，上面摆上馒头、包子、西瓜等。

八月十五用月饼敬天。供品通常是豆腐、炸藕片、肉、馒头、酒等。上坟的供品在祭奠后一般让孩子们吃掉，这种供品称为神剩，民众中有“神剩神剩，吃了不生病”的说法。

乌猪白羊敬老天[1]，山东费县当地人有许愿的习俗。有什么愿望，就是想干什么事，可以在春天的时候许。然后出去打工，很灵的，腊月回来还愿。愿望实现了，杀一头黑猪来还愿。许愿的时候，送支香，邀邻家朋友聚一聚，吃个饭。许愿的时候说：老天爷，你保佑我今年发大财，到年底的时候，我杀猪杀羊敬你。

在陕西韩城，祭祀天地神的蒸食有枣祃瑚和枣山。枣祃瑚下部似鼎，三足（也有四足的），上部为花瓣，俗称“献爷馍”，即“敬神馍”。祭祀时，五个为一副。枣祃瑚在乡村里是最隆重的蒸食祭品，大年初一以此祭献天地神，日常生活中，遇有重大祭祀活动，如盖房上梁、孩子过满月、还愿等，均蒸枣祃瑚一副祭献天地神。用面做成直径约两寸的环状，中心嵌以红枣，十五个以红枣为圆心的面环分五列平面黏接即成为枣山，第一列一个，第二列两个，以此类推至第五列五个，因呈山状，故名“枣山”。元宵节，将其置于供桌上，祭献天地神。

春节祭祖

春节期间，我国北方地区都有蒸花糕、枣山和枣卷的习俗，它们都是祭祀时用的祭品。山东花糕的做法是用发酵面揉成两个圆饼，然后再做一个长条的面块上下依次放上红枣，卷成由如意形状组成的圆，放在其中一个圆饼上，空白部分放上枣，最后把剩下的一个圆饼盖在上面。蒸熟之后就是花糕了。枣卷的做法是把面排成长方形条块，从一边依次放上一对枣，共放三对，然后卷起来蒸熟。在山西，人们过年蒸馒头时，要蒸一个尺许高，底部七八寸宽，下宽上窄的“枣山”。

花糕和枣卷是用来祭祀祖先的，正月初一要供在“先堂”前。据当地人说花糕和枣卷是让祖先“吃”的，他们都觉得祖先是在和他们一块儿过年，所以在礼节上

---

1 讲述人：刘夫祥、翟夫权等；访谈人：张士闪、沙朝佩、龙圣等；访谈时间：2012 年 12 月 7 日；访谈地点：枣庄山亭张山湾村。

一丝不苟。有人认为，花糕和枣卷密不透风的圆或半圆的形状是另一种形式的“混沌”，用它们祭祀祖先是希望祖先的灵魂不死，永远保佑家族兴旺、五谷丰登。“枣山”，有说是为王母娘娘祝寿用的，有说是供奉送生娘娘祈求子孙众广的，也有说是供给土地神祈求五谷丰登的。陕西华县在春节蒸虎馍祭天告祖、庆祝丰收，祈求祖先世世代代保佑家族兴旺，儿孙满堂。吃年夜饭时，亲朋往来相互馈赠虎馍。正月十三给晚辈送灯时有虎兔馍、大花灯，灯下坠双鱼馍，祝愿儿孙龙腾虎跃，连年有余。陕西洛川农村春节捏的“混沌”叫“燕盘”，和鲁西的花糕相似，不同之处在于它的上中下三个圆形面饼上层中间夹了一层枣，下层中间夹了一层枣和鸡蛋。这种“燕盘”，也是一个“混沌”的变体，代表未开化的宇宙。

花糕、枣山和枣卷作为春节祭祀用品，其原型都是“混沌”，象征宇宙初始、鸿蒙初辟，意在祈愿万物的化生与复苏、五谷丰登、祖先灵魂不死和子孙繁衍。

年糕和米酒是家家必备的供品。每个家庭蒸年糕的时间不尽相同，一般是在蒸好花饽饽后临近过年的那几天。因为高密地处北方，气候干燥寒冷，年糕打早了要笑（高密方言，即干裂）。如果祭祖用的年糕有裂隙，便是对祖宗不敬，并且不吉利。讲究的人家则严格按照祖上固定的日子，哪天蒸花饽饽，哪天打年糕，一点儿也不能马虎。年糕要用黄黍米磨成面来蒸制。卞家屯村杨成山家里，灶房里的风箱咕嗒咕嗒地拉着，红红的火焰燃烧着全家人迎春的喜悦。打年糕是个力气活儿，同时也很讲究技巧。在饭桌上放好高粱莛子做的盖垫，整锅年糕平放在盖垫上，趁热蘸上凉水用双手反复拍打，直至打成平整光滑的扁圆形。祭祖用的那方年糕，要齐齐整整地插上 18 个红枣，寓意“早发，日子年年高”。搁置个两三天，待年糕渐渐冷却硬挺，拿菜刀裁好边角，存放好以备祭祖时用。裁剩下的边边角角，则馈赠亲友或者年节期间自家食用。

酿米酒是忙年的收尾。米酒是除夕迎神祭祖的供品。一入冬，老人就拿出伏天里制好的酒曲，招呼着同族人开始酿米酒。头曲酒要献祭给祖宗。酿酒用的主料也是自家地里产的黄黍米。通常由族里凑钱到铁匠铺合买一口大铁锅，专门定制一把大铁铲。孩子们听说要做酒了，雀跃欢跳着，跑到村外砍回干透的枯灌木棵子当柴火，这种柴火叫棉槐，烧起来火力足，燃烧时有一种特殊的药香。

祭品多为食物，是人与天的联系物，在社祭和宗庙祭祀仪式结束后，祭肉还要进行分配，称为赐胙。这两种赐胙制度，都是周天子、诸侯用来维护等级秩序的重要因素，两者之间密不可分。社祭的祭肉分配为天子赐诸侯，诸侯赐大夫。而宗庙之祭的祭肉则是双向流动的，天子、诸侯向下属分配祭肉，下属也要进献祭肉，下属进献的祭肉称为福。在清代，满族人仍然将“祭于寝”的白煮猪肉称为“福肉”。

除夕祭祖是大事，大年三十一早，女人们忙着包除夕祭祖的饺子，烹制摆供用的菜肴。村子里到处都弥漫着过年的味道。供品的种类和数量每个家庭都不尽相同，但鱼、肉、豆腐和鸡蛋，却是家家必备的祭品。每只祭碗里都要插一棵青翠的菠菜、油菜或生菜，缠绕着染成玫红的细长粉条。讲究的人家则摆供全鸡、猪头、河鲤，鸡打头、鱼收尾，寓意“大吉大利、年年有余”。其他的祭品则有饺子、年糕、神虫、元宝、面鱼等。通常大年夜供奉的饺子是素馅的，还要包上钱币来祈福。

图16 春节祭祖

下午两点一过，人们就开始摆供。先是将正屋重新打扫干净，南面靠墙东北角摆好供桌，挂好苇帘，请出家堂依附着帘子挂好，并在墙上贴好增福财神。供桌上铺着桃红色的供纸与桌围，桌围是用桃红纸印制的木板年画，印有“连年有余、八洞神仙”图案，或者“一夜连双岁，五更分二年”等字样。等到供筷、供酒、烧纸、年糕、桃枝、香炉、供香、对狮蜡烛台、神虫、饽饽、面花、斧头依次摆好后，原本朴素无奇的正屋立刻变得庄严而神圣。在天井里，还要摆好祭祀天宫百神的供桌，供桌正中放一只香炉，两摞白面饽饽，还有几沓烧纸。姜四村的梁氏祠堂，是姜庄镇目前仅存的百年民祠，祠堂的供桌上是梁氏各家精心制作再按时送来的供品，色香味俱全。蜡烛台多为聂家庄产的彩绘泥狮子，模样酷肖家堂画面中的石狮。平日劈柴用的普通铁斧，清洗干净后，压在家堂的下部边缘，以示祈福。已经暗育花苞的桃枝被虔诚地折来，拣一枝形正粗壮的，端正地放在供桌的右上角，紧挨着插枣的年糕，短小些的枝条则被斜插在门框上。晚上，水饺下到锅里，鞭炮燃响，家主赶紧在屋里、院子里点蜡、上香、上供、烧纸钱、磕头，祭奠祖先。全家饭毕，就开始守岁，男人们开始喝团圆酒。[1]

逢年过节敬土地

土地庙的祭祀活动与岁时节日习俗密切相关。逢年过节，人们都会去土地庙供奉。土地庙的祭祀活动即传统的“祭社”，在我国有着悠久的历史，是民间重要的传统节日活动。其与古代社神及高禖神信仰相关联，且以基层的乡里为单位，为全体乡民共同参与的仪式活动，既有神灵信仰的神圣，又配有“鼓舞乐”等世俗娱乐，此外，祭社活动多以“乡市”为背景。[2]我国传统的“祭社”多为“一岁三祀”。即每年举行三次祭社活动，分别是“春祈”“秋报”“腊祭”。《礼记·郊特牲》中言：“祭有祈焉，有报焉，有由辟焉”，“祈”和“报”是祀土的根本目的，因此，土地

1　徐明主编：《中国民间文化之乡——山东高密》，中国文联出版社，2015 年，第 246—248 页。

2　王永谦：《土地与城隍信仰》，学苑出版社，1994 年，第 94 页。

神的祭祀最重“春祈秋报”，“社闾堂新，春秋之祠”。[1]

在湘中地区，人们对土地庙的祭祀活动，在时间上基本沿袭了“一岁三祀”，其中，最隆重的时候是过年和二月二。二月二，一般人家会去土地庙敬饭，平常初一、十五或者有事也可以去土地庙许斋饭、还斋饭。[2]过年是一年中最隆重的节庆，人们在阖家团圆、辞旧迎新之际，也不忘保佑一方平安的土地神。每年农历二月初二，相传是土地神的生日，是民间祭祀土地神的日子，俗话说“土地老爷熬个二月二”。这一天，部分湘中人会去土地庙打份“供饭”，焚香点蜡，磕头跪拜。其他诸如清明、尝新等日子，人们也会前往土地庙。

图17 敬土地

1 汉代春、秋二社的时间，有二月、八月和三月、九月两说。如《汉书·郊祀志上》曰：“高祖十年春，有司请令县常以春二月及腊祠（社）稷以羊彘，民里社各自裁以祠”；《史记·封禅书》则作“春三月”。又如《礼记·月令》及崔寔《四民月令》亦以二月、八月为春、秋之祠，《汉书·五行志下》颜注引张晏说则曰：“民间三月、九月又社。”……也许汉代的春、秋二祀有二月和八月以及三月和九月之别，是因地域不同而引起的耕种和收获的季节之异而出现的。（俞伟超：《中国古代公社组织的考察》，文物出版社，1988年，第129—130页。）

2 祭土地仪式一般比较简单，宋代南戏《张协状元》中记载，“公公，你出个猪头祭土地”。用猪头祭土地算是非常隆重的祭祀了。

过年敬土地

每年的大年三十，湘中地区的人们都要先敬土地，再吃团年饭。团年饭可以在大年三十这一天早中晚三餐中随意选。有的人家老人孩子多，且亲戚间都住得比较近，就会和自家兄弟亲戚协商，将团年饭错开来。如此，老人可以在几个儿子家都吃上团年饭。樟树湾人吃团年饭，讲究的是团团圆圆。

吃团年饭之前，要敬神，先去土地庙。多由老人或家里当家人领着一两个帮忙搬东西的去自家所属的土地庙敬土地，所带供品多是三个碗（鸡、鱼、肉）、三碗饭、三杯酒，供品用茶盘托着。另备线香、纸钱、鞭炮，有的讲究的人家还会点油灯（青灯一盏）。祭祀敬奉的仪式相对简单，将装有供品的茶盘在土地庙前的空地摆放好，点燃三根线香、一根蜡烛，焚烧一刀纸钱，并鸣放一小串鞭炮。主祭人在土地庙前磕头请神，老人习惯跪拜磕头三次，年轻人则多是作揖三次。也有的主祭人会在土地庙前打卦，一般都是求一个或三个宝卦。家里有小孩的，爷爷奶奶也都要带着一起去，给土地公公、土地婆婆磕个头、作个揖，祈请土地公公、土地婆婆保佑小孩聪明智慧、一长成人。鞭炮响完、作揖完毕，整个祭祀土地庙的过程也告结束。祭祀的人将供品撤走，土地庙前留有尚未燃烧完的线香、蜡烛，一地鞭炮屑。过年时去土地庙敬土地，多是各家敬各家的。樟树湾有十来户人家，大年三十这一天，土地庙前最热闹。这家祭完那家去，早中晚都有人来土地庙放炮祭拜。此时，最开心的就是小孩们了，男孩子为了找寻没有燃放干净的单个鞭炮，长时间在土地庙前徘徊，偶尔发现一个没有燃放的鞭炮，高兴得手舞足蹈，还不忘跟土地老爷鞠个躬、道声谢。去土地庙祭完土地神，回到自家厅屋，还得摆桌敬神。有先敬天地，后敬祖先的；也有直接敬祖先的。敬神仪式及过程和土地庙前大致相同，只是请神时，主祭人念的神灵名不同。在厅屋里敬神、放鞭炮完毕后，一家人才开始围坐在一起，吃团年饭。大年初一，有的人家也会先去土地庙敬饭，给土地爷拜年。

总体而言，土地庙前的香火和热闹也经历了时代的变迁。最近几年，过年去土地庙的人家少多了，特别是有些家老人去世了，年轻人在外经商或打工，有时不回家过年，即使回家了，也只在家里敬神，或者根本不敬神。

在湖北孝感地区流传着女娲神话，“女娲娘娘在七天造出了人和六畜，第八天就要酬谢土地神，万物土中生嘛。所以每年正月初八，地方风俗做案道会，敬土地老。给泥巴菩萨洗澡，到土地庙敬奉猪首，还要扮演‘触牯牛’给土地老爷看，求土地老爷保佑，六畜兴旺”。[1]

在河北衡水地区，正月初二，女人要到村里路口处祭祀土地神。主要是烧纸，祭祀土地、井神和路神（磕巴奶奶）。在男人送祖先时，女人则集中在一处给土地、井神和路神烧纸。

二月二祀土地

在湖南各地区[2]，农历二月二是土地爷生辰，人们会举行各类祭祀活动。“二月二日，俗传‘土地生辰’，里人各醵金具牲醪祀之”[3]，“二月二日，俗传‘土地生辰’。里人各醵牲醪祀之，官署则演剧祈福”[4]，“二月初二日，祀土地祠。于先日晚张灯彩，鼓吹庆祝，盖仿古仲春祈谷遗意”[5]。在金蚌地区，二月二是土地老倌的生日，这一天，普通人家会打“供饭”去土地庙祭拜，个别人家会给土地庙“送袍”。打“供饭”仪式相对简单，一般是中午饭之前，准备好“供饭”，多为鸡、鱼、肉三个菜碗，三碗饭，另加两碗茶一碗酒。

樟树湾有老人回忆说，小时候见过唱“田禾戏”（也叫土地戏），多是木偶戏（俗称木脑壳戏）。唱戏的地址在香花井建宁塘边上的公屋里，当时那公屋特别大，

---

1 《女娲造六畜》，《民间文学》1986 年第 1 期。

2 “江苏仪征也以二月初二为土地神之诞，大街小巷，供地方土地，还搭台唱土地戏。”胡朴安编著：《中华全国风俗志·下编·江苏阜宁二月二之三件事》，河北人民出版社，1986 年。

3 《黔阳县志·六十卷·清同治十三年刻本·岁时民俗》，丁世良、赵放主编：《中国地方志民俗资料汇编·中南卷》，书目文献出版社，1991 年，第 603 页。

4 《晃州厅志·四十四卷·清道光五年刻本·岁时民俗》《芷江县志·六十四卷·清同治九年刻本》《武陵县志·三十二卷·清同治七年刻本·岁时节日》，丁世良、赵放主编：《中国地方志民俗资料汇编·中南卷》，书目文献出版社，1991 年，第 617 页、第 620 页、第 655 页。

5 《慈利县志·十四卷·清同治八年刻本》，丁世良、赵放主编：《中国地方志民俗资料汇编·中南卷》，书目文献出版社，1991 年，第 666 页。

远近的人都来这里看戏。唱“田禾戏”的时间，一般是在二月二前后，一连唱三至七天，唱戏的内容很丰富，具体戏名老人已经记不太清楚。但戏会上组织唱“田禾戏”是保地方太平，祈求一年丰收。[1]

> 土地戏，有单人、双人或三人土地戏。一旦一丑，丑为土地公，戴木雕假面具；旦为土地婆，多为男扮女装。土地戏有固定曲调，你问我答，一唱一和，还做些生活动作，常令观众捧腹。旧时多唱劝人为善、戒烟、戒赌和孟姜女等内容。乡间还傩愿，也唱土地戏。解放后，民间艺人用土地戏宣传国内时事、计划生育、党的政策，颇受群众欢迎。[2]

二月初二，是土地爷的生日，这天要为土地“做生祝寿”。有的土地庙，人们还专门请人来“唱戏”，隆重时，一连唱好几天。土地庙小，不能像其他庙宇一样，在庙里唱戏，人们便在庙旁边（田间或空地）搭台唱戏，所唱之戏多是木偶戏，曲目则多样化。也有的土地庙，人们会请来专门的和尚师傅，为土地神念经，念“土地经”。金蚌地区有名的师父斌生和尚就对土地庙唱戏和念经的事进行了专门的辨析。

> 土地神是正神，一般建在道路旁，有正大光明之意，可以保佑一方平安。但它是小神，一般是不在土地庙附近唱戏，土地神受不了“木偶戏”，它的神灵级别太低。一般唱戏也就是唱“观音戏”，也可以念“土地经”。二月二，是土地爷的生日。以前金蚌马板塘这老土地庙前，有请人念“土地经”；现在都很少有这种活动，一般也就打“供饭”，烧点纸钱，个别人家给土地老倌送张“土地袍”的。[3]

---

1 王素珍：《地可发千祥：湘中的土地神与土地庙》，中州古籍出版社，2015 年，第 93 页。

2 尚立晰、向延振主编：《张家界市情大词典》，民族出版社，2001 年，第 310 页。

3 访谈人：王海珍；讲述人：胡斌生；访谈时间：2012 年 11 月 20 日；访谈地点：金蚌马板塘土地庙附近。

二月二——土地爷的生日，也恰逢农家开始一年的播种时节。于是，祭土地神与祭“田公田婆”也就联系到一起了。《清嘉录》卷二“二月·土地公公生日”条记载：“(二月)二日为土地神诞，俗称土地公公，大小官廨皆有其祠。官府谒祭，吏胥奉香火者，各牲乐以酬。村农亦家户壶浆以祝神厘，俗称田公、田婆。”[1]有的老人回忆时，甚至将二者混为一谈。对以前金蚌地区的农民而言，“田禾”远比土地老倌生日重要得多，如果土地爷能保佑禾多稗子少，能保佑一年好收成，唱戏敬供是必需的。旧时，二月二，金蚌地区的人，用线香穿上用纸剪成的“大钱”，插在秧田边上，敬奉土地神，祈求五谷丰登。有的年头，戏会上会组织在公屋里唱“田禾戏”，鸣锣放铳，并备“三牲”祭品，祭祀雷祖神和土地神。

图18 瓜果雕刻的祭品

1 顾禄:《清嘉录》，江苏古籍出版社，1999年，第83页。

春天，农民第一次播种稻谷、红薯、大豆等农作物种子时，要用三根线香串上用纸剪成的“大钱”，插在播种的田土边，敬奉土地神，以祈五谷丰登。同时也告诉他人，此地已下种，人畜勿践踏。新中国成立后，此习俗大大减少。早稻插秧，是农民的大喜日子。要选晴天开秧田门，选技术好的人插秧；还要唱插田歌，有“插田不唱歌，禾少稗子多”的传说；插田日酒肴丰盛，要吃米粉子肉和盐鸭蛋，以示庆贺，慰劳。[1]

旧时，如遇虫灾，常祈神驱虫，有的在大端午前后，以庙会为单位，按户筹款，请巫师或木偶戏班子打蘸唱田禾戏；有的用竹片编织成形似龙头的灯柱1个，再用稻草扎成8~10个灯柱，插上线香或点燃油灯，敲锣打鼓，结队而行，先到庙里敬神，然后围绕派了款的农户的稻田转圈，叫耍火龙灯。如遇旱灾，则祈神求雨，有祭或接两种形式。祭：请巫师数人，备有鸡鱼肉等祭品和纸钱香烛，到邻近的雷祖殿或雨师殿祭奠求雨，有的还抬一头活大猪在殿里宰杀，用猪血祭奠，以祈效应更灵验；接：由庙会的为首人组织民众数十人或数百人，鸣锣放铳，“三牲”祭品，将雷祖大帝或风伯雨师塑像从殿里抬出来，到旱情严重的稻田边“视察”，祈求降雨驱魔。[2]

20世纪八九十年代后，樟树湾已经很少有人家在二月二去土地庙了。少数家里有事的人，记着这一天是土地老倌的生日，去土地庙烧点纸钱。土地庙和土地神在二月二也渐次冷清了。

在我国其他地方，农历二月二日，仍然保留着各类与土地神相关的习俗。

土地神的神诞之日是二月初二。旧时，官府和百姓都到土地庙烧香奉

1 湖南省双峰县志编纂委员会编：《双峰县志·第二十七编·习俗宗教帮会·第一章·习俗》，中国文史出版社，1993年，第571页。

2 湖南省双峰县志编纂委员会编：《双峰县志·第二十七编·习俗宗教帮会·第一章·习俗》，中国文史出版社，1993年，第571—572页。

祀。土地公还是商人崇拜的财神，商人每个月的初二、十六，都要祭拜土地公，称为“做迓”（或做牙）。农历二月二日叫“头迓”，十二月十六日叫“尾迓”，现在江南民间过年期间的初一、月半到土地庙烧香的习俗依然存在。[1]

在山东的沂蒙地区，二月二，有给土地庙送豆的习俗。炒料豆，以豆类为主，多用黄豆或黑豆，掺上其他杂粮，有甜的，有咸的。甜的蘸上糖面，咸的在盐水泡过。一般在天明之前煮、炒或腌熟，这就是煮豆、炒豆、腌豆了。三者中，炒豆最常见，俗称“料豆”。炒豆一般要先放上点水润湿一下[2]，也有的是二月二前一天晚上用盐水泡一下，第二天早上起来炒。有的村民在炒豆时拌上红糖或白糖，称为“糖豆”。炒好料豆，然后赶往村里土地庙，撒于土地老爷面前，撒豆一般不需要念叨。撒豆子时各村撒于各村的土地庙前，也有村民用小勺撒豆，撒豆同时也吃豆，还有与他人互换料豆吃的。据说，吃了别人家的料豆可以祛除百病，长命百岁。除了炒豆子，有些地方的村民还会炒一些果子，即花生。[3]土地爷在沂蒙地区的乡村，是一村（庄）之主，二月二，人们都要送豆给他吃，一般是早上起来，带着豆、香、纸、炮仗来村里的土地庙，焚香烧纸燃炮仗，将豆撒在土地庙周围。[4]俗话说，“土地爷的生日，要啥无啥”。就是说人很穷，土地爷本来就很穷，穷得什么都没有了，就撂几个豆子。[5]

二月二是土地老爷的生日，又叫“青龙节”，有“二月二龙抬头”的说法。人们在这一天向土地爷祈求丰收。过去全家都要到土地庙去祭奠、

1 仲富兰：《土地庙》，2011 年 11 月 16 日于上海。

2 讲述人：孙姓老太；访谈人：扈妙章；访谈时间：2012 年 9 月 21 日；访谈地点：费县南张庄乡北刘家庄社区刘家庄。

3 讲述人：李姓老汉；访谈人：扈妙章；访谈时间：2012 年 9 月 21 日；访谈地点：费县南张庄乡北刘家庄社区刘家庄。

4 讲述人：李大爷；访谈人：李向振等；访谈时间：2012 年 11 月 23 日；访谈地点：南阳村村委会。

5 讲述人：戚校长；访谈人：刘若轩、俞理婷；访谈时间：2012 年 9 月 20 日；访谈地点：谭家庄村。

烧香、磕头，并给土地爷送料豆。料豆是炒熟的以豆类为主的杂粮。当地炒料豆有煮虫、炒虫之意，希望把危害农作物的虫子都炒了吃了，就没有害虫了。有俗语说“土地老爷一年熬个二月二”，意思是土地爷熬了一年就盼着二月二人们能敬供。[1]

二月二日，是土地公的生日，以前人们根据这一天的天气情况来判断一年的收成。如果这一天晴，说明这一年的收成不错；如果这一天下雨，当年的收成就会令人担忧，有“土地公打伞（下雨），棉花光秆”之说。在河北赵县的范庄，每年的农历二月二都会举行盛大的“龙牌会”，祭祀句龙、土地神及其他神灵，祈求一年的风调雨顺及幸福安康。同时，“二月二，剃龙头”，人们关于龙、土地神的信仰习俗在现实生活中得以实践。

此外，二月二后不久的清明节，湘中地区的人除了给自家祖先“挂青（清）”，还要到“土地庙”给土地爷“挂青”。老人说，上午挂的是“伞”，下午挂的就是“斗笠”了。所以，一般是上午去给土地爷“挂青”“送伞”。

尝新敬土地

尝新之祭，祭祀所用祭品除粢盛和牺牲之外，还包括不同季节的应时物产。人们在利用这些物产之前，必须将其头批荐于寝庙，即尝新之祭。人们通过献新之祭表达自己对神灵的感激之情，并希望继续得到神灵的佑护，以后也能得到好的收获。

湘中人逢年过节都会去土地庙烧香祭拜，有时隆重、有时简单。尝新（当地人也叫“吃新”）在20世纪90年代之前，在湘中地区是一个比较隆重的节日。夏秋之交，正值双抢农忙时节，人们在收获早稻，播种晚稻，插田扮禾忙得不亦乐乎的同时，也不忘庆祝丰收。

1　李向振、刘若轩、俞理婷：《费县薛庄镇谭家庄村村落调查报告》，《百脉泉》第13期。

土著苗族，一生以农耕生活，农人所望，便是吃新。于此佳节，处处均不能忽视。除办鱼肉酒饭外，还将禾胎、新苞谷、豆荚、茄子、辣子、苦瓜陈列于家龛之前及当坊土地神祠前祭之。未吃饭前，将所有菜肴各取一份并盛饭一碗，先敬送狗吃，传说狗有大恩，救济吾人，吾人之谷种，是狗带来的。故敬之以表酬报之盛意也。俗定吃新之日，以小暑节后巳日算起，再过十日逢卯日，便是吃新之日期。[1]

尝新一般都会选择在中午，做饭的米一定要用新收获的稻米，炒的菜通常极其丰盛，必须有鱼、有肉。有的地方尝新时忌讳有鸡上桌，樟树湾人没有这一忌讳，这里的方言，没有“饥”只有“饿”，所以鸡的谐音“饥”在此是无效的。尝新是对半年的劳动收获的庆祝，只有鸡鱼肉都有，才是真正的“盛宴”，才是真正的“打神福”。如果没有了鸡这一道大菜，尝新席就降低了一个档次。

六月六，农人祀土地神，以祈丰稔……是月早稻熟，择卯日尝新肴（谷），用鱼不用鸡，以余、饥字音相近。[2]

六月初六日……家具鸡黍祀田祖及土地神。又，是月内，择卯日取新米设馔，祭祖、会宴，谓之“尝新”。[3]

尝新除准备用新米和新鲜的菜蔬做成的美味佳肴，还得请家族中长辈前来团聚。尝新的第一个程序，就是备好三牲祭品、用新米做的饭，带上纸钱、线香、蜡烛、鞭炮前往土地庙，祭祀土地神。如果说春天二月二时，人们去土地庙是许愿并祈求一年的丰收；尝新时，人们则是去土地庙还愿，感谢土地神的恩赐与庇佑。尝

1 石启贵：《湘西苗族实地调查报告》，湖南人民出版社，1986 年，第 153 页。

2 《安仁县志》，丁世良、赵放主编：《中国地方志民俗资料汇编 · 中南卷》，书目文献出版社，1991 年，第 514 页。

3 《慈利县志 · 十四卷 · 清同治八年刻本》，丁世良、赵放主编：《中国地方志民俗资料汇编 · 中南卷》，书目文献出版社，1991 年，第 667 页。

新前祭土地神，多是家中长辈前往土地庙“请神”[1]，感谢的同时还得祈求土地神继续保佑晚稻能有好收成。从土地庙祭祀归来，还得在厅屋里敬天地祖宗。厅屋里祭祀程序与土地庙前的祭祀差不多，也是焚香、点蜡、烧纸钱、放鞭炮“请神”，偶尔有的人家也会打卦求平安。

> 每年夏秋之交，农家第一次吃新米饭，叫尝新。一般要选择吉日，备有美酒佳肴，全家团圆。菜肴中一定要有鱼，最好是鲢鱼。餐前要先敬天地祖宗，餐时要让年长者先尝新，然后大家才吃，以示共同庆贺劳动成果和不忘天地、长辈之恩。[2]

尝新在以农耕为主的时期，都是非常隆重的节庆日。是日，全家团聚，先敬土地神、天地祖宗，与其分享丰收的喜悦，同时，老人在这一节庆中，也备受尊敬。与“团年饭”一样，“尝新”也是一年中最丰盛的美味佳肴，老人不仅是节日的主角，更重要的是，他们可以在一年之中，多次吃“团年饭”“尝新”。如果有人家“尝新”“团年饭”没有请自家长辈来，那就是最大的不孝，为邻里所不齿。

在我国其他地区，也有六七月间敬土地神的习俗，比如昆山县志中载有，六七月间有土地会。潮汕地区则认为，六月二十六日是土地老爷的诞辰，民间称“土地爷生日”。

> 六七月间有土地会……顺治年间小民创为阴司上纳钱粮之说，自四五月便舁各向土地神至会首家，号征钱粮。境内诸家每纳阡张若干束，佐之钱若干文。至六七月赛会，舁神像，各至城隍庙，以阡张汇纳，号为解钱粮，而以钱为会费。[3]

1　金蚌方言“请神”，即祭拜神灵时，由主持祭祀的人说祝词。

2　湖南省双峰县志编纂委员会编：《双峰县志·第二十七编·习俗宗教帮会·第一章·习俗》，中国文史出版社，1993 年，第 573 页。

3　王健：《利害相关 明清以来江南苏松地区民间信仰研究》，上海人民出版社，2010 年，第 100—101 页。

节日宴席例举

长街宴

长街宴（苗族称为长桌宴），就是在街道摆上长长的宴席。长街宴作为中国宴饮文化的重要组成部分，在今天中国南方的很多民族中依然保持着旺盛的生命力，传统的长街宴，有汉族的，也有少数民族的。汉族的以浙江乌镇和重庆江津中山古镇的长街宴为代表，少数民族的有云南哈尼族、彝族、佤族、傣族、布朗族等的长街宴，贵州侗族长街宴（广西侗族称为“百家宴”）和苗族长桌宴等。

乌镇长街宴

浙江省桐乡市乌镇长街宴，据说是明末清初就有了，最初是由镇里的一些大户在过年时出资牵头，广邀邻里，共享宴席。这种长街宴文化至今还在延续。春节初一至初六，浙江乌镇迎春长街宴盛况：百米长街，宴开百桌。数百号人沿着长长的老街，端坐在一字儿排开的长方桌旁，围着热气腾腾的紫铜暖锅，喝着本地独有的熏豆茶和三白米酒，吃着乌镇羊肉、咸蹄、喜蛋和肉嵌油豆腐等传统大锅菜。

乌镇的长街宴营造了人们渴盼的浓浓年味，提供了开放的亲友团聚交流的场所。在当代旅游开发中，乌镇的长街宴成为古镇旅游的品牌特色，2013 年乌镇旅游收入达 3.7 亿元。乌镇长街宴在市场经济的洪流中由过去的大户出资、整合邻里关系演变为今天的旅游公司的经营活动，社会文化环境的变迁直接推动了长街宴文化从有限的邻里空间走向广阔的市场空间。

江津长街年宴

明末清初，两湖两广迁徙来大量乡民进入重庆江津中山古镇。每到辞旧迎新时，移民族群都要宰猪过年。再邀约左邻右舍、亲朋好友相聚，祭拜祖先，吃“刨猪汤”，喝杀猪酒。酒席间，无论长幼，不计贫富，相互拜年，相互敬酒，一起叙旧，其乐融融。这一习俗流传至今，演化成了长街年宴。每年春节都摆出长街宴团年饭，把酒言欢，节日的古镇洋溢着浓浓的年味，长街宴成为人们在此刻亲友团聚、分享收获的盛大宴席。在长街宴开始之前要进行传统的祭拜仪式。江津中山古镇的祭祀用猪头和猪尾摆在祭台上的香烛中间。八个头缠白布、身穿青袍的老人跟着司仪站成一排。司仪的长者朝天祷告后，八人鞠躬叩首。一拜天地神，感谢上苍的恩赐和保佑，祈祷明年风调雨顺。二拜祖宗，表达生者对已故先人的缅怀，延续孝敬之仪。礼毕，八人高呼“过年了！”，然后鞭炮齐鸣，整个街道一片欢腾。祭祀后，饭菜热腾腾地从各家厨房端出。每年的年饭都有新花样，必不可少的是猪头和猪尾，它代表这一年从头到尾都有肉，做事也能有始有终。意味着“团团圆圆”的丸子和表示“年年有余”的鱼都是必上主菜。

哈尼族长街古宴

云南哈尼族长街宴，哈尼语称为“知交把”“多交夺”“资乌夺”，也被称为长街古宴。长街宴分为祭寨神长街宴、六月年长街宴和十月年长街宴。

哈尼族十月年的第五天要“开年门”，表示“辞旧迎新”，家家户户都把自家一年中的收获，做成各式各样的美味佳肴，用篾桌摆到寨子脚的“寨门”处，摆成长长的宴席，请全村人品尝，让外来的客人享用。

昂玛突节是每年农历十二月第一个属牛日祭祀寨神（龙树）的节日，为期三天。第一天杀猪祭祀寨神，祈求寨神保护村寨百姓安康、六畜兴旺和来年梯田农耕丰收；其后两天要于寨中道路上摆出长街宴，各家各户竞赛菜的品种花样，以显示自己的勤劳和对寨神的诚意，上寨与下寨互相结对子，轮流摆酒席，共同接待外来的亲朋好友。

六月年“扎扎”长街宴主要在元阳县胜村乡爱村、大鱼塘一带流行，一般于农历六月二十四日开始，杀牛祭祀天神，邀请天神到人间视察民情、与人同乐。然后在龙头（负责组织祭祀活动者）家门口开始摆长街宴，一家一桌，沿街连接。节日期间人们撵磨秋、荡秋千，尽情欢乐，祈求天神保佑庄稼顺利成熟。

哈尼族的主食是大米和苞谷，逢年过节，他们还喜欢吃糯米饭和糯米粑粑。墨江、普洱一带的哈尼族用当地出产的紫米和糯米舂成粑粑，柔软味香，富有营养。哈尼族还喜欢吃谷花鱼，谷花鱼头小体肥，肉厚刺软，肉质鲜嫩，因生长在山区稻田中，吃稻田中抖落的谷花而得名。每年的谷秧栽插后，将鱼苗放入田中，让其自然生长，秋收时放水捕捞。这种鱼大的有半斤多，小的也有二三两，吃时拌以花椒、香蓼、薄荷、生姜、皮菜等作料，味道鲜美。墨江哈尼族在饮酒时，喜欢用油炸蚂蚱下酒。蚂蚱是蝗虫的别称，哈尼人抓来体形硕大的蚂蚱，放在水中轻轻漂滤，剪去触角和小爪，晾干后放入滚油锅内清炸，待蚂蚱炸得呈现微黄色时，捞出盛碟中，拌上香葱、陈醋、油辣子、花椒粉等作料，味道香酥鲜美。红河州一带的哈尼族喜欢吃鸡，以鸡待客时以鸡头作为最高敬意献给客人。在给客人添最后一碗饭时，要有意识地再加一些，表示吃了这样的饭后，明年就会获得更大的丰收。

哈尼族长街古宴的当天早上，要进行一整套传承至今的严格、严密、琐细的祭祀活动。咪谷是整个祭祀活动的中心人物，一大早，咪谷领着本村的一些长者，神色凝重地来到神山上的神树前，将祭品整齐摆放，敬献在神树前。咪谷及随行人员跪在树下，向神灵祈祷，祈求五谷丰登、六畜兴旺、平安幸福。祭祀活动结束后，祭品平均分配给全村各家各户，把美好的希望撒播到千家万户。

在哈尼族人民心目中，猪肉因为祭过神树而变得神奇吉祥，它被切割成手指头一样大小的肉条分给所有村民，人们用它熬汤，先敬先祖，再每人喝上一口。祭祀过的猪骨头也变成神骨，人们精心磨制后随身携带，出门在外就能平安顺利。猪皮则挂在屋檐下风干，春种时，用它拌谷种，来年就会谷粮满仓。

哈尼族长街古宴祭祀活动凝聚了哈尼族人的美好愿望。哈尼族人相信通过对神树的虔诚祭祀，将会送走一年的苦难与灾祸，给全村人带来福祉，会永远庇护村庄，待祭祀过后，长街宴方可开宴。

哈尼族长街宴的饮食包括主食、野生动植物、家畜小菜类以及作为辅助的特色作料与饮料类。主食以米饭、糯米粑粑为主，野生动植物包括野生蜂蛹、蚂蚁蛋、竹虫、香巴虫、竹鸡、山鸡、鹌鹑、江鳅、螃蟹、青蛙、虾；野生菌，如鸡纵菌、牛肝菌、香菇、木耳等，野生竹笋、鱼腥草、蕨菜、薄荷、野山药等。家畜水产及小菜类，包括牛、猪、鲤鱼，豆腐、花生等。作为辅助的特色作料与饮料有哈尼豆豉、蘸水，焖锅酒、米酒等。长街宴有不能上桌的禁忌食物，如田螺、黄鳝、鸡肉（家养）、鸭肉、狗肉等，一般蔬菜也不上桌。

云南少数民族的长街宴文化还跨过海峡，随着从滇缅边境撤退的国民党军游击队及眷属到了我国台湾地区南投清境农场。这些滇缅边境少数民族移民定居在博望新村，有傣族、哈尼族、苗族、拉祜族、瑶族、佤族、布朗族、傈僳族等八个族群。迁徙到清境农场定居的少数民族至今仍传承火把节和长街宴。每年清境火把节都会以长街宴揭开序幕。当民族传统舞蹈表演过后，大家围绕在长桌旁开始品尝云南过桥米线、摆夷粽子、腊肠薄片、云南酥肉、摆夷凉菜彩丝、月亮虾饼、缅甸咖喱鸡、傣味炭烤双拼、云南豌豆粉等传统美食。这样的长街宴让远离故土的人仿佛置身于家乡日常生活之中，未曾离开。

哈尼族长街古宴传统上是一种与宗教祭祀活动联系在一起的特殊宴会，这种把饮食与信仰、血缘、亲缘相联系的宴席具备了凝聚村寨共同体的社会功能。然而在当代旅游业快速发展的背景下，长街宴饮食民俗传统整体性开始解构，其神圣属性、社会整合功能开始弱化，甚至在一定程度上改变了其祭寨神的本质意蕴，而成为民族旅游的文化符号之一，旅游商品的意义同时得到彰显。

苗族长桌宴

贵州苗族的长桌宴也类似于其他民族的长街宴，苗族长桌宴也叫苗族千人长桌宴，是苗族宴席的最高形式。长桌宴是苗族先民传承下来的一种独具特色的民族文化。2011 年 2 月 1 日下午，从贵州省黔东南苗族侗族自治州西江千户苗寨的古街上，飘来阵阵诱人的香味。当地群众按照苗族习俗摆起了长约 280 米的“千人长桌宴”喜迎新春。苗寨的长桌宴至今仍是由木板搭成，只是石头换成了塑料小凳来支撑木板。

贵州苗族千人长桌宴是苗族宴席的最高形式与隆重礼仪，迄今已有几千年的历史。通常用于迎亲嫁女、满月酒及村寨联谊宴饮活动。家家户户都会搬出木板凳子，像接龙似的顺着寨子街道，一长溜排上数百米，几乎一眼望不到头。左边是主人座位，右边是客人座位。主客相对，敬酒劝饮并对酒高歌。长桌宴菜肴有刨汤、腊拼、鼓藏肉、带皮牛肉、苗王鱼、鱼酱酸、白切鸡、野兔肉、米豆腐、韭菜根、折耳根、鸡稀饭等传统佳肴，美味飘香，令人陶醉。而伴随长桌宴的还有民族歌舞表演，比如芒筒芦笙舞、苗族飞歌、篝火狂欢等，民族特色浓郁。

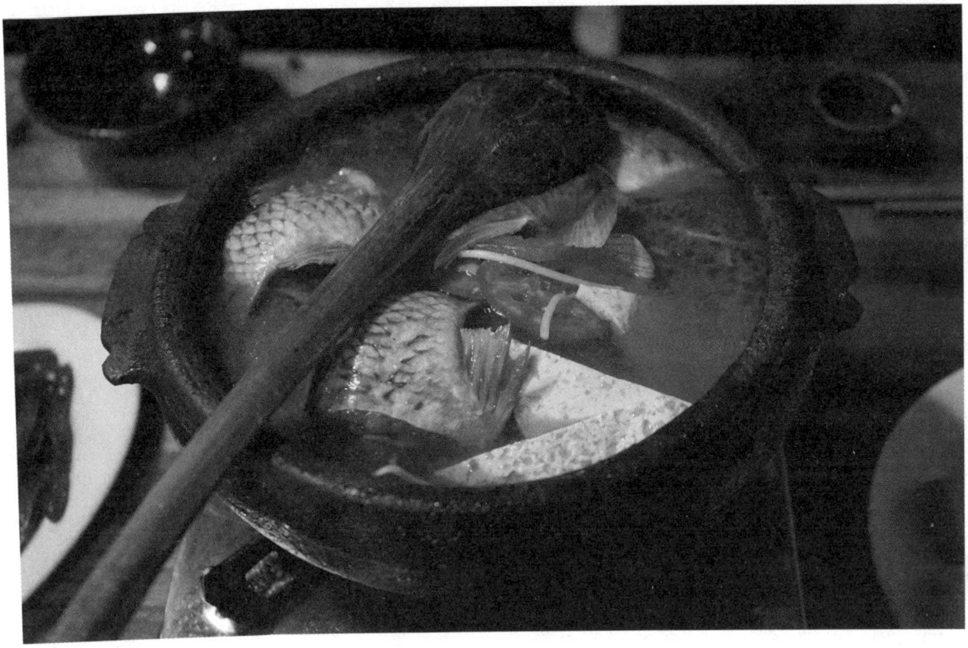

图19 苗族酸汤鱼

贵州西江千户苗寨的长街宴虽然还是传统上的木板凳子摆成，但是长街宴的文化功能也在苗族当代的经济诉求中发生变化。“长桌宴”原本是苗族同胞过苗年或迎亲嫁女的喜庆方式，如今演化成苗家最隆重的待客礼仪。尤其是在西江千户苗寨，长街宴天天有，其旅游商品功能得到凸显。

瑶族盘王宴

盘王宴也叫长桌宴，它是瑶族人民的古老习俗，历史久远，是瑶族社会宴席的最高形式与隆重礼仪。瑶族盘王节是瑶族人民祭祀先祖盘王的传统节日。盘王节对于瑶族人民来说是一个值得纪念、庆祝的好日子，人们会在节日期间举行纪念盘王的仪式活动。盘王节可以一家一户进行，也可以多户进行或同宗同族人一起敬贺，不管是哪一种方式，瑶族人都要杀牲祭祀，并且摆长桌宴热情厚待亲戚朋友等客人。盘王节活动主要包括敬盘王、唱盘王、跳盘王和摆盘王宴。

不同的少数民族聚居地民间过盘王节的时间也不相同。一般情况下，大多在秋收后至春节前的农闲时间，具体日期分定期和不定期两种。定期的是在每年的农历十月十六日，一年只有一次，不定期的是在三年、五年、十年、十二年中请师公选择吉利的日子举办。如果是在十年或十二年举办的，那么节日庆祝活动就会办得非常隆重。节日活动举办多少天不确定，最少是一天两夜，最长的是七天七夜，可以单户举办，也可以联户或同族联合举办。举办场所多在厅堂，如果是多个村寨一起举办，也有在盘王庙举行的。

敬盘王。在盘王节期间，瑶族人一般要悬挂众神像，设置祭坛祭祀众神，其中众神像中正中间最大的一张是盘王像，还有其他如地母、田公等神像。在盘王节祭祀仪式开始时，首先是用火枪鸣响三声，再拿鞭炮出来放，在鞭炮从开始放到燃完的这段时间里，同一宗族的族老和村寨里的寨老将猪头、糯米糍粑、鸡肉、米酒、茶水、果类等祭品放在众神像前。盘王节有师公送盐信仪式，瑶族的盐信是将盐和茶叶混合在一起包在粑粑叶里面，用红色或青色的丝线或干的禾草扎三圈而折成的长方形物体。请师公送盐信是瑶族社会的一种郑重邀请礼节，送盐信的时候要按照瑶族的长幼有序、主次有别、人人平等的伦常秩序依次进行。

唱盘王就是唱盘王歌。盘王歌主要是由主持仪式的四位正师公、举办盘王节的家主、歌娘来唱。

摆盘王宴。长桌宴一般是主人和客人在由一张张桌子排成的几十米、上百米甚至几百米的长桌旁相对而坐，敬酒劝饮并对酒高歌，过程中伴随着《敬油茶》歌舞表演，这是一个充满神奇魅力的瑶族歌舞表演。油茶也被称为瑶家一绝，它是一道具有瑶族特色的小吃。

百家宴

泰顺百家宴

百家宴是一种民间聚会宴席形式。浙江温州泰顺百家宴始于宋代，最初叫“祭春”，或“做福”“做元宵福”，民间也称“祠堂酒”“吃祠堂饭”，“百家宴”是近几年才取的新名。每年正月十五元宵节，当地同族人都会聚餐，饮团圆酒，聚宗亲、商族事、祈丰收、保平安。

在泰顺境内，有36个乡镇有元宵节举办“百家宴”的传统习俗，主要分布在竹里畲族乡、司前畲族镇、新浦、罗阳、南院、东溪等地。影响最大的是三魁镇的百家宴，三魁镇张宅村是泰顺百家宴的发源地，也被认为是当地最具代表性的百家宴。三魁镇张宅村的百家宴，多达上千桌宴席。2010年的元宵节，因规模超过6000桌，入席客人超过6万人，被载入吉尼斯世界纪录，成为“天下第一福宴”。

百家宴的筹备工作一般在节前一个月就开始了，村民要准备大量的桌椅板凳、菜肴原材料和灶台。一部分桌椅板凳取自村民自家，一部分从租赁公司租借。桌子多为十人圆桌，凳子多是方凳。桌凳按编号贴红纸条。厨房要准备两千多斤年糕、一千多斤肉，其他食材也多在千斤左右，盛放在一米多长、型号较大的木桶内。百家宴有“福首”，他们是宴会的组织者和管理者。2008年三魁镇百家宴的福首有41名，每名福首配11名助手，分工合作。张宅村一半以上的村民参加了百家宴服务和接待工作。百家宴的座次安排有序，族中长者和贵宾被安排在祠堂的祭堂就座，其他客人则在祠堂外的院落或沿街上。

百家宴在元宵节的午餐，一般有十道菜左右。2008年是“行花年”，宴饮规模和菜品都超过往年。有14道菜，如红烧肉、清蒸带鱼、什锦海鲜、干虾、油炸鸡翅、炒粉干、萝卜开洋、红烧鱼、熏鱼干等。宴席上一般都有当地酿制的米酒，当地人盛放米酒用一种高约30厘米、细颈长嘴的锡酒壶。

2016年三魁镇张宅村百家宴，菜单共有16道热菜，菜品名多与福寿吉庆有关，分别为：①福禄长寿；②春色满园；③年年高升；④层层喜气；⑤年年有余；⑥四季平安；⑦万家争春；⑧百花争枝；⑨八宝米饭；⑩丰收果实；⑪片片清廉；⑫浪漫年年；⑬子孙满堂；⑭节节高攀；⑮腊月吉庆；⑯红玉云霞。

2016 年雅阳镇和平村百家宴菜单共有 16 道热菜和 6 道冷盘，分别为拼盘、生姜、荞头、白宫鱼、萝卜糖、向日葵梗、地瓜干、什锦菜、辣兔、东坡肉、白眉鱼、蛏子盘菜、笋干目鱼、农家四季豆、清炒什锦、香菇、鳗鱼干、烤虾、糊汤、刀豆干、年糕、八宝饭。[1]

元宵节下午，村民聚集到三魁镇“临水宫”进行祭祀，临水宫供奉当地的保护神陈十四娘娘。神像前供奉的祭品有“三牲”，即猪（熟猪头和生猪肉）、鱼（咸鱼干）、鸡，另外有米糕、各式饭菜、米酒、水果、香菇等。

陈十四娘娘巡游时，街边有居民或商铺会摆设祭祀的供桌。供桌上有糯米制作的米糕，鸡蛋、熟猪肉、鱼、水果等，一些当地特产如黄花菜、木耳和香菇，被作为祭品，盛放在一次性塑料杯中。祭祀用的糯米酒与猪有特殊的要求。用于酿造糯米酒的稻谷，不可选择路边的稻田来种植，而要选择相对较为偏僻的山田。此外，在稻谷的整个生长期中，不允许施肥、喷药、除虫，而是顺其自然。采用这种糯米酿造的酒，酿造人自己不允许事先品尝。对于猪的饲养，也有相当严格的规矩：首先，必须选择经过阉割的公猪；其次，猪崽在饲养的过程中，不可使用饲料进行喂养，而是吃一些菜或米糠。这两样为来年祭祀所用的供品，由专人负责，一年一养或一年一酿。在当地人看来，只有这样才显得圣洁，才能用以祭祀。

泰顺元宵“百家宴”活动是由村民自发组织的民间活动，内部实行“福首”制度。根据宗族规矩，每隔十年，村民会通过“抓阄”来确定未来十年内主持百家宴的“福首”。如 1999 年到 2008 年，共产生近 400 名福首，每年由其中的 30 多名福首主持当年的百家宴活动，并推选一位大家公认的福首，总管当年的福首组织。十年的最后一年称为“行花年”，这一年的百家宴一般办得比前面九次都要好。

早期的百家宴仅为家族村落内部的宴饮，后来扩展到旨在与邻村友好交流的集体宴饮，近年来，受旅游业的影响，百家宴的规模日益扩大，有群众的参与，有商家的赞助，有政府的组织和协调，使泰顺百家宴成为当地传统文化建设与保护的社会热点。

---

1 徐小娟：《温州海产食俗研究》，温州大学硕士学位论文，2016 年，第 53 页。

图20 珍品宴

侗族百家宴

侗族百家宴，类似其他少数民族的长桌宴。只要有贵客或遇上喜事聚会时，侗族村寨一般就会设百家宴，吃百家“转转”菜，这个习俗一直延续至今。关于百家宴的由来有这样的传说：古时候，一个侗寨遭到洪魔的袭击，眼看着稻田就要被淹没，房屋被冲倒，人们就要被洪魔吞噬，忽然天上掉下来一位英雄，用他有力的臂膀折断了洪魔的脊梁。为了表达对英雄的敬意，家家户户都想请英雄到家里来吃饭，但是，由于英雄第二天中午就要离开，不可能一一到各家做客，这成了寨里人们最头痛的问题，而大家得以继续存活、平安生存下来都是因为英雄的所作所为。于是寨子里有个漂亮的侗家姑娘想出了一个好主意，就是希望每家每户都能将自己的拿手菜拿出来、将自家酿制的糯米酒拿出来，全寨子人相约一个时间一起在寨子里最宽敞的地方款待英雄。每当有重大节日或尊贵客人来到这里的时候，各家各户都会将自己家的长桌板凳拿到鼓楼前平坝或寨子里宽敞的地方开始这种独特的待客活动。由于这个宴席集百家之长，所以就叫百家宴。

侗族地区自古就有整个村寨的中青年男女到另一个村寨做客的习俗，侗语称“月也”“厄也”。其间，两个村寨会进行芦笙、歌舞比赛等文化交流活动，主寨的人会在鼓楼坪设宴招待客人。主寨除了集体杀鸡宰猪外，各户也会从自家端出几个家常菜给客人品尝。这种吃百家饭的形式在侗语中称为“腊也”。

侗族的百家宴与侗族的节日文化有着千丝万缕的联系，侗族聚居地的节日较多。从节日内容看有生产节日，如三月三、青节、吃新节等；有传统节日，如春节、过侗年、八月八等；有宗教性节日，如社节、姑婆年等；有纪念性节日，如大戊梁歌会、乌饭节、林王节等。而侗族的饮食在节日中也起着重要作用，不同的节日不同的环境，即使相同的食物也都被赋予了不同的意义。侗族村寨在重要节日就会在鼓楼坪上聚会，各家都会拿出自己的拿手好菜和大家一起分享。其间除了厨艺的比拼，还有歌舞的表演。村民们席间相互交流，增进感情。村民把这种形式称为“打平伙”或“腊也”。

侗族一年中最具本族特色的节日是七月初七新米节（接龙节）和八月初八斗牛节。七月初七新米节，庆祝丰收，多会举办百家宴来招待亲朋好友和走相思的邻寨朋友。

新米节从七月初六就开始准备。初六必须吃“全鱼宴”，象征丰收有余，年年有余。全鱼宴包括烤鱼、炒鱼、酸汤鱼、生鱼片等多道菜。烤鱼是新鲜稻花鲤鱼直接放在火上烘烤，不用破肚，烤 30 至 40 分钟，以到双面有点焦黄为好。酱汁韭菜、烤过的青辣椒、鱼腥草的叶子、蚂蚁菜、国民菜切碎了一起放在盆里，加入盐巴、味精，再加入姜末和大蒜碎末。炒鱼，取出鱼胆，不去内脏与鱼鳞，直接切成块状，先将鱼头放进油里炸，再加入鱼肉、盐巴、青辣椒、新鲜韭菜、味精。酸汤鱼是将酸汤倒进锅里烧开，将新鲜鱼及做生鱼片剩下的鱼内脏和鱼的鳞片一起倒进锅里，加入生姜片、盐巴和西红柿，煮开之后装盘加入辣椒粉、蚂蚁菜。生鱼片，将新鲜的鲤鱼，破肚清理干净，鱼的内脏与鱼鳞片留着做酸鱼汤用。将鱼身切成小的细条，加入白醋、姜、花椒、芝麻一起拌在鱼肉之中。腌制 5 到 10 分钟。

七月初六的下午就是全牛宴席。吃过中午的全鱼宴后，人们便会以房族为单位，开始杀牛。一般一头7000多元的牛分给六七家。牛的骨头一般是分给帮忙的人。牛瘪牛肉都是平均分配。牛肉被分配到各家各户，然后自己加工。全牛宴有烤牛肉、糯米炖牛骨、牛肉炒牛瘪、生牛血、牛瘪汁拌生牛肉等多道菜。[1]

侗族百家宴的活动过程主要包括喊寨通知、宴前准备、宴席活动。当有客人到来时，百家宴的负责人就告知喊寨员去发布通知，喊寨员便敲锣到村寨各处大声通知“今天有百家宴”，村民便会提前安排农活和准备百家宴。其后百家宴的负责人便会到鼓楼里开会，根据客人的人数、到达时间等来决定百家宴的规模及烹饪饭菜的人数。百家宴开始的当天早上，会打扫百家宴场地的鼓楼、长廊、鼓楼坪、厕所、台阶等。迎客时要唱迎客、拦路歌。其后会有对歌及其他歌舞表演。百家宴开始时先摆放长条桌和长凳，斟酒上菜等。准备完毕后，请客人入座。主人会唱“接客敬酒歌”。侗族百家宴与普通宴席不同，讲究吃转转菜。即不需要安分地坐在自己的位置上吃，而是要走到每一桌去品尝其他的菜肴，名曰吃百家转转菜、喝百家转转酒。在侗族吃了百家宴，就能够纳百家福、成百样事、益百年寿。

乡村宴席

传统的乡村宴席，是乡村里的大事。谁家有了红白喜事，整个村子几乎都会行动起来，桌子板凳搬来了，锅碗瓢盆端来了。为了一次乡间的宴席，家家户户都是有物出物、有人出人。男人来了帮着搭棚子、支桌子；女人来了，帮着择菜切菜、洗碗泡茶。乡村宴席离不开乡村主厨，主厨的技艺在一定程度上决定宴席的成败，一般村子里都有公认的好厨师，主厨要根据主家的席面规模拉菜单。有专门的人负责采购，一般主家自己养猪了，红白喜事上得请屠夫来杀猪，请专门的人来做豆腐。俗话说，“宴席饱三天”。乡村宴席在乡村饮食中，讲究的是“席面”，关乎主人家的“面子”。

1 谢泓珊：《侗族饮食文化与环境关系的研究》，吉首大学硕士学位论文，2017年，第29页。

图21 纳西族乡村宴席

在温州，正月初一到十五都是民间摆酒宴的繁忙期。以前都是民众自己挑食材，设宴款待亲朋好友，现代则多是在酒店订酒席。酒席上菜有一定顺序，一般先上年糕，温州特色就是年糕了。后面的菜都差不多，一般是海鲜粉干、笋干烧肉、红烧鸡块、清蒸全鱼、海参三鲜汤、蒜蓉蒸龙虾、腰果炒虾仁、粉丝炖鲍鱼、油炸泥鳅搭配油炸鸡块、酒酿鸽子蛋，最后就是甜点了。一般就是十个热菜。

在温州龙湾一带，宴席的菜品规制随着时代的变化而变化。20世纪50年代前，宴席上的菜肴一般为“八盘二”，即八个冷盘、两个热菜，少数为“八盘五”（八个冷盘、五个热菜），特殊的有“八盘八”（八个冷盘、八个热菜）；六七十年代开始演变为“八盘五”，少数为“八盘八”，便宴为“八盘二”；近年来“八盘八”开始通行，白喜事一般为“八盘五”，少数为“八盘八”。到了现在，开始流行家宴大四盘、小四盘，热菜10—12道。[1]

“在文成，红白喜事摆酒宴，少者五六桌，多者几十桌。圆桌坐10人，方桌

1 徐小娟:《温州海产食俗研究》，温州大学硕士学位论文，2016年，第52页。

坐8人。山区筵席，大都用小冷盘8—10个，有的至20个。冷盘取料一般是鱼干、虾干、泥鳅干、目鱼干、鳗鱼干、冬鸡、海蜇、猪耳朵、炸排骨、炸花生仁等。红枣开筵，年糕或罐头散席。番薯粉丝和芋艿是必不可少的两大菜，盛于大盘，吃完再加，与宴者以此来品评厨师的技艺。筵席丰盛与否由'点心'多少来定，普通酒席三个点心，好的四至五个。点心是指汤圆、炒年糕、八宝饭、饺子、面条等。每个点心均以一个荤菜陪衬，荤菜用猪肉、猪肝、鸡、鸭、兔、鱼等。各点心间插入各式和菜及干菜。和菜俗称'汤套'，如豆腐、海带、黑白木耳、莲子、豌豆、蚕豆、扁豆及各种海味等。干菜有豇豆干、刀豆干，各种瓜干、笋干、香菇等山货，总计名色三十多种……在泰顺县一带的双溪、汇溪等地，则先开饭，配以蒸笼炊透的大盘肉后再开宴。城镇酒筵，近年来已改用四至八个大冷盘、四个水果盘，席上用全鸭、全蹄、全鱼、数个咸菜和甜菜，不再'办点心'，讲究山珍海味。"[1]

渔乡红喜白丧及其他酒宴都离不开鱼类，尤其喜宴最讲究。十二冷盘中除四盘水果外，其余炸货就有炸鱼块、炸鱼片、炸虾等；片货中则需鳗鱼干片、目鱼干片、蟹肉片、鱼饼片等，其中某项或用蛏子、花蛤等海货代替。正菜中仅鱼类制作的就有全黄鱼、全鲳鱼、带鱼段、鱼饼、漂丸、鱼面、鱼羹、鱼肉馄饨、蛏子、泡鱼胶等。[2]

"十大碗"

重庆开县（开州区）是一块人杰地灵的风水宝地，这里的农耕文化源远流长，融汇了中原文化和巴渝文化。在饮食民俗上，乡村民间自办的一种宴席——"十大碗"很有特色。这种宴席被称为"田边地头席"，是四方桌八人一席，从几桌、十几桌到几十桌不等，用于办红白喜事、祝寿、打三朝和逢年过节。用料大多是本地自产的食材，如养殖的猪、鸡、鱼、牛等；种植的稻米、麦面、苞谷、豆菽杂粮等和葱、姜、蒜、辣椒、萝卜、莲藕、番薯、洋芋、南瓜、莴笋、白菜、菠菜、香菜及山中出产的竹笋、黑木耳、黄花、香菇、松菌等；作料是自己作坊生产的酱油、

1 叶大兵：《温州民俗大全》，新疆人民出版社，1998年，第203页。

2 叶大兵：《温州民俗大全》，新疆人民出版社，1998年，第203页。

醋、豆瓣酱、菜油、豌豆粉及粉条、豆腐、豆干、泡菜等。“十大碗”是概称，酒席的菜品有十样的，也有多于十样的，各种菜品的用料和烹制不仅讲究，而且也是变化灵活的，至少符合当地文化和当地人口味。

六碗汤

也称“六碗”，是锡伯族的特色菜肴。旧时，逢年过节或婚丧嫁娶、乔迁祝寿等特殊时节，锡伯族人都要“吃六碗”，故当地人说“吃六碗”也含赴宴之意。所谓“六碗”是指酒席、宴会上的六道主菜，分别是用六个大碗盛装的六种汤。六碗汤最大的特色在于，“六碗汤”不固定。一般有素烩汤（以蔬菜为主外加辅料）、黄花菜汤（以黄花菜为主外加辅料）、肉丸子汤（以油炸肉丸子为主外加辅料）、红烧肉汤（红烧肉外加辅料）、干豆腐汤（以干豆腐为主外加辅料）、猪肚丝汤（以猪肺子、猪下水为主外加辅料）、木耳汤（以木耳为主外加辅料）、瓦糕汤（以鸡蛋糕浇汁为主外加辅料）、粉皮汤（以粉皮为主外加辅料）等。

纯正的六碗汤必须添加煮肉的老汤。老汤的做法非常讲究，通常在猪杀完之后，立刻将猪的五脏六腑取出，再将猪肉切成小块放入大缸中，用刚从井里打出来的清凉水浸泡 3—5 小时。然后将肉捞出，放入准备好的冷水锅加入适量的花椒、大料一起烧开。烧煮过程中，要不断去除锅里的浮沫和浮油，直至把肉煮熟，然后把肉捞出来，将煮肉汤全部倒进最初泡生肉的冷水里混合放好，只有这样才能保证老汤的醇香。通常，除了在宴席上吃六碗外，擅长做“六碗”的老师傅也会在春节的家宴或除夕的年夜饭上做一碗集六种主菜于一体的特色汤，象征一家团圆。

“十三花”

“十三花”在陕西、山西等地都有，是当地逢事请客时，典型的宴席菜肴。

陕西韩城“十三花”，是以猪肉为主料而制作的系列菜肴，因由十三道菜组成，故称“十三花”。“十三花”是十三道菜，“五大、五小、一糕、一汤、一丸子”。“五大”即红肉、白肉、酥肉、杂烩（雅名“全家福”）、芝卷；因其盛菜的碗较大，菜的分量较大，故称“五大”。“五小”即烧肚丝、烧腰花、烧肥肠、烧蹄筋、海带粉，因其皆为汤菜，盛在较小的碗里，故称“五小”。“一糕”为甜糕。过去由于交通不便，此地极少有南方的江米，甜糕多以糯谷米或糯糜子米制作。“一汤”为勾芡甜汁，亦有莲子汤。“一丸子”为瘦肉丸子汤。

“十三花”席的吃法。韩城旧时以方桌设席。桌子摆法亦有讲究，即必须以桌心木板的横纹面对上席，否则为失礼。上席及左右各坐二人，一边空，称“开口席”。在“开口”一边系上桌裙作为装饰。桌裙多以缎料绣花制成，长短宽窄与方桌一边相等。在宾客入座时，先安排中席（此席为诸席之首），再安排偏席和其他席。在安排中席时，先安排上席，再安排左右席。上席两个座位也分上下，以侍者右手为上。

上菜次序也有规定，特别是第一道菜。如果过寿，先上“全家福”。如给孩子过满月，则先上莲子汤，寓意“连生贵子”。如接待新女婿或庆贺升迁，首先上八宝糕，寓意“一品高升”。以后依次便是红肉、白肉、酥肉、芝卷等。

上一个大菜，接着上一个小菜，如烧肚丝；再上一个大菜，又续一个小菜，就这样一大一小交叉进行。但是，从上第三个菜开始，便把第一个菜撤下，上一个，撤一个，餐桌上始终只留两道菜。这种吃法，称“流水席”。

当“五大”“五小”上完后，端上一大碗清水，涮勺、盏、筷子，然后再上甜糕，甜汁（汤）。最后一道菜上“丸子”，寓意“圆满完结”（“丸”“完”谐音）。“十三花”席到此结束。这时，将餐桌上的碗碟全部撤下，抹净桌面，端上四个菜，称“四座菜”。其中两热两凉，两荤两素。两热为爆炒白菜和小炒，两凉为凉拌三丝和醋熘白菜。小炒、凉拌三丝中有肉，称两荤，其他两菜称“两素”。主食为白面馒头。讲究之家，将馒头做成圆形，大小如点心，周围饰上花纹，小巧精致，称“包儿”；次者做成小花卷。长条形的“卷儿”馍属蒸食，主客往来行礼回礼用，一般不上席。[1]

长酒

在福建屏南，婚宴、寿宴、梁下酒等喜宴属于正宴，是很讲究的。正宴讲究四

1 郭德源编著：《韩城民俗》，内部资料，2014 年，第 43—45 页。

图22 筵席

桌帖、四分碟、首肉笋开宴、四大盆、四海碗、四中缸、四点心、三水果、糖糍粑结宴。这里面有许多有趣而富有双溪特色的文化内涵，如四桌帖，就是双溪独有。双溪家庭每逢喜事，必然在一个月前就写好请柬送与亲戚朋友，其中母舅、姑姑等至亲还需大红帖袋装成的请柬称“大帖”由专人送去，接到“大帖”的亲戚必然在喜事正日三天前就来赴宴，称吃“长酒”，但在双溪本地，“厝下人”也就是本姓亲戚朋友则没有送请柬，只是根据各家交情到喜宴日前送贺礼，主人则根据往年的“门头”准备酒宴桌数。正席当日八仙桌上的这“四桌帖”就是代表请柬的意思。桌帖有两层分别由红色、黄色土纸（其中红纸略小）对折成三角形，置于八仙桌中间，四角上面摆放同样具有双溪特色的四分碟。双溪宴席所用食用器具与桌子排位同样也有许多讲究，容不得半点马虎。正席必用八仙桌与长条凳，每桌摆十二个席位，每位客人面前所用食器有：筷子、碟子、汤匙、小酒盅，每桌摆四桌帖、四分碟、外加一把锡制酒瓶。位置也很讲究，一般位于古民居正厅的宴席第一、二桌是不能乱坐的，首桌称“娘舅桌”，是主人母亲娘家亲戚的专座，其中左上第一个座位就是正席最大的位置，那是非母舅不能坐的，其他座位依次为，第一位对面为第二位，第一位同排隔中间一位是第三位，第三位对面称第四位，这四个位置均较大，须留给辈分长者坐。而八仙桌上边横排称“上行头”、下边横排称“下行头”，均为较小位置，一般下行头边上两个位置，右边者把酒，左边者接菜，是要承担本桌服务任务的。

差异性：地域饮食民俗

我国古代，人们很早便关注到民俗的地域分野，产生了最初的区域民俗观念，较为典型的区域划分是国都与地方的对比和各诸侯国之间的区域区分；学者根据具体的地理变迁和民俗区域分布，积累并总结出较为系统的区域民俗理论。区域民俗理论，可以说是对传统国家民俗观的一种“反叛”与“调适”。

近年来，部分民俗学者在吸收国外理论和本土研究实践的基础上，就民俗的地域特性提出了“风俗区”“民俗圈”理论[1]。民俗圈，指同一类型的民俗在地域上的覆盖面，即民俗的区域性。他们认为，有了民俗，就有民俗圈[2]。学者不仅提出“民

1 较有代表性的有陈华文的“民俗文化圈”理论。“民俗文化是在相对的族群中以相对的内容和方式独立地存在。这里的‘圈’并不是一种绝对对称的圆圈，而是一种相对范围的区域，一种包括过去、现在和地域空间范围的区域。”（陈华文：《民俗文化学》，天津人民出版社，1998 年，第 77—78 页。）

2 陈新岗：《两汉诸子论风俗》，《民俗研究》2005 年第 2 期。

俗圈”理论，并在研究实践上，运用了这一理论。[1]“民俗圈”理论可以说是对传统地域风俗观的一种补充与修正。

靠山吃山，靠水吃水。饮食一道如方言，各处不同。中国南北地域差异明显，饮食民俗差异同样明显，各具特色的地域性饮食习俗与传统构成了地域饮食民俗。饮食民俗构成了区域文化，同样，饮食民俗促成了区域饮食的构建。特殊地域、特殊人群有其独特的美食传统。食物口味方面的文化相对主义原则是“口味是不用争辩的”。对一部分人而言，是美食；对另一部分人而言，可能是饮食的禁忌所在。人类的饮食方式存在如此大的差异，能否解释为什么在一种文化中发现对食物的偏爱和禁忌，而不是在另外的文化中?

中国饮食民俗的一大特点，就是在艺术烹调的基础上，根据各地不同的味觉习惯、选料方式、色泽搭配，逐渐构成了区域性的食谱程式——菜系，以及由此而演化的各种风味饮食、食用惯制。中国的菜系一直处于变动发展之中，有四大菜系、五大菜系、八大菜系、十大菜系、十二大菜系等之说。

《黄帝内经》根据我国古代五方之说，将五方饮食做了区分。

> 故东方之域，天地之所始生也。鱼盐之地，海滨傍水，其民食鱼而嗜咸，皆安其处，美其食。鱼者使人热中，盐者胜血，故其民皆黑色疏理。其病皆为痈疡，其治宜砭石。故砭石者，亦从东方来。

1 齐涛、刘德增先生曾有专文论述此问题：民俗圈指同一种类型的民俗在地域上的覆盖面，即民俗的区域性。这是民俗的一个基本特征，谚云：“百里不同风，十里不同俗。”有了民俗就有了民俗圈，二者形影相随，须臾难分。……司马迁对全国的民俗作了调查研究以后，把全国划为 9 个民俗圈。到汉成帝君临天下时，谏议大夫刘向又把全国界定为 13 个民俗圈，丞相张禹命僚属朱赣逐一条陈其民俗特征，班固著《汉书》，把刘、朱的研究成果加以整理，收入《地理志》中。检视《货殖列传》《地理志》可以看出，司马迁、刘向都是按列国疆域来划分民俗圈的。综合他们的意见，可以确定 12 个民俗圈（秦民俗圈、魏民俗圈、韩民俗圈、赵民俗圈、周民俗圈、燕民俗圈、齐民俗圈、鲁民俗圈、卫民俗圈、宋民俗圈、楚民俗圈、吴越民俗圈）。从《货殖列传》和《地理志》中可知，司马迁、刘向、朱赣不是做民俗史的研究，而是从当时的民俗现状入手来划分民俗圈。（齐涛、刘德增：《中国民俗的历史分期》，《民俗研究》2000 年第 2 期。）

西方者，金玉之域，沙石之处，天地之所收引也，其民陵居而多风，水土刚强，其民不衣而褐荐，其民华食而脂肥，故邪不能伤其形体，其病生于内，其治宜毒药。故毒药者，亦从西方来。

北方者，天地所闭藏之域也，其地高陵居，风寒冰冽，其民乐野处而乳食，脏寒生满病，其治宜灸焫。故灸焫者，亦从北方来。

南方者，天地所长养，阳之所盛处也，其地下，水土弱，雾露之所聚也，其民嗜酸而食胕，故其民皆致理而赤色，其病挛痹，其治宜微针。故九针者，亦从南方来。

中央者，其地平以湿，天地所以生万物也众，其民食杂而不劳，故其病多痿厥寒热，其治宜导引按蹻，故导引按蹻者，亦从中央出也。

故圣人杂合以治，各得其所宜，故治所以异而病皆愈者，得病之情，知治之大体也。[1]

不同区域风格的饮食民俗具有历史传承性。我国疆域辽阔，气候、地理、物产存在差异，民族、宗教、习俗各有不同，从而形成了风格不一的饮食民俗区、饮食民俗圈及不同菜系。饮食民俗圈是由于地域（这是最主要的）、民族、习俗、信仰等，历史地形成的具有独特风格的饮食民俗区域。17—18 世纪，中国域内大致形成了东北饮食民俗区、京津饮食民俗区、黄河中游饮食民俗区等 11 个饮食民俗区。[2]

饮食的地域划分

饮食的地理与区域

我国古代，很早便有了区域（包括古今政区、自然区、习惯区或大小流域）记

1 何永、马君、何敬华校注：《黄帝内经·素问》（第 2 版），中国中医药出版社，2022 年，第 44—45 页。
2 赵荣光：《中国饮食文化史》，上海人民出版社，2014 年，第 33—34 页。

述、代表性的区域文化和区域划分谱系，如五方说、九州说、国风说、地分与域分说等。

地理和区域在我国饮食民俗方面表现得尤其明显。赵荣光先生用11个饮食民俗圈来表示饮食的地域性差别，尽管不能确切地呈现文化圈边缘的实际分布情况，而且各饮食民俗圈有重叠，彼此既相对独立，又相互渗透影响，但从这些饮食民俗圈中我们可以看到区域饮食的文化差异和口味流变。

东北地区，包括吉林、辽宁、黑龙江大部分区域，这里土地肥沃，草场优良，平原广阔，五谷杂粮与山货水产都很丰富，冬季寒冷漫长，人口稀少。历史上这片土地长期生活着满族、蒙古族、鄂伦春族、朝鲜族等少数民族，游牧狩猎是最主要的生活方式。人们有好食炖菜、肉类，吃生肉、葱蒜、冻食和腌菜的习惯。饮食口味上，具有咸重、辛辣、生食的特点。

图1 东北乱炖

中北地区，集中在内蒙古，是典型的草原文化类型，以游牧和畜牧为主要生产方式。这里生活着众多的游牧民族，历史上战事不断，但社会生活与区域饮食民俗总体上保持着草原特色。人们逐水草而居，擅长射猎，爱食畜肉，热喝奶茶，畅饮烈酒。饮食口味以咸重为主。

图2 烤羊肉串

西北地区，饮食民俗受自然环境和人文因素的影响非常明显。这里基本上以畜牧业为主，农业种植香辛料较多。食物结构较简单，人们爱吃烤肉，佐以孜然、辣椒粉等调味品，口味咸重。

黄河中游地区，这里一直是中国文化的中心地带。农业开发最早也最完善，各种牲畜和谷物都有，属于五谷杂粮并食区，家蔬野果等植物性食物也十分丰富。面点小吃很有特色，尤以陕西、山西最具代表性，如陕西的小吃油泼辣子面、裤带面、羊肉泡馍等。山西面食品种繁多，“一样面百样吃”，用料广泛，制法多样。饮食口味强调酸辣、味重。

京津地区，元、明、清以来，北京成为全国的政治、经济、文化中心。天津是漕运、盐务和商业发达的都会，与北京共构经济一体和京畿文化。饮食的层次性和变化性特别明显，从皇宫御膳、贵族府宴到市井小吃，形成了全国特有的层次性饮食民俗。北京菜品种复杂多元，以满汉全席最具代表性。口味特点以咸香为主，兼收并蓄八方风味。

黄河下游地区，齐鲁之地，有着丰富的历史文化积淀。这一区域饮食的文化味较浓，讲究“平和正统”、大味必淡的至味境界。受海洋文化和大运河的影响，这里成为南北饮食民俗的交汇之地。山东菜在北方的影响很大。普通百姓爱吃煎饼和玉米饼子，卷葱抹酱，或以蒜泥拌生菜。口味特点是咸鲜，味正，并伴葱蒜的辛辣。

长江中游地区，以低山和平原为主，境内河网交织，湖泊密布，稻米水产和畜禽果蔬都很丰富。这里深受楚文化的影响，以江汉文化和湖湘文化为代表。湖南的口味偏重酸辣，以辣为主。湖北是“九省通衢”，淡水鱼虾资源丰富，形成了饭稻羹鱼的特色，口味以咸鲜、微辣为主。

长江下游地区，这里是我国著名的鱼米之乡，河湖密布，稻米水产丰富。战国时期形成地域特色鲜明的吴越文化。唐宋以后，中原经济文化中心向该地区转移。明清时这里已成为全国最繁荣的地区，发展出扬州、南京、苏州、上海、杭州等地许多不同的饮食风味。强调精致细腻，注重色形味质，讲究饮食环境的韵味，擅长糕点小吃制作，瓜果雕刻技冠全国。淮扬菜清淡适口，强调原料的本味，主料突出，刀工精细，肉类菜肴名目繁多，是我国四大菜系之一。口味特点为咸甜适中，清淡。

西南地区，土地贫瘠，坝区和河谷地带多种稻米，山上以玉米为主。人们自古以来就爱饮酒和吃辛香刺激之物，如花椒、茱萸、生姜等，尤其是在辣椒传入后。四川盆地自然环境较为独特，冬暖春早，物产丰富，巴蜀文化发达，川菜也是我国四大菜系之一。巴蜀“好滋味”，调味丰富；“尚辛香”，喜爱辛香刺激之味。西南地区不同地方的饮食各有特点，口味总体上以麻辣、酸辣为主。

东南地区，多丘陵，临海，雨水充沛。以稻米为主食，蔬菜水果、海产畜禽都很丰饶。这一地区喜食稻米，重鲜活，尚茶饮，蔬果与海产比重高，俗尚食事。岭南地区天气炎热，人们爱喝汤滋身，口味强调清淡鲜美。粤菜也是我国四大菜系之一。我国香港、澳门、台湾等地长期受欧美食风的浸染，受西方饮食的影响较为明显。口味特点为清淡，咸鲜。

青藏高原地区，是高寒地区，以农牧业为主，广泛种植青稞、大麦等作物，蔬菜与水果的比重不大。主食料为糌粑、牛羊肉及各种面食，生冷食物的比重较高，人们酷爱喝酥油茶。口味特点为咸重，微辣，辛香。

因地选料、就地取材

中国饮食讲究因地制宜、就地取材。根据一定区域的土壤性质、气温、降水等地理环境及在这种地理环境下动植物的生长特征，选择最佳原料，如《周礼·地官·土训》所载："土训掌道地图。以诏地事，道地慝，以辨地物而原其生以诏地求。"[1] 自然地理环境条件不同，地区之间出现的动植物品种数量和质量也不同。《周礼·地官·大司徒》："以土会之法辨五地之物生：一曰山林，其动物宜毛物，其植物宜早物，其民毛而方。二曰川泽，其动物宜鳞物，其植物宜膏物，其民黑而津。三曰丘陵，其动物宜羽物，其植物宜覈物，其民专而长。四曰坟衍，其动物宜介物，其植物宜荚物，其民皙而瘠。五曰原隰，其动物宜裸物，其植物宜丛物，其民丰肉而庳。"[2] 从山林到川泽，从丘陵到湿地，各自适宜生长不同的水陆动植物。《周礼·夏官》中还设职方氏职掌九州所产的"九谷、六畜之数要，周知其利害"[3]。九州所产谷物、禽畜、鱼、盐等物产各不相同，具体如表所示。

表 1 《周礼·夏官·职方氏》职掌九州所产食物原料[4]

九州	冀州	幽州	并州	兖州	青州	扬州	荆州	豫州	雍州
谷物	黍、稷	黍、稷、稻	黍、稷、菽、麦、稻	黍、稷、稻、麦	稻、麦	稻	稻	黍、稷、菽、麦、稻	黍、稷
禽畜	牛、羊	马、牛、羊、豕	马、牛、羊、鸡、犬、豕	马、牛、羊、鸡、犬、豕	鸡、狗	鸟、兽	鸟、兽	马、牛、羊、鸡、犬、豕	牛、马
特产		鱼、盐		鱼	鱼				

1 阮元校刻:《十三经注疏》，中华书局，1980 年，第 747 页。
2 阮元校刻:《十三经注疏》，中华书局，1980 年，第 702 页。
3 阮元校刻:《十三经注疏》，中华书局，1980 年，第 861 页。
4 阮元校刻:《十三经注疏》，中华书局，1980 年，第 861—862 页。

因地选择原料是为了使烹制成的食品更能发挥原料优势。根据地域的地理环境差异确定五谷、六畜、鱼、盐等物产，选用食物，这种人与自然之间互相依赖、彼此共存的关系，体现了人与自然之间的和谐相处。《周礼·地官·大司徒》："以土宜之法辨十有二土之名物，以相民宅而知其利害，以阜人民，以蕃鸟兽，以毓草木，以任土事。"[1] 遵循土壤地质所宜动植物生长的规律，能阜盛人民，蕃息鸟兽，繁育草木。

《史记·货殖列传》首先按各地物产分布特点将全国分为四大板块，即山西、山东、江南与龙门、碣石北。并指出，尽管这是一个大概的划分，却是依据人们的日常生活来划分的，即这些物产关乎"人民所喜好，谣俗被服饮食奉生送死"。

夫山西饶材、竹、榖、纑、旄、玉石；山东多鱼、盐、漆、丝、声色；江南出楠、梓、姜、桂、金、锡、连、丹沙、犀、玳瑁、珠玑、齿革；龙门、碣石北多马、牛、羊、旃，裘、筋，角；铜、铁则千里往往山出棋置：此其大较也。皆中国人民所喜好，谣俗被服饮食奉生送死之具也。故待农而食之，虞而出之，工而成之，商而通之。[2]

可见，《史记·货殖列传》已经认识到了，各地人正是在这些不同的物产基础上，从事生产生活，发展农、虞、工、商；也是在这些不同物产的基础上，形成了各地颇具地方特色的风俗习惯，包括饮食民俗。

南北东西物产之不同，"南蟹北羊，东鱼西粟"。由于自然条件不同，各地人对饮食滋味的要求也不一样。

楚越之地，地广人稀，饭稻羹鱼，或火耕而水耨，果隋嬴蛤，不待贾

1 阮元校刻：《十三经注疏》，中华书局，1980 年，第 703 页。

2 司马迁：《史记·货殖列传第六十九》，中华书局，1959 年，第 3253—3254 页。

而足，地势饶食，无饥馑之患，以故呰窳偷生，无积聚而多贫。是故江、淮以南，无冻饿之人，亦无千金之家。沂、泗水以北，宜五谷桑麻六畜，地小人众，数被水旱之害，民好畜藏，故秦、夏、梁、鲁好农而重民。三河、宛、陈亦然，加以商贾。齐、赵设智巧，仰机利。燕、代田畜而事蚕。[1]

古人认为，美味佳肴，“物无定味，适口者珍”。这八个字，《山家清供》《馔史》《养小录》等书中，均反复引用和阐释，奉为玉律。清代钱泳《履园丛话》论治庖时，也认为“烹调得宜，便为美馔”[2]，“饮食一道，如方言各处不同，只要对口味”[3]。如黄河流域的人民就普遍喜爱腌制食品，口味较重，以齐鲁饮食民俗为代表。古籍中记载齐鲁地区人民的经常性菜肴有：醢、菹菜、酱等，这都是用盐腌制的食物。如生活在鲁国的孔子，平日饮食是“不得其酱，不食”。而长江流域人民的饮食口味就与黄河流域大相径庭，它以荆楚饮食民俗为代表，楚人饮食大体是遵循“大苦咸酸、辛甘行些”来调和五味的。这种不同地区口味的偏差，成为中国饮食格局构建的基础。中国饮食民俗的一大特点，就是在艺术烹调的基础上，根据各地不同的味觉习惯，选料方式，操作方法，色泽搭配，逐渐构成了区域性的食谱程式——菜系，以及由此而衍化的各种风味饮食、食用惯制。

南食、北食之别

自古以来，中国的饮食最显著的区域特征就是南食与北食的区别，最早有南稻、北粟之别，后又发展为南米、北面的不同。南方以稻作文化为代表，饮食以稻米为核心；北方以麦作文化为代表，饮食以面食为主。晋代人张华《博物志》对南北不同区域人民的饮食风味做了比较：“东南之人食水产，西北之人食陆畜。食水

1　司马迁：《史记·货殖列传第六十九》，中华书局，1959 年，第 3270 页。
2　钱泳：《海王村古籍丛刊·履园丛话》（上），中国书店，1991 年，第 720 页。
3　钱泳：《四库家藏·履园丛话》，山东画报出版社，2004 年，第 237 页。

产者，龟蛇螺蛤，以为珍味，不觉其腥也；食陆畜者，狸兔鼠雀，以为珍味，不觉其膻也。”[1]

南北朝时期亦有文献记载南北饮食之差异。《洛阳伽蓝记》载：王肃由江南过江降北魏，“肃初入国，不食羊肉及酪浆等物，常饭鲫鱼羹，渴饮茗汁。京师士子道肃一饮一斗，号为漏卮。经数年已后，肃与高祖殿会，食羊肉酪粥甚多。高祖怪之，谓肃曰：‘卿中国之味也，羊肉何如鱼羹？茗饮何如酪浆？’肃对曰：‘羊者是陆产之最，鱼者乃水族之长。所好不同，并各称珍。以味言之，甚有优劣。羊比齐鲁大邦，鱼比邾莒小国，惟茗不中与酪作奴。’”[2]

宋代，南北文化交流更加频繁，人们对南北饮食差异的认识更为清晰，南食、北食各具特点、泾渭分明。宋人笔记中记载南北饮食差异的就更多了，多次出现“南食”“北食”的名称。南方河流湖泊众多，南人主食以稻米为主，副食以水产品为重；而北方多为旱地，故主食以面食为主，副食则以肉为重。

> 市井经纪之家，往往只于市店旋买饮食，不置家蔬。北食则矾楼前李四家、段家爊物、石逢巴子；南食则寺桥金家、九曲子周家，最为屈指。[3]
>
> 大凡食店，大者谓之“分茶”……更有南食店，鱼兜子、桐皮熟脍面、煎鱼饭。又有瓠羹店……[4]
>
> 都城食店，多是旧京师人开张，如羊饭店兼卖酒。……南食店谓之南食，川饭分茶。盖因京师开此店，以备南人不服北食者，今既在南，则其名误矣……大抵都下买物，多趋有名之家，如昔时之内前下家从食，街市王宣旋饼，望仙桥糕糜是也。如酪面，亦只后市街卖酥贺家一分，每个五百贯，以新样油饼两枚夹而食之，此北食也。(《都城纪胜·食店》)[5]

---

1 江畬经：《历代小说笔记选》（汉魏六朝唐），上海书店，1983 年，第 42 页。

2 杨衒之著，周振甫释译：《洛阳伽蓝记校释今译》，北京联合出版公司，2019 年，第 125 页。

3 孟元老作，谦德书院校注：《东京梦华录》，团结出版社，2021 年，第 46 页。

4 孟元老作，谦德书院校注：《东京梦华录》，团结出版社，2021 年，第 63 页。

5 朱彭等：《南宋古迹考·外四种》，浙江人民出版社，1983 年，第 83—84 页。

旧京工伎固多奇妙，即烹煮盘案，亦复擅名。如王楼梅花包子、曹婆肉饼、薛家羊饭、梅家鹅鸭、曹家从食、徐家瓠羹、郑家油饼、王家乳酪、段家爊物、石逢巴子南食之类，皆声称于时。（南宋袁褧《枫窗小牍》）[1]

南方无好羊消面，惟鱼稻为嘉，故南人嗜之。北方鱼稻不多，而肉面嘉，故北人嗜之。易地则皆然，不必相非笑也。（张师正《倦游杂录》）[2]

毗陵承天珍禅师蜀人也，巴音夷面，真率不事事。郡守忘其名，初至不知其佳士，未尝与语。偶携客来游，珍亦坐于旁，守谓客曰："鱼稻宜江淮，羊面宜京洛。"（惠洪《冷斋夜话》卷十）[3]

自古以来，我国就有南食、北食之别，南北饮食的主要差别是"饭稻羹鱼"和"饭面食肉"。宋应星《天工开物》中关于"北麦南稻"有载："四海之内，燕秦晋豫齐鲁诸道蒸民粒食，小麦居半，而黍、稷、稻、粱仅居半。西极川云，东至闽浙，吴楚腹焉，方长六千里种小麦者二十分而一，磨面以为捻头、环饵、馒首、汤料之需，而饔飧不及焉。种余麦者五十分而一，闾阎作苦以充朝膳，而贵介不与焉。"[4]

饭稻羹鱼

南食以米为主。南方稻米主要有粳米、籼米、糯米，粳米一年一熟，性软味香，可煮干饭、稀饭；籼米有早晚两熟，性硬而耐饥，适合煮饭；糯米黏糯芳香，常用来做糕点或酿酒，也可以煮成干饭和稀饭。南米可做的食品花色繁多，最常见的有饭、粥，南方人常常烧煮花色饭和花色粥，将米和青菜合煮成菜饭，加猪油，香韧可口，或杂以黄豆、咸肉等辅料。米饭和鸡蛋合炒，做成美味的蛋炒饭。粥里也可以杂以绿豆、黄豆、赤豆等，做成各种风味的花色粥。

---

1 虞云国主编：《宋代文化史大辞典》（下），汉语大词典出版社，2006 年，第 932 页。
2 张师正撰，傅成、李裕民校点：《括异志 倦游杂录》，上海古籍出版社，2012 年，第 107 页。
3 江畲经编辑：《历代小说笔记选》，上海书店，1983 年，第 273 页。
4 宋应星著，中共新余市委政策研究室译：《天工开物》，江西科学技术出版社，2018 年，第 20 页。

糯米可以做成粽子、糍粑、汤圆等食品。粽子虽是端午节的应节食品，但南方人在端午节之外，也有吃粽子的习俗。南方的粽子种类很多，按形状可以分为小脚粽、三角粽、枕头粽等；按馅料可以分为白水粽、肉粽、赤豆粽、豆瓣粽、枣子粽等。粽子便于保存、携带，四季皆宜，南方很多地方的人是闲时包好粽子，以备农忙或外出时食用。

粑粑也叫“糍粑”，在南方很多地方，特别是土家族、苗族等少数民族地区最为常见。南方有“二十八，打粑粑”的俗语流传。糍粑多以糯米为原料。打粑粑前一晚把糯米洗净用水泡上一晚。第二天在甑子里放入甑皮，蒙上一层细纱布避免粘底，再倒入糯米。将装好糯米的甑子放进锅里蒸，蒸时要根据甑子的大小适量往锅里加水，水的高度不能超过甑皮的位置。否则会使蒸汽不能上扬，糯米底子焦煳而上面不熟。蒸糯米时用碗装小半碗茶油和一小块黄蜡（蜂蜡），放在甑子顶部熔化备用。蒸糯米的时候，粑粑槽已经拿出来洗干净，为了防粘还要洒上一些水。粑粑槽为长方形，有石质的，也有木质的。米蒸熟后，用筛子、簸箕等装出，倒进粑粑槽里。两个壮年男人手拿粑粑槌，各自站在粑粑槽的一端，你一下我一下，有节奏地打。粑粑槌为木质，由圆柱形细长手把和粗壮结实的圆柱形槌头组成。打的过程中，妇女们抬出方桌，用细纱布把已经熔化的黄蜡和茶油薄薄地涂在桌子表面，擦在手上。等到糯米被打得光滑、不再有颗粒，妇女们围着粑粑槽扯出一个又一个的“扯子团”。把“扯子团”等距排列在桌子上，大约四排、每排四个。将另一张桌子抬起来，桌面向下，用力压一分钟左右。拿开压着的桌子，糯米粑粑就做好了。把压好的粑粑放在一边凉凉，又在桌上放上米团继续压，如此反复，直到所有的粑粑都压好。压粑粑也可以用长板凳，做出的粑粑更精致，但非常耗时。待其冷却坚硬后，再放入清水坛中浸泡，一般可放至来年三至五月。土家族人则将第一槽糍粑分成两大团，不挤不压，称为“糍粑公，糍粑婆”，多放至清明节，祭祖后再用刀切成片食之。粑粑的食法：多烧烤加热，蘸上蜂蜜或霉豆腐吃；亦可切片下汤或油煎炸了吃，其味绵软清香。打糍粑是土家、苗家人年节喜爱的美食，拜年时多以此为礼赠亲友。

除了糍粑，还能将糯米做成糍饭或糍饭糕。先将糯米煮成饭，再将米饭捏成团状供人食用，即糍饭，米团内也可以包入油条或其他东西。糍饭糕是将糯米饭切成长方形，放入油锅汆炸。

除了如上将稻米直接制成食品，也有将米磨成粉，制作成多种食品的。糯米饭加入赤豆、绿豆、高粱或南瓜汁等，揉和后蒸煮，就成了赤豆糕、绿豆糕、高粱糕、南瓜饼等食品。

将糯米粉加糖和水，搓成圆团，蒸熟后置于竹篮内晾干，可以保存很长时间，食用时只需重新加热蒸软即可。团内可以包上菜、肉、糖、赤豆等。将团子在沸水中煮熟，连汤食用，就是所谓的“汤团”。湘中地区立夏要吃的“立夏坨子”，就是用米团子加水煮熟制成的。将糯米粉加水拌和倒入油锅，用刀铲将其摊开煎熟，即是南方人爱吃的“摊面衣”。

米花，也叫“爆米花”“炒米”。用特殊的爆米花器具爆成。米花香脆，是孩子们爱吃的零食，也可以加糖用开水冲泡后食用。

大米磨成粉，用冷水稀释调匀，将其置于火上加热，并不断搅拌，直至煮熟。这种食品，南方人叫“粉粥”“米糊糊”，婴儿奶水不够或老人虚弱时，多喂食这种米糊糊。

将米制成粉、面，就是南方人爱吃的“米粉”“米线”“米皮”。即大米经浸泡磨浆、蒸煮后制成粉皮或粉丝，入沸水煮熟、加盖浇头的一种食品。从形状上又分为圆粉和切粉，从制作方法上可分为切粉和榨粉两大类。切粉的制法是，将大米浆用盘蒸成一块块薄皮，再用刀切成稍宽的条状，下沸水锅煮熟。榨粉的制法是，将大米浆灌入专用榨头，挤压成丝状，入沸水烫熟，食前入沸水锅中烫热。切粉和榨粉各具特色，切粉柔韧有力，较耐水煮，口感筋道；榨粉筋力稍差，质地较细软，不耐水煮，口感柔滑。食用米粉讲究选用上好的汤（如骨清汤），米粉出锅放入碗内，再盖上各种浇头佐食。我国南方各地都有独具特色的米粉，如桂林米粉、湖南米粉、广东河粉、福建米线、云南过桥米线等。

湖南称鱼肉为大荤，禽蛋鳅虾为小荤，豆腐蔬菜为素，俗称小菜。三餐有荤腥的，仅富贵人家能做到。一般老百姓只有初一、十五才吃红烧肉，叫“打牙祭”“打神福”。乡间，只有师傅（裁缝、木匠、篾匠等手工艺人）上门或生日喜庆才称肉打豆腐。民间请客，用腊肉、咸鱼、鳅、鳝、干笋、豆腐等。由于地域的特殊性，南方的菜肴多取其特色的食材。南食多鱼，如湘菜的剁椒鱼头、徽菜的“臭鳜鱼”、贵州的“酸菜鱼”、苗族的“稻香鱼”等。在湖北，鱼是人们四季常吃、爱吃的佳肴，当地水产丰富，自古就有喜食鱼的习俗，“无鱼不成席”。不仅平时喜吃鱼，乡席、城筵，自不可“桌无全鱼”，逢年过节，鱼更是必不可少。鱼的烹饪方法就有30多种，如红烧、油焖、烤、清蒸、水煮等。加工的品种一般有鱼块、鱼片、鱼条、鱼饼、鱼丝、鱼糕、鱼圆子等。

饭面食肉

北方喜面食，“一日三餐不离面”，面食包括馍馍（馒头）、包子、花卷、面条、饺子等。北方面食除了小麦面外，兼有高粱面、玉米面、荞麦面、莜麦面、杂豆面、黍米面等。陕西从最日常的馒头、锅盔、面条到肉夹馍、羊肉泡馍，再到花样百出的各色小吃，都以面食为基础。就一日三餐而言，早晚一般都是米汤（大米稀饭）、苞谷糁（玉米粥），配上炒洋芋丝、咸菜，主食是馍、锅盔、饼；中午是手擀

图3 湘菜 凤凰血粑鸭

面，面里加些蔬菜、调料。有客时，还会额外炒几盘下酒菜。这里的人不喜围桌而坐，更愿意捧着一大碗面条蹲坐家门口，与家人邻里边聊边吃，俗话说“板凳不坐蹲起来”。

北方的日常面食按制作方式可分为蒸制面食、煮制面食和炸制面食等。蒸制面食，如蒸馍或蒸馒头、包子、饺子、蒸糕、蒸饼、蒸窝窝头等。山西被称为“面食之乡”，“一种面食百样吃法”。在山西，蒸食花样繁多，仅莜麦面就有窝窝、疙卷儿、饸饹、鱼鱼、切条以及谷垒、拿糕、“磨擦子”等十多种花样。玉米面窝窝是最普通的主食之一，产麦区则多吃馒头。馒头分为花卷、刀切馍、圆馍、石榴馍、枣馍、麦芽馍、硬面馍等。杂粮蒸食有吕梁的莜面栲栳栳、高粱面鱼鱼、包子、稍梅（烧卖）等。包馅蒸食有荤、素两大类：肉馅的有牛肉包子、猪肉包子等；素馅的有糖包子、豆包子、枣泥包子、澄沙包子等。白面蒸食中有蒸饼、蒸饺、花糕等。红面团子、红面蒸饺、红面鱼鱼、杂面谷垒、玉米面发糕、荞面碗饦，玉米面、黄豆面蒸制成的“豆蛋蛋”等是午餐中最常见的。黍米面蒸食以枣糕最为讲究。

煮制类面食指带汤类煮制面食，最常见的是面条和饺子。兰州牛肉拉面、山西刀削面和岐山臊子面，被称为中华面食三绝。陕西岐山臊子面历史悠久，臊子，就是用肉丁炒制的配料。岐山臊子面的制作极为讲究，以“薄筋光、酸辣汪”著称。薄是指面擀得要薄如纸、肉丁要切得薄而匀；筋指的是面吃起来要筋道、有嚼头；光是指口感要光滑；酸是指选取的醋要好，酸得有味道；辣是要选上等的秦椒辣面；汪是指油色泽亮而不腻。臊子面的配菜讲究五色，木耳豆腐寓意黑白分明，鸡蛋象征富贵，红萝卜寓意日子红火，蒜苗代表生机勃发，红黄绿白黑五种颜色代表了岐山人对生活的美好祝福。只吃面不喝汤是当地人约定俗成的饮食规矩。在岐山，不论谁家红白喜事，第一碗臊子面都不可上桌，而是要拿出去泼汤，先在大门外给天地诸神泼汤，再到祖先牌位前泼汤，仪式结束之后，宴席才开始。在宴席中，同样要等长辈和贵宾先动，其他人才能开始食用。

山西的煮制食品极为丰富，面条类有扯面、龙须面、刀削面、转盘剔尖、刀拨面、包皮面等，其中刀削面、拉面、刀拨面、剔尖为四大招牌面。山西俗语有云，“一天不吃面，不算吃过饭”。山西刀削面内虚、外筋、柔软、光滑，同北京的打卤面、山东的伊府面、河南的鱼焙面、四川的担担面一起被誉为中华五大面食。刀削面的刀是有讲究的，普通的菜刀无法削出漂亮的面叶，制作刀削面需要专门的刀，这是一种特制的弧形削刀，用这种刀削出的面叶，中间厚两边薄，形似柳叶。

图4 山西刀削面

炸制面食多将面食放入油中炸制而成，油糕、油饼、馓子、麻花等都是有名的炸制面食。泡泡油糕是一款山西最传统的炸制面食。选用山西黄米磨粉和成面团，包上豆沙馅，用山西特产胡麻油炸制而成。炸好后的油糕因通体都是泡泡，故名“泡泡油糕”。黄米经石磨一磨，便成了糕面。要做油糕，须先将糕面用水拌匀，既不能拌得太湿，也不能拌得太干，拌至能握成团即可上笼去蒸。蒸熟后要和面似的搋揉，叫“搋糕”。搋糕要趁热搋，一出笼就搋。根据用油量的不同油糕又分为两种，即擦糕、炸糕。油糕也是众多吃食中最耐饥的，“三十里莜面四十里糕，二十里豆面饿折腰”，吃了油糕行走40里都不觉肚饥。

油糕不但好吃，而且“糕”“高”同音，吃糕有吉祥的意味。过春节自然要吃糕。腊月里，家家都要做糕，以备正月里食用和待客。大年初二要吃糕，取“步步高升”之意。贵客临门时要吃糕，以示对客人的尊重。办事宴更要吃糕。大凡举办婚事丧事、给老人庆寿、给小孩过满月以及筑墙、盖房、分家，宴席上都少不了油糕。

晋南有俗语，“出门三件宝：馍馍、草帽和棉袄”。晋南人一日三餐离不了“馍”，“一样馍百样吃”。清晨起来，先吃几口馒头垫垫饥，这是吃“晨馍”。下地干活儿，带个馒头叫“半路时馍”。早饭、晚饭吃的馒头是馏热的，叫“软馍”。午饭与面条配着吃的是不软不硬、蒸熟后没有馏过的“酥馍”。切片晒干的馒头片，叫“干馍”，旧时学子外出求学，一人背着一面口袋“干馍”。馏后又冷的馒头，软软的，咬到口里带点韧性，这叫“缠皮馍”，这种馒头不好消化。馒头可以炒着吃，叫“炒馍”；把馒头切碎了和蔬菜拌在一起蒸着吃，叫“拌馍”；和炒菜烩到一起吃，叫“煮馍”；等等。不只是蒸出来的馒头称“馍”或“蒸馍”；用火烙出来的也可以叫作“馍”，如“烙馍”指的是烙饼；“煎馍”指的是煎饼；放在鏊上、石子上烤，称“烤馍”。用油炸出的扁而圆的油饼儿，叫“油馍”。妇女坐月子吃的一种干饼，是把掺着花椒叶和咸盐的面团儿擀成圆圆的薄片儿，用石子儿加热烙制而成的，这种饼叫作“擀馍”。晋南的馍也不光是白面做的。以白面为主，掺点玉米面等粗粮进去的馒头叫“接面馍”；白面少粗粮多的馒头叫“秋面馍”；掺蔬菜蒸出的馒头叫“插菜馍”。

“不吃馍馍不叫饭”，晋南人每顿饭都离不开馒头。地道的晋南人中午吃面条，待客吃饺子等，都不会忘记放一盘馒头在桌上。不管前面吃了多少东西，吃的是什么，只有这最后的几口馒头下了肚，这顿饭才叫圆满。在晋南，馍不仅是人们一日三餐、果腹充饥的主食，而且具有重要的礼仪功能。与日常生活中“顿顿不离馍”相应，在晋南的民俗活动中，可以说是“事事不离馍”。婚丧嫁娶、生儿育女、寿筵宾客、建造新房、逢年过节、走亲串友等方面，馒头都在其中扮演着不可替代的重要角色。

饮食民俗圈与菜系

饮食与饮食文化对自然因素的依赖是不言而喻的。饮食文化的区域性是一个历史范畴，始终不断发展变化。一种饮食文化传统，在一定地域内沉淀、累积和承续，因之出现了各自不同的发展形态和发展水平，因地而异，异地不同。饮食文化的存在与发展，主要取决于自然生态环境与文化生态环境两大系统的诸多结构因素。很早之前，中国便形成了以粟、菽、麦等“五谷”为主要食物原料的黄河流域饮食文化区，以稻为主食原料的长江流域饮食文化区，以肉、酪为主要食料的中北草原地带的畜牧与狩猎饮食文化区三大不同风格饮食文化的区域类型。[1]

司马迁曾按西汉帝国的版图内物产与人民生活习性作了地域性的表述。山西、山东、江南（彭城以东，与越、楚两部）、龙门碣石北、关中、巴蜀等地区因自然生态地理的差异而决定了当时食生产、食生活、食文化的区位性差异，已经较史前形成的中国饮食文化的区位格局有了很大的不同。

唐宋时期，我国的七大饮食文化圈基本形成。[2]至19世纪末，在今天的中国版图内，存在着东北、中北、京津、黄河下游、黄河中游、西北、长江下游、长江中游、西南、青藏高原、东南等11个结构性子属饮食文化区。[3]

李学勤先生在《东周与秦代文明》一书中，综合文献和考古成果将东周列国划分为“七个文化圈”，分别是：中原文化圈、北方文化圈、齐鲁文化圈、荆楚文化圈、吴越文化圈、巴蜀滇文化圈和秦文化圈。

以下结合前人的研究成果，将中国饮食民俗圈作一简要介绍。

---

1 赵荣光：《“饮食文化圈”理论认知中华饮食史的尝试——〈中国饮食文化区域史丛书〉序》，《南宁职业技术学院学报》2014年第5期。

2 胡艳红：《百种宋人笔记所见饮食文化史料辑考》，华东师范大学硕士学位论文，2006年，第18—36页。

3 赵荣光：《“饮食文化圈”理论认知中华饮食史的尝试——〈中国饮食文化区域史丛书〉序》，《南宁职业技术学院学报》2014年第5期。

中原饮食民俗圈

从西安、洛阳到开封，一直是中华政治文化中心，其饮食民俗属于以农业为基础的传统的华夏内陆文化，即典型的黄河文化，是北食的“风向标”。这里早自先秦就是“其畜宜五牲马、牛、羊、犬、豕，其谷宜五种黍、稷、麦、稻、菽”的业农之地。谷以粟、麦为主，肉以羊、猪为主。“偏畜禽、尚汤煮”是这一饮食民俗圈的特征。宋人笔记所载也恰恰反映了中原地区饮食民俗自古以来的特点。

> 笼饼蒸饼之属，食必去皮，皆为北地风埃设。[1]
>
> 陕西沿边地苦寒，种麦周岁始熟，以故黏齿不可食。如熙州（今甘肃临洮）斤面，则以掬灰和之，方能捍切。[2]

齐鲁饮食民俗圈

齐鲁地区的饮食，宋人笔记中有较多的史料记录了这一地区最为有名的水产——鳆鱼。鳆鱼非鱼，而是“牡蛎”，“其味珍绝”，是极珍贵的海产，因江南无此物产，故“一枚直数千钱”。宋人笔记载：

> 褚彦回，时淮北属魏，江南无鳆鱼，或有间关得至者，一枚直数千钱。有饷彦回鳆鱼三十枚，彦回时虽贵而贫过甚，门生献计卖之，云可得十万钱。[3]

齐鲁地区自古就兴女工、桑麻之业，通食盐、海鱼之利。因为近海，习尚海产，鲁菜“好海鲜，多鲜活”，口味以“香鲜”见长。关于宋代齐鲁人饮食口味的记载，如张师正《倦游杂录》所载。

1 宋继郊编撰，王晟等点校：《东京志略》，河南大学出版社，1999 年，第 371 页。

2 庄绰：《鸡肋编》，上海书店，1990 年，第 25 页。

3 李昉编纂，孙雍长、熊毓兰校点：《太平御览》（第 8 卷），河北教育出版社，1994 年，第 528 页。

韩龙图贽，山东人，乡里食味，好以酱渍瓜啖之，谓之瓜齑。韩为河北都漕，廨宇在大名府中，诸军营多鬻此物，韩尝曰：“某营者最佳，某营者次之。”赵阅道笑曰：“欧阳永叔尝撰《花谱》，蔡君谟亦撰《荔枝谱》，今须请韩龙图撰《瓜齑谱》矣。”[1]

图5 鲁菜 糖醋鲤鱼

巴蜀饮食民俗圈

巴蜀地处中国西南，山林茂密，笋菌丰盛，江河纵横，鱼鲜丰美。宋人笔记中关于巴蜀地区的物产的记载：

1 陶宗仪：《说郛》，中国书店，1986年，第214页。

绵州故广汉地，领县八，惟彰明出附子。……总四乡之地，为田五百二十顷有奇，然秔稻之田五，菽粟之田三，而附子之田止居其二焉。[1]

绵州农作物耕种分布以稻为主，次为菽粟，然后是一些经济作物，如中药材附子等。巴蜀饮食自古便“尚滋味，好辛香”。

太宗命苏易简评讲《文中子》，中有杨素遗子《食经》“羹藜含糗”之句，上因问曰：“食品称珍，何物为最？”易简对曰：“臣闻物无定味，适口者珍，臣止知齑汁为美。”[2]

齑汁就是捣碎的姜、蒜或韭菜碎末儿，由此可见川人好辛香的饮食风格。范成大在《桂海虞衡志·志草木》中记载：

桂，南方奇木，上药也。桂林以桂名，地实不产，而出于宾、宜州。凡木叶心皆一纵理，独桂有两纹，形如圭，制字者意或出此。叶味辛甘，与皮无别，而加芳美，人喜咀嚼之。[3]

味在四川，宋代川饭店、南食店在汴京城就已经非常有名。

大凡食店，大者谓之“分茶”……更有川饭店，则有插肉面、大燠面、大小抹肉淘、煎燠肉、杂煎事件、生熟烧饭。更有南食店，鱼兜子、桐皮熟脍面、煎鱼饭。[4]

1 王家葵等编著：《中药材品种沿革及道地性》，中国医药科技出版社，2007 年，第 152 页。
2 朱易安、傅璇琮等主编：《全宋笔记》（第一编 六），大象出版社，2003 年，第 134 页。
3 范成大撰，严沛校注：《桂海虞衡志校注》，广西人民出版社，1986 年，第 100—101 页。
4 孟元老作，谦德书院校注：《东京梦华录》，团结出版社，2021 年，第 63 页。

向者汴京开南食面店，川饭分茶，以备江南往来士夫，谓其不便北食故耳。南渡以来，几二百余年，则水土既惯，饮食混淆，无南北之分矣……更有专卖诸色羹汤、川饭，并诸煎肉鱼下饭。[1]

图6 川菜 水煮鱼

荆楚饮食民俗圈

荆楚大地，有沃野千里的两湖平原，境内河网纵横交错，湖泊星罗棋布，是中国主要的鱼米之乡。古人云此处“地埶饶食，无饥馑之患”，“荆有云梦，犀兕麋鹿满之，江汉之鱼鳖鼋鼍为天下富，宋所为无雉兔鲋鱼者也，此犹粱肉之与糠糟也”。[2]其饮食民俗与中原相望，为南食之柱石，乃湘菜、鄂菜之发源。荆楚饮食民俗中“饭稻羹鱼”特色突出，有着浓郁的鱼米之乡的情韵。在笔记中所反映的史料有：

1 吴自牧：《梦粱录》，浙江人民出版社，1980年，第145—146页。

2 吴毓江撰，孙启治点校：《墨子校注》，中华书局，1993年，第764页。

《靖州图经》载，其俗居丧不食酒肉盐酪，而以鱼为蔬。今湖北多然，谓之鱼菜。老杜谓往来荆楚，而夔与湖北为邻，“风俗当园蔬”，指此。[1]

“以鱼为蔬”“享无淡鱼，则非盛礼”，可见鱼在楚人的食谱中占有很重要的地位。楚人饮食，色重味厚，即使造酒，也用味烈者，如叶梦得《避暑录话》所载。

刘禹锡传南方有桂浆法，善造者暑月，极快美。凡酒用药，未有不夺其味。况桂之烈，楚人所谓桂酒椒浆者，安知其为美酒？[2]

图7 湘妃糕

1 王士禛著，惠栋、金荣注，宫晓卫、孙言诚、周晶、闫昭典点校整理：《渔洋精华录集注》（下），齐鲁书社，2009年，第959页。

2 尹占华：《唐宋文学与文献丛稿》（上），天津古籍出版社，2013年，第646页。

吴越饮食民俗圈

先秦时，以太湖为界，北为吴国，南为越国。吴越地区是世界稻作文化的发源地之一，物产富饶，食物资源有鱼虾蟹螺、蛋禽蔬果、海产豆类。如《西湖老人繁胜录》记江南蔬菜一年四季不绝。

宁宗圣节，金国奉使贺生辰毕……下节步行，争说城里湖边有千个扇面，不啻说，我北地草木都衰了，你南中树木尚青。盖江南地暖如此，蔬菜一年不绝，此月有台心菜、黄芽菜、矮菜、甘露子、菠菜、芋头、芋奶、山药之类，葱韭尤多。[1]

宋人笔记中有不少反映了此处水产品丰富多样，所谓“地产鱼虾海物，四方所无”。

明、越、温、台海鲜鱼蟹鲞腊等货，亦上潬通于江、浙。……[2]

吴越功德判官毛胜，多雅戏，以地产鱼虾海物，四方所无，因造水族加恩簿，品叙精奇。……水族，浙地之产为多，加恩簿者，晋陵毛胜公敌所出也。须鳞壳甲，种类差殊，荐醴登盘，皆可于口。[3]

因为水产品丰富，容易获取，人们食用得也多，以至于被戏称为“园蔬”。各地风格迥异，浙人喜食海味，将海味当作家常菜蔬食用。

仆又见浙人呼海错为虾菜，每食不可阙，始悟风俗当园蔬之意。[4]

1 王国平主编：《西湖文献集成·第 2 册·宋代史志西湖文献》，杭州出版社，2004 年，第 18 页。
2 吴自牧撰，傅林祥注：《梦粱录》，山东友谊出版社，2001 年，第 171 页。
3 朱易安、傅璇琮等主编：《全宋笔记》（第一编 二），大象出版社，2003 年，第 62 页。
4 王大鹏、张宝坤、田树生等：《中国历代诗话选》（1），岳麓书社，1985 年，第 414 页。

蟹是吴越地区特产，“炀帝幸江都，吴中贡糟蟹、糖蟹”。蟹之口味也极受人欢迎，陶谷《清异录·鱼门》载：“卢绛从弟纯，以蟹肉为‘一品膏’。尝曰：‘四方之味，当许含黄伯为第一。’”足见有人好蟹成癖。

《本草》误：张文潜好食蟹，晚苦风痹，然嗜蟹如故，至剔其肉，满贮巨杯而食之。[1]

人们将蟹制成各种各样的蟹肴，宋人笔记的蟹肴名称有糟蟹、糖蟹、蜜蟹、酒蟹、醋赤蟹、奈香盒蟹、辣羹蟹、签糊及虀蟹、枨醋洗手蟹、枨酿蟹、五味酒酱蟹、酒泼蟹、炒蟹、炸蟹、蟹黄、螃蟹酿枨、洗手蟹、螃蟹清羹，甚至有蟹肉包儿、蟹肉馒头等，品种花样繁多，市肆食店皆有供应。

图8 苏菜 清汤海参狮子头

1 费衮撰：《梁谿漫志》，三秦出版社，2004年，第272页。

吴越地区是典型的“鱼米之乡”，除水产品种丰富外，稻谷品种也有很多，且不乏佳种。龚明之《中吴纪闻》记苏州史实，其中卷一所记“红莲稻”便是佳种之一。

红莲稻自古有之，陆鲁望《别墅怀归》诗云：“遥为晚花吟白菊，近炊香稻识红莲。”至今以此为佳种。[1]

吴自牧《梦粱录》卷八所记稻谷品种则更多，而吴越地区居民以稻米为主食，从所载杭城居民日消费米量中也可见一斑。

杭州人烟稠密，城内外不下数十万户，百十万口。每日街市食米，除府第、官舍、宅舍、富室，及诸司有该俸人外，细民所食，每日城内外不下一二千余石，皆需之铺家。然本州所赖苏、湖、常、秀、淮、广等处客米到来，湖州市米市桥、黑桥，俱是米行，接客出粜。其米有数等，如早米、晚米、新破砻、冬舂、上色白米、中色白米、红莲子、黄芒、上秆、粳米、糯米、箭子米、黄籼米、蒸米、红米、黄米、陈米。且言城内外诸铺户，每户专凭行头于米市做价，径发米到各铺出粜。铺家约定日子，支打米钱。[2]

《清异录》载“天下九福”，以吴越人最有口福，从一个侧面反映了吴越饮食的独具特色。

天下有九福：京师钱福、眼福、病福、屏帷福，吴越口福，洛阳花福，蜀川药福，秦陇鞍马福，燕赵衣裳福。[3]

---

1 王稼句编纂点校：《苏州文献丛钞初编》（上），古吴轩出版社，2005 年，第 23 页。
2 吴自牧撰，傅林祥注：《梦粱录》，山东友谊出版社，2001 年，第 220—221 页。
3 朱易安、傅璇琮等主编：《全宋笔记》（第一编 二），大象出版社，2003 年，第 22 页。

岭南饮食民俗圈

岭南地区独特的自然地理条件，加上经济开发较晚，使其也拥有更多异于中原的人文习俗，如先秦典籍中多有南方“断发文身”“黑齿雕题”的记载，反映在饮食民俗上就是古代岭南先民那异于常人的饮食习俗，比如“食蛇”“食鼠”“食虫”等。

岭南地区靠海，是我国通往东南亚、南亚和西域等地区的必经之处。特殊的地理位置使得岭南地区成为我国古代海上丝绸之路的起点之一，形成了广州、徐闻、合浦三个著名商埠，与多个国家和地区往来。对外贸易的发展，促进了物质生产的多元化，同时伴随着海外文化的输入，岭南成为我国对外文化交流的重要窗口，这在其饮食思想上也有所体现，那就是包容开放。

广府菜则是粤菜的代表，源远流长。古越人独特的饮食习俗，加上经济的发展，食材的增加，形成了岭南独特的饮食习俗。岭南闽粤一带总的饮食民俗特点是喜食稻米、重鲜活、尚茶饮、嚼槟榔、啖荔枝。

这一地区食物品种异常丰富，如槟榔、荔枝、椰子等，皆是该地区所特有。岭南地区气候潮湿，人多患胸中痞滞，而槟榔“赋性疏通而不泄气”，具有“宽气下疾”等功效，因而是岭南人不可或缺的食物。

> 南海地气暑湿，人多患胸中痞滞，故常啖槟榔，日数十口。（张师正《倦游杂录》）[1]

人们还将槟榔作为饮料食用，如《鹤林玉露》载“以槟榔代茶”。该地区荔枝品种多样，以闽中所产为佳，遂成为贡品。

岭南地区地处热带、亚热带地区，得天独厚的自然环境和气候条件，造就了物产富饶的饮食食材。而古代岭南先民向以敢吃著称于世。不管天上、地下，只要是活的，莫不取为桌上佳肴。所谓“虫豸能蠕动者皆取食”。俗语说：“宁食天上四

1 江少虞：《宋朝事实类苑》，上海古籍出版社，1981 年，第 789 页。

两，不食地上半斤。”岭南人对飞禽很崇尚，鹧鸪、乳鸽、麻雀等都可作为餐盘中的美食。此外，还食鳖、河蚌等。岭南人饮食观念极为开放，敢于尝试创新，主要表现在食物原料的广泛上，蛇、虫、鼠、蛤蟆、蚁等无所不食，还被冠以好听的名称。所谓蛇为龙、鸡为凤、猫为虎、老鼠为家鹿。

岭南人好啖蛇，易其名曰茅鳝，草螽曰茅虾，鼠曰家鹿，虾蟆曰蛤蚧，皆常所食者。（张师正《倦游杂录》）[1]

岭南人在开发食源上极具创造力，岭南人敢吃能吃，声名远播。这也是现今粤菜以食料广泛为一大特色的根源所在。

图9 粤菜 烧乳猪

1 胡朴安：《中国风俗》（上），吉林出版集团股份有限公司，2017年，第338页。

八大菜系

元、明、清三代，特别是清代，各地方风味有明显发展，《清稗类钞》“各省特色之肴馔”一节说：“肴馔之有特色者，如京师、山东、四川、广东、福建、江宁、苏州、镇江、扬州、淮安。”在四大菜系的基础上，又增加了闽菜、北京菜、湘菜、徽菜，成为八大菜系。

鲁菜

鲁菜是山东菜系，也是我国历史最为悠久、文化内涵最为丰富、影响力最大的著名地方菜系之一。鲁菜以济南和胶东、济宁的地方风味菜为主。鲁菜选料考究，刀工精细，调味适中，工于火候。烹调技法以爆、炒、烧、炸、熘、焖等见长，鲜咸适度、清爽脆嫩。鲁菜在华北、东北和京津地区民间广为流传，影响很大，成为八大菜系之首。

鲁菜讲究丰富实惠，大盘大碗，常见的“三八席”，为八碟、八盘、八大碗；胶东“四三六四席”，为四冷荤、三大件、六行件、四饭菜；“十全十美席”，为十盘十碗。

胶东菜又源于福山菜，以烹调海鲜菜著称，擅长调制参、刺、燕、贝等，烹调方法以爆、炸、扒、烤、烧闻名。菜品特点是清淡、鲜香、嫩脆，特别是海鲜菜肴，十分注重原本的鲜味。“乌鱼蛋”“炸蛎黄”“烧海螺”等均是名菜，久负盛名的糖醋鱼也源于胶东菜。

济南菜则取料更为广泛，品种纷繁，高至山珍海味，低至瓜果菜蔬的平常原料，都被制成脍炙人口的美味佳肴。烹调方法擅长爆、炒、烧、烤，菜品风味以清鲜脆嫩著称。鲁菜精于制汤，而济南菜尤为擅长，制汤技术精妙。孔府菜肴，在鲁味基础上又提高一步，带有贵族特色。鲁菜主要的名菜有“糖醋黄河鲤”“德州脱骨扒鸡”“油爆双脆”“葱烧海参”“奶汤蒲菜”“锅塌豆腐”“奶汤鲤鱼”“清蒸海胆”等。

鲁菜精于制汤，十分讲究清汤、奶汤的调制。清汤色清而鲜，奶汤色白而醇。

清汤用肥鸡、肥鸭、猪肘子为主料，急火沸煮，撇去浮沫，鲜味融于汤中，汤清见底，味道鲜美。奶汤用大火烧开，慢火缓煮，然后用纱布滤过，待汤为乳白色即成。鲁菜善用葱香调味，很多菜都以葱花爆锅，很多馔品要以葱段佐食。

川菜

四川菜，以成都菜、重庆菜、自贡菜为主。川菜取材广泛，调味多样，清鲜与醇浓并重，以麻辣味著称。川菜发端于先秦，秦汉时已具雏形，清末民初，川菜麻辣、鱼香、怪味等味道已成熟定型。川菜烹饪注重烧、熏、烤、干酥，调味不离辣椒、胡椒、花椒及鲜姜，重酸辣麻香。川菜味型丰富，“一菜一格，百菜百味”，有咸鲜味辣的家常味型，有咸甜酸辣兼备的鱼香味型，有咸甜麻辣酸鲜香并重的怪味型，有麻辣厚味的麻辣味型，有酸菜和泡菜的酸辣味型，还有椒麻味、五香味、酱香味、糖醋味、姜汁味、麻酱味、芥末味等。

川菜适应性较强，既有工艺精湛的樟茶鸭子、干烧岩鲤、香酥鸡、清蒸江团等名菜，又有大众化的清蒸杂烩、酥肉汤、扣肉、扣鸡鸭等“三蒸九扣”，以及宫保鸡丁、麻婆豆腐、回锅肉、鱼香肉丝等家常风味。

川菜的特色是讲究三香三椒三料，七滋八味九杂。三香乃葱、姜、蒜，三椒乃辣椒、胡椒、花椒，三料乃醋、郫县豆瓣酱、醪糟。七滋是指酸、甜、苦、辣、麻、香、咸。八味是指鱼香、麻辣、酸辣、干烧、辣子、红油、怪味、椒麻。九杂则是指用料之杂。

川菜由高级宴席、一级宴席、大众便饭、家常风味四个方面组成。其宴席菜肴以清鲜为主，大众便饭和家常风味以麻、辣、辛、香见长，特别是在辣味的运用上很讲究，尤其精细，注重使用辣椒、胡椒、花椒，调味灵活多变，有“一菜一味，百菜百味”之誉。

苏帮菜

苏帮菜，由淮扬、金陵、苏锡、徐海四个地方风味菜构成，以清鲜淡雅著称，制作精致，以烹制河鲜、湖蟹、菜蔬见长，也注重吊汤。

苏帮菜历史悠久，苏州饮食历史可以追溯到青莲岗文化时期（约前4500—前4000），从出土的文物及与饮食有关的食器遗物鉴定情况来看，食品初次加工在当时人们的经济生活中已经开始发挥作用，且历史悠久，2400年前就有了多种烹调水产菜肴的经验，这在《史记》《吴越春秋》中均有记载。隋唐时期，江南菜肴有了“东南佳味”的美誉，元明清时期，江苏菜沿运河向南北迅速发展，逐渐形成自己的特色。数千年的文化积淀和富庶繁荣的经济，成就了具有浓郁文化色彩的苏帮菜。到清代，苏帮菜已发展形成12个大类，1200多个著名品种。在饮食习俗上，表现为饮食与民俗活动相结合，形成了无时不吃、无事不吃的风尚；在饮食特点上，表现为不以珍奇为重，注重时令性，讲究节令饮食。

苏帮菜的风味特色主要是：选料严谨、制作精细、因材施艺、四季有别，善用鱼虾；在烹调方法上以炖、焖、煨、焐、蒸、烧、炒见长，同时重视泥煨、叉烤，注重调汤，保持原汁，不失正宗治味之道；风味清鲜、咸中稍甜，保持一物呈一味，一菜呈一味，适应面广，浓而不腻，淡而不薄，酥烂脱骨而不失其形，滑嫩爽脆而不失其味。

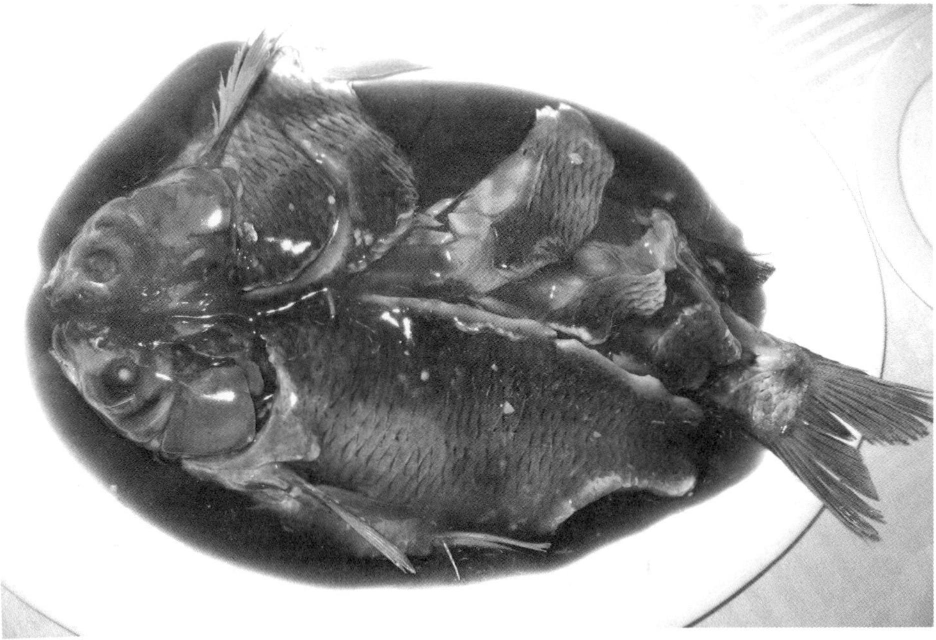

图10 浙菜 西湖醋鱼

苏帮菜刀法富于变化，花刀考究，制作精细，滋味与口味皆妙。苏帮菜强调突出本味，调料的使用也以增强本味为目的。注意用调料增色，或用配料加色。苏帮菜造型美观，通过运用切配、烹调、装盘、点缀手法，以及卷、包、酿、刻等技法，使菜肴达到色香味形俱佳的艺术境地。

代表性菜品有："金陵三叉""火煮千丝""清汤火方""红烧狮子头""黄焖鳗鱼""虾仁锅巴""三套鸭""叫花鸡""盐水鸭""翡翠蹄筋""清炖甲鱼"等。阳澄湖大闸蟹、太湖三白、松鼠鳜鱼等美食，更是闻名遐迩。

粤菜

"食在广州"，广东菜是以广州、潮州、东江三种地方菜为主体的菜系。

自汉魏以来，广州一直是中国和海外各国通商的重要口岸，是陆上和海上商路的货物集散地，各国的珍奇货物由此传入内地，因此这里的食俗与内地大不相同。粤菜的风味特色是取料广泛，追求生猛，原料广博，口味清纯鲜活。原广东越人"不问鸟兽虫蛇，无不食之"。以蛇为主的菜肴，自西汉至今一直被视为上肴。

技法精于炒、烧、烩、烤、煎、灼、焗、扒、扣、炸、焖等，特别是小炒，火候、油温的掌握恰到好处。潮州菜以烹制海鲜见长，煲仔汤菜尤其突出；刀工精巧，口味清醇，讲究保持主料的鲜味。东江菜油重，味偏咸，主料突出，朴实大方，尚带中原之风，乡土风味浓重，传统的咸焗法极具特色。粤菜善变，配料多，调料有蚝油、虾酱、梅膏、沙菜、红醋、鱼露等；口味以清、鲜、脆为主，讲究清而不淡，鲜丽不俗，嫩而不生，油而不腻，有所谓五滋（香、松、软、肥、浓）、六味（酸、甜、苦、辣、咸、鲜）之别，具有浓厚的南国风味。主要名菜有："龙虎斗""王蛇羹""烧乳猪""干煎虾碌""脆皮鸡""冬瓜盅""文昌鸡""开褒狗肉""梅菜扣肉""东江盐焗鸡"等。

闽菜

闽菜以福州、厦门、闽西等为中心，突出特色之一是"糟法"，特色作料是山糯米、红米和酒药炮制封藏一年而成的红糟，红糟配合主料如鳗鱼、瘦肉，经炮糟、爆糟、炸糟而成名菜。菜色呈玫瑰红色，味香甜酸，惹人喜欢。突出特色之二是制汤，菜肴富于汤汁，如最著名的“佛跳墙”，即用海鲜、鸡、鸭、肉放在绍兴酒坛中用文火煨制而成。汤菜的原料及调汤都很讲究，烹调上富于变化，有“一汤多变”乃至“十变”的效果。突出特色之三是刀工巧妙，一切服从于味。刀工素有“片薄如纸，切丝如发，剞花如荔”的美称。突出特色之四是烹调细腻，表现在选料精细、泡发恰当、调味精确、制汤考究、火候适当等方面。尤其在保持原汁原味上下功夫，善用糖，甜去腥膻；巧用醋，酸能爽口，味清淡可保持原味。名菜有“樱桃鸡”“鸡茸金丝笋”“荔枝肉”“佛跳墙”“太极明虾”“小糟鸡丁”“清汤鱼丸”“鸡丝燕窝”“沙茶焖鸡块”等。

图11 闽菜 佛跳墙

北京菜

北京菜发源于北京，是由宫廷风味、民族风味和山东风味融合形成的。北京很早就是汉、匈奴、鲜卑、高车、契丹、女真等中华各族杂居的地方，使北京饮食烹饪具有鲜明的民族特色。至清代满族成为最高统治者，满族的饮食烹饪曾占据重要的位置，可以说京菜是以满汉全席为最高峰。民族菜构成了北京风味的一部分。另外，山东风味对北京菜影响极大。清初，山东风味的菜馆在京都占据了主导地位。不仅大饭店，就连一般菜馆，甚至是街头的小饭铺，也是山东人经营的鲁菜居多。元、明、清三代，历时600多年，京城在饮食上十分讲究，天南地北的山珍海味，时鲜果品，源源不断上贡皇宫，各地身怀绝技的名厨云集北京，四方菜肴精品召之即来，使宫中的菜肴形成了独特的格局与风味，也就是人们常说的带有传奇色彩的宫廷菜。辛亥革命后，随着封建王朝的土崩瓦解，宫中的饮食风味也流向北京的饮食市场，成为北京菜的又一重要组成部分。清乾隆年间逐渐流行的满汉全席菜式，以满洲烧烤和南菜中的鱼翅、燕窝、海参、鲍鱼等为主菜；以淮扬、江浙羹汤为佐菜；以满族传统糕点饽饽穿插其间，集京菜之大成。因此，北京菜系如同北京在中国的地位一样，是万流归宗之处，有兼收并蓄之怀。北京菜的烹饪技艺擅长烤、爆、熘、烧，以脆、酥、香、鲜为口味特点，一般要求浓厚烂熟，这是带有传统性的。代表性的菜品有“挂炉烤鸭”“油爆双脆”“涮羊肉”“烤肉”“酱爆鸡丁”“醋椒鱼”“蛤蟆鲍鱼”“黄焖鱼翅”“砂锅羊肉”等。

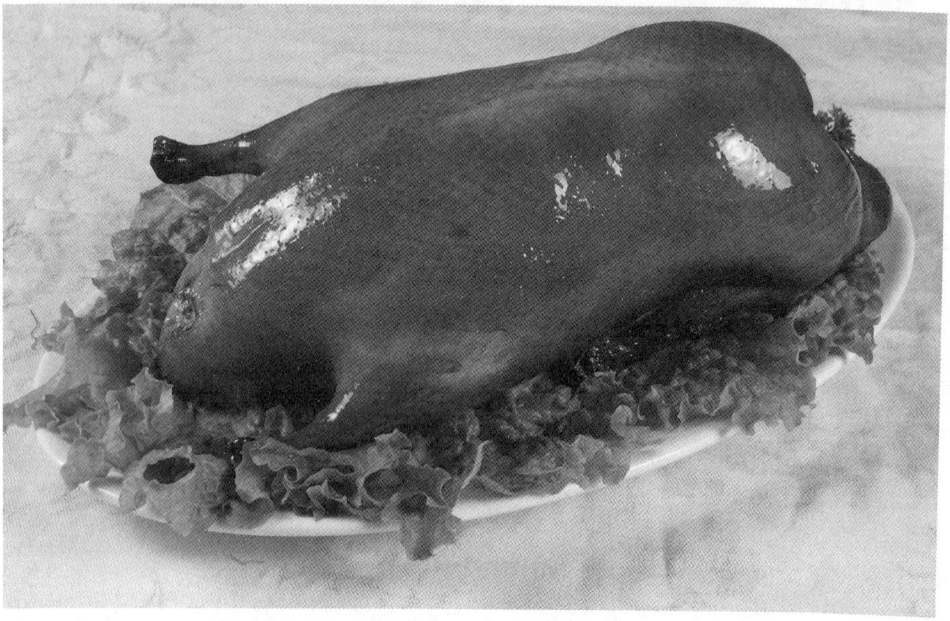

图12 北京全聚德烤鸭 刘爱华摄

湘菜

湘菜，以湘江流域、洞庭湖区、湘西山区三种地方菜为主。湘菜地方特色浓郁，辣味菜和熏、腊制品是其主要特色。这既有历史的原因，也与当地气候、环境有密切关系。湖南大部分地区地势偏低，气候温暖潮湿，人们喜食辣椒习已成俗，辣味有提热去湿及驱风之效。再就是食品经熏、腊后，不仅别具风味，也容易保存，也就形成了湘菜的一大特色。在菜肴的烹制上讲究原料入味，口味偏重辣酸，烹调方法以熏、蒸、炒、炸、焖为主。著名菜肴有："赛兰肉""牛中三吃""东安鸡""麻辣仔鸡""红煨鱼翅""腊味合蒸""金钱鱼""酸辣红烧羊肉""洞庭肥鱼肚""吉首酸肉"等。

徽菜

徽菜是以皖南、沿江、沿淮三种地方风味菜为主的菜系。以烹制山珍海味而闻名，善用皖南山区特产之马蹄（甲鱼）和牛尾狸（果子狸）制作菜肴。烹调技艺以烧、焖、炖擅长，讲究火工，重细、重酱色，多用砂锅、木炭煨炖。风格为清雅淳朴、酥嫩香鲜、浓淡适宜，善于保持原料的原汁原味。对火工有独到的功夫，如"符离集烧鸡"先做后烧，文武火交替并用，最终达到骨酥肉脱原形不变的质地。名菜有"红烧划水""火腿炖甲鱼""腌鲜鳜鱼""石耳炖鸡""符离集烧鸡""黄山炖鸽""奶汁肥王鱼""毛峰熏鲥鱼"等。

八大菜系是笼统的划分，实际上还有不少菜系如浙菜、沪菜、藏菜、东北菜、台湾菜、香港菜、澳门菜等。多少年来，有不少名菜从民间传到宫廷，再从官府流传到民间，遍及全国，如北京名菜"北京烤鸭""麒麟豆腐"，杭州名菜"东坡肉""西湖醋鱼"，江苏名菜"水晶肴鱼""黄泥煨鸡"，上海名菜"松江鲈鱼""虾子大乌参"，湖南名菜"东安仔鸡""腊味合蒸"，湖北名菜"冬瓜鳖裙羹""清蒸武昌鱼"，安徽名菜"清炖马蹄鳖""无为熏鸭"，东北名菜"红扒熊掌""牛肉锅贴""飞龙汤"，等等。

图13 沪菜 口水鸡

地方特色小吃

我国饮食民俗博大精深，各地饮食的差异乃自然形成，人们根据当地的气候、物产、风俗习惯，在长期的饮食实践中，形成了各具特色的饮食风味和饮食个性。比如在北京，最有名的小吃就是豆汁儿、爆肚儿、羊头肉。

老北京的风味小吃，可以分为面点类、豆制品类、肉类和果品类等。其中烧饼最为有名，据说马蹄烧饼与满族旗人有关，满族人过的是游牧生活，与牛、马、羊等动物朝夕相伴。清朝官服袖口呈马蹄形，连烧饼也做成马蹄形状。面点小吃有年糕、切糕、元宵、蜂糕、扒糕、艾窝窝、豌豆黄等。

饮品类小吃有面茶、杏仁茶、粳米粥、茶汤等。豆汁儿是老北京最独特的小吃，它是制作粉皮、粉丝时留下的稀汤，经自然发酵而成。豆汁儿颜色灰白，味道微甜带酸。

老北京肉食类小吃很多，如五香烧羊肉、褡裢火烧、爆肚儿、羊头肉、炒肝等。羊头肉是地道的北京小食，雪印轩主人《燕京小食品杂咏》载："十月燕京冷朔风，羊头上市味无穷，盐花撒得飞白雪，薄薄切成如纸同。"诗后有自注："冬季有售羊头肉者，白水煮羊头肉，切成极薄片，洒以盐花，味颇适口。"[1]

老北京果品类小吃以冰糖葫芦最为有名，此外也有山楂糕、糖炒栗子、秋梨膏等。

图14 北京小吃

而在河南地区，则有传统的中原胡辣汤。胡辣汤，起源于河南省周口市西华县逍遥镇和漯河市舞阳县北舞渡镇。尤以逍遥镇胡辣汤最为出名。胡辣汤的主要制作材料有胡辣汤料、胡椒、辣椒、熟羊（牛）肉、羊骨高汤、面筋、面粉、粉条、黄花菜、木耳等，是中国北方早餐中常见的传统汤类名吃。"逍遥镇"胡辣汤，青色大铝锅盛汤，中药味和辣味较强，肉以牛肉片为主；"北舞渡"胡辣汤，黄色大铜锅盛汤，汤味较绵润，肉以羊肉块为主。

1　逯耀东：《肚大能容：中国饮食文化散记》，生活·读书·新知三联书店，2002 年，第 1 页。

齐鲁地方特色小吃

齐鲁地区地处北温带，以丘陵平原为主，多样的地形地貌、温暖的气候造就了丰富的自然资源，这也造就了齐鲁地区食物的丰富性。齐鲁地区饮食民俗历史悠久，在漫长的饮食实践发展中，形成了区域风格的饮食，从中原食风到“鲁菜”，从宫廷饮食到孔府菜，从东夷文化到胶东海鲜风味，从“舜耕于历山”到济南风味，从泰山“煎饼卷”到临沂山区的煎饼食俗，从微山湖特产到湖区渔家饮食风味以及各地民间丰富多彩的地方宴席、农家土味等。

山东鲁南枣庄至今流传着一段名为“四大香”的顺口溜：“绿豆米饭、羊肉汤，旱烟锅子、拉魂腔。”一地方有一地方的口味和风味，普通老百姓的日常饮食平淡间最见地方韵味。齐鲁地区的炸咸菜、全羊汤、面骨椎、摊煎饼等，都是地道的地方小吃。

炸咸菜

山东费县民间有农历二月二、寒食、清明炸咸菜的习俗。当地有农谚：“二月二炸咸菜，管（无论）吃几年也不坏。”用来炸咸菜的原料很多，主要有萝卜干、萝卜缨子、胡萝卜、芥菜、花生、大豆等，此外，还有食用油（花生油或大豆油）、花椒、盐、酱油、大茴、橘皮等。其制作方法如下：先将萝卜干等原料洗净备用；取半斤花生油或豆油，放入锅中加热。当加热到冒烟时，放入花椒、大茴、橘皮、葱姜、食盐、酱油适量，翻炒后，把萝卜干、豆子等原料放入锅内，加水，文火炸5小时左右。停火，盛入缸或盆内，放入少许好酒，封严。一周后开盖食用，味道鲜美。当地有句俗话：“农村咸菜缸，开缸十里香。”有的人家用臭豆子咸菜汁炸干菜缨子，也别有风味。

全羊汤

在山东费县，营养丰富、味道鲜美的全羊汤是人们非常喜爱的食品。人们常用来给孩子“膛肠”，用以增强孩子食欲；大人喝了亦可清肚肠，补身健体。

全羊汤的原料以三年以上的“沂蒙黑山羊”为最佳。“沂蒙黑山羊”毛色黝黑，体形健壮，擅攀岩跳涧，是全国的优良品种，山东省最好的山羊品种。用“沂蒙黑山羊”熬制的费县全羊汤以其“原汁原味，营养丰富，不膻不腻，鲜美醇正，补身健体，老少皆宜”的特点，广受欢迎，闻名遐迩，外地市县常有专门来费县品食全羊汤或出高价购买黑山羊者。

熬制全羊汤时，无须细细剔骨，只将腿骨取出即可，其余分成6—10块入锅。入锅时，将头劈开。汤锅以常年使用的大铁锅为好，这样的锅烧出的汤才醇正。费县全羊汤用山泉水熬制，烧蒙山果木干柴，要一次添足水，不能边烧边添水，以免降低羊汤质量。大火烧开后，用中火再烧，这时应先将肝捞出。一小时后，如发现羊肉极易从骨上撕下，说明煮熟了，改小火再煮1—2小时，保持汤温。

煮熟后剔除骨头，将肉切碎，再放入锅中。切肉时以切片为宜，整身肉顺丝切，内脏肉横丝切，大小要适中，一般以一口为准。对特殊部位可做特殊处理，如羊脑可单独取出煮炖，供喜爱者选食。羊血，要等全锅烧开后再和切好的羊肝一并放入，再烧开时“全羊汤”即烧成了。这种“全羊汤”因为用的是整羊，包括头、蹄、肝、肺、心、肠、血，合在一起，不仅营养丰富，而且恰到好处地产生了一种独有的美味，吃起来原汁原味，香而不腻，醇厚鲜美，回味悠长。

“羊肉汤好喝，作料不可缺。”喝汤者因人而异，各取所需。大多喜加食盐、食醋、生姜、大葱、香菜、胡椒粉，还有人喜加辣椒面、辣椒油，也有的喜欢“清喝”羊肉汤，啥作料也不放。新做成的费县全羊汤汤白似奶、水脂交融、不腻不膻、鲜洁爽口、原汁原味，单独喝鲜美无比，用以佐餐亦是佳品。如同羊肉泡馍是陕西的名吃，羊肉汤泡煎饼、羊肉汤就锅饼可算是费县的特色。盛一碗全羊汤，放上作料，泡上新烙制的手工煎饼，趁热食之，或喝一口羊汤，吃一口新烙制的酥脆的锅饼，都是山东费县人最喜欢的饮食方式。

面骨椎

面骨椎是一种用刚烧过的草木灰烤制的面食，不是农家餐桌上的常见食品，无论过去还是现在，都只算一种小吃。烤骨椎的原料是普通小麦面粉，将其用水和成面团。面团要稍硬，像擀面条的面团硬度即可。和好后，稍醒。后揉成长条形。找一根筷子，或用高粱莛子，截成筷子长短，洗净、擦干，插入长条形面团，埋入刚烧过的草木灰中。农家锅灶，上层烧火，下层漏灰，漏下的草木灰虽没有明火，但还是热的，面骨椎就用其余热烤。

为确保面骨椎烤得均匀，须及时翻转，翻转时转动露在外面的筷子即可。待烤40分钟到1个小时后，从灰中抽出面骨椎。此时面骨椎外皮变硬，呈金黄色，口感外皮酥脆，里面暄软，风味独特。

面骨椎制作方便，不用专门花时间去做，用本地话说，做着饭“带工夫”就做好了。但由于制作条件限制，不适合大批量生产。因此，一般家庭面骨椎是只有孩子才能时常享用的美味。

摊煎饼

摊煎饼是农家一种小吃，煎饼里边卷上菜，并在热鏊子上烙熟。和面骨椎一样，一般不专门做，只在烙煎饼时，就着热鏊子，顺带做几个。

摊煎饼要先预备好菜馅。菜一般是白菜、韭菜、菠菜等易熟的青菜。为改善口味、加强营养，常在青菜内加入鸡蛋、虾皮、豆腐、泡软的粉条等。用时，将所有

图15 小吃糊塌子 王慧超摄

原料洗净、切碎，用葱姜油盐调好备用。

摊煎饼时，鏊子上留一张已烙好的煎饼，再在其上铺一张之前烙好的，上面放上菜馅，摊铺均匀。馅的多少，据各人口味而定。馅上，再放一张煎饼。放好后，开始揭最底下那张煎饼，边揭边从一边把煎饼卷起，直到最后卷成一个长条。把长条放在鏊子上，不停翻动，至外皮酥脆时，里边的菜馅也已烤熟，切成小块，即可食用。

摊煎饼有菜有饼，有滋有味，深受费县人喜爱。只是平时不能常做，因为烧热一回鏊子很麻烦。现在，有些饭店、小摊常年有煎饼供应。

油面卷子

油面卷子是一种未经发酵的面食，类似油饼，所不同的是，其一般呈条形；不是放在锅底烙成，而是贴在锅壁上，锅底加水，连蒸带烙而熟。根据其外形不同，又分别被称为“门挂子”“门鼻子”。

油面卷子的前期制作过程和油饼类似，取普通小麦面粉，凉水或温水和面，稍醒后擀成圆片，在面片上撒上油、盐、葱花、姜末、花椒粉等，然后，把面片从一边开始卷成一个圆筒。卷好后，把圆筒放在面板上，轻轻拉一拉，使圆筒变长。这样，里边每一层都会更薄，口感更好。拉好后，将圆筒用刀切成一拃左右的小段，有的扭成麻花，有的直接弯成“U”形，有的把“U”形的两个边捏在一起。“U”形的形状像旧时连接门锁与门鼻子的门挂子，所以，被称为“门挂子”；两个边捏在一起的，也由于形似旧时的门鼻子而被称为“门鼻子”。

做好后将锅烧热，将其贴到锅壁上；锅内加水，大火烧开。约半小时后，油面卷子在水蒸气和热锅的作用下，即已熟透，可装盘食用。

这样做出的油面卷子，底下一层酥脆，上面筋道。且制作简便，一次可做几斤，在民间普及，流传至今。近年来，有些饭店把油面卷子作为特色食品推出；有的还有所改进，用发面制作，别具风味。

山东高密炉包

民间传统名吃高密炉包历史悠久，风靡城乡。始于清代，是走亲访友的礼物。高密炉包主要分布在呼家庄、夏庄街及以高密城为中心的周围二三十个村庄，鼎盛时期有100余家打炉包，在潍坊、青岛、北京也有多处。

据传说，高密炉包是从汉朝名将韩信手下的厨师手中传下。清朝末年呼家庄的老字号“王家”“徐家”、夏庄的“公顺”等老店铺打炉包，特别是民国时期，呼家庄又有几十户人家推着小推车，带着篷布和工具，绑上棉花架、破木头等外出周围村庄，逢集便赶（打炉包），一年四季不断流。“王家”还在高密城神仙巷打炉包，那时的神仙巷是高密最繁荣的一条街，来吃的人也就特别多，因此至今流传有老话：“高密炉包夏庄面，南曲的火子不用看。”高密炉包，其特点是包子又白又大，皮面暄软，内馅饱满，味道鲜美，挂浆讲究，火候独到，八成熟，一咬咯吱响，焦脆，油香四溢。高密炉包用料讲究，以鲜猪肉、鲜韭菜或白菜和上好的精面粉为主料，以海米、木耳及各种调料为辅料，精心加工而成。

四川成都特色小吃

四川成都历史悠久，自古便有“天府之国”“蜀中江南”的美誉。成都菜作为川菜的重要代表，有着源远流长的饮食民俗。“日斜戏散归何处，宴乐居和六和居。三大钱儿买甜花，切糕鬼腿（油条）闹喳喳。清晨一碗甜浆粥，才吃茶汤又面茶。凉果炸糕聒耳多，吊炉烧饼艾窝窝。父子火烧刚买得，又听硬面叫饽饽。烧卖馄饨列满盘，新添桂粉好汤团。爆肚油肝香灌肠，木樨黄菜片儿汤。”[1]这是清代乾隆时期诗人杨米人的《都门竹枝诗》描述的成都美食。成都饮食种类多样、制作精细、口味上乘，尤以小吃闻名。

---

1 邢庚:《北京“老炮儿”梦想爱情漂流记》，新华出版社，2016年，第145页。

米类小吃

成都是以大米为主食的南方城市，人们喜用大米烹制菜肴，米食类的小吃在成都的饮食中占据很大的比例。成都米食类小吃种类繁多，深受广大老百姓的欢迎。主要的米食类小吃有赖汤圆、叶儿粑、蒸蒸糕、玻璃烧卖等。

赖汤圆到现在已有上百年历史。老板赖源鑫从1894年开始就在成都沿街煮卖汤圆，他制作的汤圆不仅煮时不烂皮、不露馅也不浑汤，吃时更是不粘筷、不粘牙也不腻口，味道香甜，口感爽滑，成为成都最负盛名的小吃。[1]

叶儿粑，也叫艾馍，又名猪儿粑，是一种糯米小点，有咸味和甜味两种，最早是川西农家清明节的传统食品。制作叶儿粑选料考究，工艺精细，具有色绿形美、细软爽口的特点。

图16 制作年糕

1 陈代富、叶永半：《成都风味小吃》，金盾出版社，2003年，第36页。

蒸蒸糕以大米和糯米为原料，过去成都的大街小巷，随处都能听到卖蒸蒸糕的梆梆声。蒸蒸糕价廉物美，味道糯香甜酥，深受民众特别是老人和小孩的喜爱。

玻璃烧卖。成都的烧卖具有皮薄馅丰、造型美观、荤素兼备、营养丰富的特点。玻璃烧卖因其皮薄、熟制后皮料浸油呈半透明状，透过皮亦可见其馅，故名玻璃烧卖。

面点小吃：担担面

面点也是成都小吃的一大种类，面条本是北方人的主食，成都的面食有着与北方面食完全不同的风格。川菜擅于用汤，成都面食以味、汤、面、臊取胜。味分别有清汤的、原味的、红汤的、卤汁的，还可加入花生仁、芽菜、大头菜、酥黄豆等，别具一番风味。主要的面点类小吃有担担面、豆花面、龙抄手、钟水饺、韩包子、锅盔等。

担担面是著名的成都小吃，原为在夜晚挑担沿街叫卖的各种小面，故名。此面在四川广为流传，常作为筵席点心。担担面调料十分考究，用花椒、红油、酱油、芽菜末儿、醋、味精、葱等作调料，用面粉制成面条，煮熟，盛于碗内后，再加上碎肉臊子，成品面条细薄，卤汁酥香，咸鲜微辣，香气扑鼻，味道鲜美可口。过去成都走街串巷的担担面，用一口铜锅隔两格，一格煮面、一格炖鸡或炖蹄膀。现在重庆、成都、自贡等地的担担面，多数已改为店铺经营，但依旧保持原有特色，尤以成都的担担面特色最浓。

肉食类：麻婆豆腐、夫妻肺片

麻婆豆腐出现于清朝同治初年，主厨陈氏所烹豆腐色泽红亮，牛肉粒酥香，菜品麻、辣、香、酥、嫩、烫、形整，极富川味特色，有好事者观陈氏脸生麻痕，便称之为“陈麻婆豆腐”。

图17 麻婆豆腐

夫妻肺片是成都地区人人皆知的一款风味名菜。该菜先卤制再拌味，成品色泽红润，麻辣中突出鲜香味，细嫩爽口，是成都著名小吃，也是川菜凉菜中的佐酒佳肴。相传在20世纪30年代，成都附近，有一男子名郭朝华，与其妻一道以制售凉拌牛肺片为业，他们夫妻俩亲自操作，走街串巷，提篮叫卖。由于他们经营的凉拌肺片制作精细，风味独特，深受人们喜爱，为区别一般肺片摊店，人们称它为“夫妻肺片”。现在夫妻肺片在用料上更为讲究，以牛肉、心、舌、肚、头皮等取代最初单一的肺，质量日益提高。为了保持此菜的原有风味，夫妻肺片之名一直沿用至今。

江浙特色饮食

各地都有地方特色浓郁的食物特产。食物特产歌最能反映一个地方的饮食结构。地方食物特产歌是对本乡本土食物特产充满自豪的抒唱，这些歌谣也能反映一个地方的饮食结构、生产方式、饮食习俗。

台州温岭

浙江台州温岭，日常主食主要是米食、红薯、麦类，一年到头，四季八节，每个节日都离不开饮食。

温岭春节有粽子和年糕一起吃的习俗。除年糕之外，温岭人日常还喜欢吃手做糕，即用传统方式捣成的糕，许多早餐店都会供应豆糕、绿豆面羹、豆浆、馒头、麦饼等食品。糕点的品种式样非常多，这里有一首反映温岭糕点的歌——《糕点谣》。[1]

糕饼师父本领高，做起糕点式样巧。五谷打粉做原料，红糖白糖加香料。碒水酵头拌均匀，双手和粉纠扎韧。七十二变手段巧，样样吃来滋味好。

鸡蛋糕，用火烤，油柱油圆用油泡；五色豆糕用颜料，薄荷酥糕顶味道；蕉豆糕，掺香蕉，四四方方芝麻糕；马蹄酥，杏仁酥，八仙糕上印着车马炮；桂花糕、大名声，馒头糕、高沉沉，九香糕、香喷喷，绿豆糕要用绿豆粉；云片糕、片加片，连环糕、两头连，酸梅糕、两头尖，桔红糕、红艳艳；杏元麻片圆轮轮……糕饼品种派勿完。吃到嘴巴沿，前透香后透，吃到喉咙头，一直香到五更头！

浙江台州地区关于糕点的歌谣还有《肚脐饼谣》《麦食饼筒》等。戚家饼——又称继光饼、肚脐饼、咸光饼，是浙江省宁波市、台州市所辖各县（市、区）及福建省莆田市、宁德市所辖各沿海县（市、区）民间常见的面食。还有一些光饼的派生品，如温州光饼夹馅，福清光饼表层沾有芝麻。福清光饼，不仅无孔、饼面沾芝麻，而且夹以熟肉、熟蛏、熟蛤或海苔，使之香脆可口，味道鲜美；饼面还有“状元骑马”“观音送子”“猴子抢桃”“弥勒欢笑”等多种图案。

食饼筒，俗称“麦焦”，也叫麦饼筒。食饼筒是椒江传统食品，立夏端午或敬客迎友，百姓家常做此食，故在庙会、迎会中有扮相叫卖，以作游戏活动。食饼筒

---

1 刘旭青：《从特产、食俗歌看浙江饮食文化》，《浙江工商大学学报》2009 年第 2 期。

是传统的节日食品，是椒江饮食民俗的一种体现。

宁波土特产

宁波特产多，邱隘咸齑汤、奉化芋艿头、周宿渡脆瓜、楼茂记香干、老同源咸货，各具特色。特产在当地非常有名，老宁波要购买的特产饮食都有哪些呢？食物特产有缸鸭狗汤团、香肠、香干、金团、高包、橘饼、肉包、香糕、咸货、咸齑、茴香豆等，都是必备的。

> 勿吃阿拉土特产，要侬放落毛竹筷。勿吃邱隘咸齑汤，脚骨有眼酸汪汪。勿吃奉化芋艿头，难闯三关六码头。勿吃周宿渡脆瓜，跌落三颗大门牙。勿吃楼茂记香干，生活做煞呒相干。勿吃老同源咸货，乖人要变老呆大。(《宁波土特产》)[1]
>
> 缸鸭狗买汤团，五老峰买香肠，楼茂记买香干，赵大有买金团，老大有买高包，董生阳买桔饼，宝兴斋买肉包，孟大茂买香糕，老同源买咸货，崔兴泰买鲜货，灵泽庙前买咸齑，城隍庙买茴香豆，河利市桥买大米，张斌桥买粘头树，天宝成银楼买金银，冯存仁买药材，大有丰买百货，源康布店买洋布，老三进买鞋帽，老德馨买香烛。(《老宁波买特产》)[2]

宁式糕点选料讲究、营养丰富、加工精细、造型别致，并形成以酥为主，酥、软、脆分明的特点，其品种可分为燥糕类、潮糕类、糖伙类、油虾类、蛋糕类、桃酥类、酥饼类、月饼类等。除极有特色的苔生片、苔菜千层酥、苔菜月饼等外，还有松脆香甜的多孔“三北”藕丝糖及小如银圆、色泽黄亮的洋铁饼，片薄松脆的粉麻片，松软可口的松花黄“大有”蛋糕，浓郁黄豆香的豆酥糖等。宁波年糕、汤团亦是宁波著名特色小吃。宁波年糕呈白色长条形，不加调味品，所以有人叫它“脚

---

1 中国民间文学集成全国编辑委员会，中国民间文学集成浙江卷编辑委员会：《中国歌谣集成·浙江卷》，中国 ISBN 中心，1995 年，第 426 页。

2 贺挺：《宁波市歌谣·谚语卷》，浙江文艺出版社，1991 年，第 331—332 页。

板年糕”，听起来十分有趣。宁波年糕的韧性很强，无论是煎、煮、炒还是烤，都有不同的风味。宁波汤团是宁波一带的传统名点，闻名中外的宁波汤团始于宋元时期，已有700多年历史。宁波汤团以精白水磨糯米粉为皮，用猪油、白糖、黑芝麻粉为馅，汤团皮薄而滑，白如羊脂，油光发亮，糯而不黏。小吃“缸鸭狗汤团”，是宁波市区一个招牌式的老字号。这里有一首关于吃“缸鸭狗”汤团的歌——《要吃汤团缸鸭狗》，其词云：“三更四更半夜头，要吃汤团缸鸭狗，两碗三碗发瘾头，三碗吃落勿肯走。”

宁波糕点勿推板，吃起味道交关崭。猪油汤团烫下巴，吃得嘴巴油糯糯。升阳泰，方怡和，董生阳加同和，奶油蛋糕面盆大，味好香糕没泱箩，苔生片，绿豆糕，千层饼，豆酥糖，还有城隍庙小热昏，专卖百草梨膏糖。(《宁波糕点勿推板》)[1]

余姚、三门特产饮食

大岚山茶叶汁水好，夏岚岭花篮算魁首。禹村毛笋黄芽头，三溪口萝卜个头大。宣郎岙杨梅甜又甜，湖堤荸荠顶爽口。三北有名藕丝糖，长河市金丝帽顶讲究。新谷新米出方桥，南瓜出在临山北门头。彭桥细布雪雪白，坎东顶多罗汉豆。(《余姚特产谣》)[2]

三门县各地的特产，如石滩的杨梅、松门的雪梨、高背岩的茶叶、浬浦的柑橘、六敖的甘蔗、武曲的花生、铁强的蛎、晏站的虾虮、猫头洋的黄鱼、平岩的泥螺，这些各具特点的食物又和各自的味道、形状、颜色等描述有机地结合在一起。

狮岭火笼红彤彤，铁场砂剑快如风。西山蒲扇板沸栗，亭旁草帽岱阜

1 贺挺：《宁波市歌谣·谚语卷》，浙江文艺出版社，1991年，第329—330页。

2 中国民间文学集成全国编辑委员会，中国民间文学集成浙江卷编辑委员会：《中国歌谣集成·浙江卷》，中国ISBN中心，1995年，第428—429页。

席。石滩杨梅甜又红，松门雪梨双手捧。高背岩茶叶清又香，浬浦柑桔没有娘。六敖甘蔗高又壮，凤凰山棉海翻雪浪。竹墩毛竹泗淋桑，武曲花生荚荚胖。东郭青苔铁强蛎，晏站虾虮鲜又细。猫头洋黄鱼肥又黄，平岩泥螺销香港。(《三门特产谣》)[1]

豆腐

中国是豆腐的发祥地，古往今来，上至权贵下至普通百姓都喜爱豆腐，因此豆腐菜被称为“国菜”。孙中山在《建国大纲》中指出：“中国素食者必食豆腐，夫豆腐者，实植物中之肉料也。此物有肉料之功，无肉料之毒……”传说，春秋时期就有了豆腐。清人汪汲编的《事物原会》说：“腐乃豆之魂，故称鬼食，孔子不吃。”一般认为，豆腐是西汉淮南王刘安所创，如朱熹的《次刘秀野蔬食十三诗韵·其十二豆腐》诗：“种豆豆苗稀，力竭心已腐，早知淮王术，安坐获泉布。”明代李时珍在《本草纲目》载：“豆腐之法，始于前汉淮南王刘安。”汉画像石上的“庖厨图”中，有做豆腐的画面。

豆腐文化

豆腐文化不仅历史久远，而且种类繁多。在古代，豆腐俗名为菽乳、来其和黎祁。宋初陶谷的《清异录》载：“日市豆腐数箇，邑人呼豆腐为小宰羊。”豆腐可以制成各种各样的豆制品。清人汪日桢《湖雅》载：“豆浆点以石膏或盐卤成腐；未点者曰豆腐浆；点后布包成整块曰干豆腐；置方板上曰豆腐箱，固呼一整块曰一箱，稍嫩者曰水豆腐，尤嫩者……成软块，亦曰水豆腐，又曰盆豆腐；其最嫩者不能成块，曰豆腐花，也曰豆腐脑；下铺细布泼以腐浆，上又铺细布交之，施泼交压成片，曰千张，亦曰百叶；其浆面结衣揭起成片，曰豆腐衣；干腐切成小方块油

1 中国民间文学集成全国编辑委员会，中国民间文学集成浙江卷编辑委员会：《中国歌谣集成·浙江卷》，中国 ISBN 中心，1995 年，第 429 页。

炖，外起衣而中空，曰油豆腐，切三角，曰角豆腐。”[1] 宋代苏轼诗云：“烂蒸鹅鸭乃瓠壶，煮豆作乳脂为酥。”陆游诗云：“试盘推碾展，洗釜煮黎祁（豆腐）。”明代诗人苏平写的豆腐诗曰：“传得淮南术最佳，皮肤褪尽见精华。一轮磨上流琼液，百沸汤中滚雪花。瓦缶浸来蟾有影，金刀剖破玉无瑕。个中滋味谁知得，多在僧家与道家。”

豆腐的制作方法最早可以追溯到西汉，李时珍的《本草纲目》中，对豆腐的快速制法和凝固剂的使用作了详细阐述：“豆腐之法，凡黑豆黄豆及白豆绿豆之类皆可为之。造法：水浸、破碎、去渣、蒸煮，以盐卤汁或山矾汁或酸醋淀，就釜收入。又有入缸内以石膏末收者。大抵得咸苦酸辛之物，皆可收敛耳。其面上凝结者揭取晾干，名豆腐皮，入馔甚佳也，气味甘咸寒。”[2] 盐卤汁就是氯化镁、硫酸镁、氯化钠等成分的浓缩溶液；山矾汁是含重水盐类的矿物，如钾矾等；石膏是含水硫酸钙；酸醋是食用醋。豆腐因制作工艺方面南北有所不同，故分为“南豆腐”“北豆腐”。南豆腐，又称嫩豆腐，以石膏作为凝固剂，质地软嫩，口感细滑，烹调宜拌、炒、烩、氽、烧及作羹等。北豆腐，又称老豆腐，以卤水、老浆作为凝固剂，质地坚实富有弹性，口感筋爽耐嚼，味微甜略苦，烹调宜用厚味久炖，包括煎、贴、炸及做馅等。

黄豆与豆腐

乡下的地里种得最多的是黄豆，豆子的用途很广，与我们的日常生活息息相关。豆子全身都是宝，豆子尚未成熟时是青豆，小孩们最喜欢站在豆子地里，剥开豆荚，将青色诱人的嫩豆直接塞入嘴里，满嘴都是豆汁和豆子的清香。因为豆荚上长满了茸毛，乡下人叫它“毛豆”。毛豆才下来，直接用水煮熟，加盐，就是清香美味的“毛豆”。黄豆成熟了，人们会用镰刀将其收割，挑回家的豆秆放在坪里晾晒几天，黄豆就会噼噼啪啪从豆荚里蹦出来，小朋友们则负责用小木棒敲打豆荚，

---

1 杜连启、韩连军编著：《豆腐优质生产新技术》，金盾出版社，2006 年，第 1—2 页。

2 杜连启、韩连军编著：《豆腐优质生产新技术》，金盾出版社，2006 年，第 1—2 页。

将未蹦出来的黄豆敲出来。豆荚都咧嘴了，黄豆都打出来后，豆苗和豆秆就会被堆放到柴火堆当柴烧，或者直接放进猪栏里做肥料。黄豆用筛子清理干净，有的还要用风车车一回，再装进谷箩或坛子里储存。黄豆是乡下人的重要作物，晒干清理后的黄豆随时可以取出来食用，小时候我们吃的零食中最多的就是“炒豆子”。将几把豆子放进锅里直接烘炒，等黄豆经加热一个个爆裂后，香脆可口的“炒豆子”也就做好了。不知道是小时候零食少，还是“炒黄豆”太美味，记忆中，兜里装一袋炒豆子，边玩边吃上几颗，童年过得竟是如此的丰富和满足。

“豆子”和我们的关系太过紧密，小孩出生后，会过“三周”，外婆家送来的最重要的礼物就是“三周豆”。“三周豆”一般都是用谷箩挑来的，孩子“洗三”要做酒席，“铺席”的东西就有“三周豆”，连同“红鸡蛋”一起作为礼物，回赠给每一位前来祝贺的客人。也就是说，如果你要去吃“三周酒”，酒足饭饱后，还能带走一堆“席礼”，其中，“三周豆”和“红鸡蛋”是必不可少的。“三周豆”除了铺席，还会送给亲朋好友，每家一份，这是人们为新生命的到来所进行的最大的人情往来。“三周豆”一般都不会炒得太熟，所以，收到的“三周豆”都需要加工。黄豆最重要的用途还是做豆腐。我们喜欢吃豆腐，我们的生活中也离不开豆腐。黄豆几乎家家种，家家有。豆腐当然也是，家家可以做。但做豆腐工序并不简单，而且，做豆腐都是一次做几斤豆子，做出来的豆腐一般都吃不完。所以，一般人家，只有在特殊场合，才会做豆腐，平日里，要吃豆腐，会有专门卖豆腐的。

图18 毛豆炒豆腐

豆腐是乡下人比较常食用的，一大早就有卖豆腐的，走街串巷。新鲜的豆腐通常是天亮前做好，放在豆腐匣子里挑着卖，豆腐匣子多是木制的，分隔成大小匀称的 9 格或 16 格。需要“拣豆腐”的人家多是拿菜碗直接盛放，豆腐是新做的，又鲜又嫩。架上锅，放点油，加少量井水，烧开了，把豆腐倒进去，加盐再加点韭菜或辣椒，就做成了一道鲜美的豆腐汤。一清二白，清清爽爽，既美观又美味；如若加上红辣椒，白白的豆腐衬着红红的辣椒，色香味俱全，一家老少都喜欢吃，而且怎么吃也吃不厌。豆腐在当年尚不富足的乡村人家，无疑是最实惠最美味的食物。

做豆腐前把黄豆泡好，这样不仅可以让黄豆充分地吸收水分，而且在磨豆浆的时候能更快更省力更好地磨出豆浆。黄豆泡好之后，把黄豆放在石磨上磨。然后慢慢地推动着磨把，把黄豆放进磨眼中。在不断地磨与放的过程中，豆浆就从石磨的四周流出来了。豆浆磨好之后，会准备一个十字木架，下面系着一块白布。然后将磨好的豆浆放进白布兜中，用手慢慢地摇动木架，这样洁净的豆浆就会从白布里流出来，流到下面放的木盆中。这一步是为了更好地过滤豆浆，将豆汁和豆渣分离开来。之后就是煮豆浆了，煮豆浆很简单，把磨好的豆浆一股脑儿地都倒进家里最大的锅里，加小火不断熬煮。再之后便是点浆，这是做豆腐的关键。会点浆便做成豆腐，不然就只能是豆浆。把煮好的豆浆倒进一个大缸里，再用拌有石膏的豆浆去冲，即冲浆。冲好，便盖上盖子，等豆浆变成豆腐。过约半个小时，揭开盖子，会发现豆浆变成了豆腐脑。如今，乡下经济条件好了，有了专门打豆浆的机器，人们也不再使用以前的石磨来磨豆浆了。

各地豆腐小吃

豆腐是中国人食用最广、最大众化的烹饪原料之一，全国各地广有制作，名产、特产亦多。如安徽寿县“八公山豆腐”，江苏淮安“平桥豆腐”，浙江丽水“处州豆腐”，云南的烤豆腐球，内蒙古的酸奶豆腐，安徽的毛豆腐等，不胜枚举。豆腐质地细腻洁白，具有多种软嫩度，自身无明显气味，可与荤素各种原料搭配食用，适应多种工艺加工和各种烹调法、各种调味，应用十分广泛。可用于制作主食、菜肴、小吃及用作馅料。制作菜肴，可以做成冷菜、热炒、大菜、汤羹、火锅等各种菜式，也可用作馅料。以豆腐制作的菜肴达数千种，形成了独具中国特色的“豆腐文化”。

以不同类型的豆腐作为食材，由此衍生出种类丰富的、家喻户晓的豆腐菜品，包括麻婆豆腐、家常豆腐、椒盐炸豆腐、罗汉豆腐、三鲜豆腐羹、脆皮豆腐、过桥豆腐、剁椒豉汁蒸豆腐、回锅豆腐、红烧日本豆腐、蒜香麻辣豆腐、小白菜炖豆腐、雪花豆腐等。

各地区在长期发展过程中形成了具有代表性的豆腐菜品，诸如江苏扬州的文思豆腐，在《调鼎集》中又称为“什锦豆腐羹”，属于淮扬菜、苏州菜系，软嫩清醇，入口即化，能够有效调理营养不良，补虚养身。

浙江兰溪名小吃五香豆腐是由五种芒香类香料如茴香、大料、桂皮、丁香等调味制作而成的豆腐菜品，不但味道鲜美而且具有较高的营养价值，老少咸宜。

广东东江的瓤豆腐属于广东客家菜或徽菜系，色泽金黄，外脆里嫩，酸甜可口，具有清热润燥、生津止渴的功效。四川成都的麻婆豆腐也称为“陈麻婆豆腐”，以豆腐、肉末、辣椒、花椒作为食材，呈现出的菜品红、白、绿相衬，形整不烂，口感“麻、辣、烫、嫩、酥、香、鲜”，淋漓尽致地彰显了川菜“麻辣”特征。福建闽南、河南周口等地区的泥鳅豆腐以泥鳅、嫩豆腐、肉汤、葱姜蒜末作为食材，呈现出形状规整、汁液浓稠、口感鲜美的菜品，具有补脾祛湿、补中益气、益肾填精、利小便之功效。山东的三美豆腐是鲁菜中最具特色的菜品之一，以泰安豆腐、泰安白菜、奶汤作为素材制作的菜品“白菜烧豆腐”，其中豆腐口感软滑、白菜鲜嫩爽口、汤汁乳白而味道清爽，并可预防乳腺癌、前列腺癌、骨质疏松的发生，促进大脑发育，降低血脂。陕西宝鸡豆腐包子以面粉、豆腐、虾米、黄瓜作为食材，制作出的包子形如宫灯、褶如花瓣、馅嫩而鲜、皮绵面筋，味道极其鲜美，经常食用可缓解神经衰弱、保护肝脏、降低血脂、预防癌症等。除此之外，还有天津的八珍豆腐、广东梅州的酿豆腐、浙江诸暨的西施豆腐、湖南的臭豆腐、江苏的平桥豆腐羹；另有川东的“口袋豆腐”，以汤汁乳白、状似橄榄、质地柔嫩、味道鲜美为特色，湖北的“荷包豆腐”、杭州名菜“煨冻豆腐”、扬州“鸡汁煮干丝”、无锡“镜豆腐”、屯溪“霉豆腐”等。

浙江是江南重要的稻作耕种区，盛产米、面、豆、麦。以豆为主原料加工的豆制食品也成为浙江饮食民俗的重要内容。如，《磨豆腐》。

担桶拿去挑井水，井水挑来磨豆腐，磨起豆腐白洋洋，做起豆腐石板样。削起豆腐四面光，煎起豆腐两面黄。[1]

这是一首描绘担桶挑井水磨豆腐的劳动歌。豆腐制作工艺并不复杂，但是制作豆腐食品的花样却是非常多。

钩档推，磨盘响，半夜起来磨豆浆，滤豆渣，饲猪娘，猪娘饱，猪仔壮；滴盐卤，泡料浆，豆腐脑，嫩又香，豆腐皮，油光光，发油圆，浇千张；豆制品，富营养，综合利用效益好，劳动致富树榜样。(《磨豆浆》)[2]

这首《磨豆浆》流传于衢州江山市，是一首豆浆制作工艺和综合开发利用的歌。从歌词“豆腐脑，嫩又香，豆腐皮，油光光，发油圆，浇千张；豆制品，富营养”等来看，这是最为普通常见的豆制品食用法。

图19 把豆子加工成豆浆的磨

1 章寿松:《衢州市歌谣·谣语卷》，浙江文艺出版社，1991年，第14—15页。
2 章寿松:《衢州市歌谣·谣语卷》，浙江文艺出版社，1991年，第14—15页。

在河南，民间还流传有关于豆腐的传说，如河南开封古镇洧川豆腐的传说《麻绳穿豆腐》。

乾隆年间，洧川镇南边的一个村庄里，有两兄弟，哥哥贯照、弟弟贯亮。他们父母早亡，哥哥好吃懒做，将家业败光。弟弟在一位老人的指点下，借钱开了间豆腐作坊。弟弟勤劳肯干，作坊生意红火，哥哥见了，便向弟弟提出要做作坊的掌柜。后来兄弟二人一起盖新房置办了家业，弟弟婉言拒绝乡亲的提亲，而先给哥哥娶了老婆。一次贯亮出门卖豆腐，摔坏了腿，更不幸的是，哥哥和嫂子乘机算计弟弟提出分家。如果弟弟做不出能够用麻绳穿起来的豆腐，便将他扫地出门。弟弟无奈，只能努力研究豆腐，一次他不小心把老浆当作卤水，加醋和老酒点了豆腐。做出来的豆腐，表皮姜黄，内在嫩白清香，而且可以用麻绳穿吊起来。于是弟弟从哥嫂手里拿回了属于自己的家业，此种点豆腐的方法一直流传至今。

河南项城的“大罗圈豆腐”——孙店热豆腐，因用罗圈压制而得名，当地人有“一天不吃热豆腐，浑身上下不舒服”的说法，外地人则有“吃了孙店热豆腐，常年留下不想走”的说法。相传是在淮南王刘安发明豆腐之后，项城孙店匠人对其进行改进，最终形成“孙店热豆腐”的制作技艺。南宋抗金名将岳飞途经此地，品尝该菜品之后大加赞赏，使该菜品远近闻名，流传至今。孙店热豆腐有拣豆、泡豆、磨豆、滤浆、熬浆、石膏点制、罗圈压制等十几道工序，最终制作出的热豆腐，以辣椒为作料，筋道爽滑、细嫩爽口、辛辣刺激，越吃越舒服，广受人们的喜爱。

由豆腐所衍生出的食品也多种多样，包括豆腐干、腐竹、豆腐乳、臭豆腐、豆皮等。

在湖北郧西，七夕节会做巧食菜豆腐。将隔夜浸泡过的黄豆一点点地推进磨盘，研磨成豆汁，将豆汁用纱布过滤，过滤掉质地较为粗糙的豆渣。然后将豆汁放入铁锅中，同时加入青菜，搅拌均匀后，缓缓加入卤水，其间不停搅拌，直至二者融合。待搅拌均匀后，改大火将其煮沸。随后，准备一个适宜的器皿，器皿中间悬置可以过滤用的漏盆，用瓢将锅中煮沸过的菜豆汁舀入漏盆里以滤掉多余的水分。用锅铲将滤除水分后的物质按压紧实，用瓢托起漏盆放置在器皿中间，静置等待冷却。冷却过后，菜豆腐就做成了，切成块状或片状后可以煮汤、蒸制、凉拌、煎炸等多种形式烹饪。味道既有豆制品的清香，又有蔬菜的纤维韧度。健康可口，是当地有名的巧食。

臭豆腐与吃豆腐

湖南长沙火宫殿臭豆腐是当地最有名的小吃之一。火宫殿内一直摊担罗列、支伞搭棚，成为祭祀、看戏、听书、观艺、吃小吃的闹市。它以深厚的文化底蕴与北京的天桥、上海的城隍庙、南京的夫子庙齐名，是湖南集民俗文化、宗教文化、饮食民俗于一身的大众化场所。其饮食民俗中流传最广、最被人们所熟知的又数火宫殿臭豆腐。湖南省文史研究馆编《衡岳漫话》记载："每逢祭祀的日子，戏班演戏谢神，观众云集，卖艺、说书、测字算命者，蜂拥而至。零食摊贩竞相叫卖，久而久之，成为独具风味的小吃市场。火宫殿的小吃有浓郁的地方风味，其中最负盛名的是油炸臭豆腐。"

火宫殿臭豆腐是中国豆腐文化发展的产物。"油炸臭豆腐，又叫油炸青方、火宫殿臭豆腐，是湖南省长沙市著名的传统风味小吃，距今已有 300 多年的历史。"俞润泉《话说湖湘饮食》中也记载："长沙油炸臭豆腐……大约有 100 年历史了，以火宫殿的产品最有名。"[1]

"臭豆腐"闻着臭吃着香，是中国小吃一绝。其焦脆而不煳、细嫩而不腻、风味独特，初闻臭气扑鼻，细嗅浓香诱人，具有白豆腐的新鲜爽口，油炸豆腐的芳香松脆。

火宫殿臭豆腐对水十分注重与讲究，特别是卤水，每年都有 1 吨多浏阳豆豉、7 吨左右冬笋、300 多公斤冬菇被浸入生产间的卤水池中，完全化成水。火候也是决定质量的关键，必须用文火。辣椒是必需的，而且是专门的剁椒，将泡酸辣椒碎片，覆盖在臭豆腐上，吃起来又香又辣且酸味醇厚。《衡岳漫话》载："油炸臭豆腐

1　俞润泉：《话说湖湘饮食》，湖南科技出版社，2006 年，第 145 页。

是选用成色新鲜、颗粒壮实的黄豆制坯，经香菇、曲酒、冬笋、浏阳豆豉等原料制作的发酵水浸泡之后，用小铁锅文火油炸，然后在豆腐上钻孔，灌入酱油、麻油、味精、辣椒粉配合成的调料，使豆腐表面呈灰黑色，外焦内软，香辣可口。”[1] 因此，火宫殿的臭豆腐不像上海的臭豆腐那样金黄娇嫩。它呈暗绿色，个儿也要小一半还多。可它小归小，却是味足味浓，皮脆内嫩。当地有俗语，“黑如墨，香如醇，嫩如酥，软如绒”，形象地反映出老百姓对臭豆腐的喜爱和赞赏。

中国其他地区有类似的俗语和习惯，且都各具地方特色。如吃豆腐羹饭，亦称吃羹饭，或吃豆腐饭，是一种流行于江浙沪民间的丧葬习俗。葬礼结束后，丧家要举办酒席，酬谢前来参加葬礼及以现金、实物等形式助丧赙奠的人，被请者一般不得拒绝，否则会被认为“失礼”。过去这种酒席一般为素席并以豆制品为主，其后逐渐演变，佳肴美味之丰，几可比拟喜庆之宴，唯一碗豆腐羹必不可少，所以照旧称为豆腐羹饭。在山东沂蒙地区，有人去世了，“对死者所在的家族成员来说，叫喝豆腐汤”。[2] 这里的人种植黄豆，逢年过节，也会制作豆腐食用。在丧礼上，最常见的食物就是豆腐。制作豆腐是办丧礼必须做的事，也只有在丧礼这种重大的仪式上，才会大规模制作豆腐[3]。

湘中地区的人关于豆腐的记忆，总是跟隆重的丧礼、大家团坐在一起、热热闹闹办白喜事相关联。作为区别，婚礼上是忌讳出现豆腐这一道菜的，豆腐与丧事、祭祀[4]的关联更加密切。团年饭上的豆腐是加工过的，油豆腐[5]和“发肉”[6]拌在一起做成的菜，是一般人家过年，特别是团年饭必备的。

---

1 彭小峰：《衡岳漫话》，上海书店出版社，1994 年，第 149—150 页。

2 刁统菊：《吊簿：姻亲交往秩序的文化图像》，《西北民族研究》2007 年第 1 期。

3 某家有人去世，丧事中头等大事除了请和尚师父做法事，就是请附近邻居帮忙制作豆腐。“豆腐坊”的人员和时间进度安排也尤为重要。

4 祭祀时，新鲜豆腐，即当地人所说的“水豆腐”，可以用来当祭品。

5 新鲜豆腐，也就是“水豆腐”，放油锅里炸制成“油豆腐”。如今不少餐馆也叫“家常豆腐”，有时也称其为“豆腐泡”。“油豆腐”可以是方形的，也可以是三角形的。

6 方言，即炖肉。将新鲜肉放水里炖制而成，“发”取“发财”之意。制作“发肉”是过年时的大事，家家都会准备一大块肉，制作成“发肉”，在团年饭及正月期间食用。方言在家乡风味中扮演了特殊的角色，许多饮食名称多采用地方方言。

江西窑头豆腐百嘉酒的传说

江西万安十八滩头有一首民谣："窑头豆腐百嘉酒，家家桌上餐餐有。豆腐嫩滑酒醇香，名传三江盖五湖。"关于窑头豆腐百嘉酒还有一些有趣的传说。[1]

据说百嘉人自古会做酒，宋代有产米酒的记载。明朝时期，吉水江子头一个人迁百嘉。他善于酿酒，酿出的酒颜色黄澄澄的，喝起来香喷喷的。有人问他这种酒是怎么酿出来的，他讲了一个故事。据说江子头有口清泉，泉水香甜可口，有个老太太将泉水烧开，免费供应过往行人解渴。一天，有个老汉来到这里，喝了水，吃了花生米，问她要酒喝。她说："没有酒啊！"他说："你为何不卖酒？"她说："稻子要人作，蒸酒要柴烧。我一个孤寡老婆子哪能做酒卖啊？"那人一听，将七粒糯米丢入泉里，七天后泉水变成了黄酒，黄酒香飘十余里。从此，老太太卖酒赚了钱，在村头建了一座桥，这座桥就叫醪桥。百嘉人一听，深受启发，认为这是仙人制作的仙酒。从此也用糯米做酒，手工操作，制作出来的酒色泽透明，香气扑鼻，口感甘醇，清凉不辣，颜色橙黄，很远就能闻到酒香，许多人靠做酒致了富。

窑头豆腐，据说古代的时候先有夏坪，后有窑头，先有夏坪豆腐，后称窑头豆腐。唐朝时期，韶口陈氏见夏坪一带有大片泥沙土壤，适合种大豆，便从韶口迁入夏坪，开始种大豆。大豆越来越多，有人就发明了做豆腐的方法，又因这里水土特别好，做出的豆腐嫩滑，富有韧性，摔在地上不烂，切成细丝不断，可以长途运输到外地出售。唐朝末年，有个进士陈霖有幸和皇帝共进御膳，吃到了一道鲜嫩的菜，皇上大为赞赏，厨师告知是皇后做的豆腐。后唐时期，陈霖在庐陵当郡守，听说夏坪人会做豆腐，便来到夏坪巡视，发现夏坪人都姓陈，称这种皇上赞誉的豆腐为夏坪陈氏豆腐，支持他们锦上添花，做得更好，并要自己的后裔迁来夏坪。到了宋朝，陈霖后裔果然不负先辈期望，迁来夏坪定居，继承和研究豆腐制作工艺。经过世世代代的革新，做出来的豆腐产品优良，质量上乘，品种繁多，有水豆腐、干豆腐、油豆腐、煎豆腐、酿豆腐、霉豆腐、豆腐脑等。

1　谢清明、伊红梅：《中国农民画之乡——江西万安》，中国文联出版社，2018 年，第 76 页。

唐朝安史之乱时期，社会动荡，大批中原百姓南迁，有一批逃荒者来到离夏坪不远的地方起屋定居，发现这里土质坚韧，适合做砖瓦，便建起了窑包，因这里地处窑包上头，人们便称它为“窑头”，从此有了窑头的叫法。窑头人口越来越多，做砖瓦、制陶器，有“九窑一井三角塘”之称，也种大豆、做豆腐，又有“窑头豆腐任你尝”之说。宋神宗熙宁四年（1071）万安建县后，设立窑头塘乡，夏坪归窑头塘管辖，从此把夏坪豆腐统称为窑头豆腐。

窑头豆腐、百嘉酒一直闻名遐迩，成为独具特色的地方产品和美味佳肴。

庙会集市与小吃

庙会集市是我国民间广为流传的一种传统的民俗节庆活动，它与我国传统民间饮食，特别是地方特色小吃的发展息息相关。人们不仅喜欢“赶庙”“赶集”，更喜欢“吃庙”“吃会”。

庙会是祭祀祈愿、戏曲表演、物资交流、民间饮食的集散地。庙会饮食是最具地方民间饮食特色的，由于条件的限制及庙会的临时性、流动性，庙会饮食多以“小吃”为主。在陕西各种庙会上，集中了当地各种小吃和美食，面皮、凉粉、肉夹馍、羊肉泡馍、水煎包、油饼、胡辣汤、洋芋擦擦、浆水面等。

在山东青岛，有著名的海云庵糖球会。沿海渔民在出海前习惯吃一串大红糖球以求驱邪避灾、大吉大利，这一习俗使庙会上卖糖球的异常火爆，糖球有山楂、软枣、山药、橘子等多种原料做的，于是民众就用“糖球会”指称这一庙会。青岛清溪庵庙会，由于当地及附近的即墨、潍坊等地盛产萝卜，民间有“正月初九吃萝卜不牙疼，又能治百病”的说法，萝卜在庙会上异常畅销，每逢会期，人们都会齐集这里买萝卜、卖萝卜、吃萝卜，因此，这一庙会也被称为“清溪庵萝卜会”。

风味小吃是海云庵糖球会、清溪庵萝卜会的重要组成部分。吃糖球的习俗自古有之，其他风味小吃名气虽没有糖球那么大，但是摊位数量和销量却在糖球之上。糖球会、萝卜会上，最初只有青岛本地小吃，逐渐发展到兼有周边省市的小吃，后来国外的小吃也走进了海云庵糖球会的风味小吃展销现场。现在，长期作为糖球会小吃街的嘉禾路西侧已经发展成全年营业的“海云庵民俗小吃街”。自1990年开始，举办了多种形式的糖球制作比赛，为糖球制作提供了争奇斗艳的展示平台，为糖球的品牌化、规模化、多样化、规范化做出了重大贡献，使小小的糖球成为青岛民俗的标志性符号。2013年，萝卜会、元宵山会和糖球会三会合办，称为“萝卜元宵糖球会”，分别在昌乐路周边和海云庵广场周边两个地点举行。

山东青岛市集常见的小吃有水饺、烧饼、煎饼、面条、油煎包、杠子头火烧、锅饼、黏粥、豆腐脑、绿豆丸子、凉粉、朝天锅、糕点等。

水饺也叫“扁食”。摊主将白面和好后，在面案上来回揉搓，再搓成条棍状，用刀切块，用擀面杖擀成小饼，包上韭菜、肉、海味等拌好的馅，用滚开的水煮熟，俗称“三鲜水饺”，摊上还提供醋和蒜泥。

杠子头火烧，是当地一种独特的面食。和面时用杠子压揉，做成圆形，边厚中薄、中心凸起。火炉烤熟，比较硬。当地人家生男孩过满月剃头时，有买杠子头火烧、撒铜钱的习俗，寓意男孩长大后“头皮硬、运气好”。

朝天锅是当地特殊的风味小吃，摊主在集市上露天支一口锅，锅沿镶木板为桌，周围放矮凳，食者围锅而坐。锅内热气腾腾，煮有猪头肉、猪肝肺肠胃、肉丸子等，并备有薄面饼，顾客随到随吃。吃时，先把切好的肉放入漏勺中，在原汤锅里烫热，再卷于饼内，把原汤舀碗中加上葱末、香菜、酱油等小料佐以咸菜和葱段，边吃边喝。

在山东费县的龙王庙会上，老庙院落的四周，则是些小吃摊。有卖羊汤的、卖饼的、卖扎啤和羊肉串的，还有卖茶水的。其中一个羊汤摊点，是由三家亲戚一块儿摆的，已经杀了7只羊，旁边还拴着2只。几张桌子，几个马扎，周围围个布幔，逛庙会的人累了、饿了、馋了，坐下来，一碗羊汤，两个素饼，再来杯扎啤，吃饱了，到戏台前听听戏，看看歌舞。

各民族饮食民俗

我国自古是一个多民族的国家，我国的饮食民俗是一个整体，包含五十六个民族的饮食民俗，其中，少数民族饮食民俗各具特色。同时各民族之间在社会历史发展过程中始终存在交流与融汇，了解少数民族的饮食民俗，可以促进各民族间文化的理解与沟通，有利于中华民族文化的发展。中国民俗之父钟敬文先生曾提出，“什么是文化认同？所谓文化认同，就是各民族间文化的相互理解与沟通，彼此信赖与尊重。……解读一个民族，应该首先从文化开始，只有文化上认同了，才会有情感上的认同，才会有民族的团结和社会的安定……文化的认同决不等于文化的同化”。[1] 了解各少数民族的饮食民俗，是各民族进行文化认同的重要内容。

我国的东北及华北地区，自古以来就是少数民族繁衍生息的摇篮，生活在这一区域的民族有蒙古族、满族、朝鲜族、达斡尔族、鄂温克族、鄂伦春族、赫哲族等，他们最初多以畜牧、狩猎为生，后来一些民族也发展了农业生产。西南少数民族以农业为支柱产业，如苗族、傣族、壮族、彝族、白族等，形成了以菜食为主的饮食结构。

图20 傣族糯米肠

1 李炳泽：《多味的餐桌：中国少数民族饮食文化·钟敬文序言》，北京出版社，2000 年，第 1 页。

蒙古族饮食民俗

蒙古族自古以畜牧、狩猎为生，是有名的“马背民族”。蒙古族饮食以奶和肉为主，其中，肉以羊肉最为常见。最具特色的饮食有“手扒羊肉”“烤全羊”等。草原文化和鞍马民族的遗风在蒙古族的日常饮食生活中大量保留，蒙古族酒文化丰富多彩，日常饮酒多为白酒、啤酒、奶酒等，节日里有团圆酒、辞岁酒，并在不同场合下有多样的祝酒歌。蒙古族人性情豪迈，喜欢饮酒，更喜欢载歌载舞，蒙古族民歌中保留有传统的蒙古族饮食民俗。

熔化坚硬的生铁，
凝结福气吉祥；
铸造漂亮的大锅，
盛满富足欢畅。
这令人高兴的炊具，
烧出菜饭又甜又香，
愿这大锅一年四季，
发出肉油翻滚的声浪。

——蒙古族民歌《锅的祝词》[1]

满族饮食民俗

商周时期的肃慎人，是满族最早的先人，汉代以后称“挹娄”，南北朝时期称“勿吉”（读音“莫吉”），隋唐称“靺鞨”，五代时靺鞨中的黑水靺鞨改称女真，辽朝为避辽兴宗耶律宗真讳曾称“女直”，清朝以后，“女真”称为“满洲”，辛亥革命后，满洲改称满族。

1　任国勇编：《蒙古族民歌选》，新疆人民出版社，1986 年，第 152 页。

满族先民最早生活于白山黑水之间，主要以渔猎与畜牧为生，在饮食上除了“多畜猪，食其肉”之外，鱼类、兽肉及野生植物、菌类也是他们的主要食物来源。满族先民长期处于渔猎阶段，形成的只是一种简单适应环境和维持基本生活所需的初级层次的饮食习俗。从进餐方式上看是共饮共食，无等级之分。饮食礼制不发达，婚、丧、祭各仪式上的饮食民俗内涵不够丰富。满族先民“婚礼，女生十岁前，男家约婚，后递年三次筵宴，二次赠牛马各一。待十八九即成婚礼”。婚娶宴饮之礼由女方操办，“婿往之夕，女家宰牛宴饮。翌日邀婿之亲戚而慰之”。宴饮之礼简单、粗陋。人死则“殡于家，亦杀牛以祭三日，杀其所乘之马，去其肉而葬其皮”。祭祀方面，祭天、祭七星神都只是杀牛致祭而已。可以说，满族先民的饮食民俗以维持生存为第一要义。

到了清代，满族饮食民俗发生重大改变，与其他民族特别是汉族的饮食民俗高度融合，饮食内容空前丰富：食材范围更为广泛；烹调技艺上更加多样化，出现了烧、烤、煮、蒸、炖、炒、煤、扒、焰、煨、炸、熬、煎、涮、拌、腌、熘、贴、糖熘等多种烹调技艺；饮食器具上变化很大，不再大多是木器具，陶瓷品、金属器成为饮食器具的主流等。总体而言，满族逐渐以面食为主，尤其喜欢各种粟类制成的面食，如糜子、黏谷、稗子、谷子等，人们把它们做成大黄米干饭、大黄米小豆干饭、黏糕、油炸糕、黏火烧、黏豆包、豆面卷子、馓糕、苏子叶饽饽等，口味香甜，略带酸味，非常诱人。每逢重大节日、亲友聚会或有朋自远方来，满族人家都会准备好丰盛的菜肴，无论是平民百姓家的“八碟八碗”，还是宫廷皇族的“满汉全席”，都非常隆重热闹。

满族饮食民俗中的特色食品有色彩鲜艳的萨其马，满族的民间小吃很多，各种各样都别具风味，并且做得都很精致。东北满族聚居地的满族人常吃的“酸汤子”和“饽饽”这两种食品便是典型的满族传统小吃，也是平民百姓家的“家常便饭”。

萨其马是满语谐音，意为油炸条。也叫“糖缠”，汉语叫“金丝糕”，“乃满洲饽饽，以冰糖、奶油和白面为之，形如糯米，用不灰木烘炉烤熟，遂成方块，甜腻可食”[1]，是满族人特别喜爱的传统糕点。其原为满族人的食品，清代及民国年间风行于北方各地。

“酸汤子”是一种类似面条的玉米面食，主要原料是北方的苞米糙子。将苞米倒入罐中加水，放在一个温度适宜的地方泡上20天左右，捞出后磨成面儿，便形成一种水面。将面中的水略控一控，便可做“酸汤子”了。在冬天，一般人家都要做许多这样的酸汤面，捏成团拿到户外冻起来，吃的时候提前拿回来醒冻，非常方便。“酸汤子”的制作可是一个技术活儿。要有一个辅助工具“汤套”，它是用薄铁皮做成的一个漏斗形小套，高约两厘米。具体的操作过程是烧上一锅开水，拿一部分酸汤面放到锅中烫熟后捞出与生面和匀后，取出汤套放到右手的中指与无名指之间夹住，小头向外，拿出一块手掌大小的面团放到右手托住，用左手轻轻挤压，细长的汤条便由汤套中流向滚开的水中。这个过程俗称“攥汤子”。攥的汤条越长越好，技术高的可绕锅一周。将汤条煮好后捞入碗中，拌上炸好的肉酱，便可以吃了。汤条又滑又筋道，略微带着一点酸，开胃又好消化。酸汤子是满族男女老少都爱吃的食品。

饽饽是满族在春节和平常时间喜欢吃的传统风味食品。饽饽也是满族人对面制食品的通称，也有称“黏豆包”。饽饽的特点是黏、甜、凉，多以黏米面，如黄米面、黏高粱面、黏苞米面等做成。面制好后，具体包的过程与包包子一样，用手将黏面捏成饼状，将豆馅包住后捏成馒头状，放到笼屉上锅蒸熟便好了。又香又黄的黏豆包吃起来又黏又筋，甜而不腻，口感非常好。吃时可蘸糖也可油煎，若包好后用油炸，就成了既焦又脆的炸糕。每到腊月，家家户户就开始做黏豆包及炸糕，然后放在缸里冻上，上锅一蒸即可吃。黏豆包要趁热吃，冷了便不好吃了。

饽饽的种类繁多，制作精美，风味独特，又以甜食居多，素有“满点汉菜”之誉。满族人春节期间常食用的饽饽有：以黄米面和小豆制成的黏谷糕，又称“馓糕”，吃时蘸糖或油煎，香甜可口；用黄米面蒸成，再裹上炒熟的豆面的豆面卷子，俗称“驴打滚”，色金黄，黏而香，甘甜爽口；用黄米面炸后裹蜜的蜜果子；用鸡

1　富察敦崇：《燕京岁时记》，见李家瑞编：《北平岁时征》，北京出版社，2018年，第246页。

图21 东北满族火锅

蛋、面和蜂蜜做的蜂糕；用黄米面包豆馅，油炸后蘸糖吃的炸糕；以及萨其马、绿豆糕等，皆是满族春节喜欢吃的食品。此外，还有夏秋时节做的柞叶（俗称“椤叶”）饽饽和苏叶饽饽，是用黏高粱面或秫米面、苞米面包上小豆馅做成，放在室外贮藏，随吃随蒸，既方便又能保持鲜美的味道。

满汉全席是满族饮食民俗的代表。满汉全席又名“满汉燕翅烧烤全席”“满汉大席”“烧烤全席”，是我国古代肴馔最宏大的系统工程，是满、汉等各族人民群众烹饪文化才智的高度表现和充分发挥，在我国烹饪史上占有举足轻重的地位。

满汉全席是在清宫与民间“满席”“汉席”并存的基础上发展来的，因它将满、汉各族的烹调精华荟萃一席，大有冠盖华夏全部宴席的气概，所以就有了“满汉全席”这样的大号与美称。据《大清会典》等有关资料的记载与推断，满汉全席可能始于乾隆年间。它将满族、汉族的大量名菜、名点兼收并蓄，全席菜点达 200 多道，包括热菜 134 种、冷菜 48 种和各式点心等。其结构形式是以数种菜点配为一道，全席分数道菜点进食。因为这席名菜工程浩大、菜肴繁多，即使许多人去吃，一夕之间也很难将菜点吃完，因此往往需全天投入进餐活动之中，有时二三日方可终席。

满汉全席不仅所用原料丰富名贵，山珍海味、珍禽异兽，琳琅满目、应有尽有，而且所用餐具也很考究。诸如金杯、银盘、玉盏、象牙筷子等，令人目不暇接，均为珍贵物品。因为普通百姓之家很难举办得起，多为皇宫、贵胄之家举办，所以宴席上程序复杂，礼仪烦琐，处处体现出皇权至上、等级森严的特点。诸如先上什么菜、谁先举箸、用人的服饰、座次排列等，都有明确具体的规定。如《清稗类钞·烧烤席》所载贵胄之家吃满汉全席时的礼仪云："烧烤席俗称满汉大席……酒三巡，则进烧猪，膳夫、仆人皆衣礼服而入。膳夫奉以待，仆人用所佩之小刀脔割之，盛于器，屈一膝，献首座之尊客。尊客起箸，座者始从而尝之，典至隆也。"

满汉全席中，满族菜点实际占有主要地位。满族原在关东时，即擅长"烧、烤、煮"等烹饪技术，入关后，清宫御膳房挂炉局则专门从事烧烤。其一，满汉全席中，由于烧烤菜点的比重相当大，很能代表其特点，所以才简称"烧烤席"。其二，满族喜食猪羊，尤喜食猪，在满汉全席中，以猪为原料的菜肴也很多，如全猪、烤乳猪、烧小猪、白哈尔巴、烧哈尔巴等。其三，满族传统肴馔火锅类、涮锅类、砂锅类等是必不可少的，而满汉全席中，这些"锅类"正是应有尽有，而且往往以火锅类作为押桌菜，使宴会在结束时达到高潮，可见"锅类"在满汉全席中的重要地位。其四，满族喜食各类饽饽和粥品，这些正是满汉全席中的主食。满族人还喜食蜜制食品，而干鲜果品、蜜饯菜肴，以及由蜜饯果脯为主要配料的菜肴，正是满汉全席中不可缺少的部分。其五，满族人喜食野味，而满汉全席中，熊掌、猴头、飞龙、人参、鲜贝等，这些满族人喜食的野味正是席上珍品。因此，满汉全席是以满族饮食为主，以汉族饮食为辅的大型宴席，其满族肴馔的特色是十分浓郁的。满汉全席集华夏膳食精品于一席，是自古以来最高档次的东方餐席。[1]

1 包玉坤:《满族饮食文化研究》，吉林大学硕士学位论文，2008 年，第 30—31 页。

图22 满汉全席

满汉全席规格较高，属于宫廷宴席，在民间，则多为“八碟八碗”。八碟八碗是满族最具代表性的饮食之一。八碟八碗起源于清朝启运之地的新宾，菜肴原料均为当地土特产品，烹制过程尽显满族民间的饮食风范，是满族传统的正宗桌席，多见于红白喜事、春节祭祀等重大的节日。八碟指冷菜和炒菜，又分四冷四热。冷菜一般为拼盘类，例如猪头肉、黄瓜粉皮、拍黄瓜、拌三丝等。热菜以炒菜类为主，如鱼香肉丝、锅包肉、糖醋里脊、木须肉等。八碗指炖菜类和汤类。炖菜如酸菜炖猪肉、梅菜扣肉、笨鸡炖蘑菇；汤类如水果汤、海参汤等。八碟八碗口味各异，酸、甜、香、辣皆囊括其中。碟是大碟，碗是深碗，充分体现了满族人豪爽大方的性格特点。

藏族饮食民俗

藏族人民以糌粑、面粉为主食。糌粑营养丰富、味香耐饥、携带方便且易于保存。一般分为“乃指”（青稞糌粑）、“散细”（去皮豌豆炒熟磨成）、“散玛”（豌豆糌粑）、“白散”（青稞和豌豆混合磨成），还有玉米、燕麦糌粑，分别用青稞、豌豆、玉米、燕麦炒磨而成。糌粑的吃法有三种，一种是搓成饦团，先在碗中放少许清茶或酥油茶、奶茶，然后放糌粑，用手在碗中将其捏成团即成。另一种是调糌粑汤。在碗中放多半碗清茶或酥油茶、奶茶，放入少量糌粑，用手指或筷子等调和成糊状即可，一般病人或小孩多食。还有一种是舔“卡提”。在碗里先放少半碗糌粑，用手指背将糌粑压紧，然后盛清茶或酥油茶、奶茶，喝完茶后将茶浸湿的一层糌粑用舌头舔掉，周而复始，直至将糌粑舔完。

面粉有荞麦面粉、玉米面粉和小麦面粉。荞麦面粉可以炕饼，也可以做荞面“搅团”；玉米面粉，用以做馍馍（烙饼或“火烧子”）和“搅团”，或者蒸“面饭”（俗称“玉麦蒸蒸饭”）；小麦面粉主要用来做馍馍（“锅圈子”）、锅块、面皮。

还有把刚收割的青稞和麦子在臼中捣碎去掉鼓皮，加牛肉或骨头炖熟喝。炕馍、蒸馍类有大锅盔、小锅盔、“团结包子”等。

藏族的副食分肉类、蔬菜、奶制品等。肉食主要为牛肉、羊肉、猪肉。在牧区，牛羊肉既是主食，又做菜肴为副食。

《西康综览》载：“康人不重蔬菜，除富人稍事烹饪外，均不讲究。”以前藏民日常食用的蔬菜来源有采集和种植两类，一般种菜不多，且多在雨季来临时才种植。新中国成立后，特别是20世纪80年代以来，蔬菜的种植越来越多。藏族农区主要出产萝卜、洋芋、莲花白和圆根，炎热河谷地区出产辣椒、白菜、葱、蒜等，矮山河谷地带还种植海椒、大蒜，喜做海椒汤和大蒜汤。洋芋是藏族人民最喜欢的蔬菜之一。夏秋两季多吃青菜、白菜、四季豆、南瓜、韭菜等，春冬两季主要吃洋芋、萝卜、圆根、干菜和酸菜，冬季则多以圆根叶自制的酸菜制作菜肴。干酸菜长期保存，不变味，不生虫，可炒吃，可煮汤。当地俗话说：“三天不吃酸，走路打偏偏。”

藏民日常食用的采集类蔬菜主要是野菜和菌类，春夏可采“典”（春尖菜）、“阿钩”（蕨菜）、“阿吉”（薄荷叶）、“门斗”（薇菜）、“轴轧”（蒲公英）、“扫”（苦菜）、“启罗”（山油菜）、“哈角”（水葱）、“古色”（山韭菜）、“惹菊”或“次块”（羊角菜）、“扎洛”（麻芋子）等；秋季可采“启卡泽”（石花菜）。采集的野菜一般煮着吃，也可晒干储藏，供秋、冬季食用。采集菌类主要有“杉”或“百项”（松茸）、“合项”

图23 酥油糌粑

（马鹿菌）和木耳、青杠菌、白丰菌、熊掌菌、刷把菌、羊肚菌、乔巴菌、地蘑菇、苞谷菌等十几种，晒干后冬季食用。以前这些采集的蔬菜主要用于自食和送人，现在也在市场上出售。

奶制品是农牧区人民生活中不可缺少的食物。每年春末，春草初萌，牛羊产羔之后，奶水渐旺，即进入挤奶期。鲜奶可直接饮用，也可经过加工，提取酥油，制作酸奶、奶饼、奶渣等。酥油是奶制品中最重要的制品之一，从鲜奶中通过人工或机器提取出来，是藏族人民主要的食用油。

藏族人喜茶，不可一日无茶。藏族人民对氧和维生素的补充多靠茶水，同时茶叶还有帮助消化和提神解困的作用。甘孜州茶叶主要来自雅安的天全、名山等县，统称“大茶”，或称“藏茶”，在锅中熬制即成清茶。以前“清茶专备以待汉客之用，不加酥油及盐”。奶茶是熬好清茶后，在茶中倒入适量鲜奶制成。牧区和半农半牧区多饮奶茶。另外，还用清茶加盐、酥油，在茶桶中打制成酥油茶或将面粉在锅中炒熟，或将糌粑撒入热水或开水锅中，边搅拌边投入捣细的茶叶粉和盐即为面茶。酥油茶是藏族的传统饮料。

藏族人喜喝酒，也喜欢以酒待客。“客至必饮。酒均自酿，有大麦酒、高粱酒、南麦酒、玉麦酒、稗子酒、糯米酒、乳酒、瓜酒等。酒杯甚巨，一两岁小儿亦能尽饮其半器，几如汉人之饮茶。”[1]酿酒原料多为青稞。青稞酒有两种，一种是呈黄色的“穷”，另一种是无色低度经过蒸馏而成的“博拉”藏酒，多为冷饮。产玉米和小麦的地区用玉米煮酒，或用玉米、小麦等混煮而成，当地称为“咂酒”。“咂酒”以饮法命名，酒制好后，连糟一起装在罐中，然后用麦秆吸，有头道、二道、三道之分。产蜂蜜地区喜欢在酒中放入蜂蜜，搅匀后置火上煨，微热后饮，称“蜂蜜酒”。

与饮食习惯相符，藏族的饮食器具具有明显的民族和地域特色，而且许多传统的器具现在还在普遍使用。这些饮食器具从材质上分，有木具、陶瓷具、金属具、皮具等，其中以陶器类制品使用历史最为悠久，以前藏族民间传统使用的炊具多为土陶器。木制和瓷器类饮具最具特色。具体种类有杯、碗、壶、盆等器型。传统藏民生活中，碗和盆均是日常的生活用具，碗主要用作餐具，盆的用途较广，既可用作盛放食物的餐具或盛器，又可用作饮器。碗有木碗及瓷碗、银碗，往往既是餐具又是饮具，是藏族用来喝水、酒、酥油茶和揉制糌粑、盛装食物的主要食具。

图24 把酥油和奶渣混合起来做成的糌粑

1 《西康综览·十四编·民国二十年正中书局铅印本》，丁世良、赵放：《中国地方志民俗资料汇编·西南卷》，书目文献出版社，1991年，第400页。

糌粑盒。糌粑盒大多为木制，是藏族盛放日常主食糌粑的用具，也可把与糌粑配食的酥油放入其中。从外形上看糌粑盒像两个相互倒扣着的碗。其实糌粑盒就是两个木碗，只是碗形较扁，碗口分别有内外高低相反的台边，二者组合在一起就是盛糌粑的盒，用餐时打开又可当两个碗用。糌粑盒的盒边和盒底常镶有银花边，除作为食具外，也可作为供盒供碗使用。

木斋盒。斋盒也称糕点盒、食盒、供盒，既作为居家放点心与杂食之用具，也用来作为供奉神灵盛放供品的器具，“斋盒”之名即从这个用途而来。斋盒造型规整庄重，观赏性强，种类较丰富。

茶壶、茶杯、酒壶等饮具。藏族饮具有数种，每一种都注重造型上的美感，有些更是别出心裁，装饰得富丽堂皇。藏族茶壶多用金属制成，上刻繁复的雕饰，工艺细腻精湛。茶杯由木头和金属组合制成，形状略似汉族的盖碗茶杯，分为杯盖、杯身和杯托三个部分。在藏族饮具中，各种质地的茶壶和酒壶甚多，如陶壶、铜壶、银壶、金壶、象牙壶、牛角壶、木酒壶等。还有适应居无定所的游牧生活而独具特色的酒具，如牧民的皮囊酒具。

酥油筒。酥油筒是藏族普遍使用的一种食品加工工具。酥油筒在造型上多种多样，常见的酥油筒多呈长筒形，由一整截木头挖空或用许多扁木片环组而成。

彝族饮食民俗

彝族是我国一个古老的民族。在西南地区，北自大渡河，南至云南边境，东自乌江，西达澜沧江的广大区域内都有彝族分布。

彝族以粮食为主食。他们多居住在山区，耕种旱地，种植的粮食作物有苦荞、甜荞、玉米、土豆、黄豆和燕麦等。有的彝族居住在气候温和，地势也较为平坦的地方，除水稻外，也种植小麦、大麦、黄豆、玉米等。彝族多食用荞麦饼、米饭、玉米饭。苦荞，彝语称为“格萝”，是彝族人民普遍种植的作物。

彝族畜牧业以猪、羊为主，同时畜养牛、马、鸡等。肉食以猪、羊、牛肉为主，杂以鸡肉、鱼肉。彝族在招待贵客和悼念死者时，以杀牛、羊、猪三牲为隆重的礼节，无论猪、羊肉均做成“坨坨”或大块肉。坨坨肉是彝族肉食的一种常见烹煮方法，又是一种传统饮食习俗，广泛用于逢年过节、亲戚相聚、迎宾请客等宴席和礼仪场合。彝族过年时制作的主要肉类食品是灌猪肚、香肠和腊肉。

灌猪肚，彝语称为“维黑则”。制作过程并不复杂。一般是先把猪肚用盐水洗净，选取瘦肉切成块状，拌以作料，将肉灌入猪肚，尽量装满灌紧后缝好，吊在屋架上，经过一两个月的时间即成。食用时将猪肚切开取出猪肉即可煮食。香肠，彝语叫“维乌杂”，制作方法大约与四川汉族地区制作腊肠相同。

彝族人最喜爱喝酒，有“无酒不成敬意”的饮食习俗。酒主要分为甜酒、白酒、杂酒三种，过去一般都是各家自己酿造。凉山彝族谚语有云：“汉人待客贵在茶，彝人待客贵在酒。”

彝族一般都要杀过年猪。按照彝家的食俗规矩，猪头要分成两半腌制好，一半是留着主人家自己吃或招待客人，另一半过年后的几天内，算好吉日由女婿送给自己的岳父母。其他部位的猪肉除过年吃外，一般全部腌成腊肉慢慢吃。对于猪血，彝族人一般在杀猪前，先在盆里放盐水，将血放入其中。使其凝结成块，吃时放入辣椒、花椒等作料，可煮汤吃，也可煎着吃。彝族人普遍喜欢饲养山羊、绵羊。彝族无论杀羊还是吃羊肉，都有些特殊的饮食习俗。杀山羊可以用刀，而杀绵羊禁用刀，只能用木棒将羊脖打断，再用手掐死。羊肝和羊胃要单独用来祭祖，然后烧来吃。羊身、四肢和内脏、头、蹄均煮熟待客。有的地区羊头和羊蹄第二天煮着吃。羊脑在彝族人家习惯上是全归老人吃的。处于生育期的青年妇女禁止吃公羊，仅能吃母羊和阉羊，牧羊人禁吃羊尾巴。还有一些地区的彝族人在杀羊时，将羊血拌萝卜丝腌起来，待吃时用瓷碗盛着，放在饭上蒸熟，其味特别鲜美。

凉山彝族平时一日两餐，早餐彝语叫“戳”，晚餐彝语叫“绰”。农忙季节是一日三餐，即加上午餐。午餐彝语叫“中”。彝族比较注重早餐和午餐。晚餐一般比较简单。稀粥也多安排在晚餐食用。用餐时席地而坐，菜或汤盛于木制“库组”之内，主食米饭盛于竹编的“瓦惹”内。如果主食是饼或馍，则多放在竹编“播斯”上。食器放在竹席上面。两人共食一席，每席一菜一饭。

侗族饮食民俗[1]

作为百越族群的一个分支的侗族，是中国南方具有悠久历史的稻作民族。原居住在岭南广大区域。在唐代中叶，至德至元和（756—820）的数十年间，岭南人民多次起义，遭到朝廷镇压。连年的饥荒，使得梧州、浔州一带侗族先民逐溯潭水（今都柳江）北上，到今黔、湘、桂边境地区定居下来。明洪武年间（1368—1398），朱祯率兵镇压吴勉起义。朝廷从江西调来大量军民，对被征服地区实行“拔军下屯，拔民下寨”的政策。清光绪《黎平府志》载，明初任府属各“蛮夷”长官司正、副长官 15 人中，属江西籍的有 13 人（其中 11 人是吉安府泰和县人）。这些从江西等地来的汉族军民数百年来世代与境内各少数民族杂居、通婚，逐渐融合，杂居于侗族地区的融为侗族。当今侗族主要分布在贵州、湖南、广西等省区毗邻的广大地区及湖北省西部，形成交错杂居的分布格局。一般，将属于长江水系的天柱、锦屏、镇远、三穗、新晃等地称为“北部侗族区”，而将属于珠江水系的黎平、从江、三江、溶江、通道等地称为“南部侗族区”。

侗族的一日三餐，早餐一般在上午九十点，中餐一般是下午三四点，晚餐一般在晚上八九点。一般早上出工，到山上干活，把全天的饭做好，包括腌肉、腌鱼、菜在内，拿到山上，中午休息时就会在田边将午饭吃掉，而一些家庭比较贫困的一般是带着青黄瓜当菜与糯米饭食用。酸菜是侗族人日常饮食的主要蔬菜来源。过去人们是没有食盐可以食用的，而咸是必需的味觉体验，于是为了生存的需要，人们利用酸汤酸菜代替盐。

侗族以糯米为主食。糯米的种类很多，有红糯、黑糯、白糯、秃壳糯、旱地糯等，有的地区糯米种类达到 20 多种。侗族在不同的场合和节日会将它制作成黑米饭、花米饭、光粥、花粥、粽子、糍粑等。在食用的时候不用筷子，用手捏成团来食用。

侗族食材在副食蔬菜与肉类方面跟汉族地区类似。蔬菜主要有白菜、苦瓜、冬

1 谢泓珊：《侗族饮食文化与环境关系的研究》，吉首大学硕士学位论文，2017 年，第 20—32 页。

瓜、南瓜、白瓜、辣椒、葱、蒜、青菜、各种豆类等，还有田间地头及山中的野菜，例如鱼腥草、野蕨菜、红薯叶、紫苏叶等。肉食来源广泛，常见的有猪、鸭、鸡、鹅、羊、狗等。在食用方式上，蔬菜、瓜类一般是做汤，叶类的一般都会选择白灼。猪、羊、牛等肉食一般有生吃与熟吃两种。鸡、鸭、鹅一般的食用方法也是白灼，与酱水一起吃，这里的酱水一般是用鸡、鸭、鹅的生血调制。鱼也是侗族人心中重要的肉食来源。鱼鲜包括鲤鱼、草鱼、泥鳅、小虾、螃蟹、田螺，做成酸小虾、酸鱼鲜等风味名菜肴。饮料是侗族饮食重要的组成部分。侗族人主要喝的茶专指油茶，它是用茶叶、米花、炒花生、酥黄豆、糯米饭、肉、盐、葱花、茶油等混合制成的黏稠汤羹，既能解渴，又可充饥，与饭配套。酒有苞谷酒、小麦酒、红薯酒等，尤以糯米酒为主。

侗族的饮食结构多样化、多元化，其饮食的基本特征为喜食糯食、鱼、酸、生等。

喜食糯食。糯稻是侗族大部分地区种植的主要作物，许多侗族地区都有着“糯稻之乡”的美称。在客人来访、举行大型宗教祭祀活动时，糯米都是必不可少的。因此，在侗族流传着“无糯不成敬意”的说法。糯米的种类多样，糯米在侗族日常生活中，不仅是主食的来源，而且是糯米酒的主要制作材料，更是制作传统侗族食物酸鱼的重要辅助作料。

水稻田鱼。侗族人几乎家家养鱼，以水稻田养鱼最为著名。每年春耕时期，将鱼苗放进水稻田之中，鱼在水稻田之中不光能自己存活，还能帮助田地去除虫害，禾鱼两利，水稻田鱼肉味道十分鲜美。鱼在侗族不同的场合有着不同的象征意义。不光是日常生活中必不可少，待客时也是以鱼为贵，重要节日活动用鱼祭祀，在嫁娶丧葬中，鱼也有着重要作用。侗族地区有这样的说法：如果有老人去世，家里能拿出腌制几十年的鱼作为供品的话，就能让老人在另一个世界生活幸福，同时他的子孙后代也会福泽悠远绵长。鱼的种类一般是草鱼和鲤鱼，酸鲤鱼与酸草鱼制作工艺也有不同。酸草鱼的制作时间一般为九月立秋以后，腌制食物的时间一般看皇历来选择日子。在腌制当天，参与腌制的妇女是不能洗头的，因为洗头寓意着食物会变味，是不好的象征。

喜爱酸食。侗族的饮食风味集酸、辣、鲜、香于一体。但是最为突出的要数酸。在侗族地区有句谚语："住不离山，走不离盘，穿不离带，食不离酸。"侗族腌制酸菜可以追溯到宋代，在侗族人家不管是肉类还是蔬菜，都是能腌制的。侗族的腌肉腌鱼从明代就开始流传，相传侗族的祖先以狩猎为生，打猎回来的食物过多，不利于保存，于是便有人将食物腌制到坛子之中。不浪费且口味独特，历代沿袭至今，腌制食物成为侗族人独有的绝活，成为侗族人招待亲朋好友的上等食物。

客家饮食民俗

客家作为汉族的一个支系，在汉民族体系中可谓少数。客家人的日常饮食十分简朴，一日三餐，早晚喝粥，午餐干饭。主食是稻米、番薯、木薯、芋头等，平常吃饭，杂粮占一半。这是因为客家地区山多田少，稻作收获不足食用，客家人就利用丘陵广种番薯、木薯，或在田边种植芋头，以补充主食之缺。无论是家常饭菜还是宴席酒菜，抑或风味小吃，其制作材料来源主要是自然界丰富的动植物和山区农民的家禽、家畜及各种农副产品，如香菇、冬笋、芋头、番薯、鸡、鸭、猪、狗等。

客家菜历经千百年广泛地吸收外域烹饪文化的精华，并在不断地发展完善，逐步形成自己独特的风格，讲究鲜香、脆嫩、清正平和、原汁原味。注重原汁原味，不喜欢混合杂味的食品，是客家人对我国传统饮食民俗的继承。另外，适应平民饮食需要，客家菜口味偏重咸、香，对于甜、酸、苦、辣则无偏好，食物制作上重蒸、煮，不爱炸、煎，且有许多汤类菜。客家名菜如赣南的酿豆腐，粤东的东江盐焗鸡、梅州扣肉，闽西的香菇炖猪肉等。

客家民间做喜事办酒席，讲究的是"十二碗""十四碗"，分别盛满多到惊人的鸡、鸭、鱼、肉、米粉、蔬菜等，非得让客人吃饱有余才高兴，然后将剩余的赠给亲朋带回。客家菜则以其量多、味美为特点，特别是山野蔬菜配以质朴古拙的木制品、竹制品容器，给人一种返璞归真的意境。

广东的客家人，每年春天都有祭祖活动。祭祀完毕，举行具有农家特色的乡宴，由参与祭祀的宗亲自己动手，共同下厨，聚餐时院坝上摆满了十多桌酒菜，那热闹场面赛过城里人在宾馆饭店操办婚宴。

在东山客家，各家族依照农事季节，将春秋祭祀活动兴办的会分别称为“春蒸”“秋尝”，统称为“蒸尝会”。“蒸尝会”从清初迁入后，一直如期举行，对客家人移民落籍，家族生存繁衍，发展经济促进生产，睦族兴丁，保持敬祖崇宗，维护地方秩序等起到了十分积极有效的作用。

客家人端午时门前插艾草驱邪，洗浴时也要加入艾草，认为“艾蒲洗身，百病消除”。清明节，客家人还要吃应时的“清明艾饭”。民间认为，艾饭不但清香甜美、软滑可口，还有除湿明目、清热解毒及调和妇女月经的功效。

客家人爱喝自家酿的糯米酒，这种酒既经济，又活血、壮筋、消除疲劳，具有滋补作用，客家人每年都酿制糯米酒并沿袭成俗。客家妇女坐月子，多用米酒炖姜鸡或用米酒炒糖姜蛋。这种姜酒鸡具有去疲活血、补虚的功效，是客家妇女产育期的传统大补食品。客家人多在冬至开始酿制糯米酒。主妇将糙糯米蒸熟，凉凉，拌上酒药，放入酒缸，过几天，便可闻到酒香飘溢出来。滤出酒液，装入酒坛，封严，留到春节、元宵节慢慢饮用。客家人冬至酿酒，既保证质量，又可久贮，故有“冬至酒，留到明年九月九”的俗谚。

广西客家人，冬至日要祭祖，《龙潭镇志》：“冬至节，士绅及有‘名望’的人到祖堂去祭拜，备办丰盛酒席，共同畅饮，农民杀鸡杀鸭供祖宗。”祭祖的祭品是猪肉、落水饺、茶酒。“落水饺”也叫“落水包”，冬至吃落水饺是广西客家人的饮食习俗。这一天，家家户户都自己做落水包，吃着过节。外面天寒地冻，家里煮着热腾腾的落水包，一家人围着暖炉吃喝团聚。落水饺的皮选用的是当地的一种细糯米，浸泡后捞起，沥干水打成粉。做落水包，最关键的一步是倒入开水搅拌糯米粉，先将大部分粉用水做成块状，放进开水煮熟，取出和粉搓，直到把糯米粉搓成不粘手的糯米团。落水包的馅料非常讲究，馅料有瘦肉、鸡蛋、葱、蒜、鸡肉、鱼肉、豆腐、豆腐皮、竹笋。包落水包前，要把馅料经过精加工、剁碎，并且每一种配料都要有一定的比例，炒馅料也要讲求火候，一般炒到七八成熟即可。落水包可以水煮着吃、蒸着吃、煎着吃。

少数民族特色风味

民族特色风味

每个民族的饮食中，总有一些特别受欢迎的，这些食品不论是主食还是副食，往往被视为这个民族的象征。我们一谈到这个民族，就会想起这些食物；或者吃某些食物时，会联系到那个民族。诸如赫哲族的杀生鱼，鄂温克族的酸奶子，布朗族的竹筒茶，苗族的酸汤煮鱼，藏族的酥油茶、手扒羊肉、琵琶肉、青稞酒、糌粑，等等。这些具有民族风味的食物有其独特的文化魅力，丰富和滋养着我国多彩的饮食民俗。

赫哲族是女真的一个分支，是我国人口最少的少数民族之一，他们主要以捕鱼为生——春天捕捞江鱼，夏天捕捞马哈鱼，秋冬以冻网和冬钓为主——因此，他们的主要食物就是鱼肉，最有代表性的美食就是杀生鱼。杀生鱼是赫哲族人在喝酒的时候必不可少的美味佳肴，它不仅融合了汉族的烹饪技术，而且很好地保留了自己民族的做法，鱼肉鲜嫩爽滑，清香满嘴。

鄂温克族是生活在我国东北黑龙江省和内蒙古自治区的少数民族，他们是有自己语言但没有自己文字的民族。鄂温克族人就是“住在大山林里的人”。鄂温克族的酸奶子实际上就是酸奶，他们对酸奶子非常喜爱，平日里经常喝。酸奶子营养价值很高，里面含有多种乳酸、乳糖、氨基酸、矿物质、维生素等营养物质，营养价值比大米、白面甚至新鲜的牛奶还要高。

布朗族人主要生活在云南的西部和西南部，他们也是有自己的语言，但没有自己的文字。他们最喜欢做的一件事情就是喝茶，因此，布朗族人善于制作茶，主要制作竹筒茶和酸茶。制作竹筒茶时，一般将清毛茶放在特制的竹筒里，放到火塘中边烤边压，直到竹筒里装满的茶叶全部烤干，再将竹筒打开，取出里面的茶叶，就可以泡水饮用了。竹筒茶醇厚浓郁，清香可口。

广西瑶族有食用野生芭蕉芯的习惯，婚宴、长桌宴通常都有芭蕉芯这道菜肴。

瑶族居住的区域，到处都有野芭蕉，也叫仙人蕉。野芭蕉的芭蕉可以吃，花蕾、嫩芯也可以吃。芭蕉芯也叫蕉笋，瑶族特色佳肴有“牛肉炒蕉笋”“酱爆芭蕉芯”等。

在广西融水白云、大浪等山区乡镇居住的红瑶人，有过糍粑节的习俗。糍粑节源远流长，相传红瑶人的祖先为了生计出远门，到了“九九”重阳节还无法归山。后来他们回到家，已是农历九月二十七。为了记住这一辛酸往事，先辈们拿着糯米饭和着野菜舂糍粑，上山打猎下田捉鱼回来聚餐，沿袭下来形成节日。现今这是人们为了庆贺新粮食的收获入库、预祝来年丰收而过的节日。

糍粑节是红瑶人传统上特有的节日。节日有吹芦笙、斗鸟、“讨花带”等丰富多彩的活动；有用新产出的糯米舂的糍粑、火烤鲤鱼、新鲜鱼粥、油煎新鲜鲤鱼或熏制鲤鱼、白煮鸡鸭、肉汤白火烧笋、酸鱼、酸鸭、酸老鼠、糯米水酒等美食。

打糕是朝鲜族人非常喜欢的一种特色糕点，不论是在春节期间，还是操办红白事情时，招待宾客的最好主食就是打糕。因其制作需用木槌反复捶打，故形象地称之为“打糕”。制作打糕时，一般是两个人面对面地站在槽边，互相交替捶打，或一人捶打，一人在下面翻动糕团使之捶打均匀。捶打的工作多由男人负责，女人在旁边翻转、聚拢江米饭，使其能捶打均匀。为了防止江米粘到木槌上，男人要不时用木槌蘸些凉水继续捶打，直到不见米粒为止。旧时，每当制作打糕时，朝鲜族人都要穿上本民族的传统服装，边捶打糕点，边载歌载舞。

图25 瑶族竹筒饭

图26 壮族五色花糯饭 梁汉昌摄

打糕一般有两种：一种是用

糯米制作的白打糕，一种是用黄米制作的黄打糕。制作打糕的程序是：先将糯米或大黄米、小黄米蒸（煮）熟之后，放在木槽子里或石臼（槽）里，用硬木制成的打糕槌或石锤打成糕团（现在有的地方有机器可以加工），然后切成块状，放在黄豆炒面上滚一下即成。或将红小豆面与糕团做成夹层糕，吃时再蘸上蜂蜜或白糖，营养丰富，味道鲜美，筋道适口。打糕不仅是款待贵客的上好食品，还具有强身健体作用，朝鲜族有俗语说："夏天吃打糕，像吃小人参。"

冷面，也称长寿面，是朝鲜族年节和日常所喜爱的风味食品。以前，朝鲜族有农历正月初四中午吃冷面的习俗。据说这天吃了长长的冷面条，就会长命百岁。朝鲜族冷面的具体做法是：以荞麦面为主，加少量白面和地瓜粉面等掺和压制成面条，再将面条下锅煮熟晾干备用。另用精牛肉或鸡肉熬成汤备用，做汤时要待汤冷却后撇出浮油。吃时，将冷面浇上牛肉汤或鸡肉汤，再拌上香油、辣椒油（面）、胡椒面、味精、芝麻、酱油、醋等作料，并在面条上放牛肉片或鸡肉片、鸡蛋丝或半个熟鸡蛋、泡菜、苹果片或梨片、冰块等。吃起来，甜中带酸，香里渗辣，清爽可口，十分鲜美。

图27 朝鲜族泡菜

少数民族节日饮食

少数民族有自己独特的节日食俗，如藏族的望果节，青稞酒是必需的；新疆地区的古尔邦节，馕是主食；壮族的新米节，糯米饭是传统饮食等。

纳西族祭祀饮食

少数民族的节日多与祭祀有关，比如火把节、三朵节、新米节等。火的发明和使用在人类饮食历史上有着重要意义，许多民族有崇拜火的习俗和信仰，有许多颂扬火的赞歌。火把节，彝族过、白族过，纳西族也过。白族火把节中要向点燃的火把敬奉鸡、鱼、肉、甘蓝片、乳扇、酒、茶等。塔城纳西族火把节以前杀羊的比较多，现在杀猪的多，通常杀小猪祭祀。纳西族的火把节，部分采用了彝族的仪式，叫“除秽”。

农历二月初八“三朵节”是纳西族的民族节。该节起源于白沙玉龙村的北岳庙会，纳西语叫“三朵颂”，就是“祭三朵”。“三朵”是纳西族的本主神灵和最高保护神，传说是骑白马、穿白甲、戴白盔、执白矛的战神，常常显圣，保护着纳西族人的安全，唐代建祠祭祀，深受纳西人信奉。人们也认为“三朵”就是玉龙雪山的化身。忽必烈南征大理过丽江时，敕封“三朵”为“大圣雪石定国安邦景帝”。因传说“三朵”是属羊的，故每年二月初八和八月第一个羊日，用全羊牲来祭祀。庙会期间，不仅远近的纳西族人蜂拥而至，邻近的其他民族也会来进香，甚至远方的藏族也来朝拜。

关于“三朵”的传说很多，其中有个传说：有个很能干的猎人，天天带着猎犬上玉龙山打猎。有年二月初八恰好属羊，他在雪山看见一块怪异的雪石，那雪石很大，像魁梧的武将，但又非常轻，一只手便能把它托起。猎人十分惊奇，顺便把它背下山来。走到山麓，猎人放下雪石，抽袋烟又背，可是哪里背得动，好像生了根似的，任他怎么使力也纹丝不动，人们以为是神的化身，便就地建祠供奉。从此，人们屡见一位骑白马、穿白甲、戴白盔、执白矛的神将显圣：打仗时，他带领兵马助战；有火灾，他从云雾里降雪灭火；瘟疫流行，他乘风驱散瘴气；发生水患，他在夜间带着白衣人来疏导……于是把他尊奉为保护神“阿普三朵”，每年一次祭祀，求他佑护。还有一个传说：从西边加宽地迁来三兄弟，长兄阿吴瓦住在玉龙山西坡太子洞，二兄剌开剌胡住在拉什坝纳古瓦山上，三朵神是老三，也曾住在雪山西坡可索罗悬崖中，后又来到这里。他穿白甲、戴白盔、执白矛、跨白马，曾对一个国王说：“你每天供献我三只兽，会享大福。”国王照办，却久不见大福来临，王后埋怨说，家畜都供献完了，福在哪里？三朵出现了，他说：“我打算让一半天下尊你为国王，为什么私下怨我？我要回玉龙山去了，供献的东西加倍还你。”说完，国王供献的家畜、钱币都还来了，还比原来多了十倍，可是这个王国却一天天弱下去了；同时，三朵又托梦给丽江的麦琮，说：“麦琮，我是三朵，从北方来帮你作战，你是正直的南方人，有使你的王国受福的愿望，切勿三心二意！”说完就化成白麝消逝了。此后，麦琮每上战场，总有一个白色勇将助阵，一打胜仗，就有风雨，又什么都看不见了。平时，三朵也秘密帮助麦琮。麦琮打猎，常见一只白麝在玉龙山时隐时现，却捕捉不到。一天，他的猎犬围着一块石头，人们把它抬起，石轻如纸，下到半山，又重得抬不动。猎者拿米饭供献，祷告要它变轻，果又变得很轻，到山下现在盖庙的地方，又抬不动了。[1]

三朵节头一天，纳西族人就会把吃的东西全部准备出来。第二天节日当天吃个早饭，就出去野炊，在外面准备好柴火和水，还要准备三块三角形的石头把锅架起来，为做饭做准备。吃饭之前，要把一块石头放在玉龙雪山的方位，把吃的东西都献给它一些。因为三朵不在了之后化身成了玉龙雪山。人们吃完饭就把一些东西放在一个地方，乌鸦会过来吃。[2]

纳西族的新米节要供奉自然神、五谷财神，同时还要祭祖。丽江各个地方不一样，金沙江边是种大米的，但是塔城那边海拔 2000 多米不种大米，都是种玉米、小麦、豆这一类的。所以新米节的意思在塔城一带指的是吃新的粮食。

11 月纳西族人要杀年猪，办杀猪宴，同样要举行祭祀仪式。11 月中旬左右开

1　李育群主编：《新编丽江风物志》，云南人民出版社，1999 年。

2　中国舞蹈家协会编著：《中国民间舞者口述档案：勒巴李文先》，民族出版社，2022 年，第 23 页。

始，家家户户杀年猪。每家每户时间都要错开，今天你家，明天我家，亲戚朋友一起，杀猪需要个把月。过去杀猪要举行祭祀仪式，自然神要祭，还有万物生灵要祭。万物都有生命，包括蔬菜花草也有生命，动物更有生命。所以，为了在心理上得到一种谅解，请求大自然原谅，做完祭祀以后，要去河边放生，过去是用红鱼，现在都是用普通的鱼。放完生以后再念东巴经，最后才杀猪。现在杀猪很多都不举行祭祀仪式了，直接杀了就吃了，农村里保留得比较完整的有做“米灌肠”，原汁原味。杀猪这个仪式也有祭祀活动，一般就是八盘四碗，过去八碗八碟，现在八盘四碗，12 样代表一年的 12 个月。如果当天比较忙，也不一定做八盘四碗，也许只做八个菜或六个菜，主要是吃肉。一般会有莲藕，因为莲藕寓意好，还有纳西族人喜欢的百合。但是主菜灌肠肯定有，大红肉，还有心肺，肺就是里面灌各种作料，把鸡蛋调好了放进去。吹了以后稍微挂一下，马上煮在汤里。每个村庄做的菜不固定，但是酸菜炒肉和江边辣一般金沙江这边的人都会做。有些地方还要烧烤，烧烤基本上是大块地切肉，切了以后直接在炭火上烤。过去最早的时候办杀猪宴，在一些大的家族里，火塘边有火神石，在火神石上烧第一片肉，给德高望重的老人，另外敬一杯酒，把那杯酒洒在火塘边，此外，还会有些粑面、糌粑。[1]

苗族过节饮食[2]

苗族有同年节、金秋烧鱼季、苗年、春社、吃新节、黑饭节，载歌载舞，更重要的是，有丰富多彩的美食文化。

广西融水苗族有同年节要举办同年盛宴，寨子上下“人满堂，客满户”，家家户户杀鸡杀鸭，热情待客。宽大的芦笙坪上摆放着百来张矮圆桌，桌上摆有猪、牛、羊肉，还有酸鱼、酸肉、香菇、笋子、木耳、手抓糯米饭等荤、酸、素食。主客云集，相偕入座。主客围着圆桌，亲切交谈，饮酒放歌。酒至三巡，饭用一碗之

1 参考中国舞蹈家协会编著：《中国民间舞者口述档案：勒巴李文先》（民族出版社，2022 年）中的原始采录资料（讲述者：李学芬，访谈人：冯莉）。

2 此部分参考王院忠、伊红梅、廖维主编：《中国百节民俗之乡：广西融水》，中国文联出版社，2020 年，第 136—149 页。

后，主寨姑娘们三五成群地挨桌挨个向客人敬酒。往往在一首优美动听的敬酒歌之后，情深意浓的酒杯便立即敬到嘴边，哪怕是再不知趣懂礼的人也不得不起身一饮而尽。当人们酒酣耳热时，主客双方互劝“团圆”酒。

图28 苗家酒

广西融水元宝山金秋烧鱼季是融水苗族秋收饮食民俗活动的一项重要内容，是一个欢庆丰收的特殊节日。从每年9月开始，一直延续到12月。相传在很久以前，在融水大苗山里，人类学会用火以后，苗族祖先就用火烧烤从山林中捕获的禽兽食用，味道特别香甜可口，百吃不厌。但是深山丛林很难吃到河里的大鱼，于是苗族同胞的先祖经过选种，培育出适合在大山稻田里生长的鲤鱼。人们每年到秋收、剪禾的时候，就在田头河边烧鱼煮饭吃。

苗族同胞在五六月份插老禾（苗家称糯禾、粳禾为老禾）时，就开始在田里放养鲤鱼苗。田里有黑鲤、青鲤、黄背鲤、豆斑鲤、红鲤、粗鳞鲤、细鳞鲤等，五花八门的鲤鱼品种。鲤鱼平时吃稻田里的小虫、水草、嫩肥泥，禾苗抽穗扬花时还吃掉入水中的禾花（因此又名禾花鱼），几个月后，一尾尾就长得既肥又大。

八九月剪禾时节，各家各户带上糯米饭、甜水酒，备上辣椒、盐巴、姜蒜等作料，来到山上田边，边下田剪禾把、边放水捉鲤鱼。将鱼关入竹笼里置于清水处，到吃中饭时，用干柴在田头烧起一堆篝火，一家人围在火堆旁烧鱼。烧田鲤的方法有两种：一种是把小竹子或小树枝劈开一端，将几尾活鲤鱼夹成一排，放在火上翻转慢烤。鱼左右两面烤至焦黄不断冒出鱼油时，鱼就熟了。吃时用野生蚂蚁菜拌紫苏、薄荷、姜、蒜、辣椒等作料，做好辣椒盐水，夹着鱼肉蘸上辣椒，其味清香、甜嫩，肥美可口。另一种是取出鱼胆，放进一个盛有蚂蚁菜、野旱菜、酸菜、辣椒、姜蒜、盐巴等作料的锅里，放入清水，选用几枚质地坚硬的鹅卵石放进火堆中烧红，将“红石”投入锅中，水很快被烧沸，不一会儿鱼就熟了。吃起来，鱼肉清甜，汤味鲜美。

烤鱼的香味、野菜的鲜味，就着从家里带来的糯米饭香，喝起小酒。兴起之时，村民们还在稻谷飘香的田野上吹起芦笙跳起踩堂舞，以隆重的苗族风俗与远道而来的游客们一起欢度苗族庆丰节。等到酒足饭饱，夜幕降临，这时，游客走进苗家，喝上一碗热油茶，便可以在寨子里安然休息。第二天早上，苗家阿妈准备好糯米饭，还有糍粑、香甜糯米酒等，赠送远方的客人。

苗族过苗年，饮食方面有一些奇特的古老风俗。年前准备。苗年到来的前几天，家家户户上山打柴，堆放在自家门前，备足过年燃料；上山割回嫩草置于牛圈旁，作为“关年栏”的喂牛饲料；各村各寨集中劳动力，分头到通往生产劳作地的山路，对连通村寨的人行路、桥梁，以及村中巷道进行全面的维修，名为“修年路”；各家各户将房前屋后、室内室外打扫干净，将平时用的生产生活工具逐一进行清洗，创造一个干净、整洁、舒适的生活环境，同时酿酒、杀猪、舂糍粑等，迎接苗族新年的到来。

吃年饭。除夕的晚饭，俗称年饭，又叫“团年饭”，意为这一天全家人都到齐在一起吃年饭了。吃年饭是苗年最神圣的时刻，特忌讳在吃饭时有外人来串门，认为这是“年饭”被踩了，会对全家人不利。为了让串门者知道主家在吃饭，饭前，主人事先在大门口放一阵鞭炮，然后半掩一扇门，串门者见了知道这家人在吃饭就不进屋了。年饭的菜尽量办得丰盛一些，餐桌上有鸡鸭和酸鱼肉，还有猪肉及猪心、肝、肚、肺、肾等，还特别要吃上“棕扒”（融水方言称为“榔棒”）。据说“棕扒”是古时苗族祖先最爱吃的东西，祖先喜欢吃的必定要准备。所以杀年猪时，要用猪血拌糯米灌入猪大肠内煮熟，制成“棕扒”。年饭弄熟后，先祭祖。将熟鸡、鸭、鱼、肉、糯米饭和酒水逐一摆放在火塘边，由男主人主持祭祖仪式，其家人虔诚地站立两旁，气氛庄重肃穆。供奉之后，全家人才围坐火塘边的圆桌上吃年饭。吃饭时，鸡鸭腿给小孩吃，肝、肠等内脏让给长辈吃，小孩不能吃，风俗说小孩吃了会脑子笨，字写不端正，歪扭像鸡肠。年轻小伙子在吃年饭时，必须吃大块肥肉，苗族俗话说：“吃得大块肥肉才算得上好后生。”

守年夜。吃罢年饭，各家各户从楼底搬来干柴和几个干透了的大柴兜，堆在火塘上燃烧，火又旺又大，全家大小围坐在火塘边“守年夜”。除夕午夜后，寨里的年轻姑娘和小伙子挑着水桶，或亮着火把，或打着手电，或提着马灯，一个个争先恐后地赶到水井边，都想在新年的头一天第一时间挑到第一担新水。这就是苗族习惯称呼的“抢新水”。守年的夜晚很是热闹，来客也特别多，各家各户宰鸭杀鸡，把房族兄弟拢到一起，热情邀客共席。席间，酒过三巡之后，主人将鸡鸭的肝、脾、肠等内脏剪成碎片分装在各人的杯里，斟上一杯浸泡有鸡鸭胆的苦胆酒，名为“酒冲”。在主人的招呼下，主客同时举杯，齐喊“呀！呜！”后，将酒饮尽。

春社。融水苗族的春社在春分第二天（一般在农历二月中下旬）举行，是一个活动范围广、持续时间长的节日。节日主要活动是赶社场，苗语叫“兴暇”，即青年男女会集闲游。这是红水、拱洞、白云等乡的苗胞最有趣的坡会活动。节日持续三四天。

社场里有斗马、斗鸟、跑马、民间武术、苗歌对唱、撒糖等活动，具有浓郁的民族生活气息和鲜明的地方娱乐色彩。太阳偏西，人们成群结队，向另一个社场赶去。当人们云集到振民寨芦笙坪后，撒糖活动就开始了。只见小伙子们一个个背着鼓囊囊的挎包，右手不停地从包内把糖果一把一把掏出撒向挤得水泄不通的人群，顿时整个社场沸腾起来了，喧闹声、鼓掌声、喝彩声震天动地。糖果由有钱人买来撒给大家抢。多是男青年撒，老人、妇女和小孩抢，姑娘们站在高处评头论足观察，暗中选择意中人。有个人买糖撒的，也有一村一寨青年或要好朋友合伙买糖撒的，谁撒得多，谁就本事大，他就会受到老人的钦佩和姑娘的求爱。这是男女青年寻找对象的良机。除撒糖外，还撒硬币、香烟、啤酒（听装）、梳子、活鸭等东西。

充满热烈气氛的撒糖场上，抢糖的人群如潮水般时而涌向东，时而倾向西，你拉我扯，撞跌满地。

撒糖由来已久，相传古时候只在有钱人家举行，逢年过节或盛大坡会，他们互相邀约撒糖取乐，攀比高低，后来逐渐流传于民间。新中国成立后，随着群众生活水平不断提高，撒糖活动更频繁了，不论坡会大小、节日大小，都少不了这个项目。

夜幕降临，远方来客都进寨子里住，把附近十多个村寨挤得满满的。当晚，还有更有趣的“赖婆饭”活动。只见小伙子三五成群吹起苗笛，弹起果哈，唱起苗歌，走村串寨，到各家各户去“赖饭”。

“新禾节”也叫吃新节，是融水苗族人民的传统节日。其隆重程度仅次于春节。没有统一规定的日期，按照习俗在农历里选日期。因正值夏季稻禾长势旺的时候，故名为新禾节。每年农历六月二十五日或七月十三日，苗族人民都欢庆一年一度的“脑戛列”或“脑戛先”（吃新节），且以各种活动热烈庆祝。

在中国民间传统节日中，新禾节以尝新吃新、回馈祖先恩惠为主要特征。“吃新节”也许是唯一没有确定日期的节日。其时在农历“小暑”与“大暑”之间，以早稻成熟为标志。因为各村水土、气候条件不尽一致，早稻成熟往往会相差一天或几天。所以即便在同一个乡，各村的“吃新”也会有先有后。“吃新”又叫“尝新”。节日这天，村民们早早来到田间，精心摘取颗粒饱满的稻穗，捆扎成稻束，把它们悬挂在农舍门厅的两旁，供奉在中堂的桌案上，祭拜谷神和祖先后，全家人按照长幼辈分，依次入座就餐。餐席虽较丰盛却并不铺陈，以新米饭、米粉蒸肉为主，还有鲜嫩的茄子、辣椒、黄瓜、南瓜、豆荚等时令蔬菜及鸡、鸭、鱼、肉等。

苗族的黑饭节，又称敬牛节。农历四月八日这天，苗族人民蒸制黑米饭，杀鸡宰鸭，大办酒席，并对菩萨祭拜供奉，拿黑饭、甜酒喂养耕牛以表谢意。

黑饭节到来的前一天，各家各户的壮年人上山割草，为耕牛节日备足草料；青少年则上山采摘一种叫“莵弱沙”（苗语即黑饭叶）的树叶，配以一些枫树叶，拿回家用舂碓将其舂碎，取出盛于一个小盆里，加适量的清水拌匀，然后过滤，取出黑黝黝的水，用其来浸泡洁白晶莹的糯米，浸泡三五个小时后，待米粒浮大松软后，放进特制的蒸笼，用微火加热蒸半把个小时，查看米粒熟透即可倒进簸箕或专用的饭盘里，用手揉搓几番，冷却后黑饭即做成。

黑饭节这天，全寨一律停工，也让耕牛休息，家家户户蒸黑米饭，杀鸡宰鸭，抓鱼捕蛙，取出酸鱼酸鸭，酿制甜酒，备办宴席，邀请寨内寨外其他兄弟民族、亲朋好友一同吃喝共欢。早餐前，先祭祀先祖，将弄好的各种肉类、黑饭、甜酒摆放在火塘边的地面上，家中主人面朝东方，虔诚地对先祖和耕牛祭敬供奉，念叨祭词。

今日农历四月八，
良辰吉日好天气，
天晴地暖万物欢；
我们欢度黑饭节，
一来感恩老天爷，
二来感恩前先祖，
三来感恩老耕牛，
苗家今日能富裕，
全靠你们的恩赐。
今拿酒肉来供奉，
请吃饱喝足，
继续保佑苗家，
来年风调雨顺，
秋收五谷丰登，
家家人丁旺盛，
户户钱财大发。

祭毕，掐点肉、糯饭，倒几滴酒于地面；烧香根、燃冥纸，鸣放鞭炮后，到场所有人论资排辈，从大到小每人喝一杯内脏酒，拿一坨黑饭和一碗甜酒喂养耕牛，以示对牛的谢意和尊敬。之后，摆饭桌，主客一同吃早餐。餐桌上，女人吃饱后纷纷离去，剩下男人相互敬酒、尽情痛饮，大声“喊酒”……

“喊酒”是苗家的传统习俗。逢年过节，人们饮至酒酣耳热时，主人还要大家来个“大团结”，全体起立高举酒杯齐声呼喊：“呀——呜！”“呀——呜，呜，呜！”连喊三声，各自将盛满酒杯的酒一饮而尽，杯底朝天。

苗家人缘何喜爱喊酒？这得从苗族民间传说谈起。相传很久以前，在高高的元宝山东北面半山腰的密林深处居住着几十户苗族人家，寨子里有位名叫勾努的老人，从小聪明伶俐，智慧超人。他不仅农活、木工、竹编样样在行，还善于酿酒，也特别喜欢饮酒。他酿制的糯米酒闻名百里苗山。每当人们提起勾努，自然会想起他那醇浓的糯米酒。

一次，勾努采用自己生产的香粳糯米酿了九九八十一天得到一坛糯米酒，其酒色青黄，醇浓绵甜，芳香四溢，醉不上头。一天，勾努邀请亲朋好友到自家饮酒作乐，酒桌上大家都啧啧称赞勾努酿的酒不仅颜色美，口感好，且气味香，味道清醇，真是妙不可言！这时，一位德高望重、知书识礼的老者站起来说：“勾努的酒实在美，现在我们的嘴巴喝到了，鼻子闻到了，双手摸到了，脚也被滴酒淋湿了，唯独耳朵没有品尝到，怎么办？现在我提议，我们用喊声让耳朵也知道酒的滋味好吗？”大家一致表示赞同。于是全体起立，高举酒杯，齐声高喊：“呀——呜，呜，呜！”连喊三遍，各自将杯中的酒一饮而尽，笑语欢声，气氛浓烈。这一喊，大家顿觉酒更甜，情更切，意更浓，人更乐，喊酒助兴意义更为重大。从此喊酒一传十，十传百，传遍了百里苗山的村村寨寨。从那时候起，每当遇到酒宴，喊酒就成为苗家互祝吉祥、好运，互祝幸福、安康的一种形式，一直流传至今。

风味与营养：饮食之美

“西人尝谓世界之饮食。大别之有三。一我国，二日本，三欧洲。我国食品宜于口，以有味可辨也。日本食品宜于目，以陈设时有色可观也。欧洲食品宜于鼻，以烹饪时有香可闻也。”[1] 中国的饮食民俗尤其讲究“味”，“民以食为天，食以味为先”。味既是人的鼻舌等器官可以感觉和判断的食物原料自然属性“味”，包括舌味感、口触感、鼻嗅感；也是文化层面的味道、味性、本味、五味、滋味、美味、“吃味”……我国早在先秦时期，就有了本味、滋味、调味等概念，“若人之于滋味，无不说甘脆”。《吕氏春秋·本味》对味的根本，食物原料自然之味，调味品的相互作用、变化，水火对味的影响等作了阐发。本味包括食物的本来味道，调味多以甘、酸、苦、辛、咸等五种味来调和。同时，味道与四时有关，中国的中和之美，在饮食的“味”文化上体现得淋漓尽致。

1 徐珂编纂:《清稗类钞·第 47 册·稗九十二·饮食类》(第 5 版)，商务印书馆，1928 年，第 8 页。

食以味为先

本味：寻找食物的味道

味是什么？《吕氏春秋·本味》所言："凡味之本，水最为始，五味三材，九沸九变，火之为纪，时疾时徐，灭腥去臊除膻，必以其胜，无失其理。"[1]《说文》："味，滋味也。"

食物的滋味，有四气五味，即寒热温凉和辛甘酸苦咸；食物的味道最为丰富和复杂，包括山的味道、海的味道、风的味道、食物本身的味道、时间的味道、记忆的味道、家乡的味道……

以味为本

以菜肴的味道而言，烹饪菜肴首先应当考虑原料的本味。人们常讲，笋有笋味、肉有肉味、鱼有鱼味，这就是说每一种原料都有自己特殊的滋味。南京菜肴就非常注重本味（即原汁原味）。一般菜肴大多是采取炖、焖等烹调方法，从而也造就了南京菜擅长炖焖的特色。过去，在一般的菜馆中，厨房内部设有焖笼、焖橱，一次就可以炖上 20 个砂锅，可以同时出菜。在餐桌上揭开盖，香气弥漫堂口（餐厅）。我们称这种香为热香，它是菜肴的原汁原味散发出来的。为了保持原汁原味，在加工方面也很讲究。如切羊肉之砧不可切鸡，煮鱼之锅不可以煨肉，等等，目的就是使原料本味更纯。

古人很早便对五味有所探讨，且多以味淡为本。陈继儒《养生肤语》：食淡极有益，五味盛多能伤生。丹书云：食淡精神爽。老子云：五味令人口爽。五味让我们的饮食丰富多样，"日常所养，惟赖五味"。但味道不能过多，"若过多偏胜，则五脏偏重。不惟不得养，且以戕生矣。试以真味尝之，如五谷、如菽麦、如瓜果，

1 许维遹撰：《吕氏春秋集释·卷十四·本味》，中华书局，2009 年，第 313—314 页。

味皆淡，此可见天地养人之本意。至味皆在淡中，今人务为浓浓者，殆失其味之正邪。古人称鲜能知味，不知其味之淡耳”。[1]

在中国，饮食民俗在追求艺术美的同时，又执着地强调“本味”，烹饪的一切技术和艺术手段都要在不损害原料之本来佳味的前提下进行，即是说中国饮食的味觉审美一直以朴真为其基本原则。以菜肴色调而言，原料的黑色、白色是冷色；红色、紫色是热色；黄色、绿色是中和色。如乱拼在一起，色彩杂乱而不调和，反把色彩的自然美损害了，如果加以合理安排调配，则可以变成五彩缤纷的形象。色泽清爽悦目，可以引发食欲；色泽恶败，则使人见而生厌，破坏食欲。有的食物天生就很美丽，给人以美感。如白斩鸡体现了自然本色。因烹鸡时不加调味白煮而成，食用时随吃随斩，故称“白斩鸡”。又因其用料是上海浦东三黄鸡（脚黄、皮黄、嘴黄），故又称三黄油鸡。后来上海各饭店和熟食店都经营“白斩鸡”，不仅用料精细，而且还用熬熟的“虾子酱油”同鸡一起上桌蘸食。此菜色泽金黄，皮脆肉嫩，滋味异常鲜美，久吃不厌。清人袁枚《随园食单》称之为“白片鸡”。许多蔬菜，甚至许多肉类，都具有一种使人悦目的色泽，越是新鲜幼嫩的，越是令人喜爱。因此遇到这种场合，就务必设法使菜在烹熟后，还保持它原来鲜亮的颜色。例如煮青菜，切忌盖锅盖。盖上锅盖煮，菜就变黄萎了。反之，不盖锅盖就可以保持原来的色泽，有时还能使其更显青翠欲滴、鲜嫩可爱。

时间与味道

饮食与时间有着微妙的关系，我国古人很早就意识到，进食有时、因时而食的重要性，“食其时百骸理，动其机万化安”。[2] 一日三餐有规律，春夏秋冬，时蔬春花秋果，顺应时节。

时间是食物的挚友，时间也是食物的死敌。饮食结构中的主食与副食、主料与调料之间的搭配受四时季节变化的影响。春行羔豚膳膏香；夏行腒鱐膳膏臊；秋行

---

1 王仁湘：《味道中国 味中味 味蕾上的历史记忆·代序》，四川人民出版社，2015 年，第 9 页。

2 周守忠、朱权作，叶明花、蒋力生校注：《养生月览 运化玄枢》，中国医药科学技术出版社，2021 年，第 68 页。

犊麛膳膏腥；冬行鲜羽膳膏膻。[1]“膳食之宜，牛宜稌，羊宜黍，豕宜稷，犬宜粱，雁宜麦，鱼宜苽。”不同季节选用不同主料，相应地使用不同的调料烹制，食用时配以适宜的主食。另外，食饮膳馐的五味调和与食用也视四时季节而定。根据四时季节的差异，突出不同味型，完全是中医五行理论的应用。

因时选料就是根据时令、季节选择原料，它包括两个方面：一是选择动植物在其生命过程中作为烹饪原料品质最佳的时期来取用；二是选择与季节等气候特征相适宜的动植物作为烹饪原料。不同的动植物其生命过程存在不同的发育阶段，必然存在性状最好的时期，选择其生命特性最佳时期作为烹饪原料，必然新鲜味美，具有最佳的食用价值和营养价值。

我国古代很早就有了因时选料的饮食思想。《周礼》在取用原料时，能按照动植物生长规律，无论是谷物、瓜果、蔬菜，还是禽、兽、鱼、鳖等水陆动物，都是“以时入之”“以时敛而藏之”，并设有专门机构、专职官员掌管；还制定相关法规，禁止滥捕滥猎，从而形成了系统完整的原料选用管理制度。

设渔人掌管渔业政令，在捕鱼季节以鱼梁来捕取鱼类，像春天进献大鲔鱼，“掌以时渔为梁。春献王鲔……凡渔者，掌其政令”。按当时取鱼经验和方法，一年三时取鱼，即春、秋、冬季，夏天不取鱼，因为是鱼的繁殖生长期。《周礼・天官・庖人》中的“春行羔豚”和“秋行犊麛”就是根据动植物的最佳食用季节取用原料。

《周礼》以外的其他先秦文献在按时选用烹饪原料方面也有一定的记载，《礼记・月令》列出了一年四季十二个月份的时令食物，《孟子・梁惠王上》也载：“鸡豚狗彘之畜，无失其时。”《礼记・王制》还颁布了按时取料的法规：“衣服饮食不粥于市；五谷不时，果实未熟，不粥于市；木不中伐，不粥于市；禽兽鱼龟不中杀，不粥于市。”《周礼》中的这种饮食必时，按照天时、地财选料取食的制度，“是故天时有生也，地理有宜也，人官有能也，物曲有利也”。[2]

---

1 阮元校刻:《十三经注疏》，中华书局，1980 年，第 661 页。

2 阮元校刻:《十三经注疏》，中华书局，1980 年，第 1431 页。

食材的获取要遵循一年四季的变化，按季获取，比如云南香格里拉的松茸，每年只有夏季才有，过了这个季节就会消失。浙江天目山的雷笋，是春雷后的第一批笋，脆嫩爽口，无论是炒、焖，还是炖，都很美味。但一个月后，雷笋的季节就结束了。季节是人们获取食材的重要依据，把握了时节，才能获取新鲜独特美味的食材。食物是随季节时令而变化的，中国大部分地区，四季分明，不同的季节有不同的美食。春季，鄱阳湖边的野芹菜和藜蒿最为旺盛，这时候食用味道最自然。过季就老了，不宜食用。燕山余脉，在谷雨生发的香椿芽，只需成长三天，就可食用，多一天便老。坐落在长江入海口的上海，曾经是野生河蟹的主要繁殖地，大闸蟹作为一种高消费的美味佳肴，深受上海人的喜爱。当地有俗语，“农历九月母蟹最美，十月公蟹最肥”，对美食有诸多挑剔的上海人自觉地遵循着吃螃蟹的时令。

人们在长期的实践中，遵循时令，同时，也在把握时节。在饮食民俗中，时间的味道不仅可以遵循、保留，而且可以创造。人们在采集时令食物的同时，也在不断发展加工储存的技艺和方法。

时令饮食

中国饮食民俗讲究蔬菜水果粮食都有节令，因时而食。“春吃菠菜夏吃瓜，冬天白菜来当家”。季节变化对人类饮食口味影响很大。春天，对于一些体质差的人，由于不能适应气候变化，常会出现困倦乏力，民间称之为“春困”，此时常会影响食欲。如果调剂风味，烧煮些酸甜食物如糖醋排骨、醋熘鱼等，可以开胃。中医认为“春天”属“木”，春天易影响“肝”，“肝木”克“脾土”，影响食欲。“酸入肝”，春天适当吃些酸食有利于增进食欲，维持脾胃正常功能。

在盛夏酷暑，人体受热刺激，出汗多，消化腺分泌消化液减少，再加上大量饮水，吃冷饮，冲淡了胃液，刺激胃肠道，导致胃肠消化功能减退。平素体质虚弱者更为显著，常不思饮食，俗称“疰夏”。此时饮食也宜清淡味鲜，适当多吃些酸醋及酸味的食物，如西红柿、山楂糕、酸梅汤等，可增加胃液酸度，有助于提高胃蛋白酶活力，增进消化。对于心烦、身热、口渴、小便短而红者，可吃些苦瓜，清热开胃。不要过多吃冷饮，也不要过多食用辛辣肥腻食物。

秋天天气凉爽，秋高气爽，人的精神轻松愉快，食欲也有改善，进食增多。民间有“贴秋膘”之说。但秋天气候较干燥，容易引起咽部干痛、咳嗽、口唇干燥、大便干结，应多吃些生津开胃的食物，如梨、鲜藕等。橘子要适当控制，吃得过多会上火。

到了冬天，人体需要较多的热量来维持生理机能，要适当多吃些高热量、肥腻、热性食物，方能抵御严寒。民间传统要进“冬补”，即在冬令吃些鸡、蹄膀、桂圆、胡桃、芝麻、牛骨髓粉等高脂肪、高热量食物，确有一定科学道理。对于体质怕冷者，也可吃些牛肉、羊肉、狗肉。但对高血压、冠心病病人来说，要注意控制动物脂肪的摄入，胡桃、芝麻、花生等富含植物脂肪，含多价不饱和脂肪酸及维生素 E，是较理想的冬令补品。

民间也遵循季节的变化来调味配菜。冬天多用火锅，多炖焖煨，味醇浓厚；夏天以炒菜为主，多凉拌冷冻，清淡凉爽；冬天多荤腥，补充热量，多吃羊肉、牛肉、狗肉等热性食物；夏天多素菜，清凉败火；冬天吃饭，多围炉而坐，边吃边喝，酒以白酒为主，喝得满头大汗；夏天多围桌而坐，通风透气，酒以啤酒为主，消热解渴。

馔肴的制作和调味一样，也有时令问题。因此，配菜讲究时令得当，也成了一个传统。《礼记》讲：做鱼脍，春天要用葱来配合，秋天则应有芥酱来配合；烹猪肉，春天需以韭菜作配，秋天则应与水蓼为伍。元代饮膳太医忽思慧《饮膳正要》第二卷所列的“四时所宜”说“春气温，宜食麦”，“夏气热，宜食菽”，“秋气燥，宜食麻”，“冬气寒，宜食黍”，虽然这是就主食来说的，但对配菜要遵守时令，同样适用。

图1 胡萝卜炖排骨丁

袁枚《随园食单》里所列的“时节须知”，对古代配菜的时令要求作了很好的总结：“冬宜食牛羊，移之于夏，非其时也。辅佐之物，夏宜用芥末，冬宜用胡椒。当三伏天而得冬腌菜，贱物也，而竟成至宝矣。当秋凉时而得行鞭笋，亦贱物也，而视若珍馐矣。有先时而见好者，三月食鲥鱼是也，有后时而见好者，四月食芋艿是也……”这些言论，袁枚不只是说说，他自己就是这样做的。《随园琐记》“记食品”一章，记述了随园中的花果因时入食的状况：“春则藤花饼、玉兰饼，夏则熘枇杷、炙莲瓣，秋则灼花叶、梨子糕，冬则竹叶粽、芥菜羹，随时入馔，自异市俗。”其实，并非有条件的文士家族才如此讲究配菜的时令，寻常百姓、菜馆酒楼亦很注意。古往今来，餐馆的广告宣传就常有“应时馔肴”“时令菜蔬”等字样，表明其选择菜料注重时令变化。

古人调摄养生也很注重季节性。因为四肢五脏六腑分属五行，而季节也有金木水火土之分。古人有《经络配四时图》曰：“天时十二月，人身十二经，地支十二位。手经络应天，足经络应地。”

汀州八县客家有“春生、夏长、秋收、冬藏”的“四时食养”“应节而食”饮食习俗。春季少阳初生，扶助阳气升发的食物成为人们的当然选择，纯阳的野生艾草和其他升阳的嫩芽时蔬纷纷出现在汀州八县客家人的餐桌上。踏着春雨，人们大把采摘艾叶，或制作艾饭，或艾叶煲鸡蛋，或艾草煮鸡酒。这些食物非常适用于阴雨霏霏的早春时节，有助阳祛湿补气的功效。夏季是汀州八县气温渐次升高的劳作季节。夏收夏种的辛劳使人们不仅要耐受高温的考验，而且还要付出大量的体力。这个季节客家人的食单以汤汤水水及咸香和苦味食物为主，清热止渴、除烦祛暑。白鸭、鲜藕、仙草、冬瓜等养阳食物和苦斋菜、苦瓜等苦味食材盛行，以滋阴养阳，保持阳气的宣通，不断增长阳气，为秋季的收敛积蓄力量。“八月里来交白露，人人改挖芋卵煮……霜降天气要放晴，糯禾收割也停当……立冬万物当成熟，家家屋屋赛收成。”从八月开始至立冬前，金秋三月是汀州八县万物收获的时节，花生、薯芋、板栗、黄豆、柿子等养阴防燥食材也在这个时节收获。为了缓和肃杀之秋气对人体的影响，当地的人“煮芋卵、焖番薯、酿莲根、打糍粑”。从二十四节气的小雪开始，汀州八县进入冬季。当地客家人的进补时间到了。他们遵循保阴潜阳，求取温暖，进补但不恣厚味肥甘的原则。香藤根煲猪手、艾根炖老鸭、客家杂菌煲、腌制柑子皮、萝卜皮、菜头皮等，成为这个季节颇具特色的客家美食。[1]

湘楚大地，尤以各种时令蔬菜、野菜制作的饮食为口味特色。野韭菜，俗称“野藠头”，初春或仲春时节，在半山、田坡或菜地里、道路旁，都可见到。野藠头，全株可食，可以做汤，也可以炒鸡蛋，也有人家将其晒至大半干，与青菜盐菜一起腌渍，做成特殊香味的藠头盐菜，做扣肉作料用。野藠头生命力较强，田间地头随处可寻，但其生长时间较短，过时即不见踪影。因其特殊的清香爽口，乡村人家喜欢整株切碎做清汤，如果野藠头的头特别大，有时候，人们也只取其又大又白的头来炒肉。

南瓜花叶，南瓜蔓长、枝多、叶大，南瓜无论嫩、老，都可炒、可煮。一般南瓜都是食用果，在南方很多地方，人们更喜欢食用南瓜的藤、花和叶。南瓜长蔓开花时，人们为了多结南瓜，一般会手动去除新长出的枝丫，并采公花给母花授粉。嫩的南瓜枝叶和公花就可以制作成美味的小菜，可以清炒，也可以凉拌。南瓜的茎，俗称“南瓜藤”，老嫩均可食用。一般采粗壮娇嫩的“南瓜藤”，撕去有毛刺的外皮，切碎清炒或炒肉，也可根据个人口味，加辣椒或其他作料，既营养口感又好。

赶到海边吃鲜，不时不食

赶到海边吃鲜

温州地区盛产海鲜，温州的饮食讲究“尝鲜”，吃应时的食物，“不时不食”。所谓不时不食，即饮食要应时令、按季节，因为大自然在不同的时节给民众提供了不同的食单。这种吃时鲜的、应节的饮食讲究，能使人们在享受身心平衡的同时品尝其美味之道。所以在饮食生活中，即使是海里刚捕捞上来的虾鱼蟹鲎，人们也会根据季节时令来选择食材，追求食材的“鲜活嫩”。而海产不仅是沿海地区的特色品，更是温州民众生活的一部分。温州民众对海产有着亲密且深厚的感情，他们会

1　马亮静、黄春信:《汀州八县客家“四时食养”文化习俗》,《龙岩学院学报》2017 年第 1 期。

根据不同的时令选择时下最鲜、最多的海产品来食用。正如温州童谣《海鲜歌》所唱的那样："正月青蛄二月蟹，三月阑胡虾蛄弹，四月鲚鱼蝤蛑虎，五月泥糍配散饭，六月黄鱼和朱梅，七月藏鱼和水潺，八月鳎鳗强吃鸭，九月鳗鱼和河蟹，十月鲻鱼并鲈甲，十一月蝤蛑满肚膏，十二月文蛤和江蟹。"在温州，"赶到海边吃鲜"不仅是温州人的一种时尚，更是一种饮食思想。

不同的时节，品尝不同的鲜味，补充所需的身体营养。立春，俗称"打春"，二十四节气中排于首位。"立"为开始，所以立春也是一年春季的开始。此时万物开始复苏，春寒乍暖，气温起伏明显，气候也变得干燥，容易导致呼吸道感染、皮肤敏感、气虚乏力等疾病的发生，所以要加强春季的饮食养生，它关系到一整年的健康。在春季，饮食应以补气为主。温州民众在春季尝新的海产主要有带鱼、牡蛎、鲳鱼等。带鱼，又叫刀鱼，它与大黄鱼、小黄鱼及墨鱼并称为中国的四大海产。带鱼肉厚刺少，味道鲜美。

牡蛎，俗称海蛎子，是一种生长在海边石头上的贝类海鲜生物，靠海浪冲击生长。从冬至到翌年清明是牡蛎尝新的最佳时节，因而民间常常在清明时节食用牡蛎肉。过了这个时节，牡蛎的软体肉质开始下降，口味远远不及当季时的肥嫩鲜美。

鲳鱼在春夏之交时是最应季的海产。春夏之交，鱼群产卵洄游时是捕捞的最佳时节。所以温州民众在插秧时节就有鲳鱼尝新的习俗。鲳鱼，因其尾鳍呈叉状，故又名"叉片鱼"。此鱼头小体大，体呈扁平，全身肉厚刺少，是一种富含高蛋白的大型鱼类，有降低胆固醇、预防冠状动脉硬化、补脾益气的作用。最常见的做法就是清蒸鲳鱼了。民众选在插秧时节吃鲳鱼，不仅是因为插秧时节一般在公历5月1日以后，即春夏之交之时，此时正是鲳鱼的当季，更在于一种民间的文化意识。民间认为在插秧时节吃了鲳鱼，就能把秧苗插得又快又直。因为鲳鱼的外形跟菱形非常相似，民众以此祈求农事顺利，插秧苗时能够跟鲳鱼的外形一样，均匀整齐。

每年的清明节前后，经常听见小贩背着塑料桶走街串巷的叫卖声："咬蛳……咬蛳……"唤起了笔者对童年的美好回忆。说起咬蛳，它是一种尾巴细细尖尖的，类似于螺蛳的生物。个头如普通的小螺丝钉一般大小，主要生长在海涂上。食用的时候，要用牙齿把咬蛳的尖尾巴咬掉一小截，然后用嘴巴对着咬蛳口吮出咬蛳肉。

乐清雁荡把这种咬掉尾巴来吮食的海产称为“咬蛳”。它不但是农家小孩的一种美味零食，而且还是日常必备的下饭菜与下酒菜。

夏季是渔民的休渔期。在温州苍南的巴曹与芦浦一带，由于滩涂水质环境的优势，这里成了盛产海瓜子的地方。新鲜的野生海瓜子填补了休渔期海鲜的空缺，在炎热的夏季成了民众尝新的必备佳肴。海瓜子，温州俗称瓜子蛤，属贝类，色白，形似南瓜子，故名。以沙地滩涂为宜生地，肉质鲜美，营养丰富，但需清洗干净才能作为食材。温州民众一般把它做成葱油瓜子蛤来食用。

秋天既是万物成熟的收获季，也是人体阳消阴长的过渡期。因而秋季饮食以调节体内阴阳平衡为主。

每年的农历中秋时节，梭子蟹体内开始积聚脂肪，形成生膏准备过冬，此时是渔民捕捞的最佳时节，也是最适合尝新的时节。有趣的是，梭子蟹也有“喜鲜”的特性，渔民常利用这一点，在钓线上放置新鲜的海产诱饵，当梭子蟹被诱饵吸引时，便会被渔民轻易捕获。

在民间，吃蟹是讲究时节的，俗语云：“十雄九雌。”（脐呈圆形为雌蟹，脐呈三角形为雄蟹）意思就是农历十月是食用雄蟹的时节，此时的雄蟹膏足肉坚，最宜品尝；而农历九月的雌蟹，它所蓄积的养分达到最高峰，并开始产卵，膏满肉厚最宜食用。所以中秋时节的梭子蟹，不仅肉肥膏满，而且富含高蛋白、脂肪及多种矿物质等，营养价值极高，因此是温州沿海一带民众餐桌上的常菜。梭子蟹可生食，如上文中提过的温州著名冷菜：江蟹生。也可清蒸、水煮、红烧等，在温州苍南一带，充满智慧的民众将蟹与年糕结合起来，制作出有名的时鲜美味——蟹炒年糕。这道美味佳肴将蟹肉与年糕的各自特点发挥到极致，在鲜味和口感上互相补足，相得益彰。

冬季则是最适合吃鲈鱼的季节。医学上认为冬季是适合人们养精蓄锐的时节，而冬季的鲈鱼集美味、营养于一体，历来被誉为东南美味，深受温州百姓的喜爱。温州濒临东海，每年的10—11月为盛渔期，此时生产的鲈鱼不但色泽洁白、肉质细腻鲜嫩，而且营养丰富，养胃的同时还能起到润燥的作用。而到秋末冬初，鲈鱼体内的营养物质开始积累。在江浙一带，一般当年12月到次年3月，鲈鱼是不进食的，只依靠体内所储存的脂肪的能量生存。所以在冬季，鲈鱼掉肥却不掉肉，肉质会更加紧致美味。

鲈鱼味甘性平，有化痰止咳、调理肝肾脾胃等功效。做法最宜清蒸、红烧或用来炖汤，能突出鲈鱼清鲜细嫩的特色。每年春节聚餐，清蒸鲈鱼便成为一道热门菜肴，象征年年有“余”，吉祥喜庆。

俗语说：“猎人要识兽性。渔民要知鱼情。”只有熟悉了鱼情才能在适当的时节捕捞要尝新的海产。在这一点上，尝新承载的意义不仅是揭示了温州民众与海产的特殊感情，更是阐释了饮食背后所蕴藏的深厚文化。[1]

不时不食

广州人吃东西最讲究“不时不食”或叫“过时不食”。一年四季，每天早午晚皆有不尽相同的适时好食东西。全年四季分明的食谱有“春鲢、秋鲤、夏三鱼”“秋风起，三蛇肥”“冬令狗肉煲”“火锅城”。冬天喜食热荤菜、肥腻滋补的炖品。如“家乡扣肉”“冬令腊味”“淮杞羊腩”，冬令瓜菜宜吃菠菜、茼蒿菜、西洋菜、生菜、芋头、慈姑、萝卜、莲藕、黄芽白等。夏天喜食冷素菜和清暑解热的汤品，如“罗汉上素”“蚝油鲜菇”“冬瓜煲鸭”“凉拌青茄”“笑蓉瓜腩”“凉瓜牛肉”。夏季宜吃芥菜、西红柿、黄瓜、丝瓜、鲜笋、冬瓜、豆角等。

“不时不食”原则在某些食物，也是迫不得已的事。例如秋天吃禾花雀，广州地区中秋节过后，禾田抽穗扬花，北方飞来候鸟禾花雀。时间不过20天左右，称为禾花雀季节。禾花雀季节20天亦分三造：早造禾花雀刚刚长途跋涉，骨瘦如柴不好吃；中造禾花雀恰好吃了抽穗扬花“晚造”谷浆，骨软肉肥，甘香可口，此时雀肉乃为上品；晚造禾花雀骨头变硬，肉质结实，不好入口。美食家一般专拣中造禾花雀来品味。

“不时不食”同样适用于节令食物。春节过年爱吃年糕，取意“年年高升”；平时吃生菜胆扒北菇，取意“大胆生财”。生日吃烧乳猪，取意“红皮赤壮”。[2]

1 徐小娟：《温州海产食俗研究》，温州大学硕士学位论文，2016年。

2 三根：《“不时不食”赞》，《商业经济文荟》1988年第4期。

汀州八县有“应四时”和“不时不食”的独特饮食习俗与风尚。一年四季，人们根据时令节气及出产的相应食物安排合理的膳食。他们的“四季菜单”是“时食”，少有“悖逆时节”的不合理膳食。汀州八县的饮食习俗在整体上呈现与季节变化相一致的“应时而食”原则。“旱芥由今秋至明春可常食，为一年蔬类最长久之菜……茄，形长色紫，为夏日常食蔬类，秋茄闻有毒，宜少食。……萝卜头即芜菁。形圆如碗，生在地面……冬末采食。”汀州八县客家人有各种应季食材组合而成的“四季菜单”：芽菜类，一般在春季或初夏采摘；食茎叶的，常常在嫩时食用，因为此时食用木质素少，口感脆嫩；块茎类，在秋冬时节收获，淀粉含量高，营养丰富；食果者，不选未熟之果；食花者，采自含苞待放之时。正如当地俗语所说：“端午螃蟹空壳子，夏至鲫鱼虚架子。”

汀州八县“应四时”，端午节有一时菜黄瓜脍黄鳝。农历五月正是当地黄瓜的丰产期，这时的黄瓜清脆爽口，鲜嫩多汁。这时的黄鳝正处在雌雄性逆转期，肉嫩肥美，营养价值高。两者脍制在一起，是时鲜和时蔬的强强联手，不仅味道鲜美，口感软糯，而且有补中养血，治虚耗劳损之功效。汀州八县有不少菜肴用山珍野味制作而成。如，春天的笋尖烹野猪皮，夏天的苦斋汤，秋天的野山药羹，冬天的干焖竹鼠等。[1]

代表性烹调技艺

如果说饱腹是基本的生理需求，那么口味便是饮食民俗与艺术上的追求与创造。“以味为本，至味为上”是我国饮食民俗的重要构成原则，也是中华民族对美食的特别追求。先秦时期的烹饪技艺主要表现在对原料的烹饪加工方面。周代是先秦烹饪的巅峰期，烹饪技艺达到了相当高的水平。日本学者筱田统认为：“烹饪的原材料方面，在《周礼》中虽列举了三酒、四饮、五齐、五谷、六畜、六兽、六

1 马亮静、黄春信：《汀州八县客家“四时食养”文化习俗》，《龙岩学院学报》2017 年第 1 期。

禽、六牲、六清、八珍、九谷、十二鼎、百二十酱等洋洋大观的数字，但实际上什么操作方法也没有。相反地，在《仪礼》里却大量地减少了，提到烹调的只记载了炙、羹、酱、醢、酯、菹数种。因此烹饪技术只能从三礼中的《礼记》，特别是曲礼和内则两间去研究。”[1]

食料的加工

烹饪的基础是食料，食材、食料的品质决定烹饪的成败。清代袁枚《随园食单》指出，“物性不良，虽易牙烹之，亦无味也。”可见，食物的味道，首先取决于原料质量的优劣，“七分原料质量，三分厨师功夫”。

烹饪原料的初步加工包括宰杀、择洗、分档取料、改刀等初步加工处理。先秦时期，人们已经非常重视对烹饪原料的初加工，所谓“割不正，不食”，其“割”就是指宰杀、分档取料、改刀成形。《周礼》中重点记载了对牲肉原料的宰杀、割解。“庖人”就是专司宰杀六牲、六兽、六禽的职官，其宰割的牲体用作王、王后及世子的膳馐。

《周礼》在“内饔”和“外饔”职中也明确内外饔职责是掌“割亨煎和之事，辨体名肉物，辨百品味之物”。《周礼·夏官·小子》：“小子掌祭祀，羞羊肆、羊殽、肉豆。”这“羊肆”就是肆解羊牲后的大块羊肉。《周礼·天官·内饔》中的“辨体名肉物”，就是在肆解牲体后，辨别其肩、臂、臑、肫、膊、胳、脊等不同的体名，并掌握这些不同部位牲肉的特征及其烹饪用途。若将整个牲体置于俎上，并不煮熟，曰全烝，唯祭天时用之；若将半个牲体置于俎，曰房烝，亦曰体荐，用于飨礼；若节解其牲体，连肉带骨置之于俎，则曰殽烝，亦曰折俎，用于燕礼。殽即肴，凡非谷物而可食者曰肴，此殽则是对胾而言。骨有肉曰殽，纯肉切之曰胾。殽烝，宾主可食，而全烝、房烝则只是虚设，不能食。

先秦对烹饪原料的加工方法，在《礼记》《仪礼》中记载得较具体而详细。例

1 ［日］筱田统：《中国食物史研究》，高桂林、薛来运、孙音译，中国商业出版社，1987 年，第 50 页。

如《礼记·内则》载：“肉曰脱之，鱼曰作之，枣曰新之，栗曰撰之，桃曰胆之。柤梨曰攒之。”“肉腥，细者为脍，大者为轩。或曰：麇、鹿、鱼为菹，麇为辟鸡，野豕为轩，兔为宛脾。”《礼记·少仪》也载：“牛与羊鱼之腥，聂而切之为脍。麋鹿为菹，野豕为轩，皆聂而不切。”这些脱、作、新、撰、胆、攒、脍等都是先秦时期对烹饪原料的初加工方法。

干菜

为了便于保存，人们制作了各种干菜。一般干菜制作都是焯水，晾干即可。萝卜、豇豆、茄子、辣椒等，都可以制作成干菜。

干辣椒，可以有多种方法制作，一般的干辣椒是红辣椒经过自然晾晒、人工脱水等过程而形成的辣椒产品，又称作辣椒干、干制辣椒、制干辣椒、加工辣椒、加工型辣椒等。它的特点是含水量低、适合长期保藏，但未密封包装或含水量高的干辣椒容易霉变。干辣椒主要是作为调味料食用。在湖南等地，还有一种干辣椒，也叫“白辣椒”。是采摘新鲜的辣椒（可以是青辣椒也可以是红辣椒），洗净焯水晾晒而成。“白辣椒”易于保存，且味道独特，可以炒制各种家常菜，如湘菜里有名的“白椒鸡胗”“白辣椒炒鸡”等。其他诸如干豆角、干萝卜条、干萝卜丝等都是常见的干菜。

图2 辣子鸡丁

腌制

人们为了生活的需要，创造了许多保存和储藏食物的方法，腌制、熏制的食品不仅方便存储，而且风味独特。

腌菜制作的品种很多，有盐菜、泡菜、压白菜、酱菜、剁椒、豆腐乳、萝卜干等。盐菜主要是将时令蔬菜晒干、加盐，装坛储存。以往，家家都备有腌菜坛子，瓦罐腌菜坛子装有一年四季不同的蔬菜，如白菜、芥菜、雪里蕻等。辣椒、大蒜、姜等常用的作料也放在腌菜坛子里随时备用。盐菜做的腌菜，一般不能直接食用，而是作为佐料加肉炒菜用。盐菜味咸带酸，可以加鲜肉炒菜，也可以在做扣肉或麸子肉时做“帽子菜”。

剁椒，也叫剁辣椒、剁辣子、坛子辣椒，是一种可以直接食用的辣椒制品，味辣而鲜咸。原料为鲜辣椒、食盐。制作方法非常简单，采摘新鲜的辣椒（可以是红辣椒也可以是青辣椒），洗净晾干，把辣椒剁碎，加盐储存，过一两天就可以取出食用，或者炒菜时当作料放。剁辣椒里也可以加蒜瓣、姜或者干萝卜条、干洋姜等，制作成风味独特的萝卜干、洋姜片等小菜。剁辣椒可以制作特色菜肴，如剁椒鱼头、双椒鱼头，剁椒炒鸡蛋等，酸辣爽口，开胃下饭。

泡菜南北风味有别，东北的酸菜、朝鲜族的泡菜与四川风味的泡菜各有特色。泡菜坛子，也叫酸菜坛子，一年四季都可以存放蔬菜，最常见的蔬菜有萝卜、豆角、紫菜、包菜、豇豆、辣椒、藠头等。酸脆的泡菜可以直接食用，也是调味的佐料。

腌制的豆豉品种非常之多，不同地区有不同的风味。有干豆豉、稀豆豉、酱豆豉、黄豆豆豉、黑豆豆豉等。

霉制品有豆腐乳、霉豆腐、臭豆腐、霉豆渣等。霉豆腐，又叫猫余，是一种传统特色豆制品，通常可分为白、红、青三种：白色霉豆腐在生产时不加红曲，使其保持本色；霉豆腐坯加红曲即红霉豆腐；青色霉豆腐是指臭霉豆腐，又称青方，它在腌制过程中加入了苦浆水、盐水，呈豆青色。南方的霉豆腐多是腊月制作，将豆腐打成三角或四角的小块，放在干净的稻秆或干草上，一层豆腐一层稻秆，过十天半个月，豆腐块变软，豆腐上就长了一层薄薄的霉菌。这时就可以将豆腐拿出来，裹上辣椒、盐准备装坛。辣椒通常是捣碎的干辣椒灰，盐的量凭经验控制。白白的豆腐裹上一层红红的辣椒，装进干净的瓷瓦罐或玻璃坛中，再放置几天，让盐和辣椒彻底渗入豆腐，就可以开坛食用了。有的人家喜欢在装好的霉豆腐坛内倒入点白酒，除了霉豆腐特有的味道还会飘有酒香味，而且白酒可以杀菌，延长霉豆腐存放时间。

在我国北方，豆腐乳也是很多人喜爱吃的小菜，以北京百年老店王致和所产的豆腐乳为代表，发明人是安徽人王致和。至今流传着这样一个故事：

> 王父在家乡开设豆腐坊，王致和幼年曾学过做豆腐，名落孙山的他在京租了几间房子，每天磨上几升豆子的豆腐，沿街叫卖。时值夏季，有时卖剩下的豆腐很快发霉，无法食用。他就将这些豆腐切成小块，稍加晾晒，寻得一口小缸，用盐腌了起来。之后歇伏停业，一心攻读准备再考，渐渐地便把此事忘了。秋天，王致和打开缸盖，一股臭气扑鼻而来，取出一看，豆腐已呈青灰色，用口尝试，觉得臭味之余却蕴藏着一股浓郁的香气，虽非美味佳肴，却也耐人寻味，送给邻里品尝，都称赞不已。王致和豆腐乳流传至今已有300多年，曾作为御膳小菜送往宫廷，受到慈禧太后的喜爱，亲赐名“御青方”。

熏制

熏制是食品加工的一种方法，用烟火等熏食品，使其干燥，且带有某种气味。熏制食品在南方比较多，特别是湖南、湖北、贵州、四川等地，腊月熏制腊鱼、腊肉、腊肠是最常见的。每年冬至或一入腊月，各家各户开始杀猪、捞鱼准备过年。宰猪、捞鱼后做成各式熏菜、腊制食品，腊肉、腊猪头肉、腊猪尾巴、腊猪蹄子、腊排骨、腊猪肝、腊香肠、腊鱼、腊豆干、干豆腐等。

腊制前，食物要做基本的加工，洗净、晾干，抹上食盐，有的需要先腌制一两天时间，稍微晾干再进行熏制。

熏的方法各地不一，湘中地区熏制腊制品，多用锯木屑（灰）、米糠、谷壳、橘子皮等，灶头上架铁丝，熏制的肉、鱼等置其上，上面盖铁锅或其他密封物，熏制的时间，根据烟火的大小及食物的干湿程度可长可短，有经验的人熏制的食品味美、储藏时间长。湘西、贵州、四川等地熏制时，多是大块、整块来做，有的整条猪腿、半边猪肉、整个猪头，并有专门熏制的房子，熏制的燃料用柑橘树枝、樟树枝等，熏制的时间相对也比较长，三五天甚至一周。

腊肉吃法很多，可以直接切盘蒸熟吃，也可以先煮后炒，还可以和其他菜搭配炒。腊肉一般油多，可以与笋、萝卜干、干豆角搭配着炒，腊肉的油被这些菜吸收，吃起来肥而不腻，味香口爽。

腊肠，也叫香肠、灌肠，将肉洗净切小块或丝，加各种作料，盐、葱、姜、蒜、白酒、花椒或辣椒，灌入小肠内，晾干熏制。吃的时候，煮熟或蒸熟，切片装盘即可。

菜肴的烹饪

烹饪是制作菜肴的一项专门技术，就是将经过加工整理的烹饪原料，用加热和加入调味品的方法制成菜肴的一门技术。我国的烹调技艺历史悠久，经验丰富，素以选料讲究，制作精湛，品种多样著称。

烹饪

《周礼》中记载了代表先秦烹饪最高技艺水平的肴馔——八珍，“八珍”是先秦宫廷菜肴，其中包含了多种烹调方法：煎、爆、渍、熬、煮、捣、炙、焖等。《礼记·内则》对“八珍”的烹饪制作方法有详细的叙述。

炮：炮是我国最古老、最原始的一种烹饪方法。古代的炮与今天所谓的把鱼或肉等用油在急火上炒熟为炮（也称作爆炒）不同。《礼记·礼运》记载先民“未有火化，食草木之实，鸟兽之肉，饮其血，茹其毛，……以炮，以燔，以亨，以炙，以为醴酪”。郑玄注：“炮，裹烧之也。”《说文·火部》：“炮，毛炙肉也。”《广韵》：

"炮，合毛炙物也，一曰裹物烧。"这些"炮"法仅是指将禽、兽、牲等连毛带体涂上泥巴放在火上烤。《礼记·内则》记载炮的方法是：先涂泥烤之，后去泥，去肉上之皮膜，再涂上米粉，用油煎，然后置小鼎中，小鼎在大镬中，隔水煮之三日三夜后，加醯酱、醢酱食之。此为炮的全过程，它包括了炮、煎、煮、捣等几种烹饪方法。

亨：亨，同烹，煮也；煮于镬曰亨；亨于灶用镬。根据"三礼"记载，煮的食物基本是牲体。《方言》卷七："亨，酷熟也。徐扬之间曰饪，嵩岳以南陈颍之间曰亨。"亨同烹，也称饪，就是将肉等原料在镬中煮熟。"亨"这种烹饪方法主要在于掌握水量和控制火候。《周礼》"亨人"中记载：用灶和镬煮牲肉然后升于鼎，用作王室礼食、祭祀及招待宾客。

《周礼》中对食物的烹饪加工方法，除煎、炮、亨以外，还通过腌制、干制方法加工或保藏食品。腊的制作方法是将小的禽兽整体腌制晒干而成。脯、脩、腊都是干制方法。凡肉皆可做成脯、脩，如牛、羊、豕、鹿、鱼等。《礼记·内则》中有鹿脯、田豕脯、麋脯、麇脯，也有牛脩。腊物则用小的禽兽制成。腌制的醢酱、齑、菹菜肴是豆之实，而干制的脯、脩、腊是笾之实。《周礼》"笾人"职"加笾之实"中就有"脯"。

民间的饭菜烹饪形式多样，烧饭炒菜的常用技法有：炒、爆、炸、烹、熘、煎、烩、扒、烧、炖、焖、氽、煮、酱、卤、蒸、拌、炝、熏等。主食方面，在北方主要有捞米饭、捞干饭，烀饼子、烀豆腐渣，烙煎饼、烙火烧，贴饼子、贴锅饼，蒸馍、蒸包子，煎鸡蛋、煎鱼，炒菜、炒肉，炸丸子、炸鸡，炖豆腐、炖白菜，煮地瓜、煮鸡等多种形式；只山西民间的面食，烹调方法就有十多种：如煮面、蒸馍、煎饼、炸糕、火烧、烤饼、切面、烙饼、馏米、煨山药、锅贴、炒面，都是常见食品。面食是山西人的主食，千百年蒸、煮、煎、炸、烙、烧、烤，山西面食文化丰富多彩，且不说花馍、锅盔、馓子、石子饼、太谷饼等面点，单"煮面"一项就演变出削、剔、拨、擦、抿、压、拉、搓等多种技法。除刀削面外，刀拨面、大拉面、剔尖、猫耳朵、揪片、掐疙瘩、抿曲、擦尖、铁拨、大刀面、蘸片子、握溜溜、莜面栲栳栳……每种面的烹饪方式都不一样。

蒸也是比较传统的烹饪方式。蒸菜十分讲究，不同原料、不同风味要求不同的蒸法。素蒸的多为粮食瓜果，如玉米、红薯、南瓜、土豆、藕块等。新鲜的鱼多讲究“清蒸”，一般加盐、姜、蒜，也可以什么都不加，取原汁原味。清蒸的鱼出锅后，可以佐以酱油等调料食用。肥鸡肥肉讲究粉蒸，可以去腻增鲜。油味厚重的原料讲究“酱蒸”，可以解腻增香。湖南的浏阳蒸菜非常有名，蒸菜的形成跟浏阳的客家人的做饭习惯有关系。过去农村，人口较多，农务也多，午餐晚餐没有太多时间来做饭炒菜。他们通常早上就一次把三餐的米饭都做好，用大锅烧水，烧开后把米倒入煮至六七分熟，然后再捞起来放入饭甑蒸熟，米汤则倒入潲水桶拌上米糠喂猪，米汤也可饮用，可以饭前喝，或加油烧开后放盐和葱喝，非常美味。整个蒸煮米饭的时间可达一两个小时，聪明的浏阳人在煮饭的间隙，就会把菜配好，待蒸饭时一起放入饭甑。饭熟菜熟，一起出锅。这样，既节省时间又能做出美味，是一种简单又实用的生活智慧。浏阳蒸菜，基本菜品有：干扁豆蒸腊肉丁，清蒸火腿肉，剁椒蒸土豆，清蒸鸡蛋，清蒸茄子，清蒸干豆角，清蒸芋头，清蒸白豆腐、干豆腐、黄豆腐、黑豆腐、臭豆腐、白沙豆腐、卤豆腐，清蒸青辣椒，清蒸鱼头，清蒸火焙鱼，还有清蒸空心酸菜、红薯酸菜、青菜酸菜、豆角酸菜，清蒸豆子，清蒸香肠，清蒸猪肉、鸡丁、牛肉丝，清蒸伏鱼、伏鸡、伏鸭，清蒸干笋、小笋、豆笋，清蒸青菜，清蒸黄菜等，达数十种之多。蒸菜色泽丰富，以辣为主。

做蒸菜讲究颇多。不用高压锅、电炉快蒸，而是用传统的蒸笼，细火慢蒸。有的菜还要一蒸二蒸三蒸，如蒸木瓜，必须做到七蒸七晒，最后冰糖调味，才叫美味。蒸菜的碗，多为磨砂的粗瓷器，或者干脆从山上砍来竹子，把蒸菜置于竹筒内。蒸之鲜加上竹之香，更为美味。蒸菜用的辣椒分很多种，剁辣椒、鲜红辣椒、鲜青辣椒、浸酸辣椒、浸朝天椒、浸野山椒、晒青椒等。不同的菜，入不同的辣椒，放不同的作料，味道自然不同。

火候

熟食之法最重火候，火候不仅是形成不同风味、烹肴方法多样化的重要因素，同时也是菜肴成败的关键因素。正如段成式在《酉阳杂俎》里指出的：“物无不堪食，唯在火候，善均五味。”菜肴火候不足，不仅不熟，香美之味也不能充分发挥。反之，火候过度则菜肴枯老而乏味。可以福建名菜“福寿全”（原名叫“佛跳墙”）为例。传说光绪二十五年（1899），福州官钱局一官员宴请福建布政使周莲，他为巴结周莲，令内眷亲自主厨，用绍兴酒坛装鸡、鸭、羊肉、猪肚、鸽蛋及海产品等10多种原、辅料煨制而成，取名“福寿全”。周莲尝后，赞不绝口。后来，衙厨郑春发学成烹制此菜方法后加以改进，到郑春发开设“聚春园”菜馆时，即以此菜轰动榕城。有一次，一批文人墨客来尝此菜，当福寿全上席启坛时，荤香四溢，其中一秀才心醉神迷，触发诗兴，当即吟道：“坛启荤香飘四邻，佛闻弃禅跳墙来。”从此即改名为“佛跳墙”。此款名菜是个很讲究火候的菜肴。原料多，又要分次装坛烧煨。在煨的过程中，又不能随便启盖（防止出气走味），只凭经验、听觉来掌握火候，火大过久了，易将坛内各物炖化或烧焦；火候不到，味不调和，达不到味浓香美的特点。可见掌握火候之重要。

首先，选用不同性质的燃料，是掌握火候的基础。我国古老的燃料柴，其火性大而烈，适宜大锅烹饪菜肴，能发挥烈火速烹的作用。而炭的火性则稳定而持久，适宜炖、焖、焐等长时间加热的技法。煤的特点是火力既强又有高度的持久性，故它能广泛运用于各种烹调技法。目前正得到普遍应用的天然气，不仅火力集中，而且火力的大小强弱可以随心控制，并且非常清洁，能适应烹饪多方面的需要。至于酒精，因其干净，火焰美观，常用于火锅。不同种类的燃料有一定的火性差异，所以中国烹饪注重火候，最基础的就是根据烹调不同风味菜肴的需要，选用不同性能的燃料。这也是炉灶厨师基本功之一。

其次，烹饪的原料形态各异，性质不一，要求风味也不同，因此，注重火候必须讲究使用不同的工具。煎炒宜铁锅，煨煮宜砂罐。就是煎炒所使用的铁锅，也各有所用，炒制需火力集中就必须使用圆底炒锅，能使火焰集中锅底上扬。煎制需火力平均铺陈，就必须选平底锅，使原料受热均匀一致。所以注重火候必须合理科学地运用不同的烹饪工具，这是中国烹饪的传统特色。

再次，中国烹饪对火力、火度、火势、火时的诸因素都有讲究。为了保持菜肴的鲜嫩，须用旺火，火力要大，火度要高，火势要广，火时要短，不然菜肴就会疲沓变老。有时候，我们看到厨师使出浑身解数地把油锅在灶口上提上放下，食品在锅里前后左右地翻滚，以至铁勺打击着铁锅，发出清脆的有节奏的响声，这些紧张动作，实际上都是在发挥烹饪中最关键的技术——掌握火候，力求适度。总之，菜肴的成败就看运用火候的得当与否。中国菜千奇百品，风味迥异，运用不同的火候是主要的原因之一。

最后，菜肴加热成熟，其传热的媒介有水、油、汽、空气、固体物质等，对原料采用何种介质导热，均根据原料之性质、菜肴之特色来选用。有的食物用油氽、油炸，这就是油传热；有的食物用水煮、水炖、水涮，这是水传热；有的食物用蒸汽蒸，如蒸包子、饺子等，这是蒸汽传热；有的食物用火烤、火烘，如吊炉烤鸭，这是热空气传热；还有些食物用热盐、热沙炒，如炒花生、炒栗子，这是热物传热。每种加热法同样存在着火候和加热时间问题，对食物的成熟和滋味有很大影响。由此可见，中国菜之所以滋味无穷，就因为它的烹饪方法，包括加热方法丰富多样。中国菜所用的烹法，往往不限于一端，一道菜是用了很多方法做出来的，绝不像西餐，煮就是煮，烤就是烤。例如我们最常吃的红烧狮子头，就是先“炸”，炸好后再“烧”的。又如熘肥肠，就是先把肥肠煮过，然后再熘的。

饮食行业有句俗话：“三分技术七分火”，掌握火候，确实是衡量厨师的经验和技术的一把标尺。火候不仅直接关系到食物是否能色、香、味俱全，还是中国厨房烹饪的秘密。之所以这样说，是因为对它的处理只能意会不可言传，考验着厨师自己的悟性。故《吕氏春秋·本味》中说：“鼎中之变，精妙微纤，口弗能言，志不能喻。”“鼎”是中国进入烹饪之始的炊具之一。《易经·鼎》有：“以木巽火，烹饪也。”《易经·既济》又有：“水在火上，既济。”这里明确指出，水与火不仅是“鼎中之变”两个不可或缺的基本要素，而且还要“水火相济”。《吕氏春秋·本味》曰：“凡味之本，水最为始……火之为纪。”这里亦把水与火摆放到烹饪的重要地位。有些菜烹者还可在炒的时候捞一片尝尝。但有些东西，特别是蒸的东西，放在蒸笼内根本看不到，摸不着；尤其是有些菜物又特别娇气，例如清蒸鱼等，火候不到则生，一过火则老，那真是要凭经验了。

五味调和

调味方法多种多样，主要有基本调味、定型调味和辅助调味等。基本调味是加热前进行，属于预加工处理的调味，多是以盐、酱油等为基本调味品，进行简单的味道调和。定型调味，是在原料加热中的调味，菜肴的口味基本确定。辅助调味是加热后或进食时调味。[1]“有味使之出，无味使之入”，通过调味，注入五味，并调成百味鲜。

饮食五味

五味是指酸、甜、苦、辛、咸。五味作为人们饮食的主要调味品，也不可多食。饮食五味不仅是给人的口舌带来直接的感受，而且对人的肌体有重要的调节作用。《黄帝内经》将食物分为五谷、五果、五畜、五菜，提出“五谷为养、五果为助、五畜为益、五菜为充”。并将五谷、五果、五畜、五菜与五味对应，“五谷：粳米甘，麻酸，大豆咸，麦苦，黄黍辛。五果：枣甘，李酸，栗咸，杏苦，桃辛。五畜：牛甘，犬酸，猪咸，羊苦，鸡辛。五菜：葵甘，韭酸，藿咸，薤苦，葱辛”。[2]

《大戴礼·易本命》说：

> 食水草善走而寒，食土者无心而不息，食木者多力而拂，食草者善走而愚，食桑者有丝而蛾，食肉者勇敢而悍，食谷者智慧而巧，食气者神明而寿，不食者不死而神。[3]

饮食之物都有温、热、寒、凉、平的性味，还有酸、苦、辛、咸、甘的气味。五味五气各有所主，或补或泻，为体所用。《黄帝内经·六节藏象论》说：“嗜欲不同，各有所通。天食人以五气，地食人以五味。五气入鼻，藏于心肺，上使五色

1 王义民、林若君：《调味》，《中国烹饪百科全书》，中国大百科全书出版社，1992 年，第 583—586 页。

2 段青峰译：《黄帝内经》，崇文书局，2020 年，第 39 页。

3 王仁湘：《民以食为天·中国饮食文化》，济南出版社，2004 年，第 124 页。

修明，音声能彰。五味入口，藏于肠胃。味有所藏，以养五气，气和而生，津液相成，神乃自生。”[1] 人的容颜、声音、神采，都与五味五气的摄入相关。

中国饮食追求味道谐调和中，但不同地方的人的口味却千差万别，这是因为中国饮食民俗里具有明显的地域性差别。一个地方饮食民俗的建立与当地的物产、气候、历史文化、宗教等因素密切相关，比如西南以辣去湿，北方多食咸肉以御风寒，海疆岛屿则多食咸鲜海产，缺盐地区则以酸辣中和碱食。从北到南，口味由咸转淡；从西到东，口味由辣转甜；从陆到海，味道由重转轻。

以食味而言，南北方又各自不同。宋代饮食有“南咸北酸”“南咸北甘”的口味差异。

> 大率南食多盐，北食多酸，四夷及村落人食甘，中州及城市人食淡，五味唯苦不可食。（《萍洲可谈》）[2]
>
> 大底南人嗜咸，北人嗜甘。鱼蟹加糖蜜，盖便于北俗也。如今之北方人，喜用麻油煎物，不问何物，皆用油煎。（《梦溪笔谈》）[3]

酸味是五味之一，我国很多地区、很多民族都喜食酸味。东北酸菜、四川泡菜、广西酸笋等，都是民间对酸味不断探索与追求的结晶。酸菜既是一种调味品，也是一种常用蔬菜。过去没有酸菜就像缺粮一样，无法做饭。平常做酸菜叫煮酸菜或和酸菜，将圆根菜、老鸹扇、包白菜、油菜、芥菜、芹菜等家菜，或苦苣、黄花菜（蒲公英）、银芥菜、石芥菜等野菜择净、切细，淘洗干净，用水煮开，和入少许玉米面，有的容器底先放入味正的酸菜当酸脚子，趁热装入缸中，封口，待一两天发酵变酸后食用。一年四季不分时节都可制作，但不同蔬菜原料和不同制作方法所做的酸菜味道稍有区别。冬季时采回经过霜打的菜，用几天时间做酸菜叫榨酸菜，将煮好的酸菜，装进几个大缸或木筲内，在菜上面压从河滩背回来的扁圆石

1 纪立金主编：《黄帝内经全鉴》，中国纺织出版社，2020 年，第 23 页。
2 林乃燊、冼剑民：《岭南饮食文化》，广东高等教育出版社，2010 年，第 244 页。
3 沈括撰：《梦溪笔谈》，伊犁人民出版社，1999 年，第 381 页。

头，封口待发酵变酸后食用。冬天榨的酸菜一直吃到新菜出来，有的要吃到七八月。酸菜能与多种食物混合搭配食用，做饭或做馍、炒菜时，可根据口味添加酸菜或炒后放入，荤素搭配，提味开胃，相得益彰。

图3 羌族酸汤面

泡菜，多取农历六月六日水，放生姜、花椒、草果、茴香、白酒、盐，将菜洗净稍晾去水，放进浮水坛子内，用水淹住，泡一个星期左右，味道浸透，没有生菜味就可以吃。人们经常泡的蔬菜有包菜、芹菜、萝卜、蒜头、蒜薹、洋姜、辣椒、笋子、豇豆、豆角、嫩姜等。冬天泡菜用开水，泡15天左右。如果泡的菜味道太酸，就是盐放得少了，须加盐；如果有白沫，当地叫起白花，就是有变质倾向了，须加酒杀菌。

调料

随着新石器时期以来我国饮食文明的产生和发展，夏商周时期人们已不满足于各种食物的自然原味，在饮食实践中逐渐发现并分辨出一些呈味物质，用于烹饪中调制菜肴，这样调料也就随之产生了。商周时代，已经有了比较成熟的调味理论，出现了常用的调料品种。商代比较常用的调味品主要有盐和梅，取咸酸两种为主味。《尚书·说命》载“若作和羹，尔惟盐梅。”周代，调料有了新的配伍法则，烹饪不同的肴馔，使用不同的调料；烹饪同一肴馔，需根据季节变换配用调料。《周礼》中的调味品从味型来分主要是酸、苦、辛、咸、甘五味。“五味，醯酒饴蜜姜盐之属。”贾公彦进一步指出：“五味，醯酒饴蜜姜盐之属者，醯则酸也，酒则苦也，饴蜜则甘也，姜即辛也，盐即咸也。此其五味酸、苦、辛、咸、甘也。”《周礼》中记录的呈味调味品最主要的是盐、醯酱、醢酱及对菜肴风味影响非常重要的油脂。《礼记·曲礼》载：“献熟食者操酱齐。”“酱齐为食之主，执主来则食可知，若见芥酱，必知献鱼脍之属也。”调和辣味多用姜，甜味多用饴糖（麦芽糖和蜂蜜），其他调料有盐、梅、醯、酒、酱等，这些调料可分为人工调料、自然调料。人工调料中最重要的是酱。五代陶谷《清异录》载：“酱，八珍主人也；醋，食总管也。”总体而言，中国是世界上烹饪所用的调味品种类最多的国家，从盐、醋、酱、糖、辣椒到酒、糟、胡椒、花椒乃至中草药等有数百种。

盐

“柴米油盐酱醋茶”，盐是烹饪中国菜肴最主要的调味品，是“食爻之将”“百味之首”。一日三餐的调味品，离不开盐，盐还是制作发酵、腌制食品的必备之物。盐是我国菜肴的主要咸味调料。《礼记·杂记》中说：“功衰，食菜果，饮水浆，无盐、酪，不能食食。”无盐作为菜肴调料，则不能食。《周礼》中设“盐人”掌管食盐，其盐有不同形状、不同质量，也有不同用途。用于王室膳食的是饴盐，用于国家招待宾客宴会的是形盐、散盐，用于祭祀的是苦盐、散盐。饴盐大概是咸味中带有微甜的盐，它用于烹调王室膳食，当是盐中贵者。苦盐、散盐、形盐、饴盐都用于“齐事”（即调和五味之事），但用作不同的宴饮膳馐的调味。现代社会，盐是厨房内必不可少的调味品，炒菜、做汤，烙饼、下面条都要放盐。

油

油脂既是烹制菜肴的传热介质，也是菜肴的调味品。先秦时期烹饪所用油脂都为动物脂膏。古代常用的油脂是动物脂膏，有牛脂、羊脂、犬膏、豕膏、鸡膏。在《周礼》中，制作不同主料的肴馔使用不同的脂膏。“庖人”职载：凡用禽献，春行羔豚，膳膏香；夏行腒鱐，膳膏臊；秋行犊麛，膳膏腥；冬行鲜羽，膳膏膻。

后世对油的开发日益深入，除了传统的动物油，如猪油、羊油、牛油、鸡油、鱼油等，也发展了多样植物油，如花生油、大豆油、油菜籽油、茶油、芝麻油、玉米油、山胡椒油等。

云南有将鸡㙡熬油的习俗，用油浸法将新鲜的鸡㙡菌用盐巴稍加腌渍，切片入油炸透，加入蒜瓣、花椒、辣子等香辛料一同翻炒，色泽金黄时捞起，装入瓶中以原油浸泡，密封储存。鸡㙡的独特鲜甜与香料的麻辣融入菜油中，做菜、煮面时放入一小勺鸡㙡菌油，有活色生香的效果。

酱

酱在先秦的饮食生活中地位重要，《论语·乡党》称孔子“不得其酱不食”。《急就篇》中有“芜荑盐豉醯酢酱”。云：“酱，以豆合面为之也，以肉曰醢，以骨曰臡。”又云：“酱之为言将也，食之有酱，如军之须将，取其率领进导之也。”[1]酱、将双声叠韵。“酱”之得名源于“将”，是由于其在烹饪中的调味作用如将令在军中的统率之地位。古代“酱”的含义远比今天宽泛，先秦时期酱主要是指用动物和植物各种原料制作而成的咸味或酸味调料，汉代以后酱主要指用豆、面粉制成的酱。《周礼·天官·膳夫》记载：凡王之馈，“酱用百有二十瓮”。郑玄注：“酱谓醯醢也。”醯、醢即用动物和植物各种原料制作而成的酸味和咸味调料。《周礼》“醢人”职载：“王举，则共醢六十瓮，以五齐、七醢、七菹、三臡实之。”酱是总名，酱中兼有醯、醢。醢酱、醯酱都是调味料，醢酱主要呈咸味，而醯酱呈咸酸味。醢与醯酱或用于烹饪动物肉类时和之。《周礼·天官》周天子祭祀或宾客用馐“百有二十品”，用酱“百有二十瓮”，肴馔百二十品配酱百二十瓮，一肴配一酱，“不得其酱不食”。

1　史游：《急就篇》，中华书局，1985年，第136页。

酱都是烹饪中的主要调味品，这就是酱饮食民俗的魅力所在。无论是生活中的黄豆酱、虾酱、西瓜酱，还是辣酱、野韭花酱、鱼酱、桂花酱、沙蟹酱，我们都可以看到中国酱文化的地域多样性与品种丰富性。陶谷的《清异录·馔羞》里明确指出："酱，八珍主人也。醋，食总管也。反是，为恶酱为厨司大耗，恶醋为小耗。"八珍的美味，最主要的就是依靠酱。勤劳智慧的中国人民用自己的双手制作了各种各样的酱，使它成为普通大众都能享用到的一种发酵调味品。《梦粱录》曰：盖人家每日不可阙者，柴米油盐酱醋茶。酱料也由此成为人们日常饮食生活不可分割的一部分，并形成了酱饮食民俗。

中国人几乎无人不食酱，什么东西都要酱一酱才好吃。依据个人口味的不同，有甜酱、咸酱、酸酱、辣酱等。每一种酱都有它独特的制作工艺，并且随着地域文化环境的不同，形成了富有当地特色的文化。绍兴，诞生了许多古老的饮食民俗。绍兴人对传统文化的固守，除了黄酒外，那就是酱了。俗语有"无绍不成酱""天下酱业无人不说绍，九州之内司厨鲜有不知绍"。中国酱文化博物馆也坐落在绍兴，绍兴地区仍保留有上千年历史的传统作坊式酱园，酱油基本上是家家户户必备的。在绍兴人看来，几乎什么食物都可以酱一酱再吃，酱红烧肉、酱鸡、酱鸭、酱鱼干等都是再平常不过的。浓郁的酱香味是这个城市带给人们的独特气息。

在中国的东北，酱的味道如何，甚至成为衡量一个主妇合格与否的标准。做酱对东北人家来说是大事儿，已经出嫁的女儿和邻居也会过来帮忙。大豆是东北人做酱唯一的主原料，先将煮熟的黄豆在锅里捣烂，然后将豆泥取出并堆砌成长条形，用纱布将其包裹起来，捆绑结实后挂上墙，让它自然发酵。

山东菏泽有制作西瓜酱的传统。炎热的7月，是西瓜成熟的季节。勤俭智慧的先辈们发现了利用西瓜来制酱，这样既延长了西瓜的食用季节，又多出一种下饭的调味品，这是祖先留给后人的财富。每年的三伏天，主妇们都要做一坛西瓜酱供全家食用。将黄豆煮到软烂，晾至半干后裹上事先炒熟的面粉，等待黄豆发酵。十天之后，菌丝长成了黄绿色，就可与西瓜及其他调料一起搅拌了。将西瓜深绿色的表皮和瓜瓤去掉，剩下的糖分不高的部分就用来做西瓜酱。将西瓜与发酵后的黄豆一起搅拌，撒上盐、花椒、姜丝、八角、香叶等调料。不断地搅拌，将调料和西瓜丰盈的汁水融合进黄豆里，用湿泥土封上缸。等待40天后，醇正的西瓜酱就制成了。

此外，还有四川的辣酱、内蒙古草原的野韭花酱、苗族的雷山鱼酱、吴江的桂花酱、北海的沙蟹汁等，都是利用传统方式制作而成的饮食调料。这些酱料的制作工艺，在一代代人的手中继续流传，成为千百年来人们舌尖上的味觉记忆。

在湘中，每年端午节刚过，雨季结束，天开始变晴的时候，当地人就开始为制一坛好酱而忙碌起来，几乎家家户户门前都摆了一两个酱缸杯晒辣酱。在湘中的双峰，老县城原名永丰，这里的辣酱因而得名永丰辣酱。永丰辣酱既是一种调味品，又是一种风味小吃，具有独特的风味和丰富的营养成分。永丰辣酱是双峰县传统特色产品，历史悠久。据《双峰县志》记载，早在明崇祯年间，双峰县城（原属湘乡县）永丰镇一带就有人开始晒制永丰辣酱，以味鲜肉厚的灯笼辣椒为主要原料，把小麦蒸煮、发酵、磨制、加盐调水，暴晒成酱。17世纪中期，蔡氏兄弟先后在永丰镇开设蔡广祥、蔡广益、蔡顺益三家酱园，以后相继有人开设生义兴、龙胜泰等10多家辣酱作坊，开始有规模地生产商品辣酱。其中以蔡广祥店最负盛名，年产酱40余担。永丰辣酱开始有了名气，产品销得越来越远。清咸丰年间，湘军领袖曾国藩有一次将永丰辣酱这一家乡特产带到京城，进献给咸丰皇帝。吃腻了山珍海味的咸丰帝，一尝这满是乡野风味的辣酱，大为开胃，大加赞赏，把它列为宫廷贡品，永丰辣酱便由此闻名中国。

乡间保留了传统的辣酱晒制方法，辣酱的原料非常简单，小麦和辣椒，加盐和水，辣酱的味道全在手艺上。五月收麦，六月就可以用新收获的麦子晒酱了。一般都以小麦的斤数来计算辣酱的多少，比如你问人家晒了多少辣酱，人家回答说，“晒了四五斤麦子”。麦子洗干净用锅煮熟，放在阴凉处，几天后，麦子发酵发霉。父母凭经验就知道什么时候该取出来晒，将发酵的麦子晒干，用清水将麦子洗净，再次在太阳下晒干。晒干后的麦子有股特殊的清香，将其用石磨磨碎或用机器打碎成粉末状。麦子粉按1斤麦子4两盐的比例加盐拌匀，留待第二天调酱用。晒酱要有专门的酱缸杯，缸杯一般是陶瓷烧制的，容量比较大，一次可以晒四五斤麦子的辣酱。前一天，酱缸杯也要洗净备用，材料都准备齐全了，就要调酱了。晒辣酱，最关键的除了发酵的麦子，就是水了。一般家里晒酱，都会专门用干净的井水调酱，也有用凉白开调酱的。一般是早上调酱，白天放在太阳下曝晒，晚上端回屋里，第二天一早太阳出来了，酱缸杯再次端出晒太阳，连续晒四五天后，原酱就基本做成了。此时可以准备加辣椒了，辣椒地里有新鲜的，也可以在集市上购买。辣椒也是按比例加入的，一般四五斤麦子需加 15—20 斤的红辣椒。选取又大又红的新鲜红辣椒，洗净晒干，用专门剁辣椒的工具将辣椒剁碎。直接加入晒好的酱坯里，如果天气好，加辣椒后十天半个月，辣酱就晒熟了。辣酱熟之前四五天，可以加刀豆，刀豆放进去一两天，还没彻底熟透，就已经有路人看到眼馋，开始试吃酱缸杯里的刀豆了。也有人家晒的辣酱并不太辣，还有甜味，晒制过程中可以加冰糖，也可以加糯米，以四五斤麦子为例，可以加 3—4 斤糯米。将糯米煮熟晾凉，一般在中午之前把糯米加入正在晒制的辣酱坯子中，在太阳下曝晒半天左右，就可以把糯米和辣酱坯子搅拌均匀，糯米就可以融入辣酱中。加了糯米的辣酱会相对甜润，没有加糯米的辣酱则相对辛辣。

醋

山西民间百姓爱吃盐、醋的习惯历史悠久，区域广泛。以杂粮为主，餐桌上，全靠盐、醋来调味。

山西“水硬”碱性强，以杂粮为主，如高粱、莜面等，都不大好消化，需靠醋来中和、助消化。醋的营养价值颇高，并有一定的食疗作用。山西各地几乎都有自己的名醋，其中“山西老陈醋”味道最好。

山西民间百姓喜食味重食物还表现在佐餐小菜上，普通农家的餐桌上，常有一两样咸菜或酸菜佐饭，酸菜则要整盆调和，作为“浇头”，有的地方甚至与饭合二为一，更是一种特殊的饮食风俗。冬春季少有新鲜蔬菜，全靠咸菜和酸菜佐餐。各种各样的咸菜和酸菜，几乎是山西百姓常年的必备之物。

花椒

花椒的开发经历了一个漫长的过程，从最初作为香料过渡到作为调味品就经历了近千年的时间。先秦时期，先民只是把花椒作为一种敬神的香物，作为一种象征物借以表达自己心中的情感；到了两汉时期，花椒成为一种济世药物；再到南北朝，花椒的象征意义渐渐消失，药用和调味功能却逐渐得到开发；又经历了从隋唐到明清直到现今这段漫长的时期，花椒的饮食民俗逐渐发展成熟，花椒才得到了最充分的利用和推广。明代的药物学家李时珍更是对花椒推崇备至："椒，纯阳之物，乃手足太阴、右肾命门气分之药。其味辛而麻，其气温以热，禀南方之阳，受西方之阴。故能入肺散寒，治咳嗽，入脾除湿，治风寒，湿痹，水肿，泻痢，入右肾补火，治阳衰溲数，足弱久痢诸证。"[1]

辣椒

曾被叫作"番椒"，据国外学者考证原产于南美洲的热带地区，是印第安人首先培植的。至于它传入我国的时间，各学者多有争议，通常认为是明末，著名的饮食研究学者聂凤乔考据古文献，认为是约在明代前半期。在我国古代一些典籍中，也多有"椒"的称呼，如《宋史·地理志》上有"黎州贡红椒，广州贡胡椒"，黎州就是今四川大渡河两岸一带。聂凤乔认为红椒也许就是名为"蜀椒"的花椒。辣椒在传入我国时，起初只是作为观赏作物和药物，进入中国菜谱的时间并不太长。进入中国后，才有了番椒、地胡椒、斑椒、狗椒、黔椒、辣椒、海椒、辣子、茄椒、辣角、辣、秦椒等名称。辣椒的益处很多，从饮食角度看，由于辣椒素的作用，能够刺激唾液分泌，使人增进食欲，辣椒还可以促进人体血液循环，使人兴奋，提振精神。从医学角度看，辣椒具有温中下气、开胃消食、散寒除湿的作用，这也是低温潮湿地区喜食辣椒的真正原因。辣椒能适应人体的需要，食用后，使人有舒服的感觉。它还可以治寒滞腹痛、呕吐泻痢、消化不良等症。胃寒痛者，经常适量食点辣椒，可以起辅助治疗作用。经常食用辣椒的人，很少得风湿性关节炎、冻疮。

在湖南，烹调菜肴讲究色和味，所用作料多。最常用的是豆豉和辣椒，几乎无

1 吴其浚:《植物名实图考长编》，商务印书馆，1959 年，第 1107 页。

菜不辣，所谓“湖南人有一怪，不放辣椒不成菜”。特别是吃鱼，不放辣椒顿觉味道全无。辣椒有光皮椒、牛角椒、灯笼椒、朝天椒等传统品种。春天采下的第一茬辣椒做的煨辣椒，压扁爆炒的灯笼椒、牛角椒最令人垂涎，被称为“下饭菜”。青椒经盐渍，腌制成酱辣椒、剁辣椒，可四季食用。红辣椒往往晒成干椒，再磨成粉，使用方便；或就鲜剁成辣椒酱，拌入蒜头、刀豆、豆豉等，再倒入适量的酒和麻油，可长期保鲜，四时咸备。除辣椒豆豉外，芫荽（也叫香菜）、葱、蒜、姜、胡椒、八角、桂子等也是长沙人喜欢的作料，不但能助其味，而且有提神发热、祛湿抗寒之功效。湘中地区的辣酱，最有名的是永丰辣酱，其既是一种调味品，又是一种风味小吃，具有独特的风味和丰富的营养成分。

香料

白族对香料和芳香植物有特殊的认知与偏好。有许多可食用的庭院植物，尤其是一些可做调味品的植物。除了我们熟知的小葱、芫荽和薄荷，还有一种叫香蓼草，又名野薄荷、兰香草、山薄荷，白族话谐音为“香气姑”，据说云南的傣族和景颇族又称其为“香柳”。香蓼草属于多年生草本，根须状，茎略呈方形，密被微毛。单叶对生，卵形或卵状矩圆形，叶绿有锯齿，两面有灰色短毛，夏秋枝梢叶腋开紫色小花，轮状排列。结球形小坚果，有薄荷香味。多生于南方山坡、荒地或山顶，耐旱性强。夏秋采全草，切段阴干或鲜用。辛温，气香。能解表祛风。云贵一带，香蓼草常常与芫荽、薄荷搭配，是被广泛使用的天然调味品。

由于当地有适宜生长的气候和土壤，只要有充足的水分，香蓼草就会繁茂生长，在农家菜地、院落的花盆里随处可见，有时候煮一碗米线或者巧丝，就顺手摘取一小段，切碎了放到汤里，香气扑鼻。

田间地头经常见到随风摇摆的小茴香苗，散发浓郁异香。小茴香，又称莳萝，五代时期由波斯传入中国。茴香籽就是人们常说的孜然，常用于烹饪肉类。不过洱海一带，人们更偏好使用其幼嫩的茎叶作为调料，制作流水席中颇受欢迎的粉蒸，使平淡的洋芋、蚕豆、番薯类淀粉质食物活色生香。

草果，名香豆蔻，是姜科、豆蔻属的多年生常绿丛生草本植物，全株有辛辣气味。广泛分布于广西和云南南部地区。通常取其果实作为香料。晒干或烘烤后，果皮质地坚硬，有异香，味辛、微苦。有健胃、镇痛、解热、抗炎的作用。草果能够去腥除膻，我们日常用于烹饪肉类的五香粉、咖喱粉中，就有草果的成分。大理人习惯将蘸水混合适量的草果粉末去除生猪肉的腥味，同时提升肉的香味。

麻籽，又称火麻仁、大麻籽，晒干后筛去杂质，是当地备受欢迎的一种休闲食品。在当地，嗑麻籽是比嗑瓜子更风靡的一项休闲活动。炒制的麻籽，细细咀嚼，有远胜葵花籽油的独特香气，但不可多食，能致头晕嗜睡。用麻籽榨油、佐菜造酱是由来已久的习惯。在大理，舂碎的麻籽也是调制生皮蘸水不可或缺的一味调料。

调味：至味为上

中国烹饪调味的步骤分加热前、加热中、加热后三个阶段。而加热中的调味是决定性的调味。这个阶段的调味，可使原料在高热中与调料更好地结合在一起，去除异味，增加香味。但加热中调味有一定的局限性，有时不能除尽异味，不能适应多种烹调方法的需要，为此辅以加热前的辅助调味或加热后的补充调味，使异味充分涤除、压盖、化解，本身的美味被激发、烘托发挥出来。这种细腻的调味方法，适应了多种烹调技法，多种原料性质，达到了最佳的调味效果，形成了我国独特的调味方法和技术体系。当然，这种利用加热手段进行调味，仅仅是从味与火候的关系上说的，还有其他一些手段不能忽略。如芡，其主要目的之一便是使原料与味料粘连，因为芡本身就属于辅助调味料，在芡的辅助下，味汁便能附住原料并不使脱落，即常说“用芡保味”；用刀工切割，使原料大小厚薄一致的目的之一，便是使味汁对原料的渗透和覆盖面一律，从而达到受味均匀；用汤汁（如鸡汤、清沥、虾汁、笋汁）调味，目的就是使无味之料（如豆腐、海参、鱼翅等）和需要改变原料本味之物（如某些蔬菜），与汤汁融合出鲜味；用主料、辅料、味料三者相结合（如生爆盐煎肉的香气和滋味，便是肉香、蒜、豉香和郫县豆瓣酱、料酒、精盐滋味的结合），目的是造成一种新的和谐的味道；用刀、火、料等综合技巧，能使滋味隽永，回味无穷；等等。

四川调味。大多数的成都饮食所用材料都很普通，但其配料和做工却十分讲究。其主要的五味用品有红豆油、白豆油、草果、茴香、蒜泥、葱花、盐、花椒、辣椒、豆粉、姜汁、香油、榨菜、橘皮、甜酒等，外来五味也是丝毫不能含糊，如彭县、什邡的红豆油，自流井的雪花盐，保宁醋，郫县豆瓣酱，都对成都饮食贡献巨大。如烹制回锅肉、鱼香肉丝，如果不用四川的郫县豆瓣酱和泡辣椒，就很难制作出它的传统正宗味道。

成都小吃的口味是众多其他地方的小吃不能比拟的，常见的口味就有香甜、咸甜、怪味、家常、麻辣、咸鲜、糖醋、椒麻、红油、蒜泥等十余种，而且每一种口味针对不同的菜品或是菜品季节不同又各有不同的使用方法和变化。

《吕氏春秋·本味》载："调和之事，必以甘酸苦辛咸，先后多少，其齐甚微，皆有自起。鼎中之变，精妙微纤，口弗能言，志弗能喻。若射御之微，阴阳之化，四时之数。故久而不弊，熟而不烂，甘而不浓，酸而不酷，咸而不减，辛而不烈，澹而不薄，肥而不朘。"[1]

甘即甜，是人类舌尖最容易感受到的幸福的味道，不过这种味道吃多了会感觉腻，但是广东人却会调和这种腻。如广东的熏鸭。苦，似乎是人的味觉最为抵制的味道，但是中国人却能利用这种味道制成美味佳肴。陈皮是一味传统的中药，味道略苦，但是气味芳香。陈皮作为调料制作的陈皮鸭，有种苦尽甘来之味。咸的味觉主要来自盐，盐是百味之首，它几乎可以平衡菜肴里的各式味道。醋，是发酵工艺的产物，大概出现于新石器时代。在烹制肉类时，加上醋能使肉质更加细腻，还能促进消化。辛，泛指一切刺激性的味道。重庆火锅底料，便是运用辛来调味，花椒、辣椒的刺激，加上荤素搭配的食材，造就了重庆火锅的麻辣与鲜香，这就是五味的调和。

山西面食的调味。说到面条和它的各式各样的变种就不能不说浇头，山西本地称为调和。对应着丰富的面食，调和也同样丰富，有西红柿酱、肉炸酱、小炒肉、荤素打卤、羊肉臊子。面条做好了只成功了一半，面食之美还在于出锅后的调

---

1 许维遹撰：《吕氏春秋集释·卷十四·本味》，中华书局，2009 年，第 314—315 页。

和。最具山西特色的要数吕梁地区的油醋调和，油锅热好炝花椒、干辣椒，再爆香葱花、姜末和蒜蓉，烹入山西特产的熏醋或老陈醋，再加酱油、盐调好口味，即可出锅。以这样简单的油醋调和对付千变万化的面食，这正是传统山西面食的精妙之处。

最家常的炸酱有肉末炸酱，是用猪五花肉配酱来炸，酱多选北京“六必居”的黄酱、甜面酱或本地的豆瓣酱。北京“六必居”正是当年晋商开的酱园。五花肉切丁，热锅温油下葱花、姜末、蒜蓉煸炒，再加入肉末，待肉色变白，出油后放入酱继续翻炒直到酱内的水分蒸发、油浮出表面，香气四溢为止。喜欢吃辣的人，还可选用四川豆瓣来炸酱，味道也很不错。

做打卤要准备的材料有瘦肉丝或虾仁（当然两者都有更好），泡好的金针菇、木耳、冬菇、腐竹，切成丁的豆腐或豆腐干，一个打好的鸡蛋，葱、姜、蒜末。金针菇切段、木耳撕片、腐竹切丝，分别用水烫过。香菇切成条状在油锅内煸炒，加姜末和少许水使之饱满柔嫩。猪肉丝炒熟后待用。烧热锅，放油，下葱姜蒜末煸出香味后加水，若有鲜汤最好，加盐、黄酒、少许酱油和所有准备好的材料，烧沸后撇去浮沫用生粉勾薄芡，也有人喜欢最后再加鸡蛋。

到了冬季山西人还喜欢用羊肉末做羊肉臊子面，煮羊肉汤做羊汤面。最后还有菜码，菜码的品种随着季节的变化，可用香菜末、萝卜丝、豆芽菜、白菜丝、菠菜，既可生吃也可在面条出锅时加入，略煮即可食用。

五味调和

五味调和，“有味使之出”“无味使之入”，无论是入味，还是保味，都是达到“五味调和”的目的的手段和方法。味道和口味始终是中国饮食的追求。因此，烹饪中的五味调和不是指适当使用调料，而是指在参与烹饪的诸多要素如水与火、主料与配料调料、主食与副食等之间，寻求谐调与适中，以达到整体的最佳效果。五味调和百味鲜。“和”是体现在烹饪制作方面的总特点。《周礼》中五味调和的烹饪制度自然也涵盖了多个方面。

首先，是原料的搭配与谐调。

一是与四时季节的相宜谐调，即根据季节变化，选用不同性味的烹饪原料，使原料与气温寒热相济，温凉相宜。《周礼·天官》中“兽人”职的“冬献狼，夏献麋”和“庖人”职的“春行羔豚，夏行腒鱐，秋行犊麛，冬行鲜羽”，都是根据食物的寒温热凉特性及气温变化，在不同季节选用的原料，所以郑玄注“兽人”职云：“狼膏聚，麋膏散，聚则温，散则凉，以救时之苦也。”

二是原料中的主料与调料的性味相成。《周礼·天官》的“庖人”职记载：“春行羔豚膳膏香；夏行腒鱐膳膏臊；秋行犊麛膳膏腥；冬行鲜羽膳膏膻。”其中的膏，也可称作脂，是调料。膳膏为煎熬而调和五味的膏脂。春天用牛脂烹调小羊、小猪，夏天用犬膏烹调干雉和干鱼，秋天用猪膏烹调小牛、小麋鹿，冬天用羊脂来烹调鲜鱼及雁等，这讲究的是主料与调料的性味相投，这样制作的菜肴滋味醇厚甘美。

三是主食与菜肴的搭配谐调。《周礼·天官》的“食医”职记载：“凡会膳食之宜，牛宜稌，羊宜黍，豕宜稷，犬宜粱，雁宜麦，鱼宜苽。”郑玄注：“会，成也，谓其味相成。”《尔雅》云：“会，合也。”“会”是谓齐合诸味相成不爽戾。《说文》曰：“会，合也。从亼曾省。曾，益也。”“会”是合而增益。饮食中主食与菜肴适宜谐调能给人们喜食的美味，这就是合而增益。《周礼》“食医”认为：用稻、黍、稷、粱、麦、苽制作的米饭，分别与用牛、羊、豕、犬、雁、鱼制作的菜肴相配，是适宜谐调的，能相得益彰，使风味倍增。

中国很多菜肴讲究食材的搭配，最初的美味都是因为有神奇的食材搭配。锡林郭勒草原，有一种神奇的菌类——口蘑，晒干后口蘑的鲜味保留。江南地区的冬笋，晒干后再泡水，与切片的口蘑入油锅煸炒，丰腴滑嫩的口蘑与爽脆的冬笋组成了“烩南北”。这道传统佳肴已有三百多年历史，如今仍为人们所喜爱。大凉山的花椒与大娄山的辣椒，加上牛油、豆豉、豆瓣等调料同炒，麻辣鲜香俱全，成就了重庆火锅底料。牛肉配萝卜，加豆瓣酱、花椒、辣椒、井盐等调料同煮，即成了自贡盐工传统的下饭菜。

图4 讲究五味调和的煲类菜肴

其次，是烹饪制作中的水火适中、众味调和。运用水火烹煮，使各种呈味物质通过对比、消杀、变调、相乘、阻碍等方式，在有主有次、有多有少的调配中巧妙制成美味。烹饪过程中，所用主料具有定味作用、辅料起着给主料增味的作用，用量的多少需依据主辅料的性味结合时令气候、食者生理需要和生活习惯而定。《周礼·天官》的“亨人”职记载：“亨人掌供鼎镬以给水火之齐。”郑玄注：“齐，多少之量。”即锅中所用水及加热的火候，都有多少之量的适宜得当。“齐”就是齐和，是“和”的具体体现，郑玄注《周礼·天官·盐人》说：“齐事，和五味之事。”《说文·齐部》：“齐，禾麦吐穗上平也。”它是以经人为约束过的禾苗表示平齐。所以，“齐”在烹饪中就是经调配而达到和谐。这“水火之齐”就是指水量和火候的适宜控制，正如《吕氏春秋·本味》所言：“凡味之本，水最为始，五味三材，九沸九变，火之为纪，时疾时徐，灭腥去臊除膻，必以其胜，无失其理。”这是加热制熟中水火之适中而齐和。《周礼·天官》的“内饔”职记载：“掌王及后、世子膳羞之割亨煎和之事。”割为烹饪初加工，用刀切割牲肉等原料，亨、煎分别是以水、油为介质的烹饪方法，此“和”则是指烹饪加工中的调和。《周礼·天官·食医》所言“凡和，春多酸，夏多苦，秋多辛，冬多咸，调以滑甘”，就是要求烹调时依据春夏秋冬四季的特征调以五味，达到顺滑和谐。这是调味过程中讲究的五味相济和谐。

最后，也是最为重要的，是烹调制作的食物与人体生理的谐调。中国烹饪中的五味调和是以味为本、以养为目的。五味调和不仅仅是为了“甘而不浓，酸而不酷，咸而不减，辛而不烈，澹而不薄，肥而不腴”，更重要的是“宰夫和之，齐之以味，济其不及，以泄其过。君子食之，以平其心”[1]。五味食物通过烹饪调和，能使“六食、六饮、六膳、百羞、百酱、八珍”与人体生理需要相协调，调节人体五脏的阴阳平衡，滋养人体生命的协调运动，因此，《周礼·天官》设食医“掌和王之六食、六饮、六膳、百羞、百酱、八珍之齐”。“和”食、饮、膳、羞的目的，就是能使食物与人体机能协调，以饮食保健、疗病养生，即《周礼·天官》中疾医职司的“以五味、五谷、五药养其病”；疡医职司的“以五气（郑玄注：‘五气’当为‘五谷’）养之，以五药疗之，以五味节之”。由调制而得的食物，既能满足人的生理需要，又能满足人的心理需要，使身心需要在五味调和中得到统一，从而使饮食与人体、人体与自然达到和谐境界，这是五味调和的理想境界，是中国烹饪屹立于世界民族之林的独特的饮食保健养生观，也是中国烹饪饮食的准则。

四时与调味相和。《礼记·内则》载：“凡食齐视春时，羹齐视夏时，酱齐视秋时，饮齐视冬时。凡和，春多酸，夏多苦，秋多辛，冬多咸，调以滑甘。牛宜稌，羊宜黍，豕宜稷，犬宜粱，雁宜麦，鱼宜苽。春宜羔豚，膳膏芗；夏宜腒鱐，膳膏臊，秋宜犊麛，膳膏腥；冬宜鲜羽，膳膏膻。”[2]可见，我国古代烹饪制度中的“五味调和”表现在：滋味的复合、醇厚、平和，诸多食物性味的均衡、适中，食物与

1　许维遹撰：《吕氏春秋集释·卷十四·本味》，中华书局，2009年，第314—315页。
2　阮元校刻：《十三经注疏》，中华书局，1980年，第1464页。

四时季节的协调一致，食物与人体的和谐统一。

所以“五味调和”所调的是味的和谐，物性的和谐，人体所需的和谐，人与自然的和谐。“五味调和”之美，美在“合于天时，设于地财，顺于鬼神，合于人心，理万物者也”。[1] 人类味感的多重性、多变性与兼容性，是五味的使用及五味调和出现的前提。五味调和既是我们饮食民俗的传统，也是饮食民俗的重要理论，更是饮食生活的重要实践。

图5 土家滋补酒

饮食的健康诉求

食医与食疗

我国自古有医食同源、食医合一的饮食思想。中国的药、食是同步产生而发展

1 阮元校刻：《十三经注疏》，中华书局，1980年，第1430—1431页。

的。食物充饥养生，药物则防病、治病，它们都作用于人体。许多药物源于食物，而一些食物具有防病功能，尤其是饮食调配得宜，营养适度，不仅可以养生保健，而且可以防治疾病。

食医制度的文字记录最早见于周朝。食医作为王宫专门的管理和研究机构，地位较高，职在“天官”之序，“食医掌和王之六食，六饮，六膳，百羞，百酱，八珍之齐。凡食齐眡春时，羹齐眡夏时，酱齐眡秋时，饮齐眡冬时。凡和，春多酸，夏多苦，秋多辛，冬多咸，调以滑甘。凡会膳食之宜，牛宜稌，羊宜黍，豕宜稷，犬宜粱，雁宜麦，鱼宜蓏，凡君子之食恒放焉”。[1]

《周礼》设立食医机构以制订饮食保健食疗食谱，按照春、夏、秋、冬季节的气候特征，调节菜肴的酸、苦、辛、咸、甘等五味；根据食物寒温特性讲究主食与菜肴的搭配，使饮食得宜，膳食平衡，起到保健养生的作用；还通过主食（五谷）、菜肴（五味）、药物（五药）相助相济，达到防病治病的食疗效果。

食医机构中包括食医、疾医、疡医等职官。其中食医专为王制定保健食谱，包括主食、酒饮和菜肴。食医机构中的疾医主司以五味、五谷、五药调养百姓的疾病。《周礼》云：“疾医掌养万民之疾病。……以五味、五谷、五药养其病。”[2]五味是指烹调中由醯酒饴蜜姜盐调料呈现的酸、苦、甘、辛、咸五味，五谷泛指稻、麻、黍、稷、麦、豆等谷物，五药也泛指草、木、虫、石等药物。疡医的职责是以五气调养体力，以五药治疗疡疮，以五味调节药效，《周礼・天官・疡医》载：“凡疗疡，以五毒攻之，以五气养之，以五药疗之，以五味节之。凡药，以酸养骨，以辛养筋，以咸养脉，以苦养气，以甘养肉，以滑养窍。”[3]疾医、疡医的职责是根据食物、药物和五味的相助相济来治疗疾病，以起到食疗、药疗的作用。[4]

1　阮元校刻：《十三经注疏》，中华书局，1980 年，第 667 页。
2　阮元校刻：《十三经注疏》，中华书局，1980 年，第 667 页。
3　阮元校刻：《十三经注疏》，中华书局，1980 年，第 668 页。
4　王雪萍：《〈周礼〉饮食制度研究》，扬州大学博士学位论文，2007 年，第 26 页。

图6 药膳

《周礼》食医制度为中国历史上食医制度及其职官设置的肇始。此后，历代皆有食医制度与食医职官的设置。例如，唐代在主管御食的尚食局下设有食医八人。《旧唐书·职官志》载："尚食局，奉御二人，直长五人，食医八人。奉御掌谨其储供，辨名数。直长为之贰。若进御，必辨其时禁。春肝，夏心，秋肺，冬肾，四季之月脾王，皆不可食。……食医掌主食王膳，以供其职。"[1]至元代，统治集团性喜豪宴，食医与食官尤为偏重。成吉思汗时就设有食医，如常普兰奚之曾祖父常资、祖父常兀迩笃，就先后担任成吉思汗宿卫兼典御膳。元世祖忽必烈对饮食卫生尤为重视，他"食饮必稽于《本草》"，并且还"按《周礼·天官》，有医师、食医、疾医、疡医，分职而治，行依典故，设掌饮膳太医四人，于本草内选无毒、无相反、可久食，补益药味，与饮食相宜，调和五味，及每日所造珍品。御膳必须精制"。[2]即设置执掌饮膳的太医四人负责宫廷的补养调护之术，饮食百味之宜，且有较为严明的规章制度。生于印度的铁哥就是当时的饮膳太医之一，为忽必烈掌饔膳汤药，

1 刘昫:《旧唐书·卷四十四·职官志》，中华书局，1975年，第1864页。

2 忽思慧著，尚衍斌等注释:《〈饮膳正要〉注释》，中央民族大学出版社，2009年，第72页。

深得信赖。《元史·铁哥列传》云："命掌饔膳汤医，日益亲密。"[1]元初名医许国祯之母韩氏，亦曾以食医身份侍奉元世祖之母庄圣太后。忽思慧在元代延祐至天历年间也曾任饮膳太医。

由于历代统治者重视食疗，设置食医职官，并要求饮膳太医记载食疗方的效果，因此出现了专门介绍饮食养生的食疗方书籍，孙思邈《备急千金要方》"千金食治"，我国现存最早的饮食疗疾专篇。"为医者，当晓病源，如其所犯，以食治之，食疗不愈，然后命药。"另有孙思邈的学生孟诜《食疗本草》《食医心镜》、元代忽思慧的《饮膳正要》等，收集多种奇珍异馔、汤膏煎造食疗方，并介绍所载汤方的补益和治疗作用。清朝顾仲《养小录》全书分"饮之属""酱之属""饵之属""蔬之属""餐芳谱""果之属""嘉肴篇"等七部分，顾仲将菜肴同养生结合起来，选择对人的健康长寿有明显益处的菜肴，详述其烹饪技艺。《养小录》中最著名的是对于饮食之人的三个层次理论："饮食之人，大约有三，一曰'铺餟之人'，秉量甚宏，多多益善，不择精细；一曰'滋味之人'，求工烹饪，博及珍奇，又兼好名，不惜多费，损人益人，或不暇计；一曰'养生之人'，务洁清，务熟食，务调和，不侈费，不尚奇。食品本多，忌品不少，有条有节，有益无损，遵生颐养，以和于身。日用饮食，斯为尚矣。"[2]随着各种食疗方书籍的传播，食医不仅在历代宫廷受到重视，而且在民间社会上的影响越来越大。"药补不如食补，药养不如食养"的观念在中国人的饮食观里根深蒂固。

因时而食、饮食有节

因时而食包括按四时季节的变化、气候的寒热交替来选择具有不同性味的食物原料。传统中医学认为，食物有寒、热、温、凉四种食性和酸、甘、苦、辛、咸五味。寒凉食物常有清热、泻火、解毒等作用；温热性食物具有健脾、开胃、补肾、

---

1 宋濂：《元史·卷一百二十五·铁哥列传》，中华书局，1976 年，第 3075 页。

2 顾仲：《养小录 插图典藏本》，万卷出版公司，2016 年，第 24 页。

补益身体等作用。《黄帝内经·素问》:“辛酸甘苦咸，各有所利，或散，或收，或缓，或急，或坚，或软，四时五脏，病随五味所宜也。”所以，在不同季节应选用不同性味的烹饪原料。《周礼·天官·兽人》:“冬献狼，夏献麋，春秋献兽物。”郑玄注:“狼膏聚，麋膏散，聚则温，散则凉，以救时之苦也。”[1]冬天选用温性的狼膏，夏天则用凉性的麋膏，这都是随季节寒温特性而变。根据季节的气候变化来选择不同性味的食物原料，能起到饮食保健、食疗养生的作用。

因时而食也包括按时有规律地饮食。“人是铁，饭是钢，一顿不吃饿得慌”，一日三餐，“早饭要好，午饭要饱，晚饭要少”，“早餐如皇帝，中餐似平民，晚餐像乞丐”，这些经验之谈有着十分深刻的内涵。要健康地饮食，就应该在早上摄取丰富的营养，在中午尽量平衡搭配，而到了晚上就要少食，以免影响睡眠，以此来保证身体的强健。如果长时间不吃早餐，就会造成身体的负担，严重影响健康。于是，从这一经验中，又衍生出“晚饭少吃口，活到九十九”“早饭吃好一天饱，晚饭少吃睡得好”等谚语。

“口不可满”，饮食有节，起居有常。适时、适度饮食的思想早在我国春秋时期就已经有了，“凡食之道，无饥无饱，是之谓五藏之葆。口必甘味，和精端容，将之以神气。百节虞欢，咸进受气。饮必小咽，端直无戾。”[2]这一思想不仅被后世所沿袭，且不断丰富。“不欲极饥而食，食不过饱。不欲极渴而饮，饮不过多。凡食过则结积聚，饮过则成痰澼……五味入口，不欲偏多。”[3]晋代张华《博物志》:“所食愈少，心开愈益；所食愈多，心愈塞，年愈损焉。”“食不欲杂，杂则或有所犯；有所犯者，或有所伤；或当时虽无灾苦，积久为人作患。又食啖鲑肴，务令简少，鱼肉、果实，取益人者而食之。凡常饮食，每令节俭。若贪味多餐，临盘大饱，食讫，觉腹中彭亨短气，或至暴疾，仍为霍乱。”[4]也就是说，饮食要有规律，要适度、适量，不能暴饮暴食；饮食需冷热适中、五味相调。古时，人们认为，如果在饮食

1 阮元校刻:《十三经注疏》，中华书局，1980年，第663页。
2 吕不韦:《吕氏春秋》，北方文艺出版社，2018年，第27页。
3 唐翼明作，李怀宇编:《魏晋风流》，广东人民出版社，2019年，第131页。
4 孙思邈:《备急千金要方》，山西科学技术出版社，2010年，第758页。

上不知节制，就会牵累到自身的健康，于人的长寿有碍。故而，又有“饮食不节，杀人顷刻”“暴饮暴食易生病，定时定量得安宁”等说法。也有“饮食过饱，促人衰老”“未饥先食，稍饱即止”“饥而食，食不过饱，极渴而饮，饮不过多”之说。又有云：“饮食有节，起居有常，不妄劳作，故能形与神俱，而尽终其天年，度百岁乃去。”孙思邈认为：善养性者，先饥而食，先渴而饮。食欲数而少，不欲顿而多，则难消也。常欲令如饱中饥，饥中饱耳。[1]

总而言之，因时而食、饮食有节、起居有常是饮食养生的基本原则。

开胃粥与皱眉饭

古人有言：“心情欢畅，饭菜香甜”“宁吃开胃粥，不吃皱眉饭。”人们在开心的时候看待事物都是美好的，在心情欢畅的时候，饮食就会被身体很好地消化吸收，使身体康健。饮食中要注意搭配、合理进食、平衡营养，不能只吃单一的食物，适宜地饮食才能达到理想的效果；“裤带越长，寿命越短”，这句谚语的意思为人越肥胖，就会越容易生病，进而寿命就不能长久。饮食中，不能大吃大喝，应当注意保养和减肥，尤其是老年人，民间也有“千金难买老来瘦”之说。

在中国的饮食传统中，就一直有“原汤化原食”的说法。山西民间有这样的说法：“吃饭先喝汤，一辈子不受伤。”吃干面条后喝点面汤是山西人最为突出的饮食习惯。当老人在吃完捞面、水饺后，都要喝点原汤。“原食”，指的是淀粉类食物，而“原汤”，就是指煮这些食物的水。例如煮饺子、面条、馄饨、汤圆的汤，还有米汤等。而火锅的汤则不能相提并论，因为涮肉时会有很多油脂溶解出来，造成火锅汤中油脂的含量太高，长期饮用会对健康不利。还有一定是“原汤”，才能化原食。西安著名的羊肉泡馍，使用的是炖羊肉的汤，然后把馍泡进去，这个汤就不是馍的原汤。理论上，多是饭后喝，就像大家喜欢在饭后喝点粥一样，量的多少没有严格限制。吃面类食物不容易产生饱腹感，容易越吃越多，因此肥胖者应该在饭前

1　孙思邈：《孙思邈医学全书》，山西科学技术出版社，2016 年，第 488 页。

喝，可以使人产生一定的饱腹感，放慢吃饭的速度，不至于吃得过多。这也是为什么民间流行“饭前喝汤，苗条健康”的谚语。原汤化原食中的“化”有两重含义。首先，“化”有“消化”的意思。煮淀粉类食物时，其表面的淀粉会散落到汤中，当加热到100摄氏度时，淀粉颗粒会分解成糊精，能帮助消化食物。面汤中还含有消化酶，在煮的过程中不会被破坏掉，也可以帮助消化食物。喝原汤可以帮助减少积食。其次，喝原汤还有一定的补充作用。面粉中水溶性的B族维生素很丰富，但在煮食过程中，B族维生素会流失到汤里。喝汤能够在一定程度上弥补面食在烹调过程中流失的维生素。有的地区做米饭习惯吃“捞饭”，也会造成水溶性维生素，特别是B族维生素的丢失，所以传统习惯“蒸米饭”，如果做捞饭的话，要将米汤喝掉。

图7 营养八珍汤

饮食搭配与禁忌

长时间烹制食物的人对食材的搭配都有一定的了解，如“鱼不离姜，肉不离酱”“吃鱼要用醋和酒，腥味怪味都没有”。由于鱼类本身都带有一股腥味，生姜能去腥膻、增香，所以家中都会常备生姜，以用来调味。做肉菜的时候为了色香味俱全，常会放一些酱油、豆瓣酱之类的调味品，以增强人的食欲。同样地，还有“牛不韭，羊不姜”，因为人们在烹饪食物时发现牛肉和韭菜一起、羊肉和生姜一起无法食用，便总结得出这句饮食谚语。粥也称糜，是人所熟知的饮食佳品，不仅是因为其口感黏稠，更是因其营养丰富。不同的粥品营养不同。如：“若要双目明，粥中加旱芹”“止泻健脾补五脏，粥中宜把扁豆放”“若要皮肤好，粥中加红枣”等。但是，也有很多食物是不能一起食用的。如：“洋葱蜂蜜性不和，同食就会伤眼睛”“花生忌西瓜，同食会伤身”“柿子红薯若同吃，体内结石易形成”“柿子螃蟹性相背，同食之后会腹泻”等。食物的搭配不仅是人们对烹调味道的要求，也是人们对自身健康的关注。

元人贾铭撰写《饮食须知》，最大特色是专论饮食的禁忌，该书认为“物性有相反相忌”，“各物皆损益相半”。我国自古有“食有时”与“少吃多餐”的饮食俗语，正是不可多食的另一种说法，一次不要多食，长期不饱食，正是食养的核心理念。

食疗养生

中国饮食民俗中非常重视食疗养生，尤其是岭南地区的人。他们不仅非常注重享用美食，还兼顾了食疗和养生，这有赖于其丰富的物产及特殊的气候环境。岭南有广袤的山区，野生动植物资源丰富。例如槟榔，自汉代以来一直深受岭南民众的喜爱，据屈大均《广东新语》载：“粤人最重槟榔，以为礼果，款客必先擎进。”可见槟榔还是款待、送礼的佳品。同时它也是珍贵药材，其果仁、果皮等都可作为药材使用，其功能是驱虫、泻胀，能治肿痛之症。老姜既是蔬菜也是药材，岭南人喜食海鲜，姜是少不了的调味品。老姜有祛寒的药效，岭南人感冒爱服食姜汤以祛寒。益智，即益智草，岭南古籍《异物志》和《南方草木状》就有记载，可见益智在岭南药用历史的悠久。通常以益智仁入药，其性温辛，温补脾肾。岭南暖湿气候很适合桂树的生长，《南方草木状》就记载了桂树的生长环境：“桂出合浦，生必于高山之巅，冬夏常青。”桂皮作为桂树的皮具有性热行血、补肾之功效，是一种祛风寒的温性药物，同时由于其本身有特殊的香气，还是食物的重要调味品，在今天的饮食中，桂皮都一直是人们烹饪肉食类食品的重要调味品。此外，岭南地区由于天气潮湿闷热、湿热暑症很多，故具有清热祛暑、解毒祛湿作用的中草药凉茶在岭南非常盛行。它是传统的清凉饮料，为本土人必不可少的清暑解热的药物。陆贾在《南越行纪》中提到，在南越看到了从西方引进的素馨花、茉莉花，曰："南越之境，五谷无味，百花不香。"嵇含的《南方草木状》也记载有素馨花和茉莉花，这两种花都是今天广东凉茶的配方之一。

岭南人饮食上还注意季节的更替，如秋后冬前吃蛇，可治风湿骨痛病；又如广东特产禾花雀，骨脆肉软肥美，是一啖为快的秋季时令名菜，岭南人很擅长使食物真正发挥滋养身体的作用。煲汤在今天成为广东人，尤其是广府人的一大特色。广府菜的汤文化之所以如此繁盛，与岭南地区所处的地理环境分不开。岭南地区气候潮湿炎热，中医认为这种气候易使人受"热毒"侵害，而喝汤可以清热去火，因此饮食中不可无汤，中医因此创制出具有食疗作用的"药汤"。现在岭南人爱煲汤，就是对食医结合、滋润养生最好的体现。[1]

---

1 李炎焜：《秦汉时期岭南地区饮食文化研究》，广州大学硕士学位论文，2017 年。

饮食的流动与重构

流动与变化是饮食的永久主旋律，但这种变化并非漫无边际、毫无章法可言。恰恰相反，正是因为饮食，特别是味觉万变不离其宗，以“家乡风味”为代表的饮食才能承担饮食民俗方面的传承与延续，才具有了超越时空的价值和魅力，才成为人们不断记忆和想象的对象。美国人类学家曾拍摄了一部纪录片 *The Language You Cry In*，在影片中，除了语言，人们对家园的记忆和传承最重要的方式表现在饮食方面。美国黑人后裔，在几百年的历史流动变迁中，始终保留了其祖先最基本的别具一格的做米饭的方法。人们在感慨这一奇迹之余，也不能不承认：除了语言，人们在饮食方面对文化及生活方式的记忆与传承力量也是不可低估的。在饮食的流动与变迁中，人们对文化和家园的想象和构建从未停止过。想象是在一定记忆基础上进行的，深厚博大的文化记忆一直是人们存在感受的根源性与创造性的因素。[1]

1 “想像是从记忆里来的，想像从来不是空穴来风，想像总是来自某些东西，每个人的想像都来自更大的‘想像域’（imaginary），有时我们要用这个词。在想像域里面，除非存在记忆，否则一切都无从谈起，所以记忆是非常重要的。……如果不再存在一个有效的记忆，那么当然再生产就会出问题。”（[美] 斯特拉森、斯图瓦德：《人类学的四个讲座——谣言、想像、身体、历史》，梁永佳、阿嘎佐诗译，中国人民大学出版社，2005 年，第 148 页。）

域外食物的引入

流动的食物

食物的流动、饮食民俗的交流时间发轫之早、范围之广、频率之高，都是较为罕见的。商旅活动，官吏从宦，士子游学，役丁徭戍，军旅驻屯，罪犯流放，公私移民，荒乱逃迁，兵荒马乱，等等，都是饮食流动的重要渠道。

秦汉统一后，岭南地区的荔枝、龙眼、香蕉、柑橘、柚子、甘蔗、椰子等；西域的西瓜、葡萄、石榴、薄桃、苜蓿等由茶马古道、丝绸之路传入中原。汉代张骞出使西域，带回了胡荽、洋葱等；带回一些良种，如大蒜、蚕豆、核桃、芝麻等。丝绸之路促进了饮食民俗的交流；胡汉交流、南北交流、中外交流传入我国的西域食品有胡桃、胡麻、胡椒、胡豆等；北方游牧民族或西域胡族传入中原的还有乳酪、胡饼、貊炙等食品种类。

胡芹

芹菜并不是我国的原生蔬菜，最初起源于“瑞典至阿尔及利亚、埃及以及西亚的高加索等沼泽地带”。古希腊人最初将其作为观赏性植物进行培育，稍后引入药典，最后才作为辛香类蔬菜食用。一般认为，芹菜是由高加索地区，即中亚传入我国。但唐贞观二十一年（647）进献的胡芹，显然不是传统意义上的芹菜。由《册府元龟》载其“状似芹而味香”之语，可见在胡芹传入之前，中国古人已经知道了芹的存在并且广泛食用，故《吕氏春秋》有“云梦之芹”之语，高诱注“菜之美才，有云梦之芹”。在北魏成书的《齐民要术》中，有许多菜肴的制作中需要用到芹菜，贾思勰亦将其称为“胡芹”。若此处的胡芹与贞观二十一年来华的胡芹是同一物种，就不符合太宗因“其草木杂物有异于常者，诏所司详录焉”的初衷。因为就《齐民要术》的记载来看，此“胡芹”已经在日常饮食生活中被广泛地使用了，实在称不上新奇。因此，《齐民要术》中的“胡芹”应当就是旱芹，被称为“胡芹”

一是为了表明其来源于西域；二是为了区别于我国本土生长的水芹。那么，贞观二十一年来华的“胡芹”究竟是芹的最新品种，还是与芹相似的其他物种呢？明代李时珍在《本草纲目》“马蕲”条释名：“牛蕲、胡芹、野茴香。”将马蕲与胡芹等同起来的最早记载，见于《通志》，其文为：“牛蕲，俗谓胡芹。其根叶不可食，惟子香美，可调饮食。”牛蕲是“与芹同类而异种”的植物，其“三四月生苗，一本而丛出如蒿，有白毛，叶似水芹而小，嫩时可蔬食”。

胡瓜

李家文先生认为：“黄瓜在中国有两个明显的生态型。南方型的黄瓜直接由东南亚传入，现主要分布于华南，仍保持着要求温暖湿润气候的特性，而且一般为短日性；短日照有利于雄花分化，果实粗短，无明显的棱刺。北方型的黄瓜约于二千年前经由中亚细亚传入，经过长期在华北栽培，生态特性变异很大，它能适应北方的大陆性气候，耐变化激烈的温度和干燥，除早熟品种外一般为长日性，能在长日照下分化雌花，而且果实细长，有明显的棱刺。”[1]

北魏贾思勰编撰的《齐民要术》中对胡瓜的记载，是中原人士有关此物最早的文献资料，贾思勰在书中记载了胡瓜的种植、收获时令与方法。可见，胡瓜至晚到公元6世纪就传入了中原地区，只是在隋炀帝时被更名为黄瓜，并将这一名称沿用至今。

回回豆子

回回豆子“味甘，回地面，去腹胀，苗似豆，今田野中处处有之。青小豆，无毒，主消渴，勿与盐煮食之。出在回味甘寒，无毒，主热中，消渴，止下痢，产妇无乳汁，烂煮三五升食之即乳多。豌豆，味甘平，无毒，调顺，荣卫，和中益气。扁豆，味甘，微温，主和中，叶主霍乱吐下不止”。李时珍说回回豆子即豌豆。回回豆子是豌豆的一种，又称“鹰嘴豆”。“回回豆子”在元代备受重视，宫廷食谱中

1 李家文：《中国蔬菜作物的来历和变异》，《中国农业科学》1981年第1期。

各种菜肴用“回回豆子”的达十余种之多。在《饮膳正要》卷一“聚珍异馔”发现不少汤、菜中的配料都少不了“回回豆子”，诸如马思答吉汤、沙乞某儿汤、木瓜汤、松黄汤、鸡头粉血粉、鸡头粉馄饨、杂羹、荤素羹、珍珠粉、黄汤等。“回回豆子”如此受时人喜爱，自然有其独特的食疗效果。在《维吾尔药志》中，关于“鹰嘴豆”的疗效有如下表述：“补中益气，温肾壮阳，主消渴，解面毒，润肺止咳。用于体倦，腰膝酸痛，食欲不振，病后体弱，糖尿病及肺痈肿等症。”

菠薐

菠薐，就是现在的菠菜，中国最早传入这种蔬菜是经尼波罗（尼泊尔）国使者之手，据《新唐书》载：“泥婆罗直吐蕃至西乐陵川。”但也有说是张骞带回的，唐人韦绚记：“菜之菠薐者，本西国中有僧自彼将其子来，如苜蓿蒲萄因张骞而至也。”[1]《唐会要》载：“尼波罗国献波薐菜，类红蓝，实如蒺藜。火热之能益食味，即此也。”[2]“菠薐，一名赤根，又名波斯草。”“慎微曰：按刘禹锡《嘉话录》云，菠薐，种出自西国，有僧将其子来，云本是颇陵国之种，语讹为菠薐耳。”

菠薐，“味甘性冷滑。多食令人脚弱，发腰痛，动冷气，先患腹冷者必破腹。不可与鱼同食，发霍乱。北人食煤火熏炙肉面，食此则平。南人食湿热鱼米，食此则冷，令大小肠冷滑也”[3]。“利五脏，通肠胃，热解酒毒”是“可用之菜”，到元代时已知菠菜出在波斯，其产地遍布南北。

莙荙菜、胡萝卜、回回葱、落花生

莙荙菜，“味甘寒，无毒，调中，下气，去头风，利五脏”。它“味甘苦，性寒滑，即甜菜。道家忌之。其茎烧灰淋汁洗衣，白如玉色。胃寒人食之，动气发泄。先患腹冷人食之，必破腹”。

胡萝卜，“味甘平，无毒，主下气，调利肠胃”。明代李时珍说，胡萝卜“元代

---

1 李昉等编：《太平广记》(8)，哈尔滨出版社，1995年，第3663页。

2 李时珍：《本草纲目·第3卷》，吉林大学出版社，2009年，第90—91页。

3 贾铭原撰：《〈饮食须知〉释义》，山西科学技术出版社，2014年，第89页。

始自胡地来，气味微似萝卜，故名”。但是在南宋的地方志中已见有关此物的记载，可见李时珍所说并不确切。但可以肯定，胡萝卜以“胡”为名，确自“胡地”也就是外国传来，而且是在元代才广泛传播开来，大江南北的很多地方都在种植。

回回葱，“味辛温，无毒，温中，消谷，下气，杀虫，久食发病”。“其形如扁蒜，层叠若水精葱，甚雅，味如葱等，腌藏生食俱佳”。大都附近的“寻麻林最多”。从有关文字记载及图像来看，回回葱应该就是现在的洋葱。

当时传入的小粒型落花生，“近出一种落花生，诡名长生果，味辛苦甘，性冷，形似豆荚，子如莲肉，同生黄瓜及鸭蛋食，往往杀人。多食令精寒阳痿”。

异域与本土

在元代，随着伊斯兰教在西北地区、东南沿海的流传，阿拉伯、波斯移民的习俗在广州、泉州、宁波等地扩散，促进了清真菜系在中国边区和内地的形成。东南沿海的阿拉伯移民和商人给当地带来了富有西亚风采的饮食民俗，喜食冰果子露、蜜糕和各种甜食，烧烤、清炖食物，渐成民间风习。特别是回回果蔬和回回香料的传入更是带动了回回食品的兴起与普及。1331 年忽思慧编纂的元代皇室食谱《饮膳正要》，列有许多回回食物，最终为清真菜系进入中华饮食民俗的殿堂奠定了基础。当时传入的回回果蔬有菠菜、莙荙菜、回回豆子、胡萝卜、回回葱、八担仁、必思答、小粒型落花生等，回回香料有马思答吉、哈昔泥、咱夫兰、稳展、回回青等。至于回回食品有：《饮膳正要》收录的马思答吉汤、八儿不汤、沙乞某儿汤、杂羹、秃秃麻食、马乞、乞马粥、撒速汤、河西肺、脑瓦剌、细乞思哥、撇列角儿、颇儿必汤等；《居家必用事类全集》“回回食品”中就记载有卷煎饼、䭔糜、酸汤、八耳搭、哈耳尾、古剌赤、没克儿疋剌、海螺厮、即尼疋牙、哈里撒、河西肺等 12 种食品。在酒方面传入了中亚的葡萄酒、西亚的阿剌吉酒。

中国饮食民俗之所以丰富多彩、辉煌灿烂，与不断吸收异域饮食民俗成果有关。早期，国外传入中国的水果多来自西亚（如葡萄）、中亚（如早期的苹果）、地中海（如橄榄）、印度（如一些柑橘类）和东南亚（如椰子、香蕉），为现代中国人广泛食用的菠萝、西红柿、番石榴、草莓、榴梿、葡萄柚等则是由东南亚、美洲或大洋洲传入中国的。中国人吃辣椒的历史不过300年左右。史料记载，辣椒在明朝末年，由海路从美洲的秘鲁、墨西哥传入中国。糖是调料中最重要的甜味原料，它是在唐太宗时，由朝廷派遣使臣到中亚学习熬糖技术后才开始在中国生产的。而被中国人视为名贵食品的鱼翅、燕窝是14世纪初由东南亚传入，自清代起成了一种奢侈品。随着现代西方文化的传播，西式饮品如咖啡、汽水、果汁、各种酒，也成为中国人司空见惯的物品了。在菜肴方面，外来食品最早进入中国食谱是在唐代，随着中西贸易的频繁往来，由阿拉伯人带来的食品派生出来的清真食品，对丰富中国饮食风俗和烹饪技术都做出了不小的贡献。到了近现代，西餐传入中国，不仅通商口岸开有不同风味的西餐厅，而且还形成了一些中西合璧的烹饪技术，这在粤菜中表现得尤为突出。

图1 小西红柿

食盐[1]

食盐是饮食烹饪中最为重要的调味品，可以说是万味之首。我国与西域地区很早就有了交流，西域盐品与中原地区的交流丰富了我国古代饮食烹饪的味道。

西域所产之盐，除中原本土亦能见到的白盐外，还有黑盐、黄盐、绿盐和赤盐

1 付婷:《隋唐饮食文化研究》，陕西师范大学博士学位论文，2015年，第15—39页。

等多个品种，而中原王朝对于西域所产之盐的认知，最早可追溯到东汉时期，《后汉书·西域传》“天竺”条载：“又有细布、好毾㲪、诸香、石蜜、胡椒、姜、黑盐。”到了南北朝时期，有关西域盐品的记载逐渐增多。《宋书》载，魏主在赠送南方士人李孝伯的礼品中，就包括九种不同功效与用途的盐，所谓“此诸盐，各有宜。白盐是魏主所食。黑者疗腹胀气满，刮取六铢，以酒服之。胡盐疗目痛。柔盐不用食，疗马脊创。赤盐、驳盐、臭盐、马齿盐四种，并不中食。”[1]《魏书》卷五十九《李孝伯传》中亦有相同的记载。但由于北魏统治者出身于西北草原，因此，他们对于西域盐品的接触与认知并不能代表当时社会的广泛认知。西域盐品在此时，特别是对于南方人群而言，依旧是一种稀有、奢侈的物品，故而需要向被赠送人介绍其用法。也因此在南朝祭祀音乐“需雅”中有“楚桂胡盐笔芳卉”之语。可见，胡盐是被列为贵重之物的。就隋唐时期而言，史籍中明确记载的、传入中原地区的西域盐品是五色盐与高昌盐。古人对五色盐的认知并不统一。或认为其是黑、白（或为红）、青、黄、紫五种盐的合称，抑或认为五色盐就是西域盐品的一种。西域许多国家盛产颜色盐，但“五色盐”之名却只是在隋代才出现并仅出现过一次。《隋书》卷八十三《安国传》载：“炀帝即位之后，遣司隶从事杜行满使于西域，至其国，得五色盐而返。”《北史》卷九十七的记载与《隋书》相同。明人陈耀文在《天中记》中载：“五色盐，按盐有赤盐、紫盐、黑盐、黄盐，亦有如虎、如印、如伞、如石、如水晶状者。北狄有青盐，五原有紫盐。天竺国有黑盐。西海南有青盐、紫盐、池盐，方寸半食，味美甚。”[2]

香料

香料很早就被广泛应用于世俗生活及宗教生活之中。古代“海上丝绸之路”也被称为“香料之路”，香料是海外贸易的重要大宗货物，也是我国古代进口的最重

1 谢适汀、董金环主编：《中华大典·军事典·军事战例分典》(2)，辽宁大学出版社，2018 年，第 1657 页。

2 陈耀文撰：《天中记·卷四六·盐》，《文渊阁四库全书》，第 967 册，台湾商务印书馆，1983 年，第 216 页。《天中记》虽为明人编著，但其有关五色盐的记载，均来自《北户录》《传物志》《续汉书》等前代文献。

要货物之一。香料功能广泛，具有防腐、保鲜食材及某些治病的作用，在饮食领域的地位不可小觑。南越王墓出土了乳香，因此我们可以推测早在汉代，人们就通过海外贸易进口了香料，并把它们运用到饮食领域了。

隋唐时期，巨大的消费潜力与中外交通的便捷，使得这一时期成为我国外来香料输入最为活跃的一个时期。引香入馔，我国早在战国时期就已经开始尝试了，故《楚辞》中有"蕙肴兮兰籍，桂酒兮椒浆"之语。至晚到南北朝时期，人们就已经认识到中原饮馔与西域胡食间的本质区别，就在于对香料的使用，并开始积极地引入这种调味方式。如《齐民要术》卷八记载的"胡炮肉法"中就用到了椒、姜、荜拨和胡椒这几味香料。其中，胡椒、荜拨为典型的域外香料。这二者在隋唐时期，依旧是制作胡食饮馔的主要调料，如《酉阳杂俎》载："胡椒，出摩伽陀国，呼为味履支。……形似汉椒，至辛辣，六月采，今人作胡盘肉食皆用之。"[1] 隋唐时期最应被我们注意的两种入馔香料，分别为檀香和龙脑。我们先来看檀香。檀香是一味甚少被用到的药材，始载于南朝陶弘景所著《名医别录》，被列为下品。檀香的主产地在今东南亚、印度、澳大利亚和非洲等地，我国的广东、云南、台湾也有栽培，南朝时已有檀香的传入，但将檀香入馔则是在隋朝才出现的。杜宝《大业杂记》载："先有筹禅师，甚妙医术，仁寿间常在内供养，造五色饮。以扶芳叶为青饮，拔楔根为赤饮，酪浆为白饮，乌梅浆为玄饮，江笙为黄饮。又作五香饮，第一沉香饮，次丁香饮，次檀香饮，次泽兰香饮，次甘松香饮，皆有别法，以香为主，更加别药，有味而止渴，兼于补益。"[2]

南北饮食的交流

宋代饮食民俗南北交融中的"南馔北渐"。北宋后期人口迁移对各地的饮食生活产生了或大或小的影响。虽然开封仍然是全国的政治文化中心，人文精华荟萃之

1　吴玉贵、华飞主编：《四库全书精品文存》(23)，团结出版社，1997 年，第 663 页。
2　杜宝撰，辛德勇辑校：《大业杂记辑校》，三秦出版社，2006 年，第 30 页。

地，但南方文化蓬勃兴起，盛况空前。王安石之舅吴孝宗有云："古者江南不能与中土等。宋受天命，然后七闽、两浙与夫江之东、西，冠带诗书，翕然大盛。人才之盛，遂甲于天下。"南方经济文化的发展，人才的兴盛，加快了南北的交流，越来越多的官宦来自南方。生长于南方的官宦，在北方为官，其饮食总会在相当长时期内保持原有习惯。一方面，饮食习惯难以突然改变；另一方面，南方的饮食让他们倍感亲切，睹物思人，更增思乡念亲之情。《晋书》"张翰"一条载"翰因见秋风起，乃思吴中菰菜、莼羹、鲈鱼脍，曰'人生贵得适志，何能羁宦数千里以要名爵乎！'遂命驾而归"。南方饮食民俗对北方饮食民俗的渗透和习染日益深入。欧阳修在《居士集》"京师初食车螯"描述：

> 五代昔乖隔，九州如剖瓜。东南限淮海，邈不通夷华。於（一作于）时北州人，饮食陋莫加。鸡豚为异味，贵贱无等差。自从圣人出，天下为一家。南产错交广，西珍富邛巴……岂惟贵公侯，闾巷饱鱼虾。此蛤今始至，其来何晚邪……[1]
>
> 金橘产于江西，以远难致，都人初不识。明道、景祐初，始与竹子俱至京师。竹子味酸，人不甚喜，后遂不至。而金橘香清味美，置之樽俎间，光彩灼烁如金弹丸，诚珍果也。都人初亦不甚贵，其后因温成皇后尤好食之，由是价重京师。[2]（欧阳修《归田录》卷二）

南方的粮食大米也为北方人所接受，特别是随着人口流动及城市化进程的加速，北方人也开始以米饭为主食。南方的蔬菜水果也不断北运，极大丰富了北方饮食。南方地区的一些菜肴和地方小吃也多传到北方，不仅沈阳、哈尔滨、北京、天津、西安等大城市里有南方风味的餐馆、餐厅，有些食物也进入寻常百姓的日常饮食之中。

1　欧阳修：《四库家藏·欧阳修居士集》，山东画报出版社，2004 年，第 44 页。

2　欧阳修：《欧阳修集编年笺注》(7)，巴蜀书社，2007 年，第 133 页。

饮食民俗的交流从来都是双向的，另外，“北化南移”，北方饮食民俗对南方饮食民俗的影响也显而易见。北宋时开封饮食有三个菜系，即北方菜系及为进京的南方官员、商旅服务的“南食面店”“川饭分茶”。也就是说，北宋的饮食业中这三种地域菜系各具明显特征。而“南渡以来，几二百余年，则水土既惯，饮食混淆，无南北之分矣”。

北上的南方饮食只是作为特色饮食丰富了京师的饮食业，而南下的北方饮食则覆盖了杭州饮食业。不管是从形式还是内容，杭州均效学开封，以至“直把杭州作汴州”。

> 杭城风俗，凡百货卖饮食之人，多是装饰车盖担儿，盘盒器皿新洁精巧，以炫耀人耳目，盖效学汴京气象，及因高宗南渡后，常宣唤买市，所以不敢苟简，食味亦不敢草率也。[1]
>
> 有标竿十样卖糖，效学京师古本十般糖。……更有瑜石车子卖糖糜乳糕浇，亦俱曾经宣唤，皆效京师叫声。[2]
>
> 汴京熟食店，张挂名画，所以勾引观者，留连食客。今杭城茶肆亦如之，插四时花，挂名人画，装点店面。[3]

南方耕种麦的比例增加，北方农作物在南方引种推广。

> 建炎之后，江浙、湖湘、闽广流寓之人遍满。绍兴初，麦一斛至万二千钱，农获其利倍于种稻；而佃户输租，只有秋课，而种麦之利，尽归客户。于是竞种，春稼极目，不减淮北。[4]

1　吴自牧：《梦粱录》(20)，浙江人民出版社，1980年，第161页。
2　吴自牧：《梦粱录》(20)，浙江人民出版社，1980年，第119—120页。
3　吴自牧：《梦粱录》(20)，浙江人民出版社，1980年，第140页。
4　梁方仲著，梁承邺等整理：《梁方仲遗稿·读书笔记》(下)，广东人民出版社，2019年，第247页。

尽管南、北方交往日益频繁，江南地区也有小麦种植，但面和麦在江南人的饮食中始终只充当了配角。南方人可以数月不食面食，却不可一日无米食。上海松江民间有“吃煞馒头不当饭”的谚语，而晋南则有“不吃馍馍不叫饭”之说。

各民族饮食的交融

饮食鲜明的地方性和民族性，是中外各民族间饮食民俗交流融合的客观基础，而民族间饮食民俗的兼收并蓄又是整个民族文化传播的重要内容，也是中华民族的饮食民俗辉煌发达的重要原因。

历史上，汉族与少数民族饮食上的差异很早就被人们所认识，《礼记·王制》云：“中国戎夷，五方之民，皆有性也，不可推移。东方曰夷，被发文身，有不火食者矣。南方曰蛮，雕题交趾，有不火食者矣。西方曰戎，被发衣皮，有不粒食者矣。北方曰狄，衣羽毛穴居，有不粒食者矣。中国、夷、蛮、戎、狄，皆有安居、和味、宜服、利用、备器。五方之民，言语不通，嗜欲不同。”

不同地区的饮食习俗都有鲜明的民族性和地域性。一个民族的饮食习俗，是根植于该民族的自然环境和饮食原料之中的，并受一定的经济状况所制约。而在历史发展中，由于政治经济文化等原因，中国各少数民族在保存自己饮食民俗特点的过程中，都或多或少与汉族的饮食民俗发生过交融，特别是在那些与少数民族接近或杂居的地区。

丝绸之路：羌煮貊炙

早在遥远的古代，中国各民族饮食方面的交流就非常频繁，创造了辉煌草原文化的匈奴等北方游牧民族，就和中原华夏民族有着密切的经济文化交往。匈奴人过着“逐水草迁徙”的游牧生活，食畜肉，饮“湩酪”，但也吃粮食，这些粮食大都来自中原地区。生活在祖国东北部的古老民族东胡，也和匈奴一样是游牧民族。早在商代，东胡祖先就与商王朝有过朝献纳贡的关系，至春秋战国时期，燕国的“龟盐枣栗”素为东胡等东北少数民族所向往。史书上说：“乌桓东胡俗能作白酒，而不知曲蘖，常仰中国（指中原地区）”。

先秦时代民族间饮食交流的一个重要原因，是民族大迁徙。我国有些民族历史上曾发生过举族大迁徙的情况。迁徙之后，由于脱离了原来赖以生存的故土，定居到新的自然环境中，经济生活发生了变化，饮食习俗也随之改变。如维吾尔族的祖先“丁零”人，原来居住在额尔齐斯河和巴尔喀什湖之间，以游牧为主，9世纪中叶迁入新疆，在当地农耕民族饮食民俗的熏陶下，形成了以农业为主，又食肉饮酪“与匈奴同俗”的新型饮食结构，并且与中原地区有着密切的饮食交流。

西汉时期，汉武帝多次派遣张骞出使西域各国，开辟了“丝绸之路”。张骞“凿空”西域，为各民族之间的经济文化交流创造了有利条件。西域的苜蓿、葡萄、石榴、核桃、蚕豆、黄瓜、芝麻、葱、蒜、香菜（芫荽）、胡萝卜等特产，以及大宛、龟兹的葡萄酒，先后传入内地。过去，把异族称为“胡”，所以这些引进的食材原先多数都姓“胡”，如黄瓜为胡瓜，核桃为胡桃，蚕豆为胡豆，等等，组成一个“胡”字系列食物，融入了中国人的饮食结构，扩大了中国人的食源，尤其以蔬菜的新品种与调味品为甚。

西汉时从西域传入中原的还有某些点心、菜肴的做法。如胡饼、貊炙、餢飳等。史书在这方面也有不少记载。《大藏音义》释餢飳云：“此油饼本是胡食，中国效之，微有改变，所以近代亦有此名。”说餢飳“谓为油煎饼，大约即《齐民要术》中之餢飳也”。《缃素杂记》云：“有鬻胡饼者，不晓其名之所谓，易其名曰炉饼。以胡人所啖，故曰胡饼。”古之胡饼当为今日的芝麻烧饼。至于貊炙，《搜神记》有这样的记载：“羌煮貊炙，翟之食也。自太始以来，中国尚之。”也就是说，把整只牛、羊、猪烧烤熟透，各自用刀割来吃，这本来是外国的风尚。后来羌、貊、翟这些民族逐渐内附，与汉族互相交往、渗透乃至融合，到汉武帝太始（前96）以后，中原地区也风行起西南羌人的“羌煮”和东北貊人的“貊炙”吃法了。

史学家陈寅恪先生说：“魏晋南北朝三百年来的大变动，即由人口迁徙问题引起。人口的徙动为魏晋南北朝三百年来之大事。”在民族大融合时期，饮食民俗的交流更加频繁，影响更加深远。一方面，北方游牧民族的甜乳、酸乳、干酪、漉酪和酥等食品和烹调术相继传入中原。“食肉饮酪”一直是胡族典型的饮食习惯，魏晋南北朝时期，随着游牧民族入主中原和中原地区畜牧业的发展，饮酪逐渐在北方汉民族社会流传开来。另一方面，汉族的精美肴馔和烹调术，又为这些兄弟民族所喜食和引进。《齐民要术》卷八和卷九记载，胡人进入中原之前很多部族“未知粒食”，很少食用稻麦，可在受到汉族饮食影响之后，所有牛、羊肉和野味类的菜肴在烹饪中都加入了米和面。特别是北魏孝文帝实行鲜卑汉化措施以后，匈奴、鲜卑和乌桓等兄弟民族将先进的汉族烹调术和饮食制作技术，应用于本民族传统食品烹制中，使这些食品在保持民族风味的同时更加精美。例如，匈奴等民族的烤牛、羊肉，鲜卑、乌桓等民族的烤鹿肉、烤獐子肉，原来只是整只或整腿用火烤，这一时期则改为将肉切成小块，在豆豉叶中浸后再烤。又如，串烤之牛、羊、猪肝，烤前均将肉或肝放在豉汁中浸渍，这些方法显然是汉族烹调术在兄弟民族食品制作中的应用。寒具（环形江米条）、环饼、粉饼、拨饼等，本为汉族的古老食品。在和兄弟民族的交流中，亦为鲜卑等民族所喜食。为了使这些古老的汉族食品适合本民族的饮食口味，寒具和环饼均改用牛奶或羊奶和面；粉饼要加到酪浆里面才吃；拨饼要用酪浆或胡麻（芝麻）饮来调和；等等。同样，鲜卑等游牧民族的乳酪和肉食品，也逐渐被不少汉族人士所喜食。

葡萄美酒夜光杯

隋唐时期，汉族和边疆各兄弟民族的饮食交流，在前代的基础上又有了新的发展。唐太宗李世民是一个葡萄酒爱好者，攻破地处丝绸之路要冲的高昌国（今新疆吐鲁番）后，得到了葡萄的新品种马乳葡萄，以及用葡萄酿酒的方法，便自己动手酿酒。唐太宗酿的酒，据《太平御览》说，“凡有八色，芳辛酷烈，味兼醍盎”，在国都长安深受欢迎。“葡萄美酒夜光杯，欲饮琵琶马上催”的著名诗句，表达了唐朝人对高昌美酒的赞美之情。隋唐时期，人们对于葡萄的食用、药用价值也有了更加深入的认识。前朝对于葡萄的一些认知，在此时业已发生转变。如陶弘景认为葡萄食之“令人肥健”。而以《食疗本草》为代表的唐人著作则认为：“其子不宜多食，令人心卒烦闷，犹如火燦。亦发黄病。”且“凡热疾后不可食之，眼暗、骨热，久成麻疖病”。人们对葡萄的认知不仅表现在修正了前人的看法，更重要的是对于葡萄这一物种开始拥有整体性的认知。如唐人认为用葡萄根煮成的浓汁，既可以治疗呕吐及霍乱后的恶心，也可以帮助孕妇改变胎位上逼的症状。自西域传来的葡萄本土化的过程在宋代得以延续，宋人不仅将葡萄果酒与传统米酒的酿制方法相结合，更是发明了枣树上嫁接葡萄的栽培法。

图2 葡萄酒

五代时，于阗（今新疆和田）的“全蒸羊”传入内地，陶谷《清异录》载：“于阗法全蒸羊，广顺中尚食取法为之。”而汉族地区的茶叶、饺子和麻花等各色美点，也通过丝绸之路传入高昌。1972 年，吐鲁番唐墓中出土的饺子和各样小点心，精美别致，是唐代高昌与内地饮食交流的生动例证。唐朝与吐蕃（今西藏自治区）亦有密切的饮食关系。唐代吐蕃，“俗养牛羊，取乳酪，用供食”，“不食驴马肉，以麦为面，家不全给”。唐太宗时，文成公主下嫁松赞干布，唐中宗时金城公主嫁给吐蕃王弃隶缩赞，从而唐与吐蕃“同为一家”。西藏地方史料记载，唐太宗“（吐蕃）多种烹饪食物、各种饮料……公主到了康地的白马乡，垦田种植、安设水磨……（文成公主）使乳变奶酪，从乳取酥油，制成甜食品”。后来，唐朝使者到达吐蕃，见当地“馔味酒器”已“略与汉同”。唐代茶叶也源源不断地运往吐蕃、高昌、突厥等民族地区。藏族独具民族风味的“酥油茶”，就是将本民族喜食的酥油和汉族的茶叶合熬而成的。高昌即今新疆维吾尔自治区的吐鲁番地区，当时这里是回纥等兄弟民族杂居的地区。回纥人以本民族的特产马换来内地的茶叶。今天维吾尔族的奶茶，就是在他们的祖先回纥人与汉族进行“茶马互市”的历史背景下产生的。

民族、地区大交融

宋、辽、西夏、金，是我国继南北朝、五代之后的第三次民族大交融时期。北宋与契丹族的辽国、党项的西夏，南宋与女真族的金国都有饮食民俗往来。辽朝，从 907 年至 1125 年，活跃在黄河流域的广大地区。契丹族本是鲜卑族的一支，他们以猎畜、猎禽、捕鱼和农业生产为生。狍子、鹿、羊、牛、鱼、天鹅、大雁、黍稷和瓜豆等，是契丹人的主要食物。菜肴以“猪、羊、鸡、鹅、兔连骨”煮熟后，备“生葱、韭、蒜、醋各一碟”蘸而食之最为常见，这与今日蒙古族的“手把肉”和西北地区的手抓羊肉颇为相似。契丹人进入中原以后，宋辽之间往来频繁，在汉族先进的饮食民俗影响下，契丹人的食品日益丰富和精美起来。汉族的岁时节令在契丹境内一如宋地，节令食品中的年糕、煎饼、粽子、花糕等也如宋式。难怪到了元代，蒙古族统治者把契丹和华北的汉人统统叫作“汉人”。

西夏是西北地区党项人建立的一个多民族的王国。西夏人的饮食，粮、肉、乳兼而有之。1044 年与北宋签订和约后，在汉族饮食的影响下，西夏人的饮食逐渐丰富多样化。其肉食品和乳制品，有肉、乳、乳渣、酪、脂、酥油茶；面食则为汤、花饼、干饼、肉饼等。其中花饼、干饼是从汉区传入的古老食品。

女真是我国古老的民族，当他们分布在黑水一带的时候，“夏则随水草而居，冬则入住其中”。“喜耕种，好鱼猎”，猪、羊、鸭和乳酪是其喜爱的食物。金国建立以后，先后与辽和南宋有过经济文化往来。特别是女真进入中原和汉族交错杂居以后，他们的饮食生活发生了较大变化。女真上京会宁，“燕（宴）饮音乐，皆习汉风”，中原地区的上元灯节等习俗，亦为女真所吸收。金国使者到达南宋，宋廷在皇宫集英殿以富有民族风味的爆肉双下角子、白肉胡饼、太平毕罗、髓饼、白胡饼和环饼等菜点进行款待。女真贵族一时崇尚汉食，为了满足饮宴之需，还召汉族厨师入府。

曾以鞑靼为通称的蒙古族，在整个13世纪，其军队的铁蹄踏遍了东起黄海西至多瑙河的广大地区，征服了许多国家，在中国灭金亡宋建立了元朝。蒙古人按照自己的喜好，以沙漠和草原的特产为原料，制作着自己喜爱的菜肴和饮料，他们的主要饮料是马乳，主要食物是羊肉。蒙古民族进入中原，北方民族的一些食品，随之传入内地。岭北蒙古地区的风味饮食醍醐、麆、野驼蹄、鹿唇、驼乳麋、天鹅炙、紫玉浆、玄玉浆（马奶子）传入内地后，在元代被誉为“八珍”。居于今吐鲁番地区畏兀儿人的茶饭“搠罗脱因”和“葡萄酒”；回回人的食品“秃秃麻食”（手撇面）和“舍儿别”（果子露）；居于阿尔泰山一带的瓦剌人的食品“脑瓦剌”；辽代流传下来的契丹族食品“炒汤”，以及乳酪等均传入汉族地区。而汉族南北各地的烧鸭子（今烤鸭）、芙蓉鸡和饺子、包子、面条、馒头等，也为蒙古族等兄弟民族所喜食。

明朝时，我国食谱中的兄弟民族菜单更多。例如，明代北京的节令食品中，正月的冷片羊肉、乳饼、奶皮、乳窝卷、炙羊肉、羊双肠、浑酒；四月的白煮猪肉、包儿饭、冰水酪；十月的酥糕、牛乳、奶窝；十二月的烩羊头、清蒸牛乳白等，均是由回回、畏兀儿、女真等兄弟民族的风味菜肴加以汉法烹制而成的。这些菜名前，已没有标明民族属性的文字，说明已经成为各民族共同的食品。

到了清代，满族入关，主政中原，发生了第四次民族文化大交融。汉族佳肴美点满族化、回族化和满、蒙、回等兄弟民族食品的汉族化，是各民族饮食交流的一个特点。奶皮元宵、奶子粽、奶子月饼、奶皮花糕、蒙古馃子、蒙古肉饼、回疆烤包子、东坡羊肉等是汉族食品满族化、蒙古族化、畏兀儿族化和回族化的生动体现，反映了满、蒙、维、回等兄弟民族为使汉族食品适合本民族的饮食习惯所做的改进。满族小食萨其马、排叉；回回小吃豌豆黄；清真菜塔斯蜜（今写作它似蜜）；壮族传统名食荷叶包饭等又发展为清代各大城市酒楼、饽饽铺和饮食店的名菜、名点而广为流传。汉族古老的食品白斩鸡、酿豆腐、馓子麻花、饺子等又成为壮族、回族和东乡族人民的节日佳肴。“清真菜系”原料是牛、羊、鸡、鸭、鱼等，但在某些操作及品种、风味方面，则吸收了不少汉族其他菜系的风格。诸如四川、湖南的清真菜偏辣，上海的清真全席保持了江南的饮食特点，湖广鱼米之乡的回民擅长烹调鱼类，云南的回民也做“过桥米线”，山西的回民同样精于面食的制作，等等。

多民族饮食民俗融合的集大成者，便是久负盛名的满汉全席。满汉全席之所以拥有最大规模和最高名声，从菜肴组成上看，有满族烧烤、茶点、汉族经典菜肴等，菜品极多；从制作原料、烹调技艺、开席礼仪上看，奢华的制作原料、精湛的烹饪技艺、开席时场面的宏大与隆重的礼仪都堪称中国宴席之最。

客家人的移民入川，为四川引进优良产业物种带来了机遇。红薯、玉米、南瓜、番茄、土豆、洋白菜、大头菜、四季豆等粮食蔬菜作物从美洲等地传入中国广东、福建后，由闽、粤客家人引入四川，客家人还把原产于国外的烟草、柠檬和产于福建、广东的广柑、橘子、甘蔗、柚子、桂圆、荔枝、黄麻、木棉等经济作物带入四川，丰富了四川的物产，为四川的饮食提供了更多选择。

总的来说，我国各民族、各地区饮食民俗的交流，大致经历了原料的互相引入、饮食结构的互补、烹饪技艺的互渗、饮食风味的互相吸收四个阶段，各民族、各地区在保持独特饮食风貌的同时，都不同程度地融合了其他民族和地区的饮食特点。这种融合要比服饰、建筑等其他物质文化表现更为鲜明、丰富。正是由于各民族、各地区人民的创造性劳动，才使中华美食具有取材广博、烹调多样、品种繁多、风味独特等特色。同时，中原地区的饮食民俗也为少数民族地区人民所接受，“熏血异俗，化为蔬饭之乡”。

饮食民俗的与时俱进

从根本上讲，中国饮食始终处于交融与重构之中。节日饮食作为整个人类饮食的一部分，是人类在一定历史阶段饮食上征服自然的成果，积淀了某一历史时期民间普遍的信仰意识。这种深层的民俗意义往往随着时间的流逝为人们所忽视或遗忘。

农历三月三，壮族人有吃五色蛋和五色糯米饭的习俗。五色糯米饭就是用五种颜色将糯米染色后蒸出来的，五色蛋就是用五种颜色浸染后煮熟的鸡蛋。一般由黑、黄、紫、品红、品绿五色组成。黑色一般是用枫树叶煮水染制而成的，黄色则是用黄姜或是一种黄色植物煮的水炮制而成的，其他色彩也均来自植物。吃五色糯米饭一般为图吉利，预祝“五谷丰登”，没有什么特殊用途，而五色蛋则专有它的用处，是未婚男女求爱用的专利品。节日里，当男女青年选择到自己心爱的人时，便拿彩蛋去碰对方手中的彩蛋，对方如果喜欢他（她），便心甘情愿让他（她）碰，直到碰破皮，两人便心照不宣地走到没人处谈情说爱，唱起情歌。通过对歌了解对方的身世、人品、爱好、家庭，表达爱慕之情，并赠予自己手中碰破皮的鸡蛋给对方吃，从而建立恋爱关系。这一食俗，不仅广西的壮族有，南方的侗族等多个兄弟民族也有，且多附会传说。另外，谙熟中国古代食俗的人知道，这个吃彩蛋以传性爱的食俗，在汉文古籍中是早有记载的，南朝梁代宗懔的《荆楚岁时记》记载：“古之豪家，食称画卵，今代犹染蓝茜杂色，仍加雕镂，递相饷遗或置盘俎。”蛋，古称“卵”，今广东方言犹有此称。这段记载中的“画卵”，正是今日称为“彩蛋”的应节食品。

以煮禽蛋作为应节食品来传情达意，此俗远有所承，它可以从中国古代叙述有关人、卵关系的神话中找到渊源。《诗经》中有简逖吞玄鸟（燕子）之卵，降而生商的记载，这则神话暗示我们——食卵，只有食卵，才是简逖受孕的最直接的原因。晋代的《搜神记》一书载有“鹄苞衔卵”的神话故事，张华《博物志》又有“卵民国”的记述。可见有关人、卵关系的神话，最初反映的是商民族远古的祈子习俗。“食称画卵”也是汉族地区的古俗，此俗与今日壮族等兄弟民族的“彩蛋”之俗，在举俗的目的、行俗的内容上大体是一致的，皆是中原远古时代食卵祈子习俗的变体。

此俗内涵的嬗变说明，随着岁月的推移，人们的原始观念日益淡薄，原先最为讲究的祭礼，纪念仪式日益简化甚至不再举行，唯独各节日的饮食风习历久不衰，只不过食品的质量更为精益求精而已，致使许多节日活动成为以饮食为主甚至是唯一的活动。因此，节日饮食往往包容了整个节日的历史文化内涵，节日风味食品成为我们追寻和探讨古代节日文化的主要的现存实体。

不仅饮食习俗是在不断变化中，饮食观念上的流动与重构也是时有发生。“食不厌精，脍不厌细”古已有之，在品评食物的时候，菜品是否做工细致、精雕细刻也成为一个评价重点，但是，这一谚语并不是全然正确的，其中的一部分观点已经不为现代人所接受。很多人认为，过分注重将食物做细做精，会影响人体对食物营养的摄取，故而，人们开始回溯并提倡“做粗食、食粗粮”的观点，于是，又产生了“吃米带点糠，一家老小都安康”“吃全杂粮不生病”“粗粮杂粮营养全，既保身体又省钱”“粗菜淡饭能养人”等谚语。

图3 北京簋街

“吃得少，瘦得快”，故有了“节食”一说。但是，这里所说的节食并不是要求人们饮食有节制，而是不吃饭。这样的观念是错误的。因为，胃部在消化食物的同时会消耗热量，一天一餐只能使胃部工作一次，但是，若能够一日多餐、每餐少食的话，那么人的身体在一天中就会消耗更多的热量，减肥效果反而会更好。所以，现代人将其总结为“少食多餐瘦得快”。

此外，不同地区同一饮食民俗之间也会有差异，在不同时间也有流变。就宏观而言，饮食民俗清晰地被打上“多民族共同创造”的印记。这一文化共同体反映在饮食方面，又纷杂多样。地方风味特色，构成饮食民俗的千姿百态。有正宗的八大菜系，有地方风味小吃，也有满、蒙、回、朝鲜、苗、彝等民族的烧、烤、涮、熏、腌等制品，还有外域传进来的西餐、快餐，等等，传统与现代深度交融。在饮食领域，中国各地保持开放态势。传统的、民族的、地方的、西方的、高档的、平民的，几乎所有的饮食种类、样式、风味应有尽有，气象万千。饮食民俗也同样在与时俱进，显示出鲜明的新时代风貌，正在快速步入现代化进程。

参考文献

（北魏）贾思勰著，缪启愉校释．齐民要术校释［M］．扬州：江苏古籍出版社，2001年．

（北宋）沈括．梦溪笔谈［M］．扬州：江苏古籍出版社，1999年．

（宋）李昉等编．太平广记［M］．北京：中华书局，1961年．

（宋）孟元老撰，邓之诚注．东京梦华录［M］．北京：中华书局，1982年．

（宋）周密撰．武林旧事［M］．杭州：西湖书社，1981年．

（宋）陆游撰．老学庵笔记［M］．北京：中华书局，1979年．

（宋）吴自牧撰，傅林祥注．梦粱录［M］．济南：山东友谊出版社，2001年．

（元）大司农司编．农桑辑要［M］．上海：上海古籍出版社，2002年．

（元）贾铭著，程绍恩等点校．饮食须知［M］．北京：人民卫生出版社，1988年．

（元）王祯撰．农书［M］．北京：中华书局，1956年．

（元）陶宗仪撰．辍耕录［M］．北京：中华书局，1985年．

（元）熊梦祥著，北京图书馆善本组辑．析津志辑佚［M］．北京：北京古籍出版社，1983年．

（元）耶律楚材著，向达校释．西游录［M］．北京：中华书局，1980年．

（元）陈大震编纂．大德南海志残本［M］．广州：广州市地方志研究所，1991年．

（元）李果编辑，（明）李时珍参订，姚可成补辑，郑金生等校点．食物本草［M］．北京：中国医药科技出版社，1990年．

（元）鲁明善著，王毓瑚校注．农桑衣食撮要［M］．北京：农业出版社，1962年．

（元）倪瓒撰，邱庞同注释．云林堂饮食制度集［M］．北京：中国商业出版社，1984年．

（元）汪大渊著，苏继庼校释．岛夷志略［M］．北京：中华书局，1999年．

（元）周达观著，夏冥校注 . 真腊风土记［M］. 北京：中华书局，1981 年 .

（明）姚可成汇辑，达美君、楼绍来点校 . 食物本草点校本［M］. 北京：人民卫生出版社，1994 年 .

（明）马欢撰 . 瀛涯胜览［M］. 北京：中华书局，1995 年 .

（明）巩珍著，向达校注 . 西洋番国志［M］. 北京：中华书局，1982 年 .

（明）李时珍 . 本草纲目［M］. 北京：人民卫生出版社，1979 年 .

《中国民俗志 · 湖北宜昌市卷》编纂委员会 . 中国民俗志 · 湖北宜昌市卷（13 卷）［M］. 北京：中国文联出版社，2014 年 .

陈伟明 . 唐宋饮食文化发展史［M］. 台北：台湾学生书局，1995 年 .

陈诏 . 饮食：民俗文化趣谈［M］. 上海：上海古籍出版社，2003 年

陈诏 . 中国馔食文化［M］. 上海：上海古籍出版社，2001 年 .

华国梁 . 中国饮食文化［M］. 大连：东北财经大学出版社，2002 年 .

柯小卫 . 当代北京餐饮史话［M］. 北京：当代中国出版社，2009 年 .

郎擎霄 . 中国民食史［M］. 北京：商务印书馆，1934 年 .

黎虎 . 汉唐饮食文化［M］. 北京：北京师范大学出版社，1998 年 .

李炳泽 . 多味的餐桌：中国少数民族饮食文化［M］. 北京：北京出版社，2000 年 .

李曦 . 中国饮食文化［M］. 北京：高等教育出版社，2002 年 .

林乃燊 . 中国古代饮食文化［M］. 北京：商务印书馆，1997 年 .

林永匡、王熹 . 食道 · 官道 · 医道——中国古代饮食文化透视［M］. 西安：陕西人民教育出版社，1989 年 .

刘军、莫福山、吴雅艺 . 中国古代的酒与饮酒［M］. 北京：商务印书馆国际有限公司，1995 年 .

刘朴兵 . 唐宋饮食文化比较研究［M］. 北京：中国社会科学出版社，2010 年 .

刘云 . 中国箸文化史［M］. 北京：中华书局，2006 年 .

马德清 . 凉山彝族饮食文化［M］. 成都：四川民族出版社，2000 年 .

彭兆荣 . 饮食人类学［M］. 北京：北京大学出版社，2013 年 .

邱国珍 . 中国传统食俗［M］. 南宁：广西民族出版社，2002 年 .

邱庞同 . 饮食杂俎——中国饮食烹饪研究［M］. 济南：山东画报出版社，2008 年 .

汤一介、林乃燊 . 中国文化通志 · 宗教与民俗典 · 饮食志［M］. 上海：上海人民出版社，1998 年 .

陶文台 . 中国烹饪史略［M］. 南京：江苏科学技术出版社，1983 年 .

万建中 . 饮食与中国文化［M］. 南昌：江西高校出版社，1994 年 .

王利华 . 中古华北饮食文化的变迁［M］. 北京：中国社会科学出版社,2000 年 .

王仁湘 . 珍馐玉馔——古代饮食文化［M］. 南京：江苏古籍出版社，2002 年 .

王仁湘 . 民以食为天［M］. 济南：济南出版社，2004 年 .

王仁湘 . 饮食之旅［M］. 台北：台湾商务印书馆，2001 年 .

王仁兴 . 中国年节食俗［M］. 北京：中国旅游出版社，1987 年 .

王仁兴 . 中国饮食谈古［M］. 北京：轻工业出版社，1985 年 .

王赛时 . 唐代饮食［M］. 济南：齐鲁书社，2003 年 .

王赛时 . 中华千年饮食［M］. 北京：中国文史出版社，2002 年 .

王晓华 . 吃在民国［M］. 南京：江苏文艺出版社，2004 年 .

王学泰 . 华夏饮食文化［M］. 北京：商务印书馆，2013 年 .

王学泰 . 中国饮食文化史［M］. 桂林：广西师范大学出版社，2006 年 .

王增能 . 客家饮食文化［M］. 福州：福建教育出版社，1995 年 .

王子辉 . 中国饮食文化史研究［M］. 西安：陕西人民出版社，1997 年 .

王子辉 . 中华饮食文化论［M］. 西安：陕西人民出版社，2006 年 .

向春阶 . 食文化［M］. 北京：中国经济出版社，1995 年 .

徐海荣 . 中国饮食史［M］. 北京：华夏出版社，1999 年 .

徐吉军、卢敦基 . 中国酒文化［M］. 北京：中国广播电视出版社，1992 年 .

许嘉璐 . 中国古代的衣食住行［M］. 北京：北京出版社，2002 年 .

宣炳善 . 民间饮食习俗［M］. 北京：中国社会出版社，2011 年 .

薛理勇 . 食俗趣话［M］. 上海：上海科学技术文献出版社，2003 年 .

杨铭华．当代北京菜篮子史话［M］．北京：当代中国出版社，2008 年．

杨文骥．中国饮食民俗学［M］．北京：中国展望出版社，1983 年．

姚淦铭．先秦饮食文化研究［M］．贵阳：贵州人民出版社，2005 年．

姚伟钧、刘朴兵、鞠明库．中国饮食典籍史［M］．上海：上海古籍出版社，2011 年．

姚伟钧．中国传统饮食礼俗研究［M］．武汉：华中师范大学出版社，1999 年．

姚伟钧．中国饮食礼俗与文化史论［M］．武汉：华中师范大学出版社，2008 年．

姚伟钧．中国饮食文化探源［M］．南宁：广西人民出版社，1989 年．

姚伟钧等．饮食风俗［M］．武汉：湖北教育出版社，2001 年．

张光直．中国青铜时代［M］．北京：三联书店，1999 年．

张展鸿．饮食人类学［M］．北京：中国人民大学出版社，2008 年．

张征雁、王仁湘．昨日盛宴——中国古代饮食文化［M］．成都：四川人民出版社，2004 年．

赵荣光．中国饮食史论［M］．哈尔滨：黑龙江科学技术出版社，1990 年．

赵荣光．中国饮食文化概论［M］．北京：高等教育出版社，2003 年．

赵荣光．中国饮食文化史［M］．上海：上海人民出版社，2006 年．

周芬娜．饮馔中国［M］．北京：生活·读书·新知三联书店，2008 年．

周海鸥．食文化［M］．北京：中国经济出版社，2011 年．

周粟．周代饮食文化研究［M］．长春：吉林大学博士学位论文，2007 年．

周新华．稻米部落：河姆渡遗址考古大发现［M］．杭州：浙江文艺出版社，2003 年．

朱永和．中国饮食文化［M］．合肥：安徽教育出版社，2003 年．

［德］希施费尔德．欧洲饮食文化史［M］．桂林：吴裕康译，广西师范大学出版社，2006 年．

［美］菲利普·费尔南德斯·阿莫斯图．食物的历史［M］．北京：何舒平译，中信出版社，2005 年．

［美］冯姝娣．饕餮之欲：当代中国的食与色［M］．郭乙瑶等译．南京：江苏

人民出版社，2009 年 .

［美］克莱德 · 克鲁克洪等 . 文化与个人［M］. 高佳、何红、何维凌译 . 杭州：浙江人民出版社，1986 年 .

［美］马文 · 哈里斯 . 好吃：食物与文化之谜［M］. 叶舒宪、户晓辉译 . 济南：山东画报出版社，2001 年 .

［美］斯特拉森、斯图瓦德 . 人类学的四个讲座——谣言、想像、身体、历史［M］. 梁永佳、阿嘎佐诗译 . 北京：中国人民大学出版社，2005 年 .

［美］尤金 · N. 安德森 . 中国食物［M］. 马孆、刘东译，刘东审校 . 南京：江苏人民出版社，2003 年 .

［日］筱田统 . 中国食物史研究［M］. 高桂林、薛来运、孙音译 . 北京：中国商业出版社，1987 年 .

［日］中山时子 . 中国饮食文化［M］. 徐建新译 . 北京：中国社会科学出版社，1992 年 .

［美］詹姆斯 · 华生 . 饮食全球化：跟着麦当劳，深入东亚街头［M］. 台北：早安财经，2007 年 .

后 记

我们每天都在饮食，每天都离不开饮食，饮食对我们每个人来说再熟悉不过了。但要讲清楚中国饮食民俗并不容易，因为饮食民俗不仅涉及面广，而且属于不同民族和地域，呈现形态和样式尤其多元、复杂，任何书写都有可能以偏概全。

另外，要在一本不足 30 万字的书中囊括无遗，也绝无可能。故而在写法上采取以点带面的方式，所选择的“点”并非具有代表性和典型性，只在于这些“点”都是属于某一方面的，都能说明某一方面的状况和问题。

本书以“述”为主，“述”是全书主要的行文风格和基点，没有高深的议论和阐释，即便偶有为之，也是蜻蜓点水。需要特别说明的是，本书所使用的资料均为引用，因来源广泛，难以一一注明，在此深表歉意。由于编写时间比较匆促，缺漏和不足在所难免，期望读者予以谅解和指正。

万建中　王素珍

2024 年 1 月 25 日于京师园

编后记

《中华民俗新读丛书》终告厥成，其编纂历程之终结，不仅标志着一段辛勤耕耘的圆满，更激起了我们心中无限的欣慰与深沉的感慨。此书由白庚胜、刘晔原、万建中三位先生鼎力领衔，汇聚群英，共襄盛举，历经多轮严谨细致的审稿与策划，每一环节皆浸透着编者的心血与汗水，确保了内容之精深广博，品质之卓越非凡。在此，我们谨向所有为丛书撰写倾注心力、不辞辛劳的同仁致以最崇高的敬意与最诚挚的感谢。

编纂工作是一场浩大的文化工程，紧张、高效、有序推进。中国石化出版社有限公司对此项工作尤其重视，出版公司副总经理黄志华亲自挂帅指导并主抓整体工作，资深作家周洪成、分社社长程庆昭一并协调组织丛书的编校工作，陈宇慧、王烝、王潇等多位内外部编辑参与编校，全程推进项目落地。编辑团队对每一份书稿都进行了细致的审阅，从内容的准确性、逻辑的连贯性到语言的规范性，无一不严格把关；从封面设计、版式调整，再到印刷等每一环节，都力求达到至臻之境。

中华民俗文化作为中华文化的重要组成部分，蕴含着丰富的历史信息、民族智慧和艺术价值。通过出版《中华民俗文化新读丛书》，我们希望可以深入挖掘并展现这些文化瑰宝的独特魅力，积极探索民俗文化的现代诠释方式，为中华优秀民俗文化的永续传承与发展添砖加瓦。同时，我们也欣喜地看到，中华民俗文化在时代的洪流中展现出惊人的生命力与适应性。古老的民俗传统在现代社会中焕发新生，以新的形式与意义继续滋养着人们的精神世界，成为凝聚社会共识、传承文化精髓的重要力量。

展望未来，中华民俗文化必将在历史的长河中继续熠熠生辉，成为人类文明宝库中一颗璀璨夺目的明珠。我们将不忘初心、牢记使命，继续为弘扬中华优秀传统文化而努力奋斗，让这份宝贵的文化遗产在新时代的征程中焕发出更加绚丽的光彩！